山东师范大学中国语言文学山东省高水平学科·优势特色学科建设经费资助

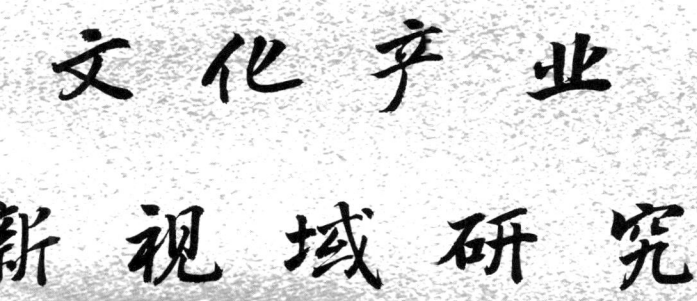

文化产业新视域研究

主　编　李辉　孙书文
副主编　李红春　吴承笃　任传霞　刘娟

中国社会科学出版社

图书在版编目（CIP）数据

文化产业新视域研究／李辉，孙书文主编. —— 北京：中国社会科学出版社，2025.8. —— ISBN 978-7-5227-4786-6

Ⅰ. G124

中国国家版本馆 CIP 数据核字第 2025T9Q772 号

出 版 人	季为民
责任编辑	王小溪
责任校对	师敏革
责任印制	戴　宽

出　　版	中国社会科学出版社
社　　址	北京鼓楼西大街甲 158 号
邮　　编	100720
网　　址	http://www.csspw.cn
发 行 部	010-84083685
门 市 部	010-84029450
经　　销	新华书店及其他书店
印刷装订	北京君升印刷有限公司
版　　次	2025 年 8 月第 1 版
印　　次	2025 年 8 月第 1 次印刷
开　　本	710×1000　1/16
印　　张	25.75
插　　页	2
字　　数	398 千字
定　　价	146.00 元

凡购买中国社会科学出版社图书，如有质量问题请与本社营销中心联系调换
电话：010-84083683
版权所有　侵权必究

目　录

数字藏品

虚实共生,旅启未来:Web 3.0 时代背景下数字藏品赋能文旅产业
新发展研究 ………………………………………………………（3）
当历史走向新生:博物馆元宇宙数字藏品研究………………………（41）

网络文学

微信平台中诗歌的数字化生存 …………………………………………（75）
文化价值的共创
　　——网络文学"优质内容回归"开发模式研究………………（100）

智能艺术

生成式人工智能对创意端造成的困境研究:以 AI 绘画为例…………（125）
AIGC 技术背景下的网易云音乐产业研究……………………………（140）
当孙燕姿变 AI 宠儿,前沿技术产生哪些利与弊? ……………………（169）

游戏人生

乙女游戏性别伦理构建研究……………………………………………（175）
国产乙女游戏产业化研究………………………………………………（198）

目 录

粉墨空间

剧本杀行业商业运营模式分析 ………………………………………（213）
音乐剧的中国本土化 …………………………………………………（227）
杂技剧《铁道英雄》火出圈，专访剧中主演：超越"炫技"，
　以"技"讲"剧" …………………………………………………（239）

光影世界

"社会派"推理小说的影视改编策略探析
　——以《隐秘的角落》《沉默的真相》为例 ………………………（245）

神工意匠

德州黑陶：泥与火中的匠心传承 ……………………………………（277）
聂家泥塑"焕新"记 ……………………………………………………（281）

妙手丹青

敦煌文化的数字化保护研究 …………………………………………（287）
在他们身上，看见"内画"的生命延续：专访工艺美术
　大师李慧同父女 …………………………………………………（304）
传统年画也潮流 ………………………………………………………（309）

传统新生

鲁绣的传承与创新路径研究 …………………………………………（315）
聆听丝路绸语，织造文化创意
　——潍坊市柳疃镇"丝路绸语"文化创意园调查报告 ……………（329）
日常生活审美化视域下文化创意产业的发展路径探析
　——以客家桐花美学经济为例 ……………………………………（341）

创意泉城

南丰戏楼·国风文化创意馆:承文化精粹,传留香古韵 …………………(351)
工业文化产业区的困境与未来之路:以济南 D17 文化产业园为例 ……(355)
济南老商埠历史文化街区保护和开发调查报告 ………………………(372)

古城新韵

"不夜城经济"点亮夜间生活
　　——探究潍坊市"青州不夜城"的夜间经济发展之路 ……………(383)
南京六朝文化资源保护及开发调查报告 ………………………………(396)

数字藏品

虚实共生，旅启未来：Web 3.0 时代背景下数字藏品赋能文旅产业新发展研究

序　言

近年来，随着区块链、虚拟现实、人工智能、元宇宙、5G 等一系列新兴技术、新兴业态的爆发式发展，以去中心化、虚拟性、开放性、加密性为关键词的 Web 3.0 逐渐成为未来网络的重要形态，在全球互联网发展中扮演着重要角色，Web 3.0 时代已悄然来临。在此背景下，基于区块链技术的数字藏品应运而生。数字藏品（Non-Fungible Token，NFT），是一种基于以太坊区块链的非同质化通证，其特点是唯一性且价值绑定，在国外更多被视为一种承载价值的虚拟货币，而在中国，它主要是特定的作品、艺术品相对应所生成的独特唯一的数字凭证。以保护艺术品的数字版权为前提，从而实现真实可信的数字化方式下的发行、购买、收藏和使用等。同时，国家数字化发展战略的实施、高端技术的进步催生了智慧文旅、数字文旅时代的到来，文旅发展新业态正逐渐形成，其中数字藏品为文旅产业新业态新升级提供了新思路。

（一）研究背景

本文基于 Web 3.0 下元宇宙空间发展迅猛、国家推动数字中国建设以及激发新兴文旅消费等政策的引领和支持、传统文旅业态转型升级不断走向文旅与科技深度融合的背景下展开。

1. Web 3.0 时代元宇宙发展迅猛

Web 3.0 时代，元宇宙的发展势头十分强劲，将成为众多产业的未来

栖息之地。1992年,美国著名科幻小说大师尼尔·斯蒂芬森在他的小说《雪崩》中对元宇宙有这样的描述:戴上耳机和目镜,找到连接终端,就能够以虚拟分身的方式进入由计算机模拟、与真实世界平行的虚拟空间。[①]

元宇宙是与现实社会高度交叉的数字虚拟空间,是区块链、人工智能等信息技术发展的产物。随着VR(虚拟现实技术)、AR(增强现实技术)、BT(区块链技术)、DT(数字孪生)等相关技术的不断进步与发展,元宇宙的内涵和外延也在日渐丰盈和完善。

2021年,随着脸书(Facebook)公司改名为"元"(Meta),全球拉开了"元宇宙"时代的序幕。这是一个备受瞩目的话题,也是一个被业界追捧的方向,同时也被学术界争论不休,更是一个被各大国家、各大城市所追逐的热点。元宇宙将是一个新的增长极,它将促进数字经济的迭代升级、促进实体经济的智慧化蝶变。同时,元宇宙中数字资产的价值日益突出,数字藏品也逐步得到了新的发展。

2. 国家政策支持与引领

中国出台了一系列激发文旅消费潜力、鼓励文旅新业态、实施文化数字化战略、展望数字中国的政策,不断推动着数字藏品赋能文旅产业的新发展。2019年8月,《国务院办公厅关于进一步激发文化和旅游消费潜力的意见》提出,要推动文化、旅游和现代科技的深度融合,促进文化旅游的深度发展。"智慧文旅时代"的到来,将会在5G技术的运用下,让我国的旅游产业走上真正的快车道。疫情防控常态化以来,智能产业的发展迎来新的契机,智慧文旅将会成为日益引起行业重视并加快发展的领域。

2020年9月,《国务院办公厅关于以新业态新模式引领新型消费加快发展的意见》,提出了"鼓励发展智慧旅游,提升旅游消费智能化、便利化水平"的举措,提出要把握数字文旅产业发展的新机遇,加快产业数字化、数字产业化进程,从推动文化旅游资源"活起来",利用"上云、用数、赋智"创新文旅消费新场景,丰富数字文旅产品供给,在

[①] [美]尼尔·斯蒂芬森:《雪崩》,郭泽译,四川科学技术出版社2018年版,第29页。

"建链、补链、延链、强链"的基础上构建数字文旅产业链生态这四个方面逐步推进。①

2022年5月22日,中共中央办公厅、国务院办公厅印发的《关于推进实施国家文化数字化战略的意见》指出,到"十四五"时期末,基本建成文化数字化基础设施和服务平台,到2035年,建成物理分布、逻辑关联、快速链接、高效搜索、全面共享、重点集约的国家文化大数据体系,让中华文化得到全景式呈现,让中华文化数字化成果全民共享。②

2023年2月27日,中共中央办公厅、国务院办公厅印发的《数字中国建设整体布局规划》指出,建设数字中国是数字时代推进中国式现代化的重要引擎,是构筑国家竞争新优势的有力支撑,加快数字中国建设,对全面建设社会主义现代化国家、全面推进中华民族伟大复兴具有重要意义和深远影响。③

3. 传统文旅业态转型升级

随着中国数字化发展战略的不断推进,文化产业和旅游业持续与数字科技融合发展,传统文旅业态实现了转型升级,数字文旅新业态实现了快速增长。中国国家统计局数据显示,2022年上半年数字文化新业态特征较为明显的16个行业小类实现营业收入19990亿元,比上年同期增长2.9%,增速快于文化企业平均水平2.6个百分点。④

一方面,文化旅游产业的数字化将逐步消除文化旅游产业的边界,在更深更高的层次上促进两个产业在更大范围内的深度融合;另一方面,产

---

① 《文化和旅游部在培育文旅产业新型业态、促进数字文旅产业高质量发展方面的安排》,2020年9月27日,中华人民共和国文化和旅游部网站,https://www.mct.gov.cn/vipchat/home/site/2/321/abstract/20200927044943163.html,访问日期:2023年5月5日。

② 《中共中央办公厅 国务院办公厅印发〈关于推进实施国家文化数字化战略的意见〉》,2022年5月22日,中华人民共和国中央人民政府网站,http://www.gov.cn/xinwen/2022-05/22/content_5691759.htm,访问日期:2023年5月5日。

③ 《中共中央 国务院印发〈数字中国建设整体布局规划〉》,2023年2月27日,中华人民共和国中央人民政府网站,http://www.gov.cn/xinwen/2023-02/27/content_5743484.htm,访问日期:2023年5月5日。

④ 《国家统计局解读2022年上半年全国规模以上文化及相关产业企业营业收入数据》,2022年7月30日,中华人民共和国中央人民政府网站,http://www.gov.cn/xinwen/2022-07/30/content_5703619.htm,访问日期:2023年5月5日。

品和服务的数字化和智能化将积极推动文化旅游产业的转型和现代化，提高质量和效率，减少低端的低效供给，提高供给效率，满足多样化和个性化的消费需求，有效避免不可预见的公共卫生事件对行业的影响。这将成为行业的未来指导原则。

（二）研究价值

本文以数字藏品赋能文旅产业发展为主题，作为对新兴概念的前沿探究，既能够形成理论框架、填补学术空白，又能够提供一定的可资借鉴的模式路径，推动文旅产业转型升级。

目前学界对于数字藏品在文旅产业领域的相关理论研究极少，本文的研究将填补这一空白。本文将 Web 3.0 时代下的新兴数字藏品与文旅产业相联系，细分相关垂类，总结数字藏品赋能文旅产业的价值，同时分析其存在的问题，并提出展望，对数字藏品赋能文旅行业发展进行理论总结，形成清晰的理论框架，也为将来学术界的相关研究提供借鉴。

科技的迅速发展促进文旅产业借助数字技术以求重新焕发生机。本文旨在利用数字藏品为文旅产业的数字化转型提供新模式、新思路、新途径，符合国家文化数字化战略的政策引领，有利于推动文旅产业转型升级，赋能数字化新业态。并且对其发挥的作用及可能存在的问题与风险进行系统梳理，有利于深入认识数字藏品赋能文旅产业新发展的积极作用，同时为规避风险提供警示，具有很强的现实意义。

（三）国内外研究现状

本研究将从主题出发，围绕数字藏品的概念、数字藏品多维度价值发掘、Web 3.0 的概念这三个主要方向进行国内外研究现状的梳理，并总结整理本文的创新点。

当前国内外还没有将"数字藏品赋能文旅产业"作为研究对象进行学术研究的论文，2023 年 3 月 21 日以"数字藏品文旅"作为关键词，通过中国知网进行检索后发现，仅有 3 篇新闻类相关文章，无其他中英文文献。以"数字藏品"作为关键词检索后发现，相关中文文献有 204 篇，其中学位论文仅 2 篇，内容集中在概念阐释与现状分析等领域。

这表明，当前国内外学术界关于数字藏品赋能文旅产业的研究，尚处于待完善状态。此外，由于数字藏品与国外 NFT 的不同，其作为带有中国特色的合规 NFT，对于数字藏品相关文献大部分为国内期刊论文，国内学位论文研究比较匮乏，国外对中国数字藏品的研究也较少。针对现有的研究，经过笔者梳理，以下几个方面的文献可供本文借鉴。

1. 数字藏品的概念

"数字藏品"虽兴起时间较短，但目前学界已有许多学者对其概念本身进行了相关研究。经过梳理，笔者将关于数字藏品的概念研究分为以下两个阶段。

第一阶段，NFT 技术兴起前（2015—2020）。伴随着信息化时代的到来，其作为博物馆藏品资源的数字化储存、管理手段的概念出现，对其研究大多出现在关于"数字博物馆"的学术文献中。如韩红芳在《数字博物馆模型研究及应用开发》中提到，通过三维扫描仪等手段对博物馆的收藏文物进行数字化处理，详细记录其各种文献用以储存，是数字博物馆内上架藏品的主要方式。① 苗亚男在《博物馆数字藏品版权问题研究》中提到，博物馆利用图形、影像、文字等数据记录的方式储存在介质里，以此来形成新的数字化的信息资源，藏品的影像是其中的基础要素，开发利用藏品的数字影像，保存藏品的数字数据，在一定程度上解决了藏品"保护与利用"的矛盾。②

通过对这一阶段文献的梳理不难看出，此时"数字藏品"还没有形成完整的概念，只是作为博物馆数字化进程中必不可少的步骤——"文物对象的数字化手段"出现，仅作为博物馆在信息化时代要求下的进步举措，以数字化手段记录保存藏品的各项数据。在上文提及的苗亚男的论文中虽已出现"数字藏品"的概念，但此概念仅仅是作者的个人总结概括，并未形成广泛共识。这一阶段的"数字藏品"，可作为后期数字藏品的基础和前形看待，正是在文物数字化记录的基础上，才能更好地进行 NFT 技术下数字藏品的创作。

---

① 韩红芳：《数字博物馆模型研究及应用开发》，硕士学位论文，浙江大学，2005 年。
② 苗亚男：《博物馆数字藏品版权问题研究》，硕士学位论文，浙江大学，2016 年。

第二阶段，NFT 技术兴起后（2021 年至今）。这一阶段"数字藏品"的概念才真正落地，其可以理解为具有中国特色的本土化 NFT。2021 年作为"NFT 元年"，国外许多 NFT 作品的高价出售，瞬间将艺术、娱乐、体育界明星们的目光吸引到了 NFT 这个新兴领域上，他们在各大 NFT 平台发布自己的 NFT，NFT 由此彻底破圈。而在国内，"数字藏品"作为 NFT 的舶来品，也迎来了新的发展机遇。赵光敏在《异军突起：元宇宙背景下的数字藏品——兼论出版业的挑战与回应》中指出，数字藏品兴起于元宇宙理念的大环境之下，是利用区块链等现代高科技前沿技术而形成的一种具有数字化唯一标识的特定作品和权证。近年来，围绕着数字藏品已经形成了一套技术规范和交易规则，形成一个迅速增长的创新领域和巨大市场。① 房佳佳在《数字藏品真的可以"一夜暴富"吗》一文中也提到，相比于以公链为主流的国外 NFT，国内的数字藏品则以可控性更强、更合规的联盟链技术为主，并且对发行平台存在一定的硬性要求，有些平台暂时未开放允许私人创作并发售的范围。② 杨博等在《"数字藏品"媒体应用场景与价值引领——"海豹数藏"创新初探》中指出，数字藏品作为新生事物，数字藏品正走过技术萌芽期，进入期望膨胀期，迸发出巨大的发展潜力。③

第二阶段的"数字藏品"作为本土化的 NFT，即对应特定的作品或艺术品生成的唯一性的数字凭证，已经形成了完整的概念，也有许多学者对数字藏品的现状、作用进行了相关研究，本文主要论述对象也是在这一阶段的概念。

2. 数字藏品多维度价值发掘

关于数字藏品多维度价值发掘方面的研究也是本文深入研究"数字藏品赋能文旅产业"的重要学术理论支撑。经过文献查找与梳理，可以看出

---

① 赵光敏：《异军突起：元宇宙背景下的数字藏品——兼论出版业的挑战与回应》，《编辑学刊》2023 年第 2 期。
② 房佳佳：《数字藏品真的可以"一夜暴富"吗》，《方圆》2021 年第 24 期。
③ 杨博、陈新：《"数字藏品"媒体应用场景与价值引领——"海豹数藏"创新初探》，《全媒体探索》2022 年第 12 期。

既有研究一是从宏观角度对数字藏品的价值进行整体的剖析探索,二是从微观角度细分研究区域,具体领域具体分析,通过领域细分,探索数字藏品在博物馆、影视、出版、非遗等不同垂类领域的价值赋能。

首先,从宏观角度对数字藏品的价值发掘进行分析,整体把握了数字藏品的特性和价值。陈永东在《数字藏品的价值发掘及提升策略》一文中提出,可以从数字藏品的定位角度、虚实融合角度、设计角度、传播角度、技术角度,分别发掘并提升基本价值、时空价值、艺术价值、品牌价值和权益价值,使其能够具备更旺盛的生命力。[①] 谢新水等在《高质量发展数字藏品：特性、价值、风险与监管路径》中指出,区块链是数字藏品的基础技术,NFT 是数字藏品的产权凭证。数字藏品具有发展数字化文化创意产业、打造数字经济新业态、发展数字消费、提升文化认同等多方面的价值。[②] 解学芳等在《文化元宇宙语境下的数字藏品运作机理与善治机制研究》一文中提到,在文化高质量发展和建设数字文化强国背景下,应科学审视数字藏品发展隐患,尊重数字藏品的战略价值,构建有序未来世界的善治机制。虚实融合,以虚促实是未来趋势,破除技术和制度瓶颈、强化文化引领、赋能实体经济是保障数字藏品行业合规有序可持续发展的必由之路。[③]

其次,从微观角度对数字藏品价值发掘的分析,在博物馆、影视、出版、非遗等各个不同垂类领域均有所研究,细化了数字藏品价值的研究范围。例如魏鹏举等在《区块链技术激活数字文化遗产研究》一文中,对国内外文博文物数字化的现状与瓶颈进行了深入分析,以数字藏品平台"蚂蚁鲸探"App 的实践与探索为例,深入分析了如何利用区块链技术激活数字文化遗产,促进数字时代文博文创高质量发展。[④] 赵璐在《NFT 在电影

---

① 陈永东：《数字藏品的价值发掘及提升策略》,《青年记者》2022 年第 17 期。
② 谢新水、黄宇曦、储江：《高质量发展数字藏品：特性、价值、风险与监管路径》,《电子政务》2023 年第 2 期。
③ 解学芳、祝新乐、臧志彭：《文化元宇宙语境下的数字藏品运作机理与善治机制研究》,《学术论坛》2023 年第 1 期。
④ 魏鹏举、柴爱新等：《区块链技术激活数字文化遗产研究》,《印刷文化》(中英文)2022年第 1 期。

数字藏品价值开发中的应用》一文中分析了当前电影数字藏品的主要形式,以及电影数字藏品的价值形式与价值开发,对电影数字藏品的价值生成趋势进行了深入探析,为电影衍生品产业如何着手数字化布局提供了理论支持和借鉴。① 郭峻在《影视数字藏品发展现状、瓶颈及对策建议》中也指出,影视数字藏品是影视作品的延展,能够"以虚促实"赋能影视产业链,能够加快推动以数字藏品为代表的数字经济与影视产业实体经济融合发展。② 赵光敏在《异军突起:元宇宙背景下的数字藏品——兼论出版业的挑战与回应》一文中,对数字藏品的理念背景、发展现状以及未来前景进行分析,以期探索和推出出版业基于自身特点的数字藏品,充分发挥数字藏品的特点和优势,满足人民群众日益增长的审美及消费需求。③ 刘以敖在《非物质文化遗产数字藏品的文化传播策略探究》一文中采用文本分析法和市场调研法对近年来兴起的数字藏品进行分析,立足区块链技术,得出非物质文化遗产与数字藏品结合的文化传播策略,开辟能够吸引广大受众的传播新路径,使之成为凸显中华优秀传统文化独特魅力的重要手段。④ 通过梳理,不难看出该方面的研究主要聚焦不同垂类领域,为本文聚焦赋能文旅产业的研究提供了借鉴和参考。

3. Web 3.0 的概念

目前对 Web 3.0 的研究大多集中在计算机等理工科领域,社科领域对其进行的研究多聚焦于 Web 3.0 的特征,以及在具体领域的运用等方面,主要作为研究背景切入。为与本文相契合,主要进行 Web 3.0 在社科领域研究的文献梳理,在宏观上把握 Web 3.0,为理解 Web 3.0 视域提供理解和参考。

喻国明学术工作室在《元宇宙视域下 Web 3.0 重塑媒介发展新生态》

---

① 赵璐:《NFT 在电影数字藏品价值开发中的应用》,《文艺生活》(艺术中国)2022 年第 2 期。
② 郭峻:《影视数字藏品发展现状、瓶颈及对策建议》,《视听界》2022 年第 5 期。
③ 赵光敏:《异军突起:元宇宙背景下的数字藏品——兼论出版业的挑战与回应》,《编辑学刊》2023 年第 2 期。
④ 刘以敖:《非物质文化遗产数字藏品的文化传播策略探究》,《新闻研究导刊》2022 年第 22 期。

一文中指出，Web 3.0 技术作为元宇宙的基础设施，与元宇宙是"人—货（数字资产）—场（域）"的三位一体的关系，代表了数字媒介新生态。媒介新生态中，Web 3.0 去中心化自驱技术逻辑下蕴含了社会科学的理论转向。① 李杰在《Web 3.0、社会 5.0 与元宇宙的热点与知识基础》一文中指出，Web 3.0、社会 5.0 以及元宇宙是新一轮科技革命背景下的新兴研究热点，三者都试图借助新一轮科技革命来扩展和重新规范人类的可达空间，为人类的可持续发展提供一种新的可能性。从三者的特征来看，未来人类社会或需要以元宇宙的理念来搭建平台（承载虚实空间），以 Web 3.0 框架来提供核心技术，以实现人类追求的社会 5.0（或超智能社会）为具体目标。② 王旭在《Web 3.0 发展探索及监管建议》一文中提到，Web 3.0 是一个重要的互联网概念，Web 3.0 时代最重要的发展趋势就是智能化、多元化、多维度。Web 3.0 将会打破虚拟世界与现实世界媒介的限制。③

综上所述，关于数字藏品本身的概念、特点等，已有很多文章针对其进行研究，同时也有相关垂类领域的讨论，但基本没有针对数字藏品赋能文旅产业场景进行深入讨论。笔者将依托已有的学术资料，从以区块链技术为核心的 Web 3.0 时代出发，以新兴的数字藏品为研究对象，探讨其赋能文旅产业新发展的途径、价值、问题及展望，将数字藏品的显著特征与文旅产业数字化转型相结合，为文旅产业的转型发展提供新模式、新思路。

（四）相关概念

数字藏品是国外 NFT（非同质化通证）概念在国内的衍化，把握 Web 3.0 下数字藏品在文旅产业中的赋能作用，先要明晰 Web 3.0、数字藏品等相关基本概念，整体把握研究的时代背景和主要对象。当下数字藏品已成为行业新兴的热点和蓝海，Web 3.0 推动数字藏品蓬勃发展的现状值得关注。

---

① 喻国明学术工作室：《元宇宙视域下 Web 3.0 重塑媒介发展新生态》，《江淮论坛》2022 年第 5 期。
② 李杰：《Web 3.0、社会 5.0 与元宇宙的热点与知识基础》，《科学观察》2023 年第 2 期。
③ 王旭：《Web 3.0 发展探索及监管建议》，《中国信息化》2023 年第 3 期。

1. Web 3.0

2014年4月,以太坊区块链平台的联合创始人 Gavin Wood 正式提出了 Web 3.0 的概念:一个去中心化的全新互联网,其中数字身份、私人数据和数字资产完全由个人拥有,平台垄断被打破,创建了新的数字经济和商业模式。

互联网发展至今,Web 3.0 被认为是互联网发展的下一个风口。Web 3.0 是对 Web 2.0 的改进,用来描述互联网潜在的下一阶段,它被称为互联网第三次技术革命。它是以区块链技术为底层技术逻辑、由用户社区主导的去中心化组织管理的新一代互联网,被视为元宇宙的底层网络架构,已成为全球的热点前沿技术。元宇宙是通过技术手段与现实世界连接的虚拟世界形态。如果说元宇宙是一个平行的空间,那么 Web 3.0 就是空间中的互联网,或者叫空间中的法则,它通过技术手段支撑起元宇宙的形成形态。Web 3.0 生态本质上是吸收区块链技术的引擎,其核心是去中心化。每个新的区块链概念都会立即被识别并集成到 Web 3.0 中,这将为元宇宙产品提供动力。

Web 3.0 是新一代价值互联网,Web 1.0 为"可读",Web 2.0 为"可读+可写",而 Web 3.0 将是"可读+可写+拥有"。在 Web 1.0 的静态时代,网站只是带有文本和图像的静态页面,用户只能阅读文本,其他的事情都不能做;在 Web 2.0 的大数据时代,用户可以和网络进行交互,包括发帖子、留言评论、买卖物品等等,但是数据拥有权不属于用户自己,由公司负责存储、管理数据;在 Web 3.0 的区块链时代,用户变成了数据的拥有者,去中心化的区块链网络让这变成现实,服务是开源的、协议是大家有共识的、传输是私密安全的、版权是受保护的。Web 3.0 以强调数据的价值化归属为核心,具有去中心化、数据自有、数据互联、保障隐私、高度智能和持久性存储的特点。三代互联网对比如表1所示。

随着国内外相关的商业模式出现,Web 3.0 热潮掀起了新的投资风潮。这也迫使人们思考如何在 Web 3.0 环境下进行创新,如何利用这种新技术和新的互联网商业模式,实现新的突破和发展。

表 1　　　　　　　　　　三代互联网对比

特征	Web 1.0	Web 2.0	Web 3.0
内容来源	网站提供	PGC、UGC	所有内容生产者
载体	网站	网站、智能终端	犹未可知
技术	HTML	HTML+服务端语言	区块链、人工智能、机器学习
虚拟环境	无	3D	3D、VR、AR
数据存储	网站存储	寡头持有	分布在用户之间

2. 数字藏品

数字藏品（NFT），是利用区块链技术，为特定艺术品或作品创建的独特数字凭证，使其在数字版权保护的基础上，实现真实可信的数字发行、获取、收藏和使用，是一种虚拟产品。国内所称的数字藏品则是NFT舶来之后的称呼，严格意义上说与国外NFT有所不同，而且被赋予"去金融化"的属性，虚拟人、数字藏品和虚拟空间曾被公认为是构建元宇宙的三大支撑要素。[①]

数字藏品依托区块链技术，能够可靠地实现作品存储数字化，因此也具有非同质化、不可分割性、不可侵犯性、可追溯性和易于验证确权等特性。每件NFT形式呈现的作品都在一个特殊的区块链中被分配了一个独特的序列号，不可被篡改和分割，从而确保了数字艺术作品的真实性。再通过技术进行确权，让用户可以直接通过小程序购买、鉴赏与分享，让更多传统文化爱好者能拥有不可复制、永久保存、随时随地可鉴赏分享的收藏。

NFT呈现形态多样，包括AR、图片、音乐、视频、3D模型等，其与不同行业跨界融合创造出一个全新的内容生态圈。数字藏品本质上是一种"加密数字凭证"。虽然在国内"加密数字凭证"依法不得具有金融属性，但是在海外已经有众多场景可以合法使用。从全球范围来看，数字藏品对产业的增长价值是巨大的，在合规的基础上，伴随着监管框架逐步规范

[①] 申星：《元宇宙中的数字藏品》，《企业管理》2023年第3期。

行业的健康发展,数字藏品仍可用于"权益"和"确权"等场景,并有望通过产品创新,在更大范围内得到应用。国外 NFT 与国内数字藏品对比如表 2 所示。

表 2　　　　　　　　国外 NFT 与国内数字藏品对比

特征	NFT（国外）	数字藏品（国内）
合规性	合规	在中国的法律框架下合规
交易模式	法币/虚拟货币	法币
流通性	自由流通	无偿转让或平台内流通
市场涨跌	允许炒作、较为宽松	禁止炒作
底层链平台	公链	大部分基于联盟链
侵权问题	侵权难以受理	版权需认定

（五）Web 3.0 推动数字藏品蓬勃发展

近年来,我国数字藏品持续升温。在 Web 3.0 的推动下,数字藏品作为一种 NFT 区块链技术应用蓬勃发展。数字藏品市场粗具规模,发展态势迅猛,发行平台数量众多且类型多元,值得注意的是随着合规化进程推进,市场有所退潮。

1. 市场粗具规模,发展态势迅猛

我国数字藏品（NFT）市场的发展稍晚于海外,尚处于早期发展阶段,但近两年发展迅速,用户渗透率不断提高,态势迅猛。相关统计数据显示,2021 年我国共计发售数字藏品约 456 万份,总发行价值约为 1.5 亿元,截至 2022 年 6 月,国内已发行数字藏品 1536.92 万件,国内数字藏品发行总额达 6.53 亿元。中国数字藏品市场年增长率为 150%,预计到 2026 年,数字藏品市场规模将达 280 亿元人民币。①

2. 发行平台数量众多且类型多元

据 01 区块链、零壹智库、ForeChain 联合发布的《国内 2000 + 家数字藏品平台大全》统计显示,截至 2023 年 1 月 4 日,国内数字藏品平台数量

---

① 《2022 年中国数字藏品行业研究报告》,《艾瑞咨询系列研究报告（2022 年第 9 期）》,2022 年。

累计2449家（包括关闭平台）。2022年上半年新增平台996家，下半年新增平台1274家，其中后者占新增平台总数的56.1%。我国数字藏品平台主要有以下几类：一是以灵境·人民艺术馆、新华数藏等为主的具有央媒背景的平台，7家；二是以虚狐数藏、唯一艺术等为主的具有国资背景的平台，20家；三是以阿里拍卖、鲸探、灵稀等为主的具有上市公司背景的平台，25家；四是以千寻数藏、乾坤数藏等为主的其他垂类平台。① 发行平台数量众多，且类型多元。

3. 合规化进程推进，市场有所退潮

需要特别注意的是，我国第一家数字藏品平台——腾讯旗下的幻核，于2022年8月16日上午发布公告称将停止数字藏品发行，所有通过其平台购买数字藏品的用户，皆可自行选择继续持有或发起退款申请。伴随着数字藏品市场规范发展政策的出台，在合规化进程中，国内数字藏品市场有所退潮。在互联网大厂体面离场之后，对数字藏品唱衰的声音越来越多，收藏者开始抛售数字藏品，数字藏品价格大幅跳水，市场明显下降和萎缩。然而，也有从业者认为，这可能才是数字藏品和元宇宙健康发展的开端。我国数字藏品市场将迎来一个"冷静期"，但这并不表示数字藏品市场的"凛冬将至"，而是意味着一个新的临界点、新的拐点正在来临，市场正在逐步走向更加规范的道路。

一 数字藏品的特性分析

德国学者本雅明的"灵晕"（Aura）理论认为，艺术品自进入边际成本几乎为零的机械复制时代以来，就不再具有独特性，传统艺术品所独有的"灵晕"消逝了。但数字藏品借助其不可复制、独一无二的属性，重新塑造了数字文化工业时代的"灵晕"。

根据阿多诺的文化工业批判理论，文化工业的生产方式是标准化的、统一化的、程式化的，它没有独特的内容和风格，是按照既定的标准和

---

① 《国内2000+家数字藏品平台大全》，2022年11月28日，雪球基金，https://xueqiu.com/1855686580/236509586，访问日期：2023年5月10日。

程序进行大规模生产和机械化复制。每个人的独特个性、创造力和丰富的生活方式，却被这种统一性的模式抽走了灵魂，取而代之的是大众传媒所热衷宣传的生活模式的复制，艺术作品完全被世俗化、同质化和商业化。而数字藏品的诸多特性使艺术文化作品的独一无二性得以保留，成为在当代解决文化工业理论所批判的文化机械复制问题最好的例证。

只有明晰NFT数字藏品的本质、揭示其要素与特性，才能为科学分析数字藏品在文旅产业中的新发展提供理论支持。数字藏品在投资属性、技术属性、价值属性、实用属性等方面具有其独特特点。

（一）投资属性：轻资产、快回报、重效益

数字藏品具有轻资产、快回报、重效益的投资属性。

（1）轻资产。数字藏品这类轻资产行业的资产往往不是集中在厂房、设备这些固定资产上，而是以无形资产为主，即自己的品牌价值、商业、专利等。数字藏品这类轻资产行业相对于其他行业而言，往往拥有更多的现金资产及更高的利润率。

（2）快回报。低库存、高运营效率，使低风险和较低甚至为负的运营资本消耗成为可能，高投资回报率，增长速度快，能获得较高的增长价值和价值实现效率，能够快速实现资本认可性。数字藏品的这一投资特点，使发行者能够有效地利用资产杠杆、负债杠杆和价值杠杆，部署和整合核心资产资源，从而实现低自有投资和轻资产的业务系统。

（3）重效益。数字藏品的资产规模小、回报快、效益高的特性，即：资本投入较少，周转速度快，资本回报率高的商业模式，使数字藏品利用较小的成本，创造了更大的利润率，也避免了业务上的臃肿，可以集中力量来提升自己的优势。

（二）技术属性：稀缺性、透明化、去中心化

数字藏品在技术层面上的属性体现为稀缺性、透明化以及去中心化。

（1）稀缺性。数字藏品是数字化时代的产物，能够将现实世界的事物以数字化的形式呈现出来，区块链技术是其所依托和发展的基础。每件数字藏品在其特定的区块链上都有唯一的特定标识，以此代表现实世界的某

个事物。在互联网时代，复制信息的门槛很低，其价值几乎不被认可。相比之下，基于区块链的数字藏品是独一无二的，有明确的所有权，可以永久保存，具备稀有性，这些特点使数字藏品更有可能获得更高的价格，拥有更强的溢价能力。

（2）透明化。依托区块链不可篡改的技术特性，保证了数字藏品本身属性及专有权信息、历史交易数据等信息在防篡改的链形数据结构中的存储和保存。区块链信息是公开透明的，所有用户都可以查询和验证数字藏品的所有权信息，具备透明化的特性。

（3）去中心化。与之前的互联网时代（Web 1.0、Web 2.0）相比，Web 3.0 旨在创造去中心化的产业生态，而去中心化是一种新型的内容生产过程，与"中心化"网络模式相对应。当今许多互联网产业巨头采用的是传统的中心化网络模式，其数据中心集中保管业务和用户数据，一旦出现问题，数据很容易被泄露和损伤。而区块链的去中心化则是将这些数据的存储分散到区块链网络的多个节点上。节点的数量没有精确限制，存储的数据不能被独立支配，从而实现去中心化。并且节点越多，数据就越安全。脱胎于去中心化的区块链技术的数字藏品，可以改变其严重依赖平台流量的现状，将自己从中心化平台为主导的环境中解放出来，将用户数据牢牢掌握在品牌方自己手中。

（三）价值属性：收藏性、艺术性、社交性

数字藏品的价值属性体现在收藏性、艺术性和社交性三个方面。

（1）收藏价值。数字藏品和传统艺术收藏品一样，其稀缺性使其具有很大的收藏价值。衡量可收藏性的标准不仅仅是发行的数量，还包括数字藏品是否被收藏家广泛接受。数字藏品的出现，使任何人都有可能成为收藏家，都可以创建自己的藏品博物馆，许多人认为，数字藏品是具有巨大商业潜力和投资价值的"艺术品"。"艺术品"从不缺少市场需求，一是因为它具有精神遗产传承的价值，二是由于其稀有性带来的收藏价值。另外，艺术品拍卖由来已久，有相对完整的流程来保护消费者的利益，所以一直以来都受到追捧。

（2）艺术价值。大多数数字藏品被看作艺术收藏品，具有强烈美学设计感的数字藏品更受欢迎，这体现在构图、形式和色彩运用等各个方面。因为无论是线上数字形态还是线下实物形式的艺术品，都需要有价值的体现。而公众对数字藏品的购买过程，实际上也是审美过程的再现。数字藏品的价值不仅是表面的，它们的设计、美学和原创性也是其内在艺术价值的体现。具有良好内容和叙事的作品更能带来审美愉悦，具有高艺术价值的数字藏品更容易被群体接受。

（3）社交价值。根据马斯洛的需求理论，人的需求可分为金字塔形的五个层次，从低到高依次为：生理需求、安全需求、归属需求、自尊需求和自我实现需求。在当今物质和文化日益发达的社会中，人们在基本需求得到满足后，对自尊和自我实现的需求越来越强烈。现在人们对人际交往越来越重视，也越来越关注自身人设形象的社会影响。数字藏品本质上是象征性消费、符号消费，消费者看重的正是藏品的这种创新创意和艺术特征。此外，收藏的乐趣还在于拥有别人未曾拥有的东西的优越感，有机会花少量的钱，买到只属于自己的具有独特序列号的数字文物，这是收藏家们的一种专属快乐。在爱好者眼中，数字藏品是一本独特的社交护照，其数字藏品稀有性越高，满足感就越强。数字藏品也是宣传自己爱好和地位的有效途径，能帮助收藏者扩大社交资本，找到与同群体成员的共鸣，享受群体的归属感，建立强大的文化共识。

（四）实用属性：使用性、纪念性、赋能实体性

数字藏品的实用属性体现在使用性、纪念性和赋能实体性上。

（1）使用性。人们常用的一些工艺品，如紫砂壶、瓷器等，不仅具有艺术性，而且具有明显的使用价值和娱乐价值。就数字藏品而言，其使用价值在于，人们一旦获得数字藏品或数字艺术品，就可以通过转赠朋友来满足社交需要，也可以通过微信朋友圈来展示，满足人们的心理需求，这也体现了其使用价值。

（2）纪念性。数字藏品平台可以在许多周年纪念、毕业季、节日等重要的时间节点联合发行一些具有纪念意义的数字藏品，作为 Web 3.0 时代的全新方式用于文化宣传和纪念，这对获得者来说是意义非凡的。在特定节日或生日赠送一个定制的、独特的、唯一性的数字艺术品作为礼物，可

以起到"四两拨千斤"的作用,这也是数字藏品的实用性所在。

（3）赋能实体性。数字藏品完全是在虚拟的数字领域中产生的,但由于数字藏品具有唯一性,上链后具有不可篡改性,这就使数字藏品可以与实物商品相匹配,有助于赋能实物商品的推广和宣传。除了作为产品的附属品,数字藏品还可以与实物商品挂钩,让实体做附属,让买家通过购买数字藏品,在线下捆绑并获得相应的权益或者兑换相应实物,为数字藏品平台和品牌创造双赢的局面。随着数字藏品数量的增加,数字藏品不再是简单的文化、艺术、体育、游戏等应用场景的数字化,而是允许通过全新的技术平台,打造赋能线下经济,为供给侧双方提供更多权益,让"虚拟"变成"现实",从而促进线下实体经济的发展。"以虚促实"符合中国对数字经济和数字技术发展的规划,根据现有的数字藏品赋能实体产业的实际案例,数字藏品在这个方向上显示出巨大的潜力。数字藏品本身作为IP的强化剂,通过与实体经济的结合,可以有效推动产业模式和产业形态的创新,提升产业层级和消费水平。持续完善数字藏品自身发展路径,丰富数字IP+产业发展,以数字业态助力实体经济发展,以数字藏品产业落地为主题,为实体经济发展做贡献。总之,以数字藏品赋能实体为主题才是最终出路。

二 数字藏品赋能文旅产业的语境

随着国家文化数字化战略的深入实施,文旅产业数字化转型步伐不断加快,科技与文旅融合发展成为新的行业趋势,数字科技使文旅产业业态模式产生了前所未有的改变。随着5G、AI等数字化科技要素的发展,文旅深度融合迎来了新的发展契机。文旅产业积极开展云参观、云演艺、数字文博等活动,促进了线上线下的引流互动,激活了新业态的发展。元宇宙的火爆带动了数字藏品的"出圈",数字藏品为文旅产业现代化升级提供了新的思路。

（一）Web 3.0下的文旅产业

Web 3.0时代下,元宇宙作为虚拟世界和现实社会交互的重要平台,是数字经济的表现形态之一,在文旅领域拥有广阔的应用空间,也是当下该领域的热门赛道，文旅元宇宙的新技术、新产品、新场景加速落地，为数字文旅高质量发展注入了强劲动力，① 元宇宙的出现带动文旅生态发生了深刻变化。

1. 线上营销和线上消费成为常态

随着疫情防控的常态化，景区打破常规，拥抱数字经济，采用创新营销手段，不断寻求新的发展和突破，也为未来打开了更多想象空间。随着数字经济的蓬勃发展，数字文旅产业正在成为提升消费潜力的新引擎。

在数字经济时代，电子商务有着广阔的市场前景和创新发展空间，相较于以线下销售为主的传统文旅产品而言，电子商务平台使文旅产品有了更为便捷、高效的营销模式：通过短视频、直播带货等方法进行销售，将门票、机票、特产、文创产品等放置于互联网进行线上销售已经成为现在的主流。例如，携程创建了专门的旅行 MCN（Muti-Channel Network 的缩写，意为多频道网络），打造一个将流量与广告营销相结合的旅游产品专业运营服务商。同时，"数字文旅"也强调以高效的在线营销为核心，重视内容的制作和创新，营造出长期的舆论导向，形成可持续吸引流量的推动力，以此来为旅游目的地提供数字化赋能。

2. 数字技术创造了文旅新体验

数字文旅是当今世界文旅行业的发展方向，其核心是以数字技术为基础，融合文化和旅游资源，打造数字化、体验化、智能化的文化旅游产品和服务。数字文旅不仅满足了人们对文化和旅游的需求，还能够促进文化产业发展。

虚拟世界是真实世界的镜子，虚拟数字技术对文旅产业的产业链和产品链进行了重塑。"云旅游""云展览""云艺术""云演出"等一系列新的体验方式，大多是通过网络上的数字平台来完成的，而"云端"等数字媒体的兴起，也给人们带来了前所未有的冲击。未来，AR、VR、MR 等虚拟技术的应用，将会对文旅产业的产业链进行更深层次的拓展和延伸，如

---

① 王伟杰：《从虚拟数字人到 AR　文旅元宇宙落地场景加速打开》，《中国文化报》2023 年 2 月 21 日第 7 版。

线上的虚拟景点、仿生虚拟人、虚拟导游导览室等，这将给旅游业带来新的发展思路。

以当今最热门的话题"元宇宙"为例，其特点是时空拓展性、高度沉浸感、感官延伸性、人机融合共生等，为文旅发展开辟了全新的可能性。用前沿数字技术赋能沉浸式体验，增强了数字体验，让数字技术可见可感、触手可及。数字化已成为未来文旅产业高质量发展的共识，基于数字技术的新锐、前沿、进步的营销阵地正在形成，数字人实时互动、虚拟场景及新形态的互动链接参与方式将是未来的关键流量门户入口。

3. 数字文旅内容再生产蓬勃发展

"消费社会"是一个社会学术语，由法国学者让·鲍德里亚（也作波德里亚）在其1970年的作品《消费社会》中提出："消费社会是进行消费培训、进行面向消费的社会驯化的社会——也就是与新型生产力的出现以及一种生产力高度发达的经济体系的垄断性调解相适应的一种新的特定社会化模式。"[①] 简单来说，"消费"成为支撑整个社会运转的核心和基础。在消费社会中，本体的使用价值被贬低和轻视，而其符号价值和象征价值则是被剥离并放大加强，成为创造个性、把握时尚以及实现身份认同的象征性道具。数字藏品是文旅产业优质内容的再生产和创造，正是符号消费的体现。

当前的数字时代重新构建了人们的文化价值认同关联、社会关系关联以及商业消费关联。"Z世代"既是中国旅游新的线上消费主体，又是新数字化内容的消费主体，这一新的日益壮大的消费群体，为我国文旅消费新途径、新场景提供了更多实现的可能。新一代的旅游者对旅游资源的需求更多聚焦于以"国漫""国风""国创""国乐''"国艺"为代表的中国数字文化IP，这不但促进了景区旅游产品的创新和开发，还创造了新商业模式和新业态，使之成为一片"蓝海"。将文旅产业链与创新链相融合，塑造了高质量的数字文旅内容，这是数字文旅发展的主力军与主攻方向。

（二）文旅数字藏品的新机遇

数字藏品是文旅产业的必然选择，二者有着天然的契合度，作为一种

---

① ［法］让·鲍德里亚：《消费社会》，刘成富、全志钢译，南京大学出版社2008年版，第63页。

结合了景区 IP 与虚拟技术的载体，数字藏品为景区提供了新的消费热点、开发了新的营收模式，已经成为这一领域的发展趋势。数字藏品是科技赋能文旅的一项全新探索，它以新颖的方式展示景区的大美风光与历史文化。个性化与互动性强是当下文旅 IP 吸引力的关键因素，具有年轻群体市场基础和强大文化属性的数字藏品为文旅产业带来了巨大商机，景区和文旅平台将从以下几点继续探索这一发展方向。

一是呈现圈层社交性。现阶段，国内数字藏品的购买者主要是年轻人，除了出于炒作目的的买家，愿意购买数字藏品的年轻人更看重它带来的身份标识认同和自我娱乐式迷群的"圈地自萌"。根据鲍德里亚的后现代主义逻辑，媒介构建了一种"超现实"（hyperreality），"符码"影响了人们对现实的认知。[①] 作为符号的数字藏品 IP，创造了现实的"拟像"和虚拟空间，刺激了粉丝迷群对虚拟物品与场景的占有欲望。通过追求占有不同的 IP 符号、在虚拟社群中塑造自己的个性"人设"，表达自己的个人需求与兴趣偏好，完成了个性化的倾诉和表白。基于此，文旅企业在开发数字藏品时，应着重考虑文旅数字藏品的唯一性和独特性，对于"Z 世代"身份认同和社交参与的象征意义和符号价值，旅游景区可以通过文旅数字藏品赋予游客会员身份的象征，通过开发专属的会员权益，不断增加文旅数字藏品的价值，使文旅数字藏品成为加入景区专属圈层的"通行证"，通过圈层的身份认同增强游客对景区的认同感和归属感。数字藏品和相关 IP 的结合，满足了年轻新兴消费者的需求，也全面满足了新消费时代粉丝用户的价值需求。"Z 世代"的年轻消费群体是"互联网原住民"，他们对数字藏品和国潮文化艺术作品的接受度很高，愿意为"高质量的专属性内容"付费。文旅 IP 数字藏品的开发，符合"Z 世代"自有一套的高标准消费观念，也符合他们日渐崛起的消费力和审美取向。

二是赋予 IP 故事性。所有文旅产品都有自己的生命周期，鉴于数字藏品的风口热度，文旅产业经营者应思考如何延长文旅数字藏品的生命周

---

① ［法］让·波德里亚：《象征交换与死亡》，车槿山译，译林出版社 2012 年版，第 95—96 页。

期。文旅数字藏品无论是从现实资源开发的，还是在虚拟世界创建的，文化都是其竞争力的核心。文旅数字藏品发行方通过深耕资源的文化属性，挖掘故事和创造情景，打造专属的独家IP，衍生相关系列数字藏品，延长文旅数字藏品的生命周期。具有丰富故事性的文旅数字藏品才会有更持久的生命力。

三是促进落地转化。数字藏品可以独立于现实而存在，但是文旅数字藏品不能仅在虚拟世界里发挥作用，还要为现实世界的文化和旅游产业发展提供助力。文旅数字藏品的落地性，意味着通过开发数字藏品，可以实现线上线下的转化，最终为实体经济服务。一方面，游客可能因为实地游览过景区而选择购买相关的数字藏品，实现从线下到线上的转化；另一方面，吸引在网络上购买文旅数字藏品的消费者到景区和目的地旅游，实现线上到线下的落地转化，从而延伸文旅产业的链条。

三　数字藏品赋能文旅产业的价值

数字藏品作为Web 3.0时代的产物，在当下文旅产业的赋能应用中有其独特的作用和价值，在保护、传承与传播文化，提升文旅产品质量，提高景区营收，提升文旅品牌影响力，促进文旅新业态转型升级等方面发挥其作用，实现数字藏品价值的全面升维。

（一）文化价值驱动，成为文化保护传播的新名片

文旅数字藏品的文化属性是其根本属性，数字是状态，藏品是形式，文化是内核。作为数字文旅产业的重要组成部分，数字藏品利用数字技术将实物文物数字化，可以实现数字化存储、数字化展示和数字化传播。在文化价值的驱动下，数字藏品能有效地保护和传承文物和历史文化遗产，让更多的人了解和认识文化遗产。

数字藏品与实体藏品本身属于网络与现实两个世界，它们的功能具有互补性。由于实体藏品是时间和空间交汇的产物，是数字藏品所不能替代的。但是数字藏品存在于无限的网络空间中，由于信息传播的便利性，它可以有效地扩大文化遗产在网络世界中的影响力，进一步增强人们对实体藏品的认知和了解，推动文化遗产的活化利用，实现"让文物活起来"。

对于文旅产业而言，数字藏品也具有与文创产品同样的文化和经济影响效应，有助于文化在网络受众中的传播，将拓展数字藏品作为文化延伸和文化传播的新路径。

数字藏品以其收藏属性、观赏属性和社交属性，架建起一座让传统文化进入数字虚拟空间的桥梁，从而促进了传统文化的传播和推广。无论是河南博物院的"妇好鸮尊"、湖北省博物馆的"越王勾践剑"数字藏品，还是凤翔木版年画《天河配》、舞蹈诗剧《只此青绿》数字藏品，它们自问世以来，都受到了广泛好评。这些数字藏品既抓住了人们的兴趣点，又极大地提高了文物和文艺作品的知名度和影响力。这些数字藏品，不仅是收藏，也是一种新的传播方式和传播媒介。众多基于传统文化类的数字藏品的问世，既是对传统文化的复兴，也是对传统文化的创造性转化和创新性发展，让传统文化的保护、传承与传播变得更加便捷、高效。

（二）注入人文稀缺性，升级文旅产品供给

数字藏品让传统文化焕然一新，赋予其更为年轻化的样态，博物馆里的珍品也不再是沉睡在箱底的老古董，而成为年轻人喜爱的潮流语言符号和社交符号象征。在数字藏品这一新载体的帮助下，优秀传统文化在现代社会焕发出新的生命力。数字藏品顺应了年轻人在新数字虚拟空间的消费习惯与价值审美，符合数字空间的美学。人们也在积极探索传统文化与数字艺术的融合互动，让传统文化与古代、现代以及未来发生碰撞。数字藏品能够为新事物注入人文稀缺性，为传统文化注入新的活力。

数字藏品创新了传统文化的表达方式，有助于优质文化内容以更轻盈的姿态示人。在传统文化的传播和推广中，既要讲究"灵魂吸引"，又要讲究"双向奔赴"。如果只关注挖掘传统文化的理念和价值，而忽略了用户深层次的心理和情感满足，传统文化的传播很可能陷入"曲高和寡"的尴尬境地。另外，数字藏品将实体空间与虚拟空间场景联系起来，不仅起到对文化或文物传承的作用，又能反过来迫使企业深挖其背后的文化资源，并对产品进行迭代升级更新。

在拥有无限创意和想象的虚拟世界里，数字藏品可以释放出极大的生产力，它在留存、普及和传播丰富多彩的文化与艺术方面发挥着与时代同步同频的重要功能。人们在运用传统文化符号、名人文化符号以及日常生活审美化来赋予数字藏品文化艺术价值的同时，也在借助数字藏品来推动传统文化的传承与艺术的创新。无论是创作者还是收藏家，都在探索着一条既有中国特色又具有时代气息的文化传承和艺术创新的道路。

（三）提高非营业收入，线上线下联动引流

数字藏品作为旅游业的衍生产品，不仅能为传统文化赋能，同时还促使文旅产业迸发新的商业力量。数字藏品既可观赏，又可收藏，更可促进景区的线上、线下互动。如收藏爱好者购买"数藏大理·崇圣寺三塔"数字藏品，可享受门票、索道、游船以及购买文创商品的优惠待遇。2022年9月，镇江旅游发展有限公司携手交汇点新闻、全线传媒，推出江苏镇江金山、焦山、北固山景区发布了首款数字藏品《游在镇江》，以福利盲盒的形式探索元宇宙场景应用，扩大镇江文旅品牌传播和影响力。购买者可以得到手绘数藏图、景区门票、酒店住宿以及特色文化创意商品等。数字藏品是将真实的事物变成可以长久保存的纪念，人们在经历了实体的文旅体验后，能有获得、收藏、集成的后续过程，有很强的线上参与性和互动性。

在旅游和文化产业领域，在网络上进行限量的数字藏品销售，可以为文旅产业提供除日常经营收益之外的附加收益。这种方式与线下文创产品有异曲同工之妙，但数字藏品的成本更低，交易也更为便利。所以，数字藏品线上营收利润也更高。例如，西安曲江大明宫城遗址公园推出的数字藏品"〇宇宙·千宫系列"，在淘宝、阿里拍卖平台上一经发售，仅9分钟就有3万件作品被抢购一空，销售额突破60万元。

由于数字藏品在线上发行的售卖方式，能够提升游客对文旅项目的认识和参与感，从而激发人们线下出游的意愿，通过线上获客引流，追求线上线下的联动，最终达到"线上获客，线下消费"的目的，进而增加文旅企业总营收。尤其是将纪念版数字藏品门票与景区"吃住行游购娱"一站式服务相结合，既能加深游客的体验感，又能提高景区门票以外的收入，这也是数字藏品当前为旅游企业带来收入的最重要途径。以前述数字藏品"〇宇宙·千宫系列"为例，假如买家集齐了该系列三款数字藏品（千宫之镜、千宫之佩与千宫之灵），即可享受终生免费游玩大明宫国家遗址公园的优惠权益。

（四）高效传播自身形象，提升文旅品牌渗透能力

当下，文旅产业对新的商业模式进行了积极探索，打通了实体经济与数字经济的堵点，将实体产业与数字技术进行了深度融合，并相互赋能，从而让消费者的价值感与获得感得到进一步的提升。文旅产业在发展进程中，体会到元宇宙营销带来的利好，它可以突破时空的限制，将营销成本降到最低；同时，还可以获取更多的市场价值，对文旅品牌的数字资产沉淀发挥出最大化的作用。文旅数字藏品对数字化营销也有很大的帮助，而数字藏品的发行，也是一种新的营销方式，可以帮助景区在网络上扩大品牌影响力。

文旅产业在开发数字藏品时，最重视的是它所蕴含的品牌渗透能力，以及它在旅游文化场景中所具有的良好营销价值。数字藏品本身就有一定的人气，自带营销热度，可以吸引更多的新生代用户，从而给文旅产业带来新的流量。谁能把握住年轻的用户，谁就能在这个行业中找到突破的钥匙。通过数字藏品来吸引年轻一代，提高品牌形象在"Z世代"心中的好感度，既能有效获得客户，又能传播文旅品牌的文化。

在对数字藏品进行布局的过程中，文旅产业可以自主构建数字藏品平台，灵活、自由地对品牌价值进行提升，这对于构建一个私域流量池非常有利，能使社会效益和经济效益最大化。出行平台具有自然的场景属性，可以通过原创或者与行业合作，为数字藏品赋予相应的用户权益，从而持续为用户提供高质量的服务和产品。同时，还可以为行业商家做更好的品牌推广和用户导入，从而建立起"商家—平台—用户"双赢的生态体系。

（五）文化体验和消费模式创新，拓宽应用新场景

近年来，数字藏品的出现，打破了以往传统文化、知名目的地和景点所受到的地域限制，让产业突破了空间的制约，广泛提升了品牌的认可度。同时，文旅产业将其旗下的 IP 在 Web 3.0 数字经济中完成确权，为今后可能出现的元宇宙大潮做好准备，推动了数字时代的文旅新消费。

数字藏品是 Web 3.0 时代旅游景区创建数字资产的重要载体，在创建

数字资产的同时,还能进行数字体验的创新,为旅游景区提供更多的沉浸式和交互式体验的可能。文旅产业的 IP 产品数量庞大,能够为数字藏品的应用提供丰富的新场景,其中不仅有当前最受欢迎的文物类和非遗类数字藏品,未来还可能会有在更多场景中打造出爆款数字藏品,为用户提供多元化的文化场景体验和创新的消费模式。

近几年出现的数字藏品,已经对文旅产业的运营工作产生了很大的影响,比如数字门票、数字纪念品、景点寻宝图、网上博物馆等,未来的数字藏品会越来越倾向于具体的落地应用场景。未来,利用区块链技术,可以深度解决数字藏品的版权问题,让收益变得更加透明,并能反馈给创作者。同时,还能利用数字藏品这一形式,提高社区群体的黏性,提升品牌的价值,对文旅 IP 和传统的广告形式进行重构,拓展新的应用场景。

(六)培育数字文旅新业态,打开景区第二空间

随着数字经济的迅猛发展我国文旅产业进入了"数智技术驱动产业演进"的新时期,产业的数字化转型已由"被动适应"转为"主动拥抱"。在数字化转型持续深化的过程中,数字赋能文旅产业发展的效应越来越明显,数字旅游产品也越来越丰富,数字旅游新业态正在兴起。文旅行业亟须寻求合理的途径,对自身原有业务进行提振,并开拓新业务,为带动整个产业链的发展作出自己的贡献。对行业的纾困不应仅限于回到以前的状态,更应关注近年来新科技和新模式的发展态势以及行业的本质和未来。

在 Web 3.0 的时代背景下,文旅产业与元宇宙能够实现双向互动流通,文旅元宇宙与现实世界的相似度很高,用户在其中的娱乐、社交、观看展览、体验等行为,都与现实生活极为相似。元宇宙的数字藏品,给文旅类 IP 提供了另一条增长曲线,将成为产业发展的一大方向。文旅产业的核心其实就是"IP"的运作,今后 IP 运营的范围将会扩展到元宇宙和现实世界。数字藏品的出现,给文旅产业带来了新的发展成长逻辑,如 IP 逻辑、流量逻辑和场景逻辑,它们分别提高了景区的 IP 认知度、为景区开拓了更多私域流量和虚实结合的应用新场景。

同时,旅游景点的盈利变现模式也由"门票经济"向"IP 经营经济"的方向发展。从"山水画卷"到"数字世界",开启了景区经营的第二空

间，也开启了景区 IP 价值的重新评估。当前，景区模式从 1.0 向 2.0 过渡，旅游地的收益将会是现实和虚拟的双重收益。我国文旅数字藏品发展尚处在萌芽期，但已显示出旺盛的生命力，当数字藏品积累到一定数量，就会催化产生质变。

四 "数藏+"：当前数字藏品介入文旅产业的维度

当前文旅产业已经介入了数字藏品这一新赛道，并获得显著效果，数字藏品成为文旅产业数字化新消费的重要落地场景，以文物数字藏品、艺术数字藏品、景区数字藏品等多种形式介入，创新了文旅数字藏品的内容生产与传播形式，促进了数字文旅产业的高质量发展。

（一）文物数字藏品："馆藏 IP" 活化文物

随着科技的迅猛发展，作为数字经济与元宇宙发展产物的数字藏品在各大博物馆中掀起了一股热潮。以文物资源 IP 为基础的数字藏品，是数字时代文物与文化遗产不断更新与迭代的有力证明，已经成为一种新的收藏与文创潮流。

从 2021 年开始，众多博物馆陆续发布了各自的数字藏品，其中，以中国国家博物馆四羊青铜方尊、西汉错金银云纹青铜犀尊等 4 件国宝级文物为题材的数字藏品，以及敦煌美术研究所、河南博物院等单位发行的限量数字藏品，一经上线即遭到"秒杀"。有了 3D 扫描技术，原本很难一睹全貌的展品，如今可以通过手机，从各个角度欣赏把玩。数字藏品能够吸引受众更多的注意力，使其更加关注文物本身，增加博物馆的影响力和产业升级空间，有利于打造"馆藏 IP"，拓宽文物的活化新途径。

（二）艺术数字藏品：拓宽艺术传播边界

当艺术与科技融合共生，就会激发产生一系列全新的艺术创作，VR 艺术、AI 艺术、生物艺术、NFT 艺术等都在不断涌现，这些全新的形式使艺术的边界和表现方式也在逐渐地被打破，艺术类数字藏品应运而生。它是一种艺术媒介，把艺术与元宇宙联系起来。艺术品不再只是挂在墙上的画作，而是可以用区块链记录下来的画作，去中心化、不可复制性成为数字时代艺术作品全新的属性。书画和艺术品的身份、创作者的身份地位和对艺术的造诣，都可赋予艺术数字藏品以能量。

借助区块链技术，敦煌美术研究院推出过一批敦煌飞天、敦煌瑞兽主题系列数字藏品，为传统审美提供了一种全新的表达方式，也为新旧两种艺术搭建了一座互通的桥梁。借助元宇宙的"东风"，敦煌艺术得到了进一步的发展，并在传统美术的基础上进行了美学上的革新，为千年古艺术注入了新鲜的血液。上海交响乐团于2022年3月3日发布了其首个数字藏品，它提取了1929年录制的"中国首部交响曲唱片"中的一段2分21秒的录音。尽管该交响曲录音并未在现场实地展示，但观众可以通过数字藏品来了解它，因而产生兴趣，或前往上海交响乐团数字音乐厅、上海交响音乐博物馆数字博物馆进行深入了解，进而对上海交响乐团和古典音乐产生兴趣。艺术数字藏品的出现，为艺术作品的传播打开了一扇新的大门，拓展了艺术传播的边界，同时也为更多人提供了一种欣赏和理解艺术作品之美的新方式。

（三）景区数字藏品：场景化再现与复刻

景区数字藏品可以对自然景观和文化遗产进行真实性复刻与艺术化展示，实现场景化再现，同时也便于进行二次加工与创作。中国大部分旅游景区都蕴藏着宝贵的文化遗产或瑰丽的自然风光，通过信息化手段将其数字化复刻、多媒体展示，将有助于对中华优秀文化进行更加生动直观、更加具体有效的形象宣传，也有助于提升景区的品牌知名度与影响力。

泰山景区在2021年3月推出了第一批四款数字藏品，限量销售，实现了"秒光"的效果。2022年4月，山东文旅云官方授权指定平台对以"沂蒙画卷"为主题的两款景区数字藏品——"世界第一人行悬索桥"和"望海楼"进行了首次公开发售。两款数字藏品均限量5000件，首批上线即告售罄。圆明园于2022年8月推出了"创世徽章""并蒂圆明"两款数字藏品，将圆明园众多具有代表性的文化元素结合在一起，通过独特而富有创造力的设计展现出来。"创世徽章"的正面是圆明园的大水法，背面是一幅圆明园夏日怡景的清宫画卷，营造出瑰丽炫目的皇家园林气派。对景区来说，使数字藏品在旅游地内部进行多场景、多媒体的展示，并向旅游地外部进行多渠道、多维度的传播，这是实现其价值的关键。

（四）非遗数字藏品：探索数字化传承新模式

近年来，数字技术在非物质文化遗产保护和传承中的运用日益广泛，基于数字技术的呈现方式对提升非遗保护水平、丰富保护手段、实现展示多样化、拓展传播渠道、增强大众互动体验等方面起到了非常重要的作用。可以说，"数字化非物质文化遗产"是使传统文化资源焕发出持久活力的关键。以往，非遗宣传需要耗费巨大的财力、人力、物力，而现在通过数字藏品，以全新的面貌和创新的形式，以年轻人喜欢的体验方式，重新回归到年轻群体之中。

2022年7月，苏州文博会发布的苏绣数字藏品，以动画线条的方式将苏绣技艺"平、齐、细、密、和、顺、光、匀"八个特色数字化，以最简洁明朗的画面方式呈现特色。依托于3D全景建模技术的平遥推光漆器数字藏品《和乐仕女图》，生动还原了平遥推光漆器的经典仕女纹样，让观赏者透过屏幕触摸平遥推光漆器丝滑的工艺，深入感受其千年风华。

一方面，非遗数字藏品将数字技术和文化创意相结合，为优秀传统文化的多元化表现提供了更加丰富的途径，赋予了非遗全新的表现形式，并使其获得强大的生命力。另一方面，数字藏品的出现，也为非遗传承人创造了一个施展才华、增加收入的广阔空间，同时，其广阔的市场前景和巨大的经济效益，也让"非遗"工匠有了更多创作和传承的动力。通过区块链等技术手段，数字藏品将非遗技艺与数字科技相结合，有效地保护了珍贵、濒危和具有重要价值的传统技艺，使更多的非遗项目走进人民的生活，使非遗技艺有了更广阔的发展前景。

（五）演艺数字藏品：延伸沉浸式旅游体验

在文化消费需求转型升级的过程中，一系列与自然风光、与人文历史等相结合推出的特色旅游演艺项目，已经成了文旅市场中的一大亮点，对旅游体验进行了有力的补充、延伸和提升，在促进文旅产业以休闲为主向沉浸式、立体化互动体验模式发展的同时，也为文旅产业激发新业态提供了助力。演艺数字藏品的出现，促进了线上与线下的沉浸式互动。

虚实共生,旅启未来:Web 3.0 时代背景下数字藏品赋能文旅产业新发展研究

2022 年 5 月 5 日,中国东方演艺集团与清六云链联合打造的《只此青绿》首个 3D 数字藏品"曼舞"开始发售。"曼舞"是以《只此青绿》中的"青绿"为原型进行的二次创作,该数字藏品不仅展现了中国古典之美,同时也把当代年轻人喜欢的 Q 版元素加入其中,通过 Q 版造型拉近了传统文化与"Z 世代"之间的距离,让中国传统文化以年轻的形式生动再现,用"Z 世代"的方式把中国传统文化"玩起来"。中国东方演艺集团将通过《只此青绿》系列数字藏品,进行线上、线下、创意场景的交互,构建"青绿"数字 IP,并从数字层次上构建作品的衍生链,使每位用户都能成为"展卷人",并使他们都能成为中华优秀文化的传播者。

2022 年 5 月 26 日,由江苏演艺艺术发展有限责任公司发行的四件戏曲数字藏品——《牡丹亭·惊梦寻梦》《牡丹亭·拾画叫画》《素昆·奔》《素昆·藏》开售,不足一分钟,四款共计 4 万份即告售罄。四款藏品都以视频的方式展示,买家在购得藏品后就可以观看相对应的视频内容。此次推出的戏曲数字藏品,利用数字多轨合成、单帧修复、数字画面增强等一系列技术手段,重新构建画面与剧情,以跨时空、多场景的全新编创形式,为戏曲艺术在数字藏品领域里做了一次"破圈"尝试。

(六)体育数字藏品:链接互动性体育价值

体育运动是一种具有参与性和体验性的文化,各类衍生产品则是将比赛与观众联系在一起的纽带。而数字藏品是一种具有互动性、趣味性、唯一性和真实性的全新形态,它与体育纪念品进行了组合,可以将其价值与被映射的体育资产原生价值保持在一个较高的水平上,让粉丝群体有机会拥有这些稀有、罕见但具有历史性和艺术性的体育收藏品,也为体育产业的数字化探索和体育精神的数字化传承打开了更广阔的空间。体育数字藏品是对原有体育资源的数字化表现,具有收藏和使用价值。将数字藏品与体育运动相结合,可以从多方面促进体育产业的发展,同时也为体育产业注入了无限商机。

2022 年北京冬季奥运会期间,吉祥物"冰墩墩"在网上、线下都出现了"一墩难求"的情况。冬奥会结束后,在得到国际奥委会的许可下,"冰墩墩"被打造成了 NFT 数字盲盒,并发布到国外数字平台。翌日

"冰墩墩"数字藏品的二手价格就翻了 20 倍。从冬奥会的吉祥物,变成网络高热度 IP,冰墩墩已经不仅仅是一个纪念品,而是一个可以给人们带来话题的社交符号产品。从某种意义上来说,这些因素叠加而激发的消费者心理及消费潜力,将冰墩墩及其衍生品推向了一轮又一轮爆火的循环。

五 目前数字藏品介入文旅产业存在的困境

在某种意义上,文旅产业借助数字藏品突破了市场的营销困境,但是,快速发展的数字藏品仍然处在探索期,"风口"下的问题依然存在,风险也依然潜伏。因为早期数字藏品的火爆,导致许多企业争相涌入这一蓝海市场。为了抢夺市场而进行挤压式的无序竞争,使市场进入了一种假性存量竞争的局面,进而出现了一系列问题和隐患。

（一）头部效应显著,难以支撑用户持续购买力

1895 年,意大利经济学家维尔弗雷多·帕累托在对各国财富分配进行分析时注意到,各国的财富都呈现出一种特殊的分配模式,那就是头部的少数人占有多数财富,尾部的多数人占有少数财富,也就是现在所谓的"二八定律"。从坐标的角度来看,头部向左靠拢,还拖着长尾。

文旅数字藏品的头部效应十分显著,互联网下的时代就是几个头部与众多长尾的时代。头部的位置,会吸引更多的注意力,得到更多的资源,也会得到更多的支持,有巨大的借势优势。人们几乎都把注意力集中在头部的内容上,因为相较于尾部的内容而言,在头部领域里的投入产出比更高,很容易出现大 IP 和爆款产品。新媒体时代,信息的供应量呈几何级数增加,人们的信息消费能力也得到了极大提高,但人们所需要的信息毕竟是有限的,再加上网络时代人们通过被动的方式获得信息,变得越来越"懒惰",在信息无限供给的过程中,越来越多的人变成了"边缘消费者"。所以,站在头部位置上的 IP 平台,无疑会吸引更多受众,同时受众的关注度又会进一步巩固头部的位置。

例如故宫文化或者三星堆文化这样的头部爆款 IP,因为其自带文化资源和流量属性,能够吸引到更多的眼球,而普通的景点景区或者企业,因

为知名度低和资源匮乏，很可能会功亏一篑。除了极少的稀缺 IP，现在文旅界的大部分数字藏品不具备足够的观赏性和收藏性，无法支撑让用户持续购买的动力。

（二）数字藏品质量内容良莠不齐、同质化严重

有了资金的介入和利益的驱动，再加上投资少，利润大，所以不管是发行平台还是数字藏品买家，都想在这个新兴领域中获得更多的利益，这就造成了更多的混乱，同时也增加了风险。发行方已经不再将注意力集中在用优质的产品和服务来促进市场规模的增长，而采用了对数字藏品平台进行大量的布局来进行扩张，发布的数字藏品同质化严重，导致产品的质量良莠不齐。但是在用户数量上，却没有出现新的突破，这对市场的可持续发展造成了不利影响，因此，在数字藏品的创意性、趣味性和独特性方面，仍有很大的提高空间。

当下，以"徐悲鸿的马"为主题的数字藏品已有泛滥之势。除了"幻核"的"墨马"外，数码猫、鲸探、虚猕数藏、灵境·人民美术馆等数字收藏平台，也都已经发布了徐悲鸿的作品，比如数字猫发行的"宋人匹马"、时藏发行的"徐悲鸿《马》"。

（三）藏品交易平台准入门槛低，不合规、风险高

另外，还存在一些不合规的数字藏品交易平台以及平台准入门槛过低的问题，这些都是潜在的风险。数字藏品交易平台迅速发展，造成了行业鱼龙混杂的现象。各种类型的市场主体涌入了这个市场，有的主体注册资金只有几十万元，有些平台在实质技术上没有采用区块链技术，没有清晰的知识产权授权链路，没有采取防范炒作的措施，没有履行保护未成年人权益的义务，等等。

区块链技术作为底层逻辑贯穿于数字藏品的整个生命周期，它为数字藏品的铸造、发行与流转的全过程提供支撑，因此，底层技术的安全性是至关重要的。但是，现在的数字藏品发行平台和类繁多，并不是每一家公司都有很好的区块链技术积累和沉淀，如果相应的智能合约代码不够完善，那么就会有黑客利用这些漏洞，攻击项目，盗取用户信息。

数字藏品的推广依靠大平台的流量以及前沿技术的支撑，这使它极易

出现灰色交易区域。在这种复杂的网络环境下,对文物原始数据的安全性提出了更高的要求,若平台体量较小且技术不到位,可能造成泄露,从而破坏文物市场的秩序。

(四) 侵权、投机炒作现象频发,泡沫化显现

知识产权侵权、投机炒作等现象,也是业界必须警惕的。支付宝与敦煌美术研究所联手推出的9.9元的NFT付款码皮肤,曾经在二手市场上被炒到19999元,这对收藏品的价值和价格确认来说,无疑是一个警告。

数字藏品的私下二手交易频繁发生,使用户的资金安全受到威胁。虽然大部分主流平台都不允许二次销售,只允许赠送,但很多人认为这是一个赚钱炒作的好机会,借助群聊或者一些二手交易平台进行交易。同时,也存在着平台"跑路"的风险。

数字藏品的价格一路飙升,有人怀疑这是否为泡沫,也有人怀疑是否有人在借机炒作。诸多乱象,是非常规的投机炒作与买方的 FOMO(Fear of Missing Out,错失焦虑)情绪心态所致。数字藏品是在数字技术的基础上,对传统文化消费进行的一次升级,创造出了一种新的消费方式,它是文化消费者可进行的数字化选择,而不是意图日进斗金的工具。当前,在部分二级市场上的炒作,尽管能够在短期内给平台带来较高的收益,但是其风险是巨大的且不可预知的。

(五) 行业标准缺失,政策监管缺位

目前,NFT数字藏品的市场还处于"野蛮生长"阶段,整体扩张市场处于无监管、无合规标准的状态,不同类别NFT市场相互影响。[1] 数字藏品现在仍缺少行业标准,一定要警惕把艺术品作为数字藏品进行"恶意炒作"的行为,这一行业需要规范和标准的制约,否则线上的"虚火"很容易引发线下市场的动荡。目前,我国的数字藏品市场价格体系尚未建立,基本处在随机定价的状态。而且,各个平台之间的价格也有很大的差别,因为数字藏品的热度在不断攀升,所以价格也在不断上涨,但是,数字藏

---

[1] 张浩、朱佩枫:《基于区块链的商业模式创新:价值主张与应用场景》,《科技进步与对策》2020年第2期。

品的质量提升却稍显落后。

目前，我国还没有建立起与数字藏品相对应的规范，没有对数字藏品的性质作出清晰的界定，也没有对相关的交易平台展开规制与监督，在法律法规方面几乎是空白，迄今为止，与 NFT、数字藏品有关的官方文件仅有风险提示、倡议、自律公约等。2023 年 3 月 14 日，中华人民共和国国家市场监督管理总局公布了 2022 年消费者投诉举报的十大特点，其中指出，在 2022 年数字藏品（NFT）等新模式的问题开始出现，监管难度也随之增加，与 2021 年只有 198 件相关的投诉相比，2022 年达到了 5.97 万件。这些投诉主要集中在不发货、不退款、恶意哄抬价格、收取高额手续费、随意封禁消费者账户等方面。[①] 当前，我国数字藏品发展所面临的主要风险就是政策监督的缺失。由于法律定性的不明确，还会造成平台在版权、商用权等方面的约定模棱两可，这就很容易造成平台和创作者在面临盗版时很难进行维权的局面。

六　数字藏品赋能文旅产业的路径

随着数字技术的广泛应用以及虚拟空间的逐步完善，数字藏品最终将成为元宇宙时代的重要数字资产，并在未来虚实共生的场景中产生交互、连接并形成场域。[②] 在经过对问题的探索和反思后，在逐利热潮降温、市场合规化进程中，数字藏品未来在文旅产业中也将会形成独特的客户社区、建立起触达新模式，塑造年轻化形象、提升产品创意性和体验感，并解锁多元场景、使产品体验增值。

（一）搭建独特客户社区，建立触达新模式

正如麦克卢汉在《理解媒介》中提到的，电子媒介时代的人类社会正在"重新部落化"。[③] 未来的数字社区将属于年轻一代，基于区块链技术的

[①] 《2022 年消费者投诉举报呈现十大特点》，2023 年 3 月 14 日，国家市场监督管理总局网站，https://www.sac.gov.cn/cms_files/filemanager/samr/www/samrnew/xw/zj/202303/t20230314_353753.html，访问日期：2023 年 5 月 20 日。

[②] 申星：《元宇宙中的数字藏品》，《企业管理》2023 年第 3 期。

[③] 参见［加］埃里克·麦克卢汉、［加］弗兰克·秦格龙编《麦克卢汉精粹》，何道宽译，南京大学出版社 2000 年版，第 170 页。

社交、交易、分享、创作将会发生很大变化。未来的数字潮流社区形态中，数字藏品将会是一种重要的工具。数字藏品的价值，一半在共享和使用情景的展示，另一半在未来的社区与社群之中。

未来，与数字藏品的新营销方式相结合，将会构建出一个独特的社区，这将成为平台构建自己真正客户社区的有效渠道，以此来提升与客户之间联系的密切性，让平台会员成为平台藏家，从而形成与客户的触达新模式。随着社交媒体平台的用户渗透率不断提高，线上营销也渐渐趋于多元化，而如何在合适的超级流量池中发掘出新的增长曲线，有针对性地进行品牌营销投放，则成为实现营销效果最大化的制胜关键。

传统文旅产业品牌的传播方式，大多以图文、视频、音频等形式进行，品牌的核心思想和理念基本上是单向输出，在消费者和品牌之间始终隔着一道屏障。如果没有更丰富更优质的内容，是无法满足"Z世代"不断提升的精神需求的。

不难看出，不管是国内还是国外的数字藏品，在设计方面都具有很强的独创性。有些品牌的数字藏品，采用了个性化的视觉设计，可以很好地将品牌的调性具象化并表现出来。用户购买之后，立刻能感受到品牌所带来的强大赋能，不仅能看到，还能进行直接的具体的沉浸式体验，之后还可以与品牌方进行对话和反馈。

以数字藏品为媒介，可以建立一个能够和用户之间产生重复的、免费的触达场域，可以在其中进行用户调研、开展各项活动等，这才是属于文旅品牌的真正私域，如果没有自己的私域流量池，想要了解用户的真实想法，并作出相应的调整和优化，是非常困难的。对于新品牌、新事物来说，构建社群触达潜在用户是比较好的方式，而数字藏品恰好可以通过构建社群，将品牌和用户之间的关系拉近。今后，更要依靠对市场的深刻理解以及精准的营销破圈思维，帮助文旅产业在平台上实现品牌知名度和产品口碑的大幅提升，并在头部内容社区中实现优质品牌资产的沉淀。

（二）塑造年轻化形象，强化创意驱动性

在"消费社会"中，人们购买的不是商品的使用价值，而是商品被赋予的社会意义以及意义的差异,即对欲望本身的消费。[①] 文旅产业以彰显个性、塑造人物形象的数字藏品开创营销新方法,结合"科技""潮酷""独特"等要素不断升级内容,以年轻的姿态为产业注入新鲜的活力。将现代和未来的元素融合在一起,将现代的艺术和传统的文化相结合,使数字藏品在感官体验上更加立体、多维,具有更强的艺术张力,这将是数字藏品未来发展的"生长点"。大部分数字藏品的发行方将目光瞄准了"Z世代",也就是 1995—2009 年间出生的人。他们已经完全接受了数字艺术。数字藏品是一种新型的文创产品,有助于通过更加年轻的用户体验形式,实现对中华优秀传统文化的创造性转化与创新性发展。实际上,整个流程最基础的就是如何获得和维护用户流量。只有通过精心的营销运营和形象打造,用户才能够感受到文旅品牌的温度,才会产生极强的用户黏性。

此外,文旅数字藏品要产出高质量的内容,需要强化创意的驱动性。首先要挖掘在地文化,并激活在地文化的灵魂,使其重新焕发生机,而不是一味地跟风模仿。其次,要在文化上进行创新,坚持高质量和高创造力。同时也要注重场地的特色,场地的生态环境、地形地貌等都是文旅的独特特色。再次,坚持国际化的美学观念,关注用户的需要,以设计引领文旅数字藏品的发展,以创意驱动项目核心。最后,IP 不再是单一的概念,而是一个体系。IP 是项目的灵魂,它必须被贯彻到项目的策划、设计、产品、设施、活动、视觉、运营等各个方面。它是一个完整的体系,同时也是文旅数字藏品生命的核心。现在元宇宙已经进入了一个新的时代,必须要用新的前沿技术,将线上与线下打通,将真实与虚拟相结合,才能产生更多的无限可能。

(三) 解锁多元场景,产品体验增值

元宇宙在 Web 3.0 时代已经不再是一种商品、一项技术,而是一个时间节点。其特点是:技术实现拟真世界、更智能和庞大的计算能力与网络条件、UGC 去中心化操作系统、与现实世界接轨的货币体系的建立。随着

[①] 陈力丹、陆亨:《鲍德里亚的后现代传媒观及其对当代中国传媒的启示——纪念鲍德里亚》,《新闻与传播研究》2007 年第 3 期。

信息技术的发展，物质需求转变为精神需求的时代降临，旅游产业从"坐商"到"行商"，从传播"图文视频"到传播"体验"，这意味着体验性将会是文旅产业一个崭新赛道。

让数字藏品"活"起来，不断增强产品的体验性将是未来发展的主要方向。胡泳等指出："在开源和区块链的技术支持下，'用户生产内容'或将升级为'用户共创内容'，甚至有望实现一种以共创性和共生性为特征的新的秩序。"① 开发时可以将"考古盲盒"和"修复盲盒"等具有较强交互性的思维概念引入进来，以互联网平台为基础，鼓励公众参与数字藏品的设计，或者提出创意思路，并通过文创专业人员对创意进行优化，推出由平台确权的专属款数字藏品，从而提升其独特性和不可复制性。除了将其放在买家的个人账户上，还可以将其在数码展厅中展示，让社交化刺激强体验。

景区突出强调数字藏品的社会性和塑造人设的展示特性，以吸引更多的年轻人来体验和尝试。在对数字藏品进行开发时，景区可以将自身资源与时尚、艺术等有机地结合起来，并与景区的文创、品牌形象等相结合，将其运用到可供展示、分享的场景当中，从而提高其可见性。推动景区与热门 IP 的合作，将 5G、AI、AR、VR 等技术运用到景区的运营场景中，切实提高游客的体验感。并在此基础上，进一步加强各领域各行业的合作，为数字藏品赋能景区的数字化发展提供有力的支持。

文旅产业可以与相应的平台合作，共同构建元宇宙虚拟空间，并在 3D 虚拟建筑的建设、业务协同与商业化应用等方面进行深入的合作，从而促进传统文化 IP、非遗、城市记忆与数字藏品行业的融合发展，实现国家文化数字化战略。在此基础上，积极引进高质量的线下数字文化体验项目，并将其打造为高质量的三维虚拟空间，形成一个线上线下互动的元宇宙文化体验空间，共同打造有一定影响的元宇宙标准和示范应用。

（四）逐利热潮降温，推进市场合规化

今后，应鼓励社会力量使用合法的正规授权手段，对文物资源进行合

---

① 胡泳、刘纯懿：《"元宇宙社会"：话语之外的内在潜能与变革影响》，《南京社会科学》2022 年第 1 期。

理的创意创造,并利用数字前沿技术来激发对文物价值的阐释和传播。对于数字藏品的炒作,在监管上应该着重防范和控制,让数字藏品的交易回归到其合理性价值,避免出现不正当的消费行为。如果放任数字藏品行业继续野蛮发展下去,则其前景堪忧。

对数字藏品市场要有明确的制约,特别是要明晰相关法规,使数字藏品始终在规范监管中运行。具体来讲,在监管上要做到事前、事中两方面的规制。事前,监管部门要设立准入门槛,严禁存在炒作风险的平台入驻;事中,应要求平台保证交易流程记录的可追溯性,并要求平台在数字藏品发行、使用、流转等环节建立起一套完整合规的制度体系。监管机构应对违规炒作平台实施行政处罚,对待可能牵涉金融风险的平台,要在保障消费者权益的情况下让其离场等。

此次互联网大厂纷纷退市,释放出两个鲜明的信号:一是数字藏品热潮在"退潮";二是数字藏品的合规性问题正逐渐被平台认识到,主动规避成为很多平台的普遍做法。这同时也引发了众多数字藏品企业与平台开始对其发展方向进行再审视与再思考。头部互联网企业从数字藏品市场的撤离,对之前过热的数字藏品行业产生了"降温"效果,也引发了更多产业参与者对数字藏品未来真实应用路径的思考,促使更多的从业者以长远的目光审视数字藏品的背后逻辑,不搞短期炒作和存量竞争,借以全面推进行业生态健康发展。

解决数字藏品"假性内卷"的问题,除制定监管标准、规范市场、为数字藏品发展搭建硬框架外,更重要的是使数字藏品"价有所依、值有所锚",为数字藏品寻找真正的位置与归宿,是行业在冷静期来临后应有的考虑。

结　语

"以虚促实""虚实共生"的理念,与国家的数字经济和数字科技发展战略相一致,也符合我国的实际国情,并且从数字藏品对实体行业进行赋能的实际案例来看,数字藏品在这一领域中展现出了巨大的潜力。数字藏品本身就是一种 IP 强化剂,将其与文旅产业的实体经济相结合,可以有效地促进产业模式、产业业态的创新，对产业和消费进行赋能。我国数字藏品"以虚促实"，以数字形态推动实体经济的发展，还有许多问题亟待解决，同时这也意味着我国的数字藏品还有很长的路要走。

数字藏品对文旅产业的赋能，其最终归宿应该是基于价值认同基础上的"数实结合"。在此之前，市面上的数字藏品品质良莠不齐，甚至出现虚高价值和投机炒作等现象，其主要原因就是"脱实向虚"。所以，文化类数字藏品应该"脚踏实地"，而非"凌空蹈虚"。具体地说，就是要对中华优秀传统文化的核心价值理念、中华人文精神的内核进行正确的理解和把握，并将其转变成与现实相联系的、深入人心的具体表达。将"虚拟与真实相结合"，以"虚拟"带动"真实"，达到虚拟赋能实体的效果。

虽然近期几个头部平台停止发售数字藏品，可能会在短时间内影响到数字藏品产业创业者们的信心。但是从长远来看，数字藏品将前沿数字技术和实体经济结合起来，将会成为传统产业迈入 Web 3.0 时代的一个重大突破口，同时也是中国对 Web 3.0 领域进行的一次重要探索和尝试，这将会是一个长久的大趋势。同时，未来的文旅产业持续转型升级，不再是简单地挖掘文化资源、文旅融合、产业链开发，而是将文旅产业的新发展基于当下的 Web 3.0 时代背景，探索以元宇宙、虚拟现实、区块链等新兴技术对文旅产业带来的新改变，以数字藏品为载体，以数字孪生作为其驱动力，探索未来元宇宙下文旅产业能够实现的新发展，打造文旅产业虚实共生的数字化新生态。

（赵文浩撰稿，李辉指导）

当历史走向新生：博物馆元宇宙数字藏品研究

序　言

作为近年来备受关注的发展潮流之一，"元宇宙"具有十分重要的现实意义和时代价值，其诞生得益于高新技术的发展和强烈的现实需求，人们得以逐渐从现实世界走向虚拟世界，获得更为丰富的感知体验和社交体验。而博物馆十分敏锐地看到了其与"元宇宙"元素融合后所产生的巨大效益及新的机遇，如可以进行IP数字化开发，实现转型升级。同时，由于当下"Z世代"的年轻人更加注重精神需求的满足，追求品质生活，他们愿意为自己所感兴趣的"个人定制专属内容"消费和买单，只要所生产的商品具有较强的质量价值内核，博物馆便能获得可观的收益，数字藏品应运而生。

（一）研究背景

元宇宙技术的兴起如平地惊雷，震动了正飞速发展的当今世界，它本身极为崭新的概念，所带来的价值效益与光明图景吸引着人们，也为人们所看重，因此，近年来各领域、各行业纷纷先行，探索并实践进军元宇宙视域，进行各种样态的实验，创造多样且丰富的样态，以期抢占先机，获得红利，目前此概念已经形成相对宏观完整的体系，在产业链各端中持续发挥效能。

"博物馆＋"则得益于当下的虚拟经济日益定型和成熟，新的需求正随之产生，特别是对年轻人来说，他们已不再满足单纯形式意义上的在实体博物馆中"逛展""游文物"，而是期待更多崭新的方式、丰富的体验、多元的感受。正走向社会的"Z世代"年轻人，他们是"互联网原住民"，可以较好地接受数字产品和国潮国风的文化艺术品，愿意为自己喜欢的"专属或定制内容"买单，渴望精神需求的满足成为其购买消费的重要出发点和落脚点，因此博物馆便乘风而行，选择站在时代大潮中与元宇宙进行合作，并成功打造出了数字藏品。2022年，博物馆数字藏品的热度更是一路飙升（从每月发行的数字藏品数量来看，从2022年2月开始，单月的发行数量突破百万级别），在元宇宙中构建独属的数字藏品逐渐成为博物馆转型发展的新趋势，元宇宙视域下的新星正冉冉升起。

当然，不能忽略的是，当下博物馆急需转型，实现IP的数字化开发，在虚拟空间中构建文物样态，从而使古老文物焕发新的生机，与时代接轨；同时，因为其恰好迎合了年轻人的审美需求和情感需要，且在年轻人的消费能力之内，因此产品可以实现上线即"秒光"，其中潜藏着巨大的经济价值和文化价值，亟待进一步深入挖掘。

（二）研究意义

首先，目前国内正集中于"元宇宙"生态下的全局建设，探索实现元宇宙空间中上中下游产业的联动发展。虽然元宇宙被称为Web 3.0的应用之一，相较于以前已经取得了长足进步，但在行业宏观视野下来看，其整体仍处于发展的初级阶段。近年来，蚂蚁、京东、腾讯、百度等企业纷纷抢跑，争先完成数字藏品业务的基本布局，即在发布数字藏品的同时，搭建数字商品可信登记平台，理念先行，但构想与现实之间的差距也清晰可见，元宇宙与文物藏品的数字化联系延伸仍然有较大空白和亟待填补的空间。本文选择以数字藏品为立足点和出发点，有利于探究元宇宙与博物馆藏品之间的联系，寻找博物馆IP的数字化转型方向，思考数字藏品所实现的价值赋能和带来的潜在风险，并探索合适的解决路径，以期为将来学术界的相关研究提供参考借鉴，助力现实需要，推动数字中国建设，促进社会经济和文化发展。

其次，数字藏品的兴起与发展是大势所趋，是顺应时代潮流的应有之义。据北京师范大学文化创新与传播研究院2020年发布的《中国文博文创消费调研报告》显示，文创消费的年轻化趋势明显，其中"95后"占比达30%，他们更注重文博文创类产品的体验感与个性化。如在2022年4月，由北京版权认证中心保障，疯狂体育与圆明畅和文化进军数字藏品领域，并上线数字藏品平台——"乾坤数藏"，且在该平台上首发圆明园主题系列数字藏品"圆明园海晏堂铜版画"，还同步开启预约"圆明园十二生肖瑞兽（人身兽首）铜像"数字藏品，受到了热烈欢迎，反响极佳。这是现实中的投资风口和商机，与博物馆数字藏品结合的元宇宙概念不仅具有了原生意义上的经济价值，亦因为文化价值而不断赋能，点石成金，为未来元宇宙概念的数字藏品发展提供可资借鉴的经验，而且它的出现符合当下的社会语境和社会需求，为元宇宙与其他领域的结合提供有益的遵循和指导，具有充分的现实意义。

（三）国内外研究现状

本文主要研究数字藏品的生成与发展路径，因此，对数字藏品进行文献溯源。从元宇宙维度下的数字藏品视角看，研究大致可分为三个阶段：单一移植期、创新生成期和融汇并流期。

第一阶段是单一移植期。对数字藏品的分析多集中于将博物馆实体文物进行单纯数字化复刻，并通过移植进入元宇宙的空间的方式，以实现数字藏品的生成，几乎很难发现改动或创新的痕迹。数字藏品的生成得益于早期概念的萌芽和最终确立，1993年，流通市场上出现加密交易卡，开启了数字化的序幕；2015年，一款建立在比特币之上的区块链交易卡牌游戏"Spells of Genesis"上线，每张卡片都包含一件艺术品，游戏的经济系统与区块链技术实现结合，技术手段逐渐搭建成熟，它标志着一个去中心化的开始，玩家可以真正拥有自己的数字资产，从此数字藏品开始进入漫长的发展期。程浩原、张娜在《深挖数字藏品潜力 助力博物馆走向未来》一文中，提到国外博物馆数字藏品大多为已有藏品的单方面复制和还原，而我国博物馆推出的数字藏品不仅有对藏品的数字还原，还有一部分给予文物IP的二次创作。众多文创产品，如以九色鹿为主题的付款码皮肤，不仅拥有博物馆IP的号召力，还能以更加"接地气"的形式满足消费者的文化需求，传播文博知识[1]。博物馆的这一举措符合时代发

---

[1] 程浩原、张娜：《深挖数字藏品潜力 助力博物馆走向未来》，《中国社会科学报》2023年3月9日第7版。

展，是题中之义，但就数字藏品而言，其仍然存在较大的发展空间，尚处于空白弥补期。

第二阶段是创新生成期。对数字藏品的探索开始跳出自身已有框架的束缚，转而进行新的突破，尝试融入 NFT 加密数字权益证明、VR 等高科技手段，展现更具有体验感和丰富魅力的多样态数字藏品。以 NFT 技术为基础的数字藏品在传媒领域具有独一无二的新优势，如对经济实现有效赋能，"点石成金"，但也正如季冬梅在《区块链数字藏品的版权风险及治理——以传媒产业为例》中所言，目前 NFT 技术中尚有法律风险及需求治理。[①] 温梦华通过《把文物"装进"元宇宙　数字藏品打造文创新业态》一文说明，在 2022 年的"国际博物馆日"国内外十家博物馆、图书馆在天猫推出 20 款数字藏品总量达 2.5 万件；同一天，广东多家博物馆陆续在不同平台上线 21 款数字藏品，合计发行量超 65 万份。[②] 从最初的国外发展热潮至国内探索尝试，元宇宙视域下数字藏品正在实现新的突破，人们正缓缓叩响新时代的大门。

第三阶段是融汇并流期，此时对待数字藏品，各领域相关人士已形成更加开放包容且谨慎的态度，如何实现在数字藏品的生成与发展中保留传统文化的魂，融入虚拟世界元宇宙中的精华，成为现阶段的重要命题。由于数字藏品和元宇宙都以区块链为技术架构支撑，而数字藏品作为价值流通的凭证，拥有可编程的无限可能性和多样性，因此也被称为"进入元宇宙的钥匙"。张蕾、黄昌勇在《元宇宙文化产业生态圈之构建》一文中阐述，在继承传统文化精髓的基础上，充分发挥元宇宙对文化产业的赋能作用，积极构建以基础、用户、服务、环境为基本内容的元宇宙文化产业生态圈。[③] 陈希琳在《完善数字藏品交易风险评估预警》一文中，提及对复旦大学大数据研究院教授、国家职能评价与治理实验基地副主任、元宇宙与虚实交

---

① 季冬梅：《区块链数字藏品的版权风险及治理——以传媒产业为例》，《新闻界》2023 年第 1 期。
② 温梦华：《把文物"装进"元宇宙　数字产品打造文创新业态》，《每日经济新闻》2022 年 6 月 21 日。
③ 张蕾、黄昌勇：《元宇宙文化产业生态圈之构建》，《同济大学学报》（社会科学版）2022 年第 5 期。

互联合创新中心发起人赵星的来访,他表示缺少明确的法律和监管态度等不确定性使一些企业采用保守策略,相对聚焦于文创类的数字藏品发展。①

在此过程中,学界也相应对数字藏品在消费场景、版权问题、技术基石等诸多方面展开了深入的探索和思考,并形成了几大共识。

其一,数字藏品对宣传文化、普及文物知识具有实体文物无法实现和跨越的重要作用。数字藏品以虚拟化的形式存在于元宇宙视域中,不同于以往陈列在博物馆中的实体文物,能够使用户跨越时空界限,足不出户便可以感受文物,体会其独特魅力,极大地提高了文物的可观看性,促进了文化的宣传与传播,实现了文物知识的有力普及。目前,通过信息手段展览藏品和开发独特的数字藏品,已成为博物馆发展中备受关注的项目之一。

其二,目前博物馆的数字藏品发展仍然存在创意性不足、版权分割和价值难以界定等问题,亟须采取相关措施。由于博物馆实体文物本身具有巨大的价值和声誉,数字藏品在转化的过程中只要稍加改变便会备受关注,因此在创新性方面,如何处理好继承和发展的关系,成为研发者所面临的重要议题,创意性不足往往是当下规避风险和争议的结果,这极大阻碍了数字藏品的深度发展。河南博物院的创意性研发提供了极富参考意义的成功案例,它的网红产品——"考古盲盒",引起了人们的广泛关注,仅在2021年内,该产品便带来了3000万元的销售额,展现出数字藏品巨大的经济价值和经济潜力。

面对目前博物馆数字版权所有的种类,数字藏品的版权认证标准需要进行统一,对博物馆内藏品进行数字化和复制的数字藏品,需要获得相关版权拥有者的确认和授权,合理进行版权的分割和价值的定位是不可忽视的关键一环。因此,对具有诸多侧面和维度的数字藏品,需要进一步深化相关措施和政策,为数字藏品的长远发展做好坚实保障。

综上所述,笔者认为,数字藏品是时代浪潮下科技与文化交锋、交融的产物,具有丰富的文化底蕴。它以高新技术为支撑,在元宇宙视域中能

---

① 陈希琳:《完善数字藏品交易风险评估预警 访复旦大学大数据研究院教授、国家智能评价与治理实验基地副主任、元宇宙与虚实交互联合创新中心发起人赵星》,《经济》2022年第6期。

够发挥传播优秀传统文化的重要作用，同时带给消费者不同于以往任何形式的感受和体验，在历史的时空中与未来对话，极富商业价值、文化价值和广阔的市场前景。

此外，由于数字藏品建立在元宇宙空间之中，是元宇宙的基础场景之一，因此，对元宇宙概念也进行文献溯源。

"元宇宙"的概念诞生于尼尔·史蒂芬森（Neil Stephenson）1992年美国幻想文学作家的科幻小说《雪崩》（*Snow Crash*），其中提到了"Metaverse"（元宇宙）和"Avatar"（化身）两个概念。现实生活中的人们在"Metaverse"中可以拥有自己的虚拟替身，进行一系列与现实世界无异的正常社交、生活等活动，这个虚拟的世界便是元宇宙，只不过区别是，在这里人们用数字化身来控制自己，如同一个个虚拟人物，在相互竞争中提高自己的地位，在相互交流中变成更丰盈的自己。

2021年3月，沙盒游戏平台Roblox在纽约证券交易所上市，首日股值暴涨54.4%，市值比一年前飙升了整整10倍；10月，Facebook将其母公司更名为"Meta"，暗示其对元宇宙的雄心；8月，字节跳动斥资50亿元收购VR公司Pico以布局规划元宇宙；12月，阿里巴巴成立全资子公司"元境生生"；罗永浩说他的下一个创业项目是元宇宙……由于商界、媒体等纷纷将视角转向元宇宙，对这一概念所带来的巨大效益和光明前景满怀期待，"元宇宙"一词乘势直上，2021年甚至被称为"元宇宙元年"，相对应的是学界也掀起了一股"元宇宙研究热潮"，各类讨论层出不穷，如何给当下飞速发展的元宇宙概念定义，如何看待它与社会生活数字化、智能化紧密相连的关系等等内容，成为不断探索思考的议题。

国内对元宇宙的研究有不同的视角，如王建民从社会结构视角对元宇宙进行的探索，他在《元宇宙：社会现实的数字化拓展空间》一文中认为，元宇宙是一个生态系统，是由技术、身份、参与、社交、体验、规范等构成的整体，而在社会行动层面，他认为元宇宙具有"脱嵌性""孪生性""跨阶层性"特征。[①] 人们正建立和重建着自己的身份，那么该往何处

[①] 王建民：《元宇宙：社会现实的数字化拓展空间》，《天津社会科学》2023年第2期。

去便是需要着重思考的关键问题。

对元宇宙概念最早进行深入研究的视角是基于媒介的，它成功启发并带动了多视角研究走向深化，去探索落地的可能性、可行性。2021年9月喻国明教授发表一篇题为《未来媒介的进化逻辑："人的连接"的迭代、重组与升维——从"场景时代"到"元宇宙"再到"心世界"的未来》的文章，他在文中分析了元宇宙是未来媒介发展"向外"（现实边界）的开疆拓土和"向内"（人体自身）的深层次重组。[①] 以上研究都对此后的探讨具有极为重要的启发意义，引导着学术界进行更为深入地考察和思索。

综上所述，笔者认为"博物馆+元宇宙"概念在当下具有十分重要的研究价值，它是搭建现实世界与虚拟世界的重要桥梁，是人们了解感受中华优秀传统文化魅力的有力途径，唯有搭乘时代风口和浪潮的快车，才能实现在当下极有效能的进步和发展，破局而生，迎风而行，为经济价值和文化价值赋能，推动"数字中国"建设，助力中国式现代化的发展。

一　时代风潮：博物馆元宇宙的内涵及潮流

博物馆承载着千百年来的文化记忆，以实物的形式凝结着古往今来人们的悲苦喜乐，为人们提供了丰富的精神滋养，成为无数灵感与艺术发源的沃土。元宇宙则着眼于现实与虚拟的时空交错，如同《头号玩家》中主人公韦德·沃兹所置身的虚拟世界，这里有繁华的大都市，形形色色的无数游戏玩家。或许他们在现实生活中各自身处不同的境遇，幸福与不幸，快乐与挣扎，都可以在这里重获新生，实现自己的梦想，成为超级英雄，接受人们的鲜花、掌声和赞美，毕竟它有一句很有名的口号："在这里，唯一限制你的是你自己的想象力。"2022年7月18日，《时代》周刊在发布的最新封面中刊载了元宇宙先行者、元宇宙商业之父马修·鲍尔的文章《进入元宇宙》。一时间，元宇宙概念在科技领域成为备受关注的

---

① 喻国明：《未来媒介的进化逻辑："人的连接"的迭代、重组与升维——从"场景时代"到"元宇宙"再到"心世界"的未来》，《新闻界》2021年第10期。

热点。

（一）风口下的元宇宙世界

最早提及"元宇宙"一词科幻小说《雪崩》自出版距今已有 30 余年，原本一直隐藏于大众视野之下，极少水花，却在 2021 年一跃成为国际热词，并称这一年为"元宇宙元年"。这一现象的出现，便是美国游戏公司 Roblox 在该年 3 月上市的"元宇宙"第一股，引发了现实中的"元宇宙"热潮；10 月 28 日，Facebook 首席执行官马克·扎克伯格更是宣布将 Facebook 母公司更名为"Meta"（元），新名称便是来源于"元宇宙"（Metaverse），并规划在 5 年内转型成为一家"元宇宙公司"。微软、苹果、字节跳动等大型互联网公司亦纷纷抢跑，为进军元宇宙摩拳擦掌。

以元宇宙概念股为例，从盘面上看，中青宝（300052）、盛天网络（300494）、汤姆猫（300459）、易尚展示（002751）、佳创视讯（300264）、当虹科技（688039）、顺网科技（300113）、宝通科技（300031）、歌尔股份（002241）、视觉中国（000681）等自 2021 年 9 月至 12 月，不断封涨停板，变化之幅度令人惊叹，足见各大公司正紧盯元宇宙风口，以免错过这趟高速列车。

"元宇宙"的英文释义是"Metaverse"，即用以指称与现实世界相连，在技术手段加持和协助下人们进入的虚拟空间和虚拟世界。但这并非意味着元宇宙即等同于新技术的诞生，而是指它集成了一大批现有技术，包括 5G、云计算、人工智能、虚拟现实、区块链、数字货币、物联网、人机交互等。

其实如何定义元宇宙，各方人士一直秉持着各自的观点和见解，从不同的维度和视角进行考量和研究，如从社会结构视角进行元宇宙的探索，认为它是一个完整的生态系统，是由技术、身份、参与、社交、体验、规范等构成的整体样态，是广义现实世界的一部分，亦是对狭义现实世界的延展；而从社会行动视角下思考，元宇宙空间中的社会行动则更多是具有"脱嵌性""孪生性""跨阶级性"三个特质的行为，人们身处其中正建立和重建着自己的身份，该往何处去，又将走向何方值得不断深入思考。但他们对于元宇宙的认知亦有共性的特点，即在元宇宙视域中存在不可忽视的重要特质——虚拟与现实世界的平行共生、沉浸式体验与作用感、开放兼容的"去中心化"、集大成的高科技手段。用户在现实世界中利用VR或AR技术，进入元宇宙所打造的虚拟世界，获得沉浸式体验和与现实世界相同的社交属性、社会场景。在元宇宙中，开放兼容包含技术和应用两层含义。[①] 此外，亦应注意到多种高新科技手段的综合运用，能够为元宇宙的实现搭建极为关键的技术桥梁，元宇宙的应用是技术集大成的重要产物。

不可否认的是，元宇宙正逐渐嵌生在各领域中，进行极富个性意味的信息传达，呈现虚拟空间的独特魅力。如在2023年1月7日至4月2日，济南举办了"共生世界——2022济南国际双年展"，以"共生世界"为主题，包含当代与传统共生、人与自然共生、地域与世界共生、现实与虚拟共生、艺术与科技共生等五个维度，通过多维艺术形态的再认识、再阐释，倡导相互联系、相互依存、相互借鉴、相互融通的共生性，尊同敬异、兼容并蓄、和而不同、各美其美的文化包容性，把中华美学精神和当代审美追求结合起来，关注当今人类社会发展的全球性主题和艺术发展趋势，具有鲜明的时代性。其中有一件"转译天显"（Transenlight）（图1）的作品便是对当下元宇宙与艺术、生物领域的融合呈现的最好例证，它属于多通道影像，试图打破科学和神秘主义的畛限，呈现了一个关于元宇宙的蓝图。而其中的"转译"是指在生物领域基因mRNA片段被翻译为身体中各种不同蛋白质的过程，以算法生成与造型学原型形态构建，创造出"数字生命生态圈"，假设基因的"元文本"序列作为元宇宙中所有生命的基础，在这些实验中对人性、人的自主意识作出进一步探索。同时，它所呈现出来的与现实视角迥然不同的虚拟世界的视觉、听觉、色彩、动态等感知体验，极富艺术魅力，带给了人们全新的理解，冲击了原有传统束缚下对现实和虚拟世界的思考，有时假亦可成真，拥有与真相同的情感体验。

[①] 王旗、孙贤、郭誉聪：《元宇宙背景下数字藏品的现状与出路》，《出版广角》2022年第18期。

图 1 朱剑辰作品"转译天显"

(图片来源:笔者摄于"共生世界——2022 济南国际双年展")

(二)"博物馆+元宇宙"

博物馆是典藏人文自然遗产等宝贵资源的重要文化教育机构,主要通过对文物的展出呈现历史文化内涵,讲述千百年时空流转下的风云故事,表达无数人寄托于其中的精神情感和悲苦欢喜,内容涉及政治、经济、科技、文化、民族等多个方面,沿多维度纵深分布。此外,作为服务社会的非营利性常设机构,博物馆研究、收藏、保护和阐释物质与非物质遗产,挖掘其中的历史文化价值、精神价值和经济价值等,以实现创造性转化、创新性发展,因此具有多样性和可持续性的特点。广为人知的博物馆如中国国家博物馆、故宫博物院、纽约大都会博物馆、卢浮宫等。

在高新技术飞速发展的 21 世纪,互联网科技已深入人们的生活,走进千家万户,为无数人提供了极大的便利,如在出行、医疗、养老、社交等方面都发挥着重要作用。在此环境下,博物馆亦很难独善其身,唯有融入时代发展的潮流,探索现实与虚拟接轨的合适方式,才能避免历史文化与现实世界割裂,使文物活起来,文化火起来。因此,在"博物馆+元宇宙"出现前,其实二者的融合已走过了很长一段路,经历了长期的探索与发展。

数字藏品的生成离不开早期概念的萌芽和最终确立。20 世纪末,流通市场上出现加密交易卡，2015年，一款建立在比特币之上的区块链交易卡牌游戏 Spells of Genesis 上线，游戏的经济系统与区块链技术实现结合，技术手段逐渐搭建成熟，为"博物馆+元宇宙"发展打下坚实的科技基础；2017年6月，NFT 项目 CryptoPunks 诞生，开创生地将图像作为加密资产，10月上线的加密猫游戏 CryptoKitties，让每一只数字猫都独一无二，各具姿态，其价值不可复制；2018年，NonFungible.com 推出一个区块链数字藏品市场追踪平台，同期，Opensea、SuperRare、KnownOrigin、MakersPlace 等出现，用于发布和发现数字艺术，这些都为数字藏品的生成开辟了新的思路，为"博物馆+元宇宙"事业的发展提供了可资借鉴的案例，极富建设意义和文化价值。

  在此基础上，可以实现多人多屏数字互动的博物馆特展创新实践，将文化特展与丰富的感官体验、数字化的互动技术融合等样态应运而生，湖南博物院便做了这一有益尝试。运用大数据、物联网、生物科技等手段对文物进行修复和珍藏，创新了文物保护方式，有利于探索更适宜文物保存的环境和修复技术，满足日益提高的文物保护要求，延长文物存续寿命，目前中国大部分博物馆已成功实现藏品数字化转型。

  在无数成功经验与失败教训的实践下，"博物馆+元宇宙"终于登上时代舞台，生成数字藏品。它以博物馆文物为基准，以过往成熟的技术和发展经验为依托，以新时代下逐渐成熟的区块链技术、NFT 交易等科技手段为桥梁，开始了元宇宙世界中博物馆维度的布局。它在传媒领域能充分发挥创新应用时所带来的新优势，对经济实现有效赋能，从而"点石成金"，版权问题的合理归置和划分开始得到更多探索和思考，从而实现科技创新下自由达成的契约，真正实现数字藏品长远稳定的发展。

  业界将元宇宙的应用场景分为两大模块：产业元宇宙和消费元宇宙。前者多为能源、农业、金融与投资、地产、职业教育等模块，后者则集中于艺术、文旅、虚拟数字人营销等模块。"博物馆+元宇宙"即属于消费元宇宙，以虚拟空间为平台，以文化遗产的"数字孪生"与"数字永生"为特色，注重沉浸式体验，依托文化消费，促进文创产业和实体经济发展。其中，最具代表性的是诞生于此的数字藏品。它以实体文物为母本进行制作，借助区块链技术，依托 NFT（Non-Fungible Token，非同质化代币），使用法定货币结算。随着研究的日益深入，目前已有许多数字藏品与人工智能等技术实现了深度融合，如"时藏"联合新华社卫星新闻实验室发行的"太空报道局"系列三款藏品，主要以全球首位数字航天员"小铮"为探索的出发点，简单来说便是"数字藏品＋虚拟人"的有机结合，这其实也是一次科技为艺术赋能的有益尝试。

  博物馆在探索元宇宙应用方面因其坚实的基础实现了快速发展，并成功把握住量身定制这一关键——为每一位参观者打造出符合其知识水平的个性化展览，并以他们感兴趣的方式进行推送。无论是理论认知还是实践探索方面，"博物馆＋元宇宙"在当下都获得了长足发展。在理论层面，以上海交通大学马克思主义学院助理教授沈辛成所提出的观点为例，他认为，元宇宙是人以数字身份参与的虚实融合的三元世界数字社会，"以我为主"是元宇宙时代博物馆发展的一大趋势。[①] 这一观点对元宇宙视域进行了新的解读和突破。在实践层面，代表性案例是近年来上海美术学院数码艺术系教授蒋飞团队受邀多次帮助博物馆开发的元宇宙项目，通过构建虚拟空间，将非遗产品从源头"搬到"了展厅中。其中最为引人注目的项目是其开发的虚实切换的划船项目：当游览者在现实中划动船桨时，面前的虚拟空间会荡漾起水波，真实虚拟空间不断切换，游览者置身其中，获得不同于完全虚拟空间的全新体验，极富真实感和体验感；他们还利用传感器将人们某一刻的生理数据、环境数据发送给网络另一端的朋友，朋友还原数据时，能够真实感受到原"我"当时的体验，跨越时空界限，使用户真正拥有"天涯共此时"的通感。[②]

  同时，"博物馆＋元宇宙"模式亦面临着许多风险和挑战，如何保证其坚实硬核的内容质量，如何在技术尚未高度成熟的当下实现先行，使"博物馆＋元宇宙"行稳致远，达到可借鉴、可复制、可推广的效果成为需要不断探索与思考的命题。

---

  ① 被采访人：蒋飞、沈辛成，采访地点：上海科技馆，采访时间：2022 年 5 月 18 日。
  ② 被采访人：蒋飞、沈辛成，采访地点：上海科技馆，采访时间：2022 年 5 月 18 日。

由于博物馆实体文物本身具有巨大的价值和声誉，数字藏品在转化的过程中只要稍加改变便会备受关注，因此在创新性方面，如何处理好继承和发展的关系，成为研发者所面临的重要议题，这极大影响了数字藏品的深度发展；同时，目前博物馆数字版权所有的版权种类，对于数字藏品的版权认证标准仍需要统一，对博物馆内藏品进行数字化和复制的数字藏品，需获得相关版权拥有者的确认和授权，合理进行版权的分割和价值的定位成为亟须解决的问题，前途漫漫，任重道远。

二 智能生成：数字藏品的搭建、特征与应用

数字藏品借助数字技术，以博物馆实体文物为基准进行复刻或再创造，在元宇宙的虚拟空间中呈现，人们通过操作界面操控和旋转仔细观察文物或者在其打造的虚拟现实中获得沉浸式体验。它以区块链中的联盟链为技术桥梁，拥有 NFT 的加密数字权益证明，可以进行买卖和交易，具有社交属性，"编织了多场域逻辑的社交网，满足了'数字原民'收藏、交流的社交需求"，[①] 需要实名认证，在我国交易货币主要是人民币，主流平台目前尚未开放二级市场进行流通。

目前市场上已经出现在"博物馆+元宇宙"下构建的较为成熟、典型的数字藏品案例：如广东省博物馆（广州鲁迅纪念馆）2022年5月18日发行的两款数字藏品，以元磁州窑褐彩唐僧取经图瓷枕、钟楼为原型打造，呈现虚拟数字图像，可以交易，自由买卖，因其构思巧妙，视觉效果与文化底蕴兼得，广受好评；金沙遗址博物馆的"浮面"等数字文创产品仅面市50秒便被一抢而空；国内知名数字藏品平台"乾坤数藏"与"中国航天博物馆""圆明重光""朱炳仁·铜"等IP形象共同打造的一系列作品更是极为典型的成功案例，其中"敦煌"系列备受瞩目，它将敦煌文化与数字技术融合，形成瑞兽系列数字藏品——"锦鲤"，在这里人们可以跨越时空界限，感受敦煌文化，时代与千年敦煌接轨，大智文殊心怀天

[①] 王璇、宋英俊：《元宇宙背景下我国博物馆数字藏品的风险研究》，《出版广角》2022年第17期。

下、无我奉献的精神被赓续相传。

（一）现实土壤孕育下的数字藏品

数字藏品在本质上是记录在区块链上的数字内容，其搭建离不开内容建构、应用区块链技术、融入 NFT、结合数字化高新技术手段和准入交易流通机制五个环节，是基于现实的产物。

其一，进行内容构建，以博物馆文物为基准的复制或再创造。数字藏品孕育自博物馆的实体文物，常以其中知名度较高或极富特色和魅力的藏品为依托，进行数字化呈现或灵感勾勒的再创造，形成数字藏品的内容质量核心和基础。从传统文化和历史文明中汲取养分，设计者进行灵魂撞击从而实现深加工，并非简单意义上的"单一复制"已成为目前数字藏品内容搭建的追寻和共识。较为典型的代表是鲸探平台于 2022 年 5 月发行的"人头形器口彩陶瓶"数字藏品，它以甘肃博物馆的人头形器口彩陶瓶文物为灵感来源，这是国家一级文物，塑造了一位古朴、大方的美女形象，人头与葫芦瓶巧妙地结合在一起，憨态可掬，形态生动，既有实用性又有艺术性，抽象的线条与人头像结合，体现出远古先民对自身力量的初步认识和艺术再现的能力，极富感染力，成功探索了数字藏品新玩法，数字藏品在此基础上实现加工改造，赋予其虚拟空间中的科技意义和文化意义，文物真正实现了"活起来"。

其二，接入并应用区块链技术。区块链是按照时间顺序，由一个个数据区块连接并组合成的链式数据结构，形成不可篡改和不可伪造的分布式账本，广义上更为灵活宽泛，可以保证数据及访问安全，形成智能合约。数字藏品需接入区块链技术，借助它的唯一性、可追溯性、永久性等优势，为其赋能，以便在后期进行交易时顺利转换为数字商品，实现经济价值的"点石成金"。

其三，融入 NFT。NFT 作为 2021 年的科技热词之一，它的声名大噪源于美国的无聊猿项目。无聊猿项目组将猿的眼睛、嘴巴、毛皮、衣服、耳环、帽子、背景等不同属性进行随机组合，生成外貌、神态、穿着各异的 1 万个猿猴 NFT。每位消费者都可以享有资产的保值增值，比如凭借无聊猿头像加入俱乐部 Token，成为会员，线下参加俱乐部在纽约举行的 ApeFest 活动，在现场观看表演并在游艇上举行派对，享受快乐，获得不一样的圈层体验；此外，消费者亦可以与它共建生态系统，获得相应的 IP 权限，满足不同场合的需求，与之共建共生。目前，李宁、环球音乐、绿地集团等都已宣布购入无聊猿，再一次证明并推动了 NFT 项目的影响力。

因此当数字藏品接入 NFT 后，其便具有了独特性和唯一性的特质，可以进行买卖和交易，满足消费者在文化方面的多样性需求，是一种数字资产或具有独特资产所有权的数字产品，这有利于促进文创产业发展和刺激实体经济进步，对我国数字藏品的建设与发展具有重要的推动作用。

其四，以各种高新科技手段实现数字化。实体文物在转化为数字藏品的过程中必然伴随着一系列高新技术的应用，通过数字化技术实现"博物馆+元宇宙"的转变。如 VR（虚拟现实）、AR（增强现实）、3D 数字建模，MR（混合现实）等技术，形成元宇宙层面的数字藏品，它们不只是实体文物的单一复制，还具有独特的创造性。

其五，建立准入交易流通机制的窗口。数字藏品有一个重要的特性——可以流通买卖，因此在搭建数字藏品时设计者重点考虑了这一特性，即建立准入交易流通机制的窗口。目前中国采用实名认证的方式进行数字藏品的购买，以人民币为交易货币，流通性有限，主流平台尚未开放二级市场；相比，国外则更加自由灵活，数字藏品定价较高，国家及相应管控平台开放二级市场的权限，数字藏品可以自由流通。

（二）数字藏品之特征及应用

数字藏品作为元宇宙空间中虚拟化的数字文物，具有区别于实体文物的独特性，在我国拥有广泛的应用场景，已获得一定成效，目前亦正在探索更多的应用场景。

在数字藏品的特征层面，基于其运用的区块链技术和融合的 NFT 加密数字权益证明，数字藏品具有唯一性、永久性、不可篡改、去中心化和可溯源的特征。它以博物馆实体文物为母体生成，因此仍然属于以内容为导向的行业。在准入交易流通机制的约束下，数字藏品可以交易流通。

首先是数字藏品的五重特性。它之所以受到热烈追捧和欢迎，很大程度上是因为它具有唯一性的特质。物以稀为贵，当区块链技术与 NFT 加密数字权益证明应用在特定的作品上，生成唯一的数字凭证，每件数字藏品便都是独一无二的，在保护其数字版权的基础上，亦实现了真实可信的数字化发行、购买、收藏和使用。

永久性和不可篡改性则最大限度保护了消费者的权益，使其所购买的数字藏品不会受到不必要的损耗和贬值。每个藏品的元数据及其交易过程被永久存储，不因时间的推移而发生变化，不因场景的约束而产生损耗，而且在大部分平台上消费者可以永久持有他们所购买的数字藏品，获得极为丰富的文化体验。

数字藏品还具有去中心化和可溯源的特点。去中心化这一优势承自它所借助的区块链技术，这也是区块链技术的核心特质之一。在我国数字藏品多采用区块链中去中心化程度较低的联盟链来为数字藏品提供基础技术支持，保障生态安全、稳定可控。可溯源则主要体现在区块链的信息是公开透明的，消费者及大众可以查验每一个数字藏品的所有权信息。

其次，内容为王。国内的数字藏品产业链以内容端、发行端、底层技术端、交易端等为主要环节，其中极为重要的是内容端。内容在很大程度上决定了数字藏品的价值以及对消费者的吸引力，因此保证坚实的质量和有魅力的内容成为数字藏品繁荣的关键。它以博物馆实体文物为母体进行生成，博物馆内有数量巨大、丰富多样的历史文化资源，对数字藏品进行内容打造似乎并不困难，但所打造出来的藏品能否真正切合消费者的需要，实现传统文化"1 + 1 > 2"的价值赋能，却是应该不断探索和思考的命题。

再次，可流通交易。数字藏品可以进行交易和流通，因此应有一系列相关的准入机制对不当行为进行约束，以保护消费者权益，保证数字藏品的长期稳定发展，在我国数字藏品主要以人民币进行交易。数字藏品在广义上不仅仅包括博物馆里的文物藏品，图片、音乐、艺术品等均可以此称之，其声名鹊起发端于艺术圈。一位国外的 12 岁少年通过数字藏品在两个月内赚了 34 万美元，一幅名为"The Merge"的数字藏品更是以 9180 万美元的高价卖出；在海外社交媒体平台一石激起千层浪，舆论将数字藏品推向风口浪尖，这些都充分证明了数字藏品的可交易性和流通性。基于本国国情，我国的数字藏品主要以人民币进行交易，不采用虚拟货币。这为我国消费者的投资提供了相对安全稳定的保障，也为政府进行管理提供了便利。

数字藏品的应用主要体现在内容层面，它与文创产业、公益事业、旅游行业等多方面实现了结合，发挥其数字化的功用。此外，其最重要的应用特质是在数字藏品平台进行交易流通，以满足消费者更高层次精神的愉悦需求。在被称为元宇宙元年的 2021 年，各大厂纷纷下场试水，摩拳擦掌进入元宇宙领域，以期在早期取得较快发展，占领技术新高地，抢占市场份额。在中国，先有蚂蚁集团设立数字藏品售卖平台鲸探，后有成立于 2007 年的阿里加入拍卖大市，随后腾讯又推出幻核，百度和网易官宣自己的数藏平台百度超级链和网易星球 NFT 交易平台。更值得一提的是，数字藏品"国家队"的入局，人民日报社、新华通讯社纷纷依托各自的区块链技术上线数字藏品新平台，如"灵境·人民艺术馆""新华数藏"，一时间，风头无两。2021—2023 年，"博物馆+元宇宙"下数字藏品实现从无到有，由有至盛的跨越式发展。

同时，各数字藏品平台有它们自己的交易规则和交易方式，比如当前国内最火的数字藏品平台之一 iBox，它的每一款数字藏品往往发售几百甚至上千份，购买者还可以在平台自由寄售买到的数字藏品。不同的玩家寄售方法不同，在各自不同的游戏规则体系下，数字藏品的价格往往有较大波动，甚至会出现"跳水"的情况。

三 双刃利剑：元宇宙语境下的博物馆数字藏品

数字藏品的发展备受瞩目，目前已成功形成藏品数字化的浪潮，在元宇宙空间占领一席之地，它收获了一系列漂亮的成绩，在众多方面实现了价值赋能，"点石成金"促进了经济、社会、文化等生态的转型升级，但同时其亦是一把双刃剑，暗藏风险和隐患，如果不及时处理便会形成巨大的危机，可以说风险与机遇并存。

(一) 价值赋能：延展文化价值，助力实体经济

元宇宙语境下的数字藏品发展可以促进文化传播，延展艺术价值。数字藏品是数字化的文物，是正在融入元宇宙空间的重要新生事物，其价值突出体现在博物馆文物和文化上，它有利于使文物"活起来"，拉近与人们的距离，促进中华优秀传统文化的传播，提升"博物馆+元宇宙"的艺术文化价值。目前国内众多博物馆已通过发行数字藏品的方式，实现了传统文化的有力宣传和传播，如吴文化博物馆与无介元宇宙共同推出的数字藏品，以盲盒的形式，呈现新石器时代绘有弦纹和水波纹装饰带的彩绘陶罐、唐朝吴地繁荣发展见证者的三彩凤首执壶、拥有西晋气象的青瓷球形香薰、造型极具特色的虎形玉佩等馆藏文物，它们都获得了人们极大的兴趣，从而唤醒了博物馆长期沉睡的文物，点燃了人们与文化共舞获得精神满足的热情，让文物真正"活起来"，实现文化自身的价值赋能。

元宇宙语境下的数字藏品发展可以助力实体经济发展。数字藏品在经济层面能够拉动多个行业实现创新发展，如文创产业、公益事业、旅游业等，实现实体经济的价值赋能。通过数字化的形式，文物实现实体向虚拟的转换，在交易流通的许可机制下，数字藏品实现由文化价值向经济价值的转变，文创产业成为较早的受益者，实现行业发展新样态。长期以来，文创产业在国内多集中于实体层面的"文化活起来"，打造实体产品，但现在，数字藏品为其发展提供了新思路，实现向虚拟产品的转向。需要特别注意的是，数字藏品还能实现由虚拟向现实的转化，打破了设计者传统思维上的束缚。

如在"共生世界——2022济南国际双年展"中，《元·蓬莱》（图2）便以其与众不同的设计思路使人眼前一亮。蓬莱是中国先秦神话传说中东海外的仙岛，许多帝王将相将此地作为祈求长生的精神寄托，派童子或亲自前往以求神药，具有丰富的文化意蕴和历史内涵，艺术家金江波则奇思妙想，将元宇宙中蕴含着无尽理想胜境想象再现的蓬莱勾勒于笔端，也接纳了数字空间中虚构与混合景象孪生映射的蓬莱图景。在解构、虚构和重置中，艺术家借助数字语言的无穷计算力，尝试幻化出崇高的元宇宙蓬莱山水，画幅流转之间，虚拟世界中的蓬莱落于现实世界的笔墨，实现了现

代意义上的融合。这未尝不是对文创产业的进一步发展，在解构之间打破人们对于传统文创的认知，不再仅仅将目光放在把实体文物或文化转入创意，呈现创意产品，而是尝试将创意再转入现实，实现在现实语境下的进一步生成，对文化创意产业进行更为深入的发展和开拓。

图 2　金江波作品《元·蓬莱》

（图片来源：笔者摄于"共生世界——2022 济南国际双年展"）

同时，在公益事业方面如新华数藏发布的"艺术点亮梦想"系列，着眼于关爱特殊儿童，帮助他们满足对艺术的好奇和渴望，他们虽然在某些方面与普通的孩子存在差异与不同，但同样可以插上梦想的翅膀，获得爱与温暖、生命和美好，每一个孩子都值得被爱被呵护；旅游业亦可搭乘数字藏品的东风，进一步宣传目的地旅游特色，呈现旅游景点独特的文化内涵，吸引游客，使其获得不同于其他景区的独特体验，以拓展市场传播新方式，发展旅游经济。

（二）点石成金：深化元宇宙事业，辐射全局

数字藏品的存在和发展为元宇宙事业的进步贡献了重要力量，由于其自身的特质，元宇宙在技术、文化、市场、受众层面实现了高水平的延伸拓展。区块链技术、NFT 加密数字权益证明，这些不仅是数字藏品的技术构成，也是元宇宙发展的重要技术支撑，借助数字藏品以广大人民为主要受众的优势，元宇宙获得了更多关注。同时，凭借"数字藏品较为理想的

收入前景可以使更多企业及从业人员进入上下游行业中,如推动元宇宙发展所需要的配套产业设施建设和资金入驻等",[1] 更为元宇宙事业实现了添砖加瓦。

此外,数字藏品亦可实现辐射全局,发挥联动效应。其价值已在众多领域得到了发挥,并非某一行业的"点石成金",如在技术的转型升级、社交形式的新样态赋能多场景应用等方面,都具有重要的作用。

其一,体现在数字藏品对高新技术发展的推动。高质量的数字藏品往往具有一般藏品所不具备的优秀特质,这必然离不开先进的高新技术助力,如 VR、AR、3D 建模等技术,以及稳定坚韧的区块链技术,它们带给人们震撼的视觉效果和丰富的情感体验,更高的需求催生先进技术,有利于技术实现转型升级,迈上新的台阶。湖南博物院便是其中的典型代表,它以 3D 动效形式打造了一系列数字藏品,如有"先秦绘画艺术双璧"美誉的人物龙凤帛画、人物御龙帛画,被称为"最精美奢华的汉代玉容器之一"的神兽纹玉樽,均以其带有科技感和体验感的形式吸引着游客和消费者;它上线的一批有声 3D 数字藏品,以声音的形式打破空间界限,即使用户没有身处博物馆内,也可以通过"二十五弦瑟"听见韶乐中的丝竹之音,在"象纹铜铙"里听见商朝人祭祀山川星辰时的虔诚与真挚……石上清泉,丝竹管弦,它们穿越浩瀚的历史走来,带给人们丰富的情感体验和历史震撼。这些数字藏品的背后均有高新技术力量的支持,也产生了更为先进的视觉、听觉、区块链承载技术等,因此对高新技术的发展助力不容小觑。

其二,表现在为社交提供了新的样态。以往的社交方式更多以面对面进行交流和沟通,在某一时间,双方处于同一个空间中,具有较强的时空限制,而在数字藏品生态下社交则出现了新样态。由于数字藏品具有可交易的属性,可在市场上自由流通,对于消费者特别是年轻人来说,必然要通过某些途径进行购买,在此过程中,他们会遇到有着共同或相似爱好的

---

[1] 王旗、孙贤、郭誉聪:《元宇宙背景下数字藏品的现状与出路》,《出版广角》2022 年第 18 期。

其他消费者,在交流中产生认同感或某些分歧,更加了解"我是谁",彰显各自具有的多样性身份,潜移默化地实现了社交形式的新样态。这对于Z世代的年轻人来说,是不同于以往任何形式的新型社交,双方通过数字藏品连接,没有相对复杂的人际关系,因热爱而来,当兴趣不一致时便各自转向,极大满足了他们追求极简主义社交方式的精神需求,"社恐"人群也可以在相对自由舒适的环境中展开社交,进行数字藏品的交易。

其三,赋能多场景应用。具体表现在当数字藏品可以应用于游戏、体育、音乐、教育、影视和零售等大场景中时对这些行业所带来的潜在效能,富有文化底蕴和内涵的数字化内容与当下流行的各种元素实现了有机结合,爆发出惊人的市场潜能。博物馆文物遇上游戏,这两个看似有着天壤之别的维度却在当今实现了联合,甚至部分成功的融合让它们走向共生。恺英网络国风题材节日拟人IP"岁时令"与灿龙互娱上线的游戏"奇趣博物馆"在2022年联动合作,图中人物便是农历六月初六"天贶节"的拟人形态,怀中所抱之物是青花缠枝莲纹壶,它在颜色、视觉形态方面尽显数字藏品的独特优势。同时也为游戏赋予了更广阔的文化内涵,带来了不一样的游戏体验,传统文化与文明以新的形式在当今时代被保护传承,焕发出新的生机。从广义角度上看,数字藏品亦可推动影视行业的发展,以链上电影衍生数字藏品的形式让影视作品和粉丝的连接更为紧密,购买数字藏品意味着自己以收藏家的身份参与到IP的叙事进程,也让影视作品带来的观感和情怀得以延续。数字藏品为影视文化发展,影视衍生品的开发注入了新的活力。"这是利用区块链技术、结合电影IP形成的创意数字资产。在电影的不同环节,如电影制作过程的数字手绘、概念设计、人物建模,或是制片完成后用于电影发行的设计等等,都可以相应地设计和产出一系列数字资产,并利用区块链技术实现数字化和面向社会发售,成为独一无二的新型数字衍生品。"[①] 这极大保护了电影行业相关产品的版权,有利于充分利用电影中高质量的文化资源,为其增加收益提供了新的方式,影视行业亦可以搭上元宇宙的时代快车,实现更大的发展。

---

① 郭峻:《基于区块链技术的电影衍生数字藏品创新研究》《现代视听》2022年第3期。

（三）深渊凝视：藏品泛滥，品质堪忧

在数字藏品为元宇宙事业实现价值赋能的同时，其背后亦暗含危机，面临各种风险和挑战，主要集中在数字藏品的数量和质量、版权以及流通规则的规范等方面，最先获得关注的是藏品的量和质。

数字藏品存在非常明显且严重的数量泛滥、品质堪忧问题。随着越来越多的博物馆及各行各业加入元宇宙领域，推出与文化挂钩的数字藏品，使市场上流通的数字藏品数量大大增加，在我国，由于数字藏品采用去中心化较低联盟链技术，国家以宣传优秀传统文化为立足点，其经济价值特征尚不显著，所以数字藏品的价格较低，与之相对应的是它生产创造时的低成本，薄利多销成为我国数字藏品在发行流通时商家重要的盈利手段。在火热的出圈现象遮蔽下的是数字藏品的泛滥，大量藏品在市场流通，而有些所谓的数字藏品，其实就是电子版图片。只不过融入了区块链技术，证明其所具备唯一性的特性，以唯一的数字凭证在市场上发行、购买、收藏和使用，它并没有带给消费者不一样的文化体验。在元宇宙视域中应充分利用高新技术的科技优势，呈现不一样的视觉效果和听觉感受，赋予文物更为广阔和积极的内涵，真正使文物"活起来""火下去"。

由于每一件数字藏品都有独特且唯一的编号，可以溯源，可以在合约中证明，因此它的稀缺性在一定程度上被赋予了价值性；消费者在交易过程中被数字藏品的文化内核和艺术特质所吸引，使其流通顺畅，需求旺盛。这些本应该是优势的特点，由于现阶段发行量过大，因此其稀缺性的特性大为丧失，虽然在中国元宇宙语境下，数字藏品更多以宣传传统文化、公益性为出发点，消费属性不明显，但应达到什么发行标准、如何实现文化性和消费性的统一是需着重思考的问题。数字藏品最吸引人打动人的是其独具特色的质量内核，这在很大程度上决定了它的经济价值。但目前数字藏品同质化问题依旧明显，对博物馆文物的复刻或简单加工的现象依然存在，如何吸引消费者，成为数字藏品持续发展的关键。

（四）潜在危机：版权缺位，流通乱象

首先是数字藏品的版权问题。数字藏品的出现，使更多人能接触到博物馆文物，但伴随而来的是数字藏品的版权问题。虽然区块链技术和 NFT

加密数字权益证明保障了数字藏品的唯一性，但其仍面临在上链之前的版权溯源和发行流转中存在的权属、审核标准等各种漏洞带来的危机。在元宇宙空间中，保护数字藏品的版权，打击侵权行为极为重要，国家亦看到了这一风险，并在2022年9月由国家版权局、工业和信息化部、公安部、国家互联网信息办公室四部门联合启动的打击网络侵权盗版专项行动——"剑网2022"中表示，要强化网络新业态版权监管，严厉打击各类侵权行为。

其次，数字藏品的流通规则尚未规范，市场交易"雷点众多"。由于数字藏品可以交易买卖，因此市场规则是否规范成为影响其发展的重要因素。目前，各数字藏品平台的交易规则不同，有时用户可自由设定价格或通过寄售的方式买卖数字藏品，这导致了它的价格时常剧烈波动，原本发售价格仅为十几元、几十元的数字藏品，在非主流平台的二级市场进行交易时甚至可以卖出几千元、数万元的价格。其中的泡沫风险，迷幻危机，不仅需要警惕，更要探寻出路。

面对种种乱象，数字藏品在元宇宙视域下的发展并非看上去的繁华与美好，如果不进行科学的规划及防控，很可能逐渐变成虚幻的泡影和寂静的狂欢，淹没于时代的浪潮。

四 前路漫漫：博物馆元宇宙数字藏品该走向何方

"博物馆＋元宇宙"是新时代下极富创意和变革性的结合，在二者融合之下孕育出的数字藏品更是具有重要的时代意义和文化与科技意义。充分利用其在文化、经济、元宇宙层面的价值及增值、赋能作用，正确对待并解决质量和数量、版权、流通交易等方面的潜在风险，机遇与挑战并存，唯有制定合适的应对举措，合理推测其发展趋势和前景，方可立于时代潮头，乘风而起。

（一）坚守文化质量，规范知识产权

数字藏品的文化性是吸引消费者的关键属性之一，它以丰富的文化底蕴，独特的文化魅力，打动着无数人，并成功实现文化价值向经济价值的转向，实现互利共赢。打造多元与深化并重的文化质量内核、建立规范的版权授权，是应对目前种种市场乱象极为关键的有效举措之一。

首先，应不断追求多元与深化并重的文化质量内核。数字藏品的出现，让艺术的观赏和收藏从过去的少数人、精英化日益走向多数人、平民化、日常化、数字化，越来越多的人可以认识藏品，感知文明。数字藏品市场更像是在现实世界之外的平行时空，它建立起了新的价值诠释模型，以特有的游戏规则和话语体系进行表达、交易和买卖，颠覆了人们的传统价值观念，并重构了新的审美规则。对于数字藏品内容的挖掘，不能仅仅局限于某些名气较大或为大众所熟知的文物藏品，如热门IP"清明上河图"和"千里江山图"，也应注重挖掘那些具有鲜明个性特色、符合当下审美趋势或潮流的文物，做到百花齐放、美美与共，实现全面开花、接地气、通人情，走进人民生活。此外，由于某些知名度较高的文物存在开发过程中仅开放部分权益和内容信息的现象，如何把握好尺度，在可允许的范围内最大限度进行数字藏品的内容深化，需要不断探索和实践。

同时，在技术呈现层面也应形成多元且深化的视觉效果表达。数字藏品虚拟化超物质的呈现形式能让传统文物的保存时间延长，防止损毁、风化和腐蚀。传统文化的载体从摆脱了时空局限开始，到现在已经摆脱了物质的局限，但如何弥补以技术形式呈现后数字藏品不够充分的历史厚重感、正在逐渐消解的物质实感，应反复商榷，找到合适的出路。数字藏品需充分利用AR和VR技术，结合3D建模和数字动画，采用多样化的呈现形式，如绘画、音乐、视频、雕塑、3D模型、电子票证、游戏道具、表情包、音乐专辑等等，生动、动态地流畅呈现在用户面前，从而使用户获得多元且丰富的沉浸式体验，以提升数字藏品的文化吸引力，夯实在元宇宙中的文化根基。

其次，还应建立规范的版权授权和知识产权审查体系。由于数字藏品在版权方面仍存在着各种漏洞和隐患，盗版现象屡屡出现，各种侵权行为屡禁不止，因此需重点关注。政府需制定版权授权的规范条例，以行政手段为约束红线，树立底线思维，保护数字藏品的版权和知识产权；行业内要形成普遍共识，遵循基本的游戏规则，加强对区块链技术的维护和知识产权的审核检查，保证数字藏品的唯一性特质，从而获得长远持久的发展。建议成立专门的审查管理部门，对数字藏品的确权进行审核，对违规平台或个人进行惩罚。《中华人民共和国民法典》第一百二十七条规定："法律对数据、网络虚拟财产的保护有规定的，依照其规定。"因此，需在现有法律基础上进一步合理落实保护规则，维护数字藏品的版权。

（二）防范藏品金融风险，化解交易危机

数字藏品的争议目前主要集中在是否可以将其看作物，如果它是物，那么是否可以使消费者拥有对物的所有权、财产权，是否为网络虚拟财产。此外，数字藏品还面临着其他许多问题，如以数字藏品的交易模式为例，交易标的以资产证券化、标准化合约形式交易，交易主体真实身份认证缺失、交易结算货币所承载的经济利益无序流动、交易场所的基础设施和基本制度建设不足等缺陷，可能会为洗钱、市场操纵炒作以及集资诈骗等非法金融活动提供便利，因此其金融属性和金融化倾向应当被格外注意并进行化解。

部分专家认为数字藏品不能解释为"物"，主要是基于它是一种由计算机生成的代码，并非自然之物更无实际载体，而将数字藏品解释为"物"，则要突破数个物权通说观点，不仅徒增解释成本，也无法对其进行有效保护。[①] 但由于数字藏品在当下仍被粗略地当作物品，具有唯一性和买卖流通的属性，正经受着市场的考验，面临着金融化的风险，部分用户利用各种手段，使数字藏品价格溢价，从而获得财富，牟取暴利，形成金融风险。虽然目前国内对虚拟货币采取严格的监督管理措施，并有可能在未来数字藏品的铸造、发行、销售、流转等环节介入，但仍存在消费者通过版权、监管市场方面的漏洞试探尚未在国内官方开放的二级流通市场，套取利益，获得巨额收入，而这是建立在对其他消费者权益损害之上的。

2022年4月13日，中国互联网金融协会、中国银行业协会、中国证券业协会联合发布《关于防范NFT相关金融风险的倡议》，提出对数字藏品相关技术形式的金融风险进行约束规范，随后《关于规范数字藏品产业

[①] 黄玉烨、潘滨：《论NFT数字藏品的法律属性——兼评NFT数字藏品版权纠纷第一案》，《编辑之友》2022年第9期。

健康发展的自律要求》（4月14日）、《数字文创规范治理生态矩阵公约》（6月17日）、《数字藏品行业自律发展倡议》（6月30日）等行业自律规范文件短期密集发布，以进一步强化对金融风险的防范和化解。但仅仅依靠行业内部的自我管控，无法真正实现风险评估和有效防范，政府也应当积极参与进来，规范数字藏品金融风险，建立化解交易危机的规则机制。"当下数字藏品的监管政策是去金融化、去证券化，数字藏品纳入金融机构管理已不再可能"，[①] 因此，中国目前需探寻合理的防范与化解风险的机制，树立公平有效的市场交易规则，比如对数字藏品的所属权问题进行确定并以法律法规的形式固定下来，对数字藏品的交易流转实行更为合适的监管举措，精准定位，打击各种非法违规行为，去炒作化，去金融风险，从而使消费者能够切实感受到购买数字藏品的虚拟财产价值和意义，保持对"元宇宙＋数字藏品"市场的信心，以实现数字藏品的长远发展。

（三）深耕技术创新，构建多维应用

技术是支撑数字藏品的重要一环，数字藏品在元宇宙视域下的构建和发展离不开高新技术的保障，区块链技术提供数字藏品构建的可能，NFT技术保障数字藏品的价值性，VR、AR等技术丰富数字藏品的体验性……数字藏品如果想实现长远且稳定的发展，真正立足于博物馆元宇宙的虚拟空间之中，必须深耕技术创新，构建多维应用。

数字藏品是当前数字化时代发展要求的产物，官方对数字藏品的态度也相对中立。随着国家队入场构建官方数字平台并联动推出数字藏品、相关行业制度逐渐规范，数字藏品未来市场积极向好的信号被不断释放。以NFT技术为例，较早入场的NFT中国等企业，站在时代风口，短短一年内发展迅速，于行业率先推出NFTCN chips、私人NFT VR藏品室，目前已经融资千万元，未来前景不可估量。因此，NFT技术在此契机之下仍需不断深入发展，进行下一步的布局规划，探索在保护数字藏品价值的同时，亦可对其增值的路径做出尝试。

---

① 陈卫洲、曹诗权：《二元视角下数字藏品的法律属性及权利配置》，《经济与社会发展》2022年第5期。

区块链是数字藏品存在的技术前提，它本身具有广播和记账的功能，构建一个区块链至少需要 4 个节点，它的核心价值是改变生产关系，与此相对应区分的另一个概念是 Web 3.0。它经历了漫长的发展周期，相对于前两次工业革命有了更为迅捷的速度和更短的时间，Web 1.0 为信息互联网，即通过互联网检索与展示信息；Web 2.0 为移动互联网，即数据互联网，目前由阿里、腾讯、微信等平台所掌握；Web 3.0 其实是以用户为中心，只有产生数据的用户才可以通过使用数据获得相应的收益，即数据世界的中心将从平台转向个人。而区块链技术目前相对发展完善，但仍需不断深化。区块链 1.0 是去中心或多中心化的信息系统，Web 2.0 更强调其为数字化资产的交易系统，Web 3.0 注重打造高效、精准的社会治理体系。区块链技术本身的发展也应作为深耕技术创新的重要一环，不断推动其走向成熟，延展深化其应用场景，从而实现对数字藏品的辐射带动作用。

此外，对数字化技术和云计算技术的深耕也不可忽视。数字化是指通过扫描、拍摄或其他技术手段将博物馆实体文物的图像、声音、视频等转换成数字形式保存在计算机中，它是数字藏品的基础技术。云计算技术则主要集中在对数字藏品的存储层面，数字藏品通常需要存储大量的数据，而云计算可以提供高效可靠的数据存储和处理能力，实现数字藏品的更好的管理和维护。未来，仍需不断创新数字化技术和云计算技术，为数字藏品的更好发展提供助力。

虚拟现实（VR）和增强现实（AR）技术在数字藏品的构建过程中发挥了重要作用。通过虚拟现实和增强现实技术，数字藏品呈现出更加生动、立体的效果，使用户拥有看似可触摸的实感、明确的观感、放大的听觉。在虚拟现实技术的辅助下，人们可以在虚拟环境中感受文物，感知艺术品的魅力，感受真实的历史和文化，与历史同频共振，共赏悲欢；而增强现实技术则能将数字藏品与现实场景相结合提供沉浸式的体验，引发用户共鸣，刺激消费需求，实现向经济价值的转向。数字藏品的技术创新，离不开对虚拟现实和增强现实技术的深入构建和发展，与人工智能技术相结合，在数据分析和挖掘，以及图像识别和分类等方面应用人工智能技术,为数字藏品的管理和研究提供更加先进的技术支持。

(四) 清醒评估发展趋势与未来前景

目前,元宇宙视域下的数字藏品呈现出欣欣向荣的蓬勃发展态势,但荆棘与理想并存,在美好的愿景之中亦应看到潜在的各种风险,唯有对未来的趋势与前景进行合理评估,方可实现长期稳定发展,持续助力中国元宇宙事业和数字中国建设。

2022年末,国内最大的数字藏品平台之一腾讯"幻核"宣布停止数字藏品发行,同时,多个数字藏品平台都明显降低了产品发行速度及数量,有的平台数字藏品甚至出现滞销现象,销售价格也大幅下跌。国外的NFT市场同样急剧降温,不再呈现出前期的风口与喧嚣,价格之低令人震惊。仅一年的时间,"天价推特"的价格就跌到剩下不足万分之一。经历"炒"起与潮落,数字藏品进入回归理性的新阶段,在这一阶段,数字资产进化成数字权益,藏品回归价值本身。

就发展趋势而言,数字藏品目前整体呈现良好发展态势,潜力巨大,发展后劲足,但仍需要保持积极且谨慎的态度,因为也有显而易见的风险和潜在危机。具体来说,可分为数字藏品内部和数字藏品与其他新兴行业(如与ChatGPT相关的"Chat文创"行业)结合所带来的发展契机,融合形成发展之大势。

在数字藏品内部,发展趋势总体稳定,且头部效应明显,但人们对未来能否持续拉动经济和元宇宙市场持保守包容的审慎态度。数字藏品的发展并非一帆风顺,未来能否持续发展,取决于众多因素的影响,保有发展定力和发展后劲,方可行稳致远。

而向外转,则是与其他新兴行业的结合,如与近期大火的ChatGPT有较高相关性的"Chat文创"行业,数字藏品则有巨大的发展机遇,如果充分合理利用,可以搭上时代发展的顺风车,在风口创造新机遇。2022年11月底,人工智能对话聊天机器人ChatGPT上线,仅仅5天注册用户就超过了100万,截至2023年2月,它已在全球拥有1亿名用户,并成功打破圈层壁垒,破圈而出,成为人们热议的话题,也是史上增长最快的消费应用,同时,它还得到了微软公司100亿美元的二次投资,在风口顺势起飞。① 而 ChatGPT 的核心特质便是人工智能的应用，具体为人工智能机器人，它对数字藏品的推动主要集中在技术支持和内容输出两个方面，"Chat 文创"新概念数藏应用即基于 ChatGPT 的基本架构和算法。

在技术层面，ChatGPT 的发展已较为成熟，运行也得到了较为广泛的认可，这充分证明目前人工智能的发展已经取得了长足的进步，在"Chat 文创"不断对人工智能进行训练，培养 AI 辅助实现元宇宙运行的管理运维下，可以解决现阶段数字藏品在元宇宙中由于缺乏足够算力支撑系统即时运行带来的一系列难题，减少运行慢、大规模用户无法同时在线的情况发生，有效提高分辨率和清晰度，其对数字藏品发展的积极意义不容小觑。

"Chat 文创"在内容输出层面则是推动数字藏品核心质量建设，其在内容和形态上都具有明显的人工智能风格，表现出迥异于人类的艺术魅力，可以作为新的内容和消费方向，具有较大价值及意义。

如果数字藏品能顺应 ChatGPT 的大潮，合理结合和利用，完全有理由推测其发展将会有二次爆发。

针对数字藏品的未来，从总体来看"博物馆+元宇宙"视域下数字藏品具有光明的发展前景，但也面临许多挑战和风险，能否顺应时代潮流，乘势而为，而非昙花一现，仍需保持谨慎且宽容的态度，不断探索，敢于实践。

数字藏品在未来元宇宙视域下制胜的法宝之一是处理好它与 NFR 的关系。这里的 NFR 与前文中提到的 NFT 加密数字权益证明不同，虽然仅一个字母之差，具体内涵却相去甚远。T 代表 Token（代币），R 则代表 Rights（权益），NFR 着重用数字权益印证实体经济的权利与义务，通俗意义上来讲便是消费者在购买虚拟藏品后可以进行实物兑换，比如可以兑换毛绒玩具、葡萄酒等各类现实生活中存在的物品，真正实现虚拟世界与现实世界的连接，让二者融为一体。这一新的发展趋势在未来仍会持续下去，成为数字藏品在元宇宙世界下未来图景不可忽视的关键之一，实现与

---

① 参见周刚《ChatGPT：人工智能新高地》，《金融会计》2023 年第 10 期。

实体经济的互利共赢。

同时，中国的数字藏品市场无法避免与国外的进行交流互动，比如二级流通市场的开发、虚拟货币是否可以进行流通，如果流通是否经受得住市场的考验，不会产生虚拟经济泡沫和金融风险，对消费者权益造成更严重的损害，等等，都是国内外数字藏品开发过程中不可忽视的关键因素，因此正确处理好关系也是重要的一步。无论国内还是国外，数字藏品都需要强化内容输出的质量，充分利用区块链技术及其他高新技术手段，制定相关完善的法律法规体系和政策，唯有如此方可行稳致远，在元宇宙空间中占有一席之地，甚至成为其他新兴事物发展的桥梁，撬动元宇宙世界进入新的发展期，走向成熟稳定。

结　语

元宇宙包含着虚拟世界的概念，与现实语境相区分，数字藏品作为其中的重要组成部分，不仅能以全新的方式展示、交易和流通，还能与其他数字资产进行融合，形成更复杂的数字生态系统。在元宇宙中，数字藏品可以在虚拟展览藏馆或博物馆中进行展示，亦可通过虚拟现实技术，让收藏者跨越时空界限，身临其境地感受并欣赏自己收藏的数字艺术品或文物。因此，数字藏品在元宇宙中扮演着重要的角色，它不仅可以保留文化遗产和历史过往，还可以为收藏者带来不同以往的更加丰富的数字化收藏体验，实现向经济价值的转向，获得经济收益。在当下元宇宙发展的大潮中，博物馆通过自身敏锐的判断和出色的定位能力，迅速使置身其中的数字藏品脱颖而出，实现元宇宙概念与博物馆自身资源优势的有机结合，开辟出博物馆藏品数字化转型的新路径，实现博物馆自身的高质量发展。在我国，数字藏品极富创新意味，它结合区块链技术、NFT加密数字权益证明等高新科技手段，依托中华优秀传统文化，但又突破原有文化的界限，将内容扩展至数字技术领域，成功转向博物馆藏品与元宇宙结合的探索文化发展的新路径，进入元宇宙世界的新视域，开拓出一方新天地，实现为经济价值和文化价值赋能，有力传播了中华文明，讲好了中国故事，符合当下的社会语境和社会需求，为元宇宙在其他领域的应用提供了遵循和指导，具有充分的现实意义。

　　元宇宙的兴起引发数字藏品的热潮，其在风口拥有无数新的发展契机，但亦应看到其潜在的风险，如版权保护缺位，市场机制尚不完善，法律规约尚有较大的约束空间，等等，都急需加强和完善。未来，仍需保持谨慎包容的态度，探索发展新思路，顺应时代新潮流，与 ChatGPT 等新兴行业实现同频共振、融合发展，政策发力，行业驱动，在多方助力下协同联动，传承和弘扬中华文化，共创数字文化产业新业态。

（姜辰潇撰稿，李辉指导）

网络文学

微信平台中诗歌的数字化生存

序 言

诗歌是一种体量较小、易于传诵、轻便灵活的文体,一直是人类文化、个体感情表达的重要载体。然而自20世纪90年代以来,诗歌在社会经济文化迅疾的变化之中遭遇了社会大众的集体性疏离,日渐趋向边缘化与精英化。面对这一急切的问题,诗界学者注意到了新媒介这辆"快车",提出了从"精英"走向"世俗"的传播策略,呼吁汉语诗歌依凭全新的数字化传播媒介,在新时代重新进入大众视野。

(一) 研究背景

2004年,吕进、骆寒超等人发起"新诗二次革命",其理念为"呼唤新诗二次革命、推动新诗再次复兴"。在《三大重建:新诗,二次革命与再次复兴》中,吕进阐述了三个重建问题:"诗歌精神重建、诗体重建和诗歌传播方式重建",其中诗歌传播方式正是基于数字化语境提出的。[①] 由此,推动诗歌与新媒介相结合,已成为诗歌在数字时代实现自身发展的路径之一。

从纸媒到电视影像,再到如今的数字网络,不断更迭的传播方式持续赋予诗歌以新的意义与介质。网络技术的不断提高,使其为诗歌所开辟的赛博生存空间也日渐广阔。而随着"二维码时代"的到来,网络诗歌的主

[①] 吕进:《三大重建:新诗,二次革命与再次复兴》,《西南师范大学学报》(人文社会科学版) 2005年第1期。

阵地已从原先的论坛、微博转移到了微信平台。诗人麦笛在其诗作《我的二维码》中直言："百年之后／就把二维码安放在我墓碑的正中／扫墓人一眼就能扫出阴阳两维的苦／扫完码后，不忍离去的那位／估计是我的亲人，也可能／是我的仇人。"可以说，诗歌借助微信平台，获得了全新的数字化生存形态。

数字技术对诗歌的影响不仅体现在传播媒介的革新、传播效应的变化，还对诗歌的创作生产、传播接受、读者再参与创新等全过程产生了影响。本研究对数字化诗歌作出较为全面的分析总结，有利于明确数字技术给诗歌的创作、形态、传播、接受等方面带来的影响和演变，为学界的相关研究提供更新更全面的参考。此外，学界对数字化诗歌的研究主要集中于旧有论坛和网站之上，而本文从微信平台出发，有利于明晰新兴数字平台之上诗歌的全新模式。

当下，文学的生存形态已由传统的书本走向网络，由严肃的静观式存在转向便捷的数字化生存。而在这一转变中，研究诗歌的全新数字化形态，不仅有助于更好理解新媒体语境下诗歌的全新面貌，更有利于推动诗歌与新兴科技媒介结合，为数字化诗歌的发展提供可行性的方案，开拓当下诗歌发展的道路。

（二）相关概念的界定

新媒介环境下诗歌发展势头强盛，本文拟就近年来兴起的微信平台上的诗歌进行研究，并探讨其数字化生存处境。为此，有必要对"微信诗歌"及"数字化"概念进行界定与区分。

1. 微信平台上的诗歌

微信（WeChat）是腾讯公司于 2011 年 1 月 21 日推出的一个为智能终端提供即时通信服务的免费应用程序，用户可利用它发布信息、进行即时通信。当用户将诗歌输入智能终端并最终发布在微信平台（包括公众号、小程序、朋友圈等）上之后，诗歌便依托微信，成为数字化的诗歌样式。从诗歌的时间范围上来说，涵盖了古典诗词与现当代新诗；从诗歌的地域范围上来说，囊括了中国诗歌与外国诗歌。总之，不论是经典诗歌还是当下人们所创作的新诗，都可打破时间、地域的限制，共存于微信平台之上。

2. 诗歌的数字化生存

美国学者尼古拉·尼葛洛庞帝最先勾勒出"数字化生存"的图景，提出比特是数字时代的"信息 DNA"。① 原子是工业社会的基本要素，以原子为基本单位，机器化、标准化的大规模生产成为工业时代的主要生产模式。而在信息化时代，比特迅速取代原子形态成为人类社会的基本要素。比特将信息的传播简化为 0 和 1 的数字化样式，使互联网中的信息得到简化与压缩，进而释放了大量的储存空间，促进了浩如烟海的信息传输速度，摆脱了工业时代大规模生产的沉重桎梏。同时，比特级大容量让数字媒介拥有无限开放性和包容性，不管是信息内容还是媒介形式，都将有机统一于数字化空间中，带来文字、图片、音频、视频等多种数字呈现样式的融合。而诗歌的数字化，是指在信息化时代诗歌进入赛博场域后所呈现出的一种生存状态，此时的诗歌已不再依托纸媒、以文字为主要表现方式，而是广泛地与音频、图画、视频等样式相结合，开拓出更加多维立体的诗歌新面貌。

（三）文献综述

从宏观视角出发，新媒体视域下的文学新形态研究方面，黄鸣奋的《超阅读：数码时代的文本变革》指出，随着电子数码时代的到来，人们的阅读方式已从传统的线性阅读转变为非线性阅读（即"超阅读"），在此基础上文章从超阅读的性质、研究、评价等方面揭示了在互联网中的文本变革。② 王百娣的《新媒介文学生成与传播研究》，从新媒介文学的发生及"狂欢"、新媒介文学书写模式转型、新媒介文学生产机制的运行秩序重组等方面，条分缕析地探讨了新媒介文学兴起后产生的影响及给文学生产、文学传播所带来的变革。③

---

① ［美］尼古拉·尼葛洛庞帝：《数字化生存》，胡泳、范海燕译，海南出版社 1997 年版，第 24 页。
② 黄鸣奋：《超阅读：数码时代的文本变革》，《厦门大学学报》（哲学社会科学版）2001 年第 1 期。
③ 王百娣：《新媒介文学生成与传播研究》，博士学位论文，辽宁大学，2019 年。

在数字诗歌研究方面，白寅的《数字传媒时代的汉语诗歌》探究了数字媒介语境下新媒介如何改变了作为"元语言"的诗、其即时交互功能又怎样影响了诗歌情感的表达和传播，文章指出了新媒介中汉语诗歌的"祛魅"、意象重构、民谣复兴等现象，见解十分深刻。① 杨阿敏的《新媒体环境下诗歌传播的特点和路径创新》从传播路径出发，分析了新媒体环境下诗歌传播的特点及传播路径的创新，认为诗歌传播模式的变化使诗歌传播呈现出向好发展的趋势，诗歌文化传播也取得了积极成效。更多的诗人进入大众视野，更多的诗歌借助新媒体平台得以广泛传播，媒介化环境为诗歌构建了全新的生态环境。② 罗小凤的《论新媒体对新诗"第二生存空间"的开拓与建构》则从英国哲学家卡尔·波普的"三个空间"理论入手，认为新媒体为新诗开辟了"第二生存空间"，赋予了诗歌第二次生命，并由此分析了"第二生存空间"的多维构成。③

从微信平台着眼、研究微信平台上的诗歌新形态方面，学者们的研究可大致分为三个方向。其一是从外部视点出发，研究微信诗歌外部的传播策略，如贾书敏的《诗歌微信公众号"为你读诗"内容的传播策略研究》，从传播学的"5W"模式出发，选取公众号"为你读诗"为例，分析其"朗读式"及"诗画乐"的传播策略。④ 其二是从内部视点出发，研究微信诗歌具体的内容、风格等，从而对微信时代中诗歌的流行原因作出阐释，如梁笑梅的《出轨的诗意：微信时代的流行时尚——以〈我想和你虚度时光〉为阐释中心》，认为"诗人的诗"能否成为"大众的诗"主要取决于出轨的诗意和有效的传播两个因素，其中所谓"出轨的诗意"即为退隐情怀和颓废的唯美情调。⑤ 其三是从其后续效应出发，研究新媒介对诗

---

① 白寅：《数字传媒时代的汉语诗歌》，《学习与探索》2008年第6期。
② 杨阿敏：《新媒体环境下诗歌传播的特点和路径创新》，《视听》2022年第4期。
③ 罗小凤：《论新媒体对新诗"第二生存空间"的开拓与建构》，《社会科学》2018年第8期。
④ 贾书敏：《诗歌微信公众号"为你读诗"内容的传播策略研究》，硕士学位论文，新疆大学，2019年。
⑤ 梁笑梅：《出轨的诗意：微信时代的流行时尚——以〈我想和你虚度时光〉为阐释中心》，《当代文坛》2017年第2期。

歌生产、传播、接受的影响，如潘桂林的《微信媒介对汉语新诗狂欢化的影响》，从巴赫金狂欢化理论出发，指出以微信为主的新媒体为诗歌的狂欢热提供了平台。①

总体来看，目前以微信平台诗歌为主体的研究较少，且多局限于对某一公众号的分析或从传播视点宏观论述新媒介对诗歌传播的影响。数字化媒介给诗歌带来的变革不仅是传播手段的革新，更是生存形态的整体转变。本文拟综合研究新兴媒介平台如何推进诗歌的数字化变革，从其数字化的呈现方式、灵活多变的传播策略及在新媒介影响下所发生的秩序重组三个方面，探讨微信平台中的诗歌数字化生存模式、流行原因及影响效应。

一 异军突起：新媒介中诗歌的数字化变革

伴随着互联网的逐步普及与迅猛发展，现代汉语诗歌整体上呈现出前所未有的繁荣。然而，在20世纪90年代，诗歌则处于边缘化的地位。许多人对诗歌的发展持悲观态度，甚至认为"诗歌已死"。数字化时代的到来，为诗歌的发展开拓了新场域，使之得以从尴尬的边缘地位迈向大众视野中心。为此，有必要先对新媒介中诗歌的数字变革轨迹做勾勒描绘。

（一）数字化时代中新生存场域的开拓

20世纪90年代，在商业化浪潮的冲击之下，诗歌这一文体由于自身高度的凝练性、跳跃性等特征，无法像小说、散文等文体那样灵活地承载大量的信息内容，并满足大众的消费需求、适应新时代的变化，地位江河日下。在诗歌创作方面，由于其实际回报少，除少数诗人继续坚持诗歌的传统精英地位，不少诗歌作者日渐抛弃了诗歌写作，或投入市场大潮之中，或转向其他文体的写作。即使是那些坚持诗歌创作的诗人，也只能囿于小圈子内"孤芳自赏"，陷入尴尬的境地。诗歌在接受和创作两方面均面临被冷落的处境，"诗歌已死"的论调亦喧嚣在文坛之上。洪子诚直言："诗歌'边缘化'自然不是什么新鲜话题，自20世纪90年代开始，这个

---

① 潘桂林：《微信媒介对汉语新诗狂欢化的影响》，《当代作家评论》2019年第3期。

判断就已经被广泛接受,成为对 90 年代以来中国大陆诗歌的没有多少争议的描述。"①

随着数字化时代的到来及深入发展,网络虚拟场域成为现实世界之外的"第二世界"。网络用户大量涌入,人们迫不及待地想要在新的赛博空间内实验传统的文学样式。诗歌在网络中依凭崭新的媒介与传播平台,其生存形态、传播方式、接受效应等已发生了转变,得到了从边缘化向大众视野中心接近的契机。网络平台中空前的开放性、自由性、便捷性等特征,使诗歌开拓了新的生存场域、获得了新生。网络赋予诗歌创作的自由便捷,也赋予了诗歌接受的灵活开放,更重要的是在网络所开辟的数字空间中,诗歌可以自由地与音乐、视频等相结合,呈现出更加多姿的生存形态,给读者带来新鲜的体验。由此,"诗歌已死"的喧哗之声,亦在这种新生存场域带来的变革之中渐趋消弭,可以说,正是网络将诗歌从尴尬的地位和边缘化的危机之中解放了出来,给予了诗歌第二次生命。

(二)纸质媒介的转型与"赛博诗库"的构建

在数字化时代之前,基于传统机械印刷技术的纸质媒介一直是诗歌传播、接受的主要载体,其中又以依托于文联、作协等团体的文学期刊为主。20 世纪 80 年代,纸质的诗歌期刊是支撑诗歌发展的柱石,例如《星星》《诗刊》等一直坚持印发诗歌作品,致力于诗歌的传播与重建。然而自互联网风靡整个社会之后,数字化的新媒介不断冲击着传统的纸质媒介。首先是纸质期刊的出版传播被网络分割,人们更愿在网络上阅读相关的作品而非购买纸质刊物。其次是纸质期刊需大量的人力编写,也需要机器印刷,成本相对高昂,但利润却又较少,相比之下,网络运营成本低廉,更加灵活便利。最后是在纸质媒介中,发行一首诗歌要经过重重筛稿、编辑、审核等,只有少部分诗人的作品能够得到青睐、最终印发给读者,而网络环境却自由开放,任何人都能随时随地发布自己的作品。因而,到 90 年代,纸质诗歌刊物的印发量越发惨淡。在这种情况下,传统期刊不得不寻求新的出路。

---

① 洪子诚:《当代诗歌的"边缘化"问题》,《文艺研究》2007 年第 5 期。

进入21世纪,传统的纸质刊物努力适应新的数字化变革局面,试图借助网络拓宽自己的生存领域。对于诗歌而言,就是大量的诗歌期刊在建立了自己的网站,或在新的社交媒介中认证自己的账号,进行相应的宣传。《人民文学》《北京文学》《作家》和《青年文学》等期刊都有其独立的网站,并上线了电子版。读者可以在它们的网站上随时阅读,展示了文学期刊从"纸质阅读"向"屏幕阅读"媒体接收方式的扩展;《萌芽》杂志则联合起点中文网、盛大书童手机客户端、手机梦幻网、手机文学 App 多种在线阅读终端,为读者提供更便捷的阅读渠道。这些电子化的转变,实际上是在网络场域内构建了庞大的"赛博图书馆"。对于诗歌而言,亦可看作"赛博诗库"。《星星》《诗刊》杂志都有自己独立的网站,在微信平台中,二者也都建立了相关的公众号,坚持发布诗歌讯息和推广自己的刊物。

(三) 微信平台诗歌的兴起

在巨大的网络场域中,新媒介如雨后春笋般层出不穷,而诗歌的发展并非一开始就选择了微信。1993年,诗人吴阳第一次用网络创作诗歌,通过电子邮件进行传播;1995—1998年,《橄榄树》《界限》等网络诗歌刊物诞生;1999—2000年,"界限""诗江湖"等诗歌网站相继建立;自2005年起,诗人们纷纷建立博客等自媒体,开始自行诗歌创作和传播。[①]而微信客户端于2011年被腾讯公司推出,相对于网站、博客等新媒介,它拥有的功能更多,不仅可以建立自己的朋友圈,还可以以微信公众号的形式向非好友的大众传播,在形式上可以自由地与音频、图像等相结合。总之,微信平台是近几年来网络中最热门的新媒介之一,为诗歌的生存发展开辟了更深层的生存空间。由此,在微信平台上写诗成为当下文艺青年和文学创作者的流行姿态。2015年,《山东诗人》杂志和"长河文丛"编辑部联合组织发起微信诗征稿活动,共收到3523首微信诗歌投稿,这一年亦被称作"微信诗歌年"。由此,微信诗歌异军突起,广泛地存在于网络空间之中。微信媒介为诗歌发展搭建了平台,也促进了其深入的创作与传播。

---

① 罗小凤:《论新媒体对新诗"第二生存空间"的开拓与建构》,《社会科学》2018年第8期。

二　生存模式：微信诗歌的多重维度呈现

微信媒介的兴起为诗歌发展搭建了良好的数字化"舞台"，诗歌也随之"粉墨登场"，在微信平台上呈现出多姿多彩的生存状态。由纸质媒介到微信媒介，诗歌已摆脱了纯文字形式，走向诗画乐合一的多维度生存。具体表现在诗歌音频朗诵的勃兴、视觉诗歌的创新及大众参与赛博诗会的持续热潮。

（一）声情传统的复苏：音频朗诵

由于诗歌在诞生之初是由人们口耳相传、共唱合诵，因此拥有深远浓厚的声情传统。也因此，诗歌与小说、戏剧等文体相比更强调节奏和韵律。刘勰在《文心雕龙·声律》中言："凡声有飞沉，响有双叠。双声隔字而每舛，叠韵杂句而必睽；沉则响发而断，飞则声扬不还"[1]，可见其对音律的追求。此外，《诗经》的重章叠句、闻一多"三美"理论中对声律美的强调、十四行诗的隔行押韵等都显示出诗歌始终力求在听觉感知中唤起人们内心的情感共振。然而，自机械时代以来，大量印刷制品使以听觉感知为中心的语境开始转向以视觉感知为中心的语境。在诗歌领域，人们似乎更倾向于"看诗"而非"听诗"、从"诵读"走向了"视读"。诗歌区别于其他文体最为独特的"声—情"纽带因此面临断裂与流失的危机，有学者由此认为这是新诗遭遇边缘化的一大缘由。[2]

数字化时代，新媒介的出现给予了复苏诗歌声情传统的契机。在纸媒上，文字只能通过视觉感知的方式向读者传达信息，而在诸如微信之类的数字化平台上，通过音频朗诵诗歌、欣赏诗歌却是最为普遍而广泛的形式，诗歌由此取得了诗乐合一的全新数字化生存样式。在这方面，微信公众号"为你读诗"的实践最为典型。通过邀请社会各界知名人士朗读诗歌，并配之以精心挑选的音乐，"读诗"的形式唤醒了读者的听觉感知，使这种古老的倾听艺术重回到大众身边。该公众号的每段音频时长均在3

---

[1] 王志彬译注：《文心雕龙》，中华书局2012年版，第385页。
[2] 张江：《当代诗歌的断裂与成长：从"诵读"到"视读"》，《文艺研究》2013年第10期。

分钟左右，而所摘取的诗歌文本普遍约200字，这无疑使诗歌的节奏放缓，从而令读者产生心灵共振的同时获得更为深刻的审美感知，更有利于让诗歌的深层含义向读者浸润。在配乐方面，"为你读诗"多为幽静舒缓的乐曲，如神秘园的纯音乐、卞留念版《莲花》、李祥霆的古琴曲、林海的《守望》等，为听众营造出诗意而安和的氛围，恰当地升华了诗歌的音律之美。总之，微信平台上数字化的诗歌因取得了音频形式，令几近断裂的声情传统得以复苏。同时，在视听技术的参与下，随着朗读者或轻缓或深沉、或忧郁或激昂的声腔，诗歌作品中的那些抽象的死亡、离别、眷恋等意蕴更富有冲击感地撞向听众，推动诗歌在人们心中走得更深更远。

（二）视觉创新的尝试：动态演绎

英国学者约翰·伯格指出："历史上也没有任何一种形态的社会，曾经出现过这么集中的影像，这么密集的视觉信息。"[①] 学术界将此种趋势概括为"视觉的转向"或"图像的转向"。对图像或形象的偏好，成为视觉文化转向的重要表征。而在诗歌领域，中国古典诗歌一直都有"诗画结合"的传统，古典诗歌与文人画的相伴相生、山水意向创造的视觉诠释等，都为视觉维度上诗歌与图像的结合提供了隐蔽的文化脉络。

在上述视觉转向的语境及诗画传统的影响之下，互联网上出现了依赖多媒体技术创作出的视觉诗。网络视觉诗将单一的文字呈现模式转化成更加复杂的多维度呈现方式，并将与读者的交互功能融入其中，最典型的当数视觉诗人在网络上创作的"超文本诗歌"，[②] 如1998年台湾"国立"中兴大学教授李顺兴创建的网络实验室"歧路花园"中的诗歌等。

在微信平台上，诗歌在视觉上的创新处于初创萌发阶段。首先是较为

---

① ［英］约翰·伯格：《观看之道》，戴行钺译，广西师范大学出版社2005年版，第139—140页。
② 关于"超文本"理念，后现代主义大师罗兰·巴特有这精辟的阐释。早在20世纪60年代，他就预言了理想化的文本："这应该是一种链接众多、彼此交互的网络。是一个能指的星系，没有所指的结构，没有开头，可以颠倒。读者可以从不同的几个入口访问它，但没有一个入口由作者宣布是主要的。"这类超文本诗歌利用网络技术，将诗歌与动态的图像结合起来，且读者可以通过点击诗歌中设置的超链接按钮使诗歌的视觉样式进一步演化，最终通过读者的参与，诗歌的形式与内容才能得以完整呈现。

普遍的视觉形式：将诗歌与图片简单结合呈现给读者。图片与诗歌内容形成呼应，使诗歌内容得到进一步深化。还有部分公众号采用数字超链接形式，读者在欣赏诗歌时还可点击图片欣赏该艺术家更多的系列作品，由此形成了诗与画的双向促进格局。例如诗歌公众号"读首诗再睡觉"的推文中，读者可以点击首图跳转至其他公众号欣赏更多作品。其次是利用公众号中的 SVG 数字编辑技术，对诗歌进行变形及动态演绎，例如公众号"GQ 实验室"于 2022 年 8 月 11 日发出的推文《红了!》。点开这篇推文，最先出现的是空白的画面，接着一行行红色的文字依次呈现、页面随着文字的展开自动下滑，最终 150 句以"美是"开头的诗行呈现在读者眼前："美是夜里亮着灯的有轨电车/美是我们给回忆的滤镜/美是一只七星瓢虫在白色月季的花蕊上歇脚/美是任何一个想要打开相机的瞬间……"① 在这篇推文中，字体的形式依照诗句内容进行设计，使之契合诗句内容的同时又富于变化，例如"美是江水长流无尽时"一句用若干行并排的红色线条模拟江水，和文字作了动态的结合。在此基础上，全篇使用具有强色彩冲击感的红色色系，令人眼前一亮。该推文是视觉诗在数字平台创新的典型实践，引发了大量网友的阅读与讨论。

（三）大众参与及互动：赛博诗会

在传统媒介语境中，诗歌由创作者创作、经由相关媒介传递给广大读者，从而实现从个人化到大众化的过程。然而，似乎只有那些有一定地位或水平的创作者才可在竞争激烈的图书市场之中占得一席之地，得以出版自己的诗集，推动诗歌走向大众。而在微信等数字化平台上，主动创作诗歌和推动其广泛传播已不是精英作家的"特权"。网络无疑提供了更加宽广的天地，使任何人都可在这个赛博空间中自由发布自己的诗作，并实现与他人的即时沟通与交流。

在这方面，微信公众号"读首诗再睡觉"在小程序"诗歌维基"中创办的"赛诗会"掀起了大众写诗的热潮。该公众号每周推出一期"赛诗

---

① 《红了!》, 微信公众号"GQ 实验室", 2022 年 8 月 11 日, https://mp.weixin.qq.com/s/NmRkPUsJrxo5WXac8KR7_A, 访问日期：2023 年 5 月 21 日。

会",拟定不同的主题并邀请当代知名诗人担任评委,选出优秀的十首诗并寄送诗人的诗集作为奖励,而诗歌的创作形式则需为短小精悍的三行诗。此活动目前已举办了近百期,上千人参与了"赛诗会"的写作,留下了寄寓大众独特情思的诗作。这些诗作水平参差不齐,但每次都不乏在短短几行之间别出新意、令人回味无穷的作品。以 2023 年 3 月 1 日主题为"和解"的 95 期赛诗会为例,昵称为"Sibyl"的用户写道:"睡醒后,向夜空伸手/摘下一面镜子,随身携带/从此不用借他人的眼睛矫正衣冠。"①巧妙地以镜子设喻,表达不再过分在意他人的审视而与自我"和解"的主题;昵称为"无风海岛"的用户则写道:"春天并不迎接所有的复苏/除非你把自己当做一枚书签/与枯黄的扉页一同和解。"② 在宁静的禅意氛围中隐晦地表达作为一片被春天抛弃了的树叶,只有与自己的凋零和解,才可重新找到新的意义。

  作为大众参与的成功实践,"赛诗会"无疑使更多人突破了传统媒介的局限,广泛地参与到诗歌创作中来。此外,这种赛读会也实现了写诗者与读诗者的即时沟通,"诗歌维基"小程序中,用户可以自由地针对不同的诗作发表留言和评论,且每期赛诗会后都有嘉宾针对不同诗歌提出看法或意见。如在以"良夜"为题的赛诗会活动中,评委杨泽芳便针对用户"霏霏"的诗作发表感想:"读这三行诗就像看一个生活短片。第一行平平无奇,第二行'钥匙'与'栀子花','退回'和'出了门'两组词语的对应,提供了真实的生活细节,开拓了诗的维度。前两行缓缓描述,最后一句突然加速,腾空——这梦幻的闪耀就是至善良夜。"③ 这种点评与互动形式实现了从多个角度阐释诗歌的可能,对诗作者来说可以激发创作热情,对读者而言可以丰富解读视角,促进了读者与作者之间的双向沟通。总的来说,这些短小精悍的三行诗作契合了当下短平快的生活节奏与网络

---

  ① Sibyl:《和解》,微信公众号"读首诗再睡觉",2023 年 3 月 14 日,https://mp.weixin.qq.com/s/3CNUgKWvsuTZ3f8f4RUkAg,访问日期:2023 年 5 月 21 日。
  ② 无风海岛:《和解》,微信公众号"读首诗再睡觉",2023 年 3 月 1 日,https://mp.weixin.qq.com/s/in-kLne6phBo7jMuggUIQ,访问日期:2023 年 5 月 21 日。
  ③ 霏霏:《良夜》,杨泽芳点评,微信公众号"读首诗再睡觉",2023 年 3 月 26 日,https://mp.weixin.qq.com/s/vCZgaYgCEi0mb2vuRXe9WQ,访问日期:2023 年 5 月 21 日。

氛围，而在这样有限的文字中翻出更多的新意与创意来，正是微信媒介中这类诗作的普遍追求与存在形态。

三　原因辨析：自边缘到大众的突围策略

数字化时代诗歌的发展呈现出多元的生存形态，形成了较为良好的发展态势，而这种发展背后蕴藏着特定的原因，使其突破了边缘地位、向大众视野中心靠拢。通过综合分析这些诗歌在微信平台上的流行原因，可将其分为外部原因和内部原因两类。

（一）外部原因：运营商的传播宣传策略

在新的数字化媒介平台，要推动诗歌的传播，需要依靠平台运营商的运作和诗人的力量。因为无论诗歌内容如何动人，若无宣传与推广，其最终只能搁置在书橱之中，成为"曲高和寡"的旧纸堆。在推动诗歌的传播方面，平台运营商为获取读者广泛关注、牟取高额利润，往往与商业化浪潮相结合，通过营销包装诗歌作品、标签化诗人形象，来抓住读者眼球。此外，单纯的诗歌作品在如今快节奏的浮躁社会中难以引起接受者的兴趣，由是平台运营商常借助名人的形象宣传，来进一步推动诗歌传播，在名人效应中获取热度与流量。

1. 营销包装下的标签美化

在现今的社会中，数字化媒介与物质消费往往相伴而行，广泛地渗入到社会的各个领域中，文学领域当然也不能置身事外。当文学作品进入到消费语境之中，必然受到商业体系的支配，这样，创作者便被置于消费生产链中。小说、散文作为叙事艺术，先于诗歌进入到消费市场中。早在20世纪90年代，纸质媒介的出版商便利用营销手段开展了有针对性的宣传，给作家们打造了不同的"标签"与"人设"，使其满足特定群体的消费心理，例如为三毛的作品贴上"撒哈拉流浪者"的醒目宣传语等。而进入数字媒介时代，"现代汉语诗歌的边缘化却因为新媒体时代的到来而被消费社会激活"，[①] 因而现代汉语诗歌也被纳入到消费体系中来。

---

① 陈佳婷：《数字时代的现代汉语诗歌传播》，硕士学位论文，暨南大学，2020年。

以微信媒介为代表的数字化平台运营商为追求点击率和关注度，会利用营销手段包装诗歌作品。在这方面，诗人余秀华及其作品的"走红"便是典型的例证。余秀华是湖北乡村的一位农民，在早期她也写作过一些诗歌，但几乎都无人问津，她的最终成名在很大程度上要归因于"诗刊"微信公众号对其进行的营销包装。2014年末，余秀华的代表作《穿过大半个中国去睡你》《摇摇晃晃的人间》被"诗刊"微信公众号发布后，几乎一夜成名。诗刊微信公众号的运营商挖掘了她的农民出身、身体残疾和婚姻不幸等特征，在她身上贴上了"脑瘫诗人""农民诗人""中国的艾米莉·狄金森"等标签并大张旗鼓地加以宣传，博得了大众的广泛关注，短短几天内便得到了5万多的阅读量。随后，公众号"读首诗再睡觉"也开始推送余秀华的诗歌作品，获得了大量点击，其他出版社、诗歌评论家也开始注意到这位诗人，各种研讨会、分享会更是纷纷邀请余秀华出席，将"余秀华热"进一步推向高潮。这样，在微信平台运营商与诗人共谋之中，诗歌便作为一种"商品"被包装得引人注目，通过营销包装，余秀华从一个默默无闻的农民诗人一跃成为大众所熟知的知名诗人，她的作品更是广泛地在微信平台上传播。

诗歌的营销包装一方面实现了诗人及其作品从边缘地位向大众视野中心的跃进。通过平台的营销包装和宣传推动，诞生了依靠微信平台而生的诗人群体，《山东诗人》杂志和"长河文丛"编辑部自2015年1月开始发起微信诗征稿活动，联合鼓励微信诗歌创作，最后共收到3523首微信诗歌投稿，在其中选取了327名微信诗人的作品，集结成《中国首部微信诗选》，由团结出版社于当年出版，他们成为微信时代首批数字诗歌诗人。此外，余秀华、李元胜、刘年等人的诗歌作品，也因"为你读诗"微信公众号的宣传而进入大众视野，成为人们所熟知和喜爱的诗人，他们的诗歌作品也因此广为接受与传播。另一方面，诗歌的营销包装也不可避免地带来一些问题。在引人瞩目的标签和抓人眼球的标题之下，跳动的始终是作为平台运营商牟取利益的野心与功利心。由是，如余秀华一般身份特殊、特质出众的诗人便更易获得青睐，但在此之外的其他诗人，其诗歌质量未必不佳，却依旧只能徘徊在主流视野之外。运营商更为关注诗歌带来的功利价值,这也就不可避免地削弱了诗歌的欣赏价值与纯文学内涵,造成诗歌内容的浅薄与平庸。

2. 名人效应中的用户吸引

诗歌在微信平台要获得大量的关注,只靠"包装的精美"似乎仍然不够,还需有推动其迈入大众视野中心的强大助推力。这样,通过名人来扩大诗歌的传播效应就成为平台运营商的第二个策略。在这方面,公众号"为你读诗"便是以名人效应作为切入点吸引读者眼球。它以邀请嘉宾读诗的形式发布每一期推文,将名人的标签与诗歌作品紧密相连,从而扩大了诗歌的影响。

首先,"为你读诗"公众号的发起者就是来自各个行业的知名人士。它由 Be My Guest 推出,致力于推动文学、音乐、美术、哲学等经典人文艺术作品进入大众视野和日常生活。创始人是哈佛大学 HKS 中国校友会创会主席潘杰客,他联合了百度创始人李彦宏、联想集团董事长杨元庆、中国工程院院士邓中翰、相声表演艺术家姜昆、演员张国立、北京师范大学教授于丹等人共同发起了这一项目。可以说,它是依托精英群体而诞生的,又是依托这些精英的人脉资源而发展的。

其次,"为你读诗"公众号的名人选择也是它的亮点所在。它邀请的名人群体十分广泛。有国家元首,例如 2021 年邀请了塞尔维亚总统亚历山大·武契奇在大年初一时朗读了《诗人与故乡》;有共和国功勋模范,例如 2019 年邀请袁隆平、叶培建等六人朗读了《七律·长征》《把酒问月》等诗歌作品;有导演,例如 2018 年邀请贾樟柯朗读《变异的故乡》;此外还有娱乐圈明星、作家、学者、艺术家等。值得一提的是在这些名人之外,嘉宾中也有一类特殊的群体,那就是来自各行各业的普通人。这样,从上层到下层,从精英阶层到普通民众,读诗的嘉宾覆盖了几乎各行各业、各个领域的人士,从而在最大程度上唤起人们的共鸣与关注。通过邀请名人朗读,公众号迅速吸引了大批网友,进一步促进了诗歌的传播。

"为你读诗"的名人效应取得了良好成效。随着时代的发展,其所邀请的名人也随着时代热点而不断变化。例如 2023 年初电视剧《狂飙》大热,平台运营商便在该剧热播之时邀请主演张颂文等人读诗,并适时发布推文及朗读视频,迅速获取了大量的关注与点击。平台还注意将嘉宾的个人气质、特征与所读的诗歌作品相协调。如由张颂文所朗诵的诗歌作品是俄国女诗人阿赫玛托娃的《傍晚的光线金黄而辽远》,文章将诗歌作品与《狂飙》中高启强和陈书婷的婚姻爱情相联系,写道:"诗里,阿赫玛托娃没有抱怨对方的姗姗来迟,也没有赘述过往的艰辛和曲折,而是请他用快乐的眼睛阅读自己年少的诗篇。仿佛这些年横亘在彼此之间的漫长等待,在那一刻瞬间烟消云散了……演员张颂文读到此处时,不免让人想起他在《狂飙》里饰演的高启强,照顾兄妹多年,从未谈过一场恋爱。直到遇见了气场万丈且八面玲珑的陈书婷,情绪随之通电相连。"① 这样,推文兼顾了诗歌内容,在诗歌作品的选择上亦别出心裁。总之,在发挥名人效应的同时,平台亦注意热点追踪和诗歌选择,从而进一步扩大了名人效应,让诗歌与读诗嘉宾相互成就,取得了良好的成效。

(二) 内部原因:岁月静好的氛围营造

除却外部媒介的作用,这些出现并流行于微信平台的诗歌内容也具有共同特征,成为推动其"突围"的内部原因。戴安娜·克兰在《文化产生:媒体与都市艺术》中说:"如果一个文本的话语符合人们在特定的时间阐释他们社会体验的方式,这个文本就会流行起来。"② 因而,尽管微信诗歌的内容各异,但它们具有类似的气质,能够唤起读者的共鸣。通过综合浏览微信平台上的诗歌,可以看出它们总体呈现出一种"岁月静好"的姿态,少有激昂、高亢、奋进式的情绪表达。这些诗作内容和主题或多或少契合了当下流行的"小资文化"或"都市心理",具体表现为慢生活情调、退隐情怀和平淡化书写。

1. 缓解焦虑:慢生活情调

当下社会中,科技迅速发展、压力与动力并驾齐驱,快节奏的生活步

---

① 肖尧:《别慌张,你所等的都在赶来的路上》,"为你读诗"微信公众号,2023 年 2 月 26 日,https://mp.weixin.qq.com/s/uHglxbxOI3L1fJ6Gfyq6Ww,访问日期:2023 年 5 月 21 日。

② [美] 戴安娜·克兰:《文化生产:媒体与都市艺术》,赵国新译,译林出版社 2001 年版,第 98 页。

网络文学

调已成为人们工作学习的习惯，似乎每个人都在振臂宣泄"躺平"的渴望，却又总是在压力的裹挟之下止不住"内卷"的步伐，负重前行的人们渴望慢节奏的富有情调的生活。因此，微信平台上流行的作品也多饱含有"慢生活"立意的倾向。

微信公众号的推文标题往往是吸引读者阅读的重要因素之一，仅是简单浏览这些标题，便能看出诗作对于"慢"的追求与强调。推送佩阿索诗作《我不急》时，"为你读诗"公众号拟定的标题是："就像等待草长花开，人生的很多事急不来"；推送阿赫玛托娃的《傍晚的光线金黄而辽远》时，拟定的标题则是："别慌张，你所等的都在赶来的路上"。而在微信平台流行起来的那首李元胜著名的《我想和你虚度时光》中，诗人写道：

> ……
> 我想和你互相浪费
> 一起虚度短的沉默，长的无意义
> 一起消磨精致而苍老的宇宙
> 比如靠在栏杆上，低头看水的镜子
> 直到所有被虚度的事物
> 在我们身后，长出薄薄的翅膀[①]

在诗作中，诗人消解了生活中传统的意义与追求，反叛"抓紧时机"与"奋进"的激切鼓点，热切地呼唤"浪费"与"虚度"，从而实现了对于快节奏生活中利益物质价值的解构，表达了渴望回归精神家园，在体味日常生活之乐趣中延长生命体验的情绪。细究其中，能见出这种对于"慢"的追求本质上是渴望抽身于快节奏生活所营造的焦虑氛围，使自己的灵魂和精神得以放松和宽慰。这样，诗作的立意无疑契合了当下都市生活中大部分人的心灵渴望，唤起了精神共鸣，从而成为诗作在微信平台中广为流传的内部原因之一。

[①] 李元胜：《我想和你虚度时光》，重庆大学出版社2015年版，第3页。

2. 背离社会：退隐的情怀

若说慢生活情调是缓解都市焦虑病的"良方"，那么"退隐"则更多地显示出对城市生活的拒绝与对现代快节奏社会的彻底背离。在微信平台流行的诗作中，亦有不少表达了诗人普遍的退隐情怀，这突出表现在对自然事物的热爱与对自我情绪的观照上。

公众号"读首诗再睡觉"推送了以色列诗人拉结·布鲁斯坦茵·塞拉的《一个温柔、完美的夜晚》，诗中写道："一个温柔、完美的夜晚，我要/走出去，安静地待一会儿，/不对任何单独的灵魂说话，/我只想小坐片刻。/像躲避西洛可风的人/我想歇一会儿，/在树的绿荫里，/在树的脚边。"[①] 塞拉这首诗所描述的"一个温柔、完美的夜晚"，和海涅所描述的"凉爽的夜晚"，有异曲同工之妙。这样"温柔、完美的夜晚"，让人可以安静地沉淀，让自己完全放空，忘掉纷纷扰扰的世事和杂念，什么也不用去做，什么也不用去想。诗中对风、树等自然事物的亲近与对他人的疏离形成对比，显示出亲近自然并观照自我内心的倾向。而公众号"为你读诗"于3月13日推出当代诗人小安的《站高一些》，诗中写道："你要做一回松树/再做一回银杏/蚂蚁和鱼都在地上爬/你要做抓着花瓣的那一只手/你要彻底消磨一整天/做那个最懒散的人。"[②] 则更是表达了复归自然、自由生存的主旨。这种对自然的喜爱与偏向，是与现实社会生活相对而言的。而在自然中，人们能够获取观照自我的空间，从而这些诗作在退隐的情调中总能触动人们心中隐秘的角落，成为这类诗歌在微信平台流行的原因。

3. 柴米油盐：平淡化书写

相比于宏大壮观的描写角度，微信诗歌的书写总是从日常平凡琐屑的事物出发，力求在平淡的书写中发现生活之美或体悟人生之妙。诗人们的着眼点不再是大江大川、高楼阁台，而是从再日常不过的小物品着手，善

[①] 拉结·布鲁斯坦茵·塞拉：《一个温柔、完美的夜晚》，"读首诗再睡觉"微信公众号，2023年3月28日，https://mp.weixin.qq.com/s/LZt7TxlDzFDtWnQzowgNEg，访问日期：2023年5月21日。

[②] 小安：《站高一些》，"为你读诗"微信公众号，2023年3月13日，https://mp.weixin.qq.com/s/CgnyYsSloWK752YGOjeeLg，访问日期：2023年5月21日。

于从平常生活中抓出诗意。

例如，在当代诗人刘年的笔下，"粗陶"要胜过精致的"瓷"："做一只陶罐真好，会被那个女人抱走/陶壁，吻合腰线/装一罐清水，在菜地边/白天浇苦瓜，晚上，养一只丰满的月亮"[①]；而余秀华表达"我爱你"时，所写的不是山盟海誓，而是日常的琐屑生活："巴巴地活着，每天打水，煮饭，按时吃药/阳光好的时候把自己放进去，像放一块陈皮/茶叶轮换着喝：菊花、茉莉、玫瑰、柠檬/这些美好的事物仿佛把我往春天的路上带/所以我一次次按住内心的雪/它们过于洁白过于接近春天。"[②] 凡此种种，皆显示出诗人善于从日常生活中发现唯美诗意。而承载这份诗意的物品如此平凡，却又被诗人赋予了独特的美感，使人们得以重新观照和审视自我的日常生活，易于获得良好的心灵体验。比起激烈壮阔的意境营造，在微信平台中，这种唯美而小众的诗歌意象更能获取读者的关注并唤醒读者的精神共鸣。

综合微信诗歌在数字平台流行的内部原因，可以看出，无论是慢生活情调、退隐情怀抑或是平淡化书写，诗歌所携带的内部基因都呈现出与主流快节奏、物质生活的背离。这种背离无疑契合了当下的流行心理，使诗歌得以实现从边缘向中心的"突入"。当然，在这种唯美的、岁月静好的氛围中，诗作也显示出倾颓的消极色彩，宣扬"虚度时光"固然本意是倡导人们珍视和回归精神家园，但很可能造成某种在现实生活中的迷失，可谓是"温柔的陷阱"，对其进行冷静反思和理性批评亦尤为必要。

四 影响效应：数字化生存中的秩序重组

诗歌依凭数字新媒介，在网络虚拟场域中契合了传播需求，努力使自身适应大众的口味与内部心理，得以逐渐摆脱边缘化的地位，其发展呈现

---

① 刘年：《在路上写的诗》，"行吟者刘年"微信公众号，2019年8月25日，https：//mp.weixin.qq.com/s/DPqnM0pYAPZHANhbPiajmA，访问日期：2023年5月21日。

② 余秀华：《余秀华诗选》，诗刊社微信公众号，2015年1月17日，https：//mp.weixin.qq.com/s/Dyzvx4niT9A9Vnk‑AsPQ2g，访问日期：2023年5月21日。

出较为积极的态势。而在数字化时代，诗歌的数字化发展必然会带来全新的影响，一定程度上冲击着传统纸媒支配下的创作、接受秩序，对诗歌本身亦有影响。由此，又必须着眼于其后续的影响效应，对其作进一步的考量与分析。

（一）文字祛魅与技术赋魅

自机械印刷时代以来，人们便习惯于从纸本上通过文字来阅读诗歌作品。这种纯文本化的诗歌接受方式，使文字对读者来说十分神圣。由书面文学造就的诗歌美学追求，牢牢盘踞在人们的文化心里深处。在这种情况下，汉语文字"文不尽意"的含蓄化表达，使诗歌的表意变得隐晦朦胧，进一步增添了诗歌的神秘性与不可言说的韵味。例如，当读者从纸本上读到李白的"孤帆远影碧空尽，唯见长江天际流"时，其文字所呈现的孤帆、碧空、长江等意象并不能给人具象化的印象。这句诗具体描绘了一幅怎样的画面，只有通过读者反复咀嚼诗意，在脑中填补画面，才能领悟到诗歌的言外之意。由此，当数字化媒介携带着音频、影像而来时，文字的这种含蓄之美就被冲淡了。以微信平台"为你读诗"的视频为例，在视频的画面中，李白所描绘的诗歌意象就以直观的图画形式呈现给了读者，通过图片和影像，读者无须过多咀嚼文字，便能领悟作者的诗意表达。由纯文字描写所带来的虚化意象，正被数字化的音频与影像所解构。

因此，数字化时代，新媒介一方面带来了诗歌文字的"祛魅"，另一方面也带来了技术的"赋魅"。"祛魅"一词，出自马克斯·韦伯"世界的祛魅"一说。[①]"世界的祛魅"指宗教社会向世俗社会的转型中，宗教权威和解释被理性的、多元的现代文化消解。这里的"魅"原本指的是宗教世界的神圣性、权威性。而本书中诗歌文字的"魅"，指的是由文字符号所带来的诗意朦胧性及在其中衍生的审美体验。诗歌文字的"祛魅"，指的是这种朦胧性与审美性遭遇了音频、图像等超文本技术的消解。站在传统精英化文学的立场上，这种"祛魅"引起了广泛的警惕与抵制。然而，应当看到，新媒介技术尽管在负面上消解了诗歌文字的神圣性，却也并非全

[①] ［德］马克斯·韦伯：《学术与政治》，冯克利译，商务印书馆2018年版，第38页。

无益处。数字技术使音频、图像能够多维度融合，诗歌又得到了技术上的"赋魅"，由单一的纯文字存在转变为多姿态的生存。数字技术使文字、音频、图像、视频能够兼容共存，从而可以多方调动读者的感知，利于读者共情。灵活的数字媒体通过技术转换画面，丰富诗歌的"蒙太奇"式效果传达；视觉诗的色彩、变形、动画、设计，也让诗歌在视觉上进一步冲击读者的感官体验；饱含深情的朗诵音频及背景音乐，让读者身临其境，更能体悟诗歌的深刻含义……总之，数字技术虽消解了文字的表达效果，却又在不同维度上对其进行了补偿，让诗歌在数字化语境中，获得了全新的生存姿态。

（二）民间立场的自我言说

陈思和等于 20 世纪末提出"民间立场"的观点，认为这是"一种非权力形态也非知识分子精英文化形态的文化视界和空间，渗透在作家的写作立场、价值取向、审美风格等方面"。[①] 这种民间立场是相对于官方意识及主流文学而言的，是指那些游离于主流精英文学之外的文化形态，也可视作在边缘化立场上的自我言说。作为数字化的大众传播媒介，微信这一新媒体平台具有广泛的包容性特征，使其赋予民间立场以新的意蕴。广阔的网络场域之中，一直被精英流派排斥在外的平民书写得到了舒展的空间，其创作主体的构成趋向多元性与民间性。草根诗人登上诗歌舞台，通俗化语言取代了精致雕琢的笔触，诗歌内容聚焦至俗常百姓生活，所传达的情感更是发自普通人的内心深处。从这些方面来看，微信诗歌的写作无疑改变了传统纸媒语境中精英诗人独掌文化话语权的局面，处于民间立场上的微信诗歌使文坛上呈现出众声喧哗的特征。

综合来看微信流行诗歌的共同内容特征，不难发现，"岁月静好"的诗歌姿态之所以能在微信平台获得广泛共鸣，正是因为其大量的创作者出自民间，即小资阶层或底层人士。自 20 世纪 90 年代开始，社会文化形态的剧变、物质消费的兴起、数字技术的变革等已使人们过去的精神价值观念发生改变。出自民间的诗人不再单纯地信仰集体宏大的历史叙写，认为

---

① 陈思和、何清：《理想主义与民间立场》，《中山大学学报》（社会科学版）1999 年第 5 期。

孤独写作是一种文艺自觉的表现。由此，他们趋向个人中心，显示出与传统宏大叙事的背离及对现代快节奏社会生活的否定。

当然，这种民间立场的写作也不可避免地受到了精英诗人的质疑。当"余秀华热"风靡全国、"诗刊"公众号阅读量直线上升破万时，朦胧派诗歌诗人食指就曾站出来指责余秀华没有诗人担当。作为"文化大革命"苏醒后70年代末80年代初兴起的朦胧诗派的先驱与践行者，食指认为诗歌不可没有历史宏大主题的支撑，但余秀华的理想不过是喝喝咖啡、看看书、聊聊天而已。其指责的话语中渗透出强烈的精英意识，这就与余秀华所代表的民间声音形成了两种话语观念的冲突。余秀华的诗歌创作无疑是反叛精英书写的，她的诗歌作品总是调和着精致的诗意与通俗的白话，自然酣畅而无雕琢，而她残疾的身体和农民的身份，也正与其不加修饰的平民书写相辅相成，诉说着来自底层的话语。因而，在数字化时代，新的传播媒介无疑推动着先前遭遇"边缘化"的民间群体与精英群体进行话语权利的争夺。这种话语的喧哗，冲击了过去精英文学主导文坛的局面，大众的平民之声也汇入文坛，变"独唱"为"合唱"；此外，民间立场的诗歌书写，也让诗歌更广泛地引起大众的共鸣，催动着与大众的情感沟通，使诗歌这一本来并不十分贴近大众的文学形式，在数字化的空间中获得了更多的关注，有利于改善其"曲高和寡"的尴尬处境。

（三）集体共鸣的全民诗潮

诗歌是一种以抒情言志为主要特征的文学体裁。自其诞生以来，便与承载人类感情、抒发人类志向的功能联系在一起。因而，诗歌总是设法通过精简的文字及其节奏、韵律等调动受众的情感，使之对作者所要表达的某种情感心领神会。在纸质媒介所开辟的诗歌接受环境中，由于声音的消弭，读者单纯以文字来领会创作者的情感，其对诗歌抒发情感的接受随着声情传统的断裂大打折扣。

而数字化时代的到来、新媒介的出现，则使诗歌的接受与共鸣变得更为容易。首先，朗诵诗的形式复苏了诗歌的声情传统。例如，大量的朗诵视频出现在微信平台上，点开"为你读诗"的"视频号"，便可任意聆听诗语。伴随着背景音乐、人声诵读和与内容相映成趣的画面，接受者从听觉、视觉多个角度接受诗歌的浸润与熏陶,因而数字化时代的微信诗歌相较于纸质媒介中单纯以文字呈现的诗歌而言,有着更加立体多元的沉浸式魅力。不仅如此,弹幕、评论等互动功能等都为人们的即时沟通提供了便捷。所以,在数字化媒介所开辟的这种诗画乐相统一的接受空间中,读者更易产生精神共鸣。

其次,数字化时代的即时传播、互动功能和虚拟现实让全民主体"在场"成为可能。在这种情况下,社会新闻往往具有强大的煽动力量,从而引发了互联网中的全民诗潮。2008年汶川大地震之后,互联网第一次掀起了全民诗潮,以汶川地震为主题的诗歌创作、诗歌朗诵一时间席卷了互联网的诗歌网站。数字化媒介为这种全民诗潮提供了广阔的场域,又以其灵活多维的诗画乐形式进一步推动了诗潮的发展。而新冠疫情发生以来,在微信平台上亦兴起了"抗疫诗潮"。《草堂》诗刊的公众号"诗草堂"为此特意推出了抗疫诗歌专辑,发出了"全国人民在行动,大家同舟共济,众志成城。在这场没有硝烟的战场上,很多人一往无前奋战在抗战病毒的第一线,为我们负重前行。作为诗人,理应传承发扬杜甫诗歌伟大的现实主义精神,记录时代,见证时代,为时代发声"的呼声。在此呼声之下,上百首抗疫诗歌纷至沓来,诉说着疫情时代的独特民族记忆与动人历史。在纸质媒介时代,由于诗歌的出版周期长,加之纯文字化的表达较为单一,要用诗歌唤起全民的精神共鸣和集体的诗歌书写,其推动力量较为弱小。但在数字媒介中,媒介的助推力就变得十分强大。其一,相比于纸媒的出版,数字诗歌的创作、传播、接受周期大大缩短;其二,诗歌的接受方式更加灵便轻巧,只需点击一处链接,就能自由地开展诗歌阅读;其三,数字化的诗歌形式更为多样,动情的音乐、感人的画面,人们更易进入到共情的氛围场景之中;其四,在互联网环境中,携笔写诗已成为每个人都可随时进行的自由活动,全民写诗的时代已然随着数字化时代的来临而悄然而至。由此,数字化媒介带来的集体共鸣及全民诗潮,证明了新媒介对于诗歌创作和接受具有强大的助推力量。

(四)线上平台的诗歌消费

在消费时代与数字化时代并行的社会背景下,诗歌的消费已由传统的线下纸质购买拓展到线上更为广泛的渠道。在数字化媒介平台中，诗歌作为一种商品，其主要的消费形式包含以下四种。其一是购买电子诗刊并进行网上视屏阅读。其二，是目前在互联网上最为流行的诗歌音频。截止到 2024 年 10 月 24 日，在读物类 App"喜马拉雅"上，"为你读诗"已有 51.5 万的订阅量，1.2 亿次的播放量。其三，除了对诗歌本身内容的消费，运营商还致力于诗歌课程的开发。通过邀请知名讲师讲授诗歌作品或其他文学作品来获取相关利润。例如在"为你读诗"公众号的导航页中，就有"诗意学园"的标签，点击进去便可付费购买相关的诗词课程，其中有李白、杜甫、纳兰性德、李清照、苏轼等人的诗词评析。其四是通过公众号的推文获取阅读流量，以此来取得经济效益。当前，"为你读诗""读首诗再睡觉""诗歌是一束光""第一朗读者"等公众号已然在微信平台中走红，篇篇推文"10 万＋"的阅读量标志着在微信平台中诗歌推文传播渐渐走向大众视野中心。此外，如徐南鹏的"南鹏抄诗"、马永波的"中西现当代诗学"、周庆荣的"有理想的人"等个人的诗评诗作公众号也逐渐兴起；"诗刊""星星"等传统纸质出版物的线上公众号也不断吸引读者的关注。诗歌公众号正如雨后春笋，发展势头迅猛，数量众多。在取得广泛关注的同时，通过点击量和推文"打赏"功能获取了经济价值。

诗歌的线上消费是在数字化时代与消费时代齐头并进的形势之下诞生的。目前，诗歌消费态势良好，在"知识付费"的时代，通过线上平台了解诗歌、聆听诗歌，不失为一种舒缓心情、陶冶情操、提升个人素质的渠道。诗歌的线上付费销售，也在推动着诗歌的传播与接受，使诗歌以讲授、朗读的形式浸润到大众生活之中。然而，在商业化的诗歌消费中，亦不可避免地存在一些问题。其中最为明显的，是诗歌消费在现代社会中已成为一种"符号消费"。人们所进行的诗歌消费已不仅是为了自己满足阅读的需要或提升诗歌的素养，在当今时代，身份焦虑普遍存在于中层阶级群体之中，他们渴望从文化认同上确证自己的身份地位。微信诗歌的接受者既不会是高高在上的精英群体——他们无须使用大众化媒介来进行诗歌创作或阅读——亦不会是经济困难、无力顾及文化积淀的底层民众，因而，中间的小资阶层便成为微信平台诗歌消费的主要群体。诗歌作为"文学桂冠",无疑象征着一种高雅文化。所以中间阶层在微信平台所进行的诗歌消费,更多是将其作为一种高雅的身份符号,他们通过这种符号式的消费来标榜自身的文化地位。至于诗作所展现的具体内容及内蕴的文化精华,反而并不是他们想获取的主要目标。他们享受一种诗歌消费的仪式感,并由此缓解都市生活中的身份焦虑。诗歌消费在数字化时代的热闹景观,与其说是诗歌的复兴,不如说是诗意进入了日常消费。

结　语

当今时代或许并不是诗歌流行的时代。朱光潜曾言:"……每一个时代都有每一时代较为正常的文学表现方式。比如说,荷马生在今日也许不写史诗,陀思妥耶夫斯基生在古代也许不写小说。在我们的时代,文学最正常的表现方式似乎是散文、小说而不是诗。"[①] 然而,这并不意味着诗歌在当今时代完全失去了存在价值。数字化时代的到来使新媒介进入大众视野,诗歌的创作、传播、接受、消费在数字化生存空间中得到了新的诠释。自20世纪末以来,从纸媒到诗歌论坛、网站、博客、微博,再到如今用户活跃的微信平台,无数诗歌创作者和阅读者正在重新唤醒诗歌的魅力。

在微信平台上,诗歌的生存样式更加立体多姿。首先是朗诵诗歌复苏了诗歌的声情传统,其次是视觉诗歌的创新刷新了大众对传统诗歌书写的认知,最后是网络所开辟的广阔场域使每个人都能即时参与到"赛博诗会"中,并实现评论、点赞等互动。而诗歌在微信平台的流行少不了传播方式上的助推作用,在这一点上,平台运营商的营销策略和名人效应起到了关键性的作用。除了外部的助推,微信诗歌也在自身的内容上呈现出平淡化书写、退隐情怀等共同的姿态,疏解了都市生活中人们的焦虑心理,因而更易为大家所接受。

在创作与传播之外,新媒介还给诗歌带来了秩序上的重组,这便是新媒介语境之下催生的强大力量。它使如余秀华一样的农民诗人能在自我的民间立场上与主流精英群体争夺话语权,也带动了集体共鸣下的全民诗

---

① 朱光潜:《诗论》,生活·读书·新知三联书店1998年版,第308页。

潮，地震诗歌、抗疫诗歌便是最有力的实践证明。最后，新媒介的出现也为诗歌消费开辟了线上空间，诗歌音频、诗歌课堂、诗意小物等消费品因携带着高雅的文化基因，成为中间阶层缓解身份焦虑的"良药"。

综合以上几点，数字化时代中的诗歌发展总体呈现出积极发展的势态。鉴于数字化诗歌目前是新事物，其发展必然不可避免地存在许多问题。如微信平台中千篇一律的"岁月静好"使数字化诗歌的生存样态略显单调；读者在进行诗歌消费时，所看重的往往不是诗歌所传达的丰厚旨意和所包蕴的深刻内涵，诗歌消费变成了小资群体证明自身身份的"工具"等等。但在数字化浪潮之中，诗歌的数字化发展态势已不容逆转。当前，在数字媒介——尤其是新兴的微信媒介中，人们卖诗、传诗、写诗、评诗都更加自由便捷，微信诗歌在数字化空间中，呈现出立体多元的生存姿态。在传统纸质媒介中，诗歌从边缘化向大众中心突入已变得十分困难，由是应当肯定：在数字媒介之中，诗歌的发展总体态势良好，且符合历史趋向。引导数字诗歌在微信平台更加健康积极地发展，助推其进一步从边缘化地位走向大众视野中心，让诗歌在现今时代能够真正浸润人心，其路漫漫，前程亦可期。

（于伊湄撰稿，李辉指导）

文化价值的共创

——网络文学"优质内容回归"开发模式研究

序 言

万物互联已经渗透进日常生活的方方面面，数字媒体成为传播信息、交流互动的重要渠道。纸媒已经成为"传统"的象征，数字出版的形式不仅具有更强的传播力和便捷性，也能依托网络空间巨大的存储量降低成本，因此文学的形态随着传播媒介的发展与融合发生巨变，文字符号价值的使用领域也在不断拓宽。

近 20 年来，文学的生存空间在新媒介的诞生和演变中扩大和迁移，网络文学借由互联网的便捷性和趋近于无限的传播空间，延伸出独有的开放生态，并逐渐形成了庞大的网络文学产业，通过其内在价值与泛娱乐经济的联合造就了大量延伸产业，成为当代文化市场一大主力支撑。网络文学的文本内容也随着这种趋势成为文化产业发展和 IP 开发的重要组成部分，为影视、周边、漫画甚至自媒体提供了内在支点，是连接各类产业和产品的内在逻辑框架。但是，当网络文学进入资本市场成为可供开发的文化资源，文化符号成为商品进入商业交换活动，网络文学的创作、改编和再创造就发生了异化。在网络文学创作方面，网文的数量借由载体优势一直呈指数级增加趋势，各大平台和创作网站能够轻易囤积大量网文作品，所以阅读量和热度成为一些网络小说平台、文化企业甚至部分作者的首要标准，盲目跟随"热梗"、情节同质化甚至"洗稿"等问题屡见不鲜。这使网络文学开发的产业链上游本身就存在大量文学价值不高、内容"注水"

的作品，网文品质良莠不齐或在某一时段出现趋同化现象是十分常见的问题。因此，相关下游产业的开发和再生产不仅存在着 IP 开发策略不当、营销过度等经营问题，也承接了一部分来自上一级产业的残余问题，所以如何合理有效地利用网络文学的文化资源、形成多方共创的文化生产场在当下尤为重要。

一 网络文学优质内容概念辨析

网络文学的内容和文化价值是网络文化产业链开发的必要基础和有力支撑，近 10 年来，网络文学的开发和改编热潮带来了巨大的流量和资本，却并没有诞生数量可观的优质作品。这主要是因为没有优质的内容作为价值内核，再多形式上的"炫技"也是空中楼阁。虽然网络文学上游产业的创造和推出本身存在一定问题，但自 1998 年第一篇网络文学作品诞生以来，国内依然积累了许多不同时期、不同类型的高质量作品。从关注网络文学"生产—传播—改编"的流程到探究如何实现多方共创，本文所阐释的网络文学优质内容是多维和变化的，文学及其衍生文化产品没有"完美"或"最好"的标准，能在现有环境下具备情节和人物丰满、世界背景和设定翔实、有一定独特性且文字功底良好的网络文学作品可被称为"优质内容文本"，是网络文学多模式开发的基石；而对于开发的下一环节而言，该内容不是一成不变的，它需要随着媒介进行跃迁和改变，因此这一转换过程中如何继承原文本内容的故事内核和精神价值、发展新形势下改编内容的情节演变和细节创新是网络文学开发能够持续的关键。

所以优质的内容不只是优秀的网络文学作品，更是数字媒介中需要多方参与、共同创造的动态文化聚合形态。网络文学的优质内容回归强调以文化属性和内在价值为中心，面对文化开发模板化、文化产品商业化以及文化市场日益崇尚流量的现状，应在各方的矛盾中寻找平衡，打造网络文学创作和改编的场域空间，实现文化价值的共创。

二 网络文学与大规模内容生产的分歧

当信息的搜集和传播能在一瞬间完成，各种数字文化产品能被直接投递到终端，网络信息流作为文化的载体使人文属性在数媒时代被打上了科技的烙印，于是诞生了以信息化和数字化为载体的新文化形态，学界称之为"网络文化产业"或者"信息内容产业"，简称"IC 产业"。[①] 网络造就的虚拟世界成为现实的另一面，也作为一种媒介性延伸拓宽了人们创造价值或者进行想象的道路，文学的创作者们顺应时代和科技发展的趋势将文学创作阵地由线下纸笔转移到线上网络。

布迪厄的文化社会学理论指出，"文化"和"资本"的连接让作品成为消费符号，文学的场域划分为限制性生产场和大规模生产场。[②] 文学和商业这两个在网络信息时代之前几乎没有交集的领域在当下环境中有了相互排斥但又彼此吸引的关系，网络文学是网络商业文化交易的产品，其作为大规模生产场中快速循环的文化资本，串联起庞大的经济链条。因此，独创性高、追求诗性表达和叙事的纯文学不能适应大规模生产场的标准化生产，"高雅""深刻"等艺术精神价值无法抵抗消费主义的浪潮，由消费主导的文化生产在创造利益的同时也在消解经典性。同时，创作文学作品的作者也有了另一重身份——文化产品生产者，他们在空间更广、传播更快的场域中创作出不同于传统印刷的文学作品，这些作品也因为内在文学性和外部传递机制的改变而产生了形式变化。

（一）文化价值与经济利益的冲突

从现代性发展的角度看，网络文学借由数字媒介的巨大优势让每个人都可以创作自己的作品，文学的准入门槛降低吸引了源源不断的参与者，同时产生了新的社会性和娱乐性，读者可以自由评论任何一部小说和其中的人物、情节，发表意见甚至与作者本人互动。这些主体随着信息网或分散或聚合，打造出可以无限扩张的网络文学帝国，为网络文化产业提供了巨大的经济价值和潜在商业价值。但从文学批评的角度看，文学大众化、通俗化和商业化的演变也让网络文学的"文学性"发生了嬗变，网络连接了原本割裂的主体，资方分割了网络文学所带来的利益，这些行为使原本

[①] 赖敏：《文化产业境域的网络文学研究》，科学出版社 2017 年版，第 21 页。
[②] 李占伟：《超越文学内外研究二元对立的理论诉求——布迪厄"艺术场"理论探析》，《当代文坛》2014 年第 4 期。

文化价值的共创

存在于传统文艺领域的文学性受到侵略，原有的传统文学理论不再适用于网络文学的存在形态和创造、传播模式，原本的文学性也似乎面临消亡，文学的文化价值被不可避免地混入了商业和娱乐的杂质，甚至一度出现"文学已死"的论调。

文化的商品性消弭了纯文学的经典性，向下兼容的产品生产和接受体系成本低、传播快，文学本身的价值内涵在与消费社会的对抗中落入下风，对社会、人生和人性的思考消失在复杂的消费链中，网络文学的创作逐渐以生产适应大众和资方消费链的娱乐内容为主。

1. "流量至上"和"内容为王"的矛盾

在网络文学成为文化资源，作为一种资本被开发、投资和获取收益的大前提下，文学进入了逐层流动的生产加工链中，文学内容随着物质存在形式的变化不断转移，"文学的产业化意味着文学创作不再是出于强烈的个人信念、以个人拯救为目标的个体行为，而是必须满足和制造消费者需求的社会行为"[①]。在网络文学领域，小说这种体裁离商业性最近，网络小说创作不再是单纯的写作，作家身份发生转型和重组。这些网文作者既是文字内容的创造者也是网络小说消费市场的"供应商"，他们将小说作为文化商品与"经销商"——网络小说平台方合力获取更多读者的浏览和娱乐支付。入场的每一位文化产品推出者受利益驱动和网络平台连接性影响，在产品的传递中尤为注重价值的交换。"流量"作为砝码成为等价交换物贯穿整个递进环节，而网络文学的内容本身也因此陷入文化价值消解的怪圈。轻松俏皮、结构简单等容易使读者获得暂时愉悦的小说能赢得大量推广和收益，那些思想深刻、表意丰富的作品则因为不适应网络文学的"潮流"难以得到推广，无法获得流量进行价值交换，逐渐在这场网络文学生存领地之争中失去选择权，被资本和平台快速淘汰。优质的内容没有流量，低创的小说大行其道，"要内容还是要热度（流量）"一度成为网络文学创作及开发领域的大议题，文学与商业、作者与平台、读者和其他形式领域的受众也无法脱

---

① 杨玲：《新世纪文学研究的重构——以郭敬明和耽美为起点的探索》，厦门大学出版社2019年版，第113页。

离这一底层逻辑，也分别做出了具有自身所属领域特点的行动。

2. 网络文学平台与作者之争

网络文学的创作和开发离不开大大小小的网络文学平台，而网文作者更是依靠平台的对外输出功能获取直接收益，因此网络文学平台的组织和运营在网络文学生产这一流程中十分关键。网站、APP 的平台效应使其能够掌握海量网络文学作品，这种聚合作用不仅让平台方拥有足够的资本和网络文学开发的上游资源，也在发展中打造了个性化的组织和运营模式，让网络文学在平台载体的基础上被更深层次地挖掘和开发，进行延伸、改编或者形成更大的 IP。平台能为创作者提供公平的作品发布机会和传播渠道、聚合不同作品方便读者阅读，但平台方本身受资本牵制，主要负责输出文化商品，商品是否"夺人眼球"，也就是能否吸引更多流量是平台最关注的。一个文学网站的首页推荐通过展现最新的流行趋势和某类作品的流行元素来吸引读者，并进入他们的偏好，暗中培植受众轻松化、娱乐化的审美取向。以晋江文学城为例，近年来其书城榜单排名及制度备受争议，部分书粉表示榜单上很多作品语言浮华、内容空虚、人设单薄，不少小说是快穿、重生等"套路"作品，而很多小众作品情节设计精彩、人设丰满，却得不到应有的推荐。许多作品上榜的原因除了该类型某段时间热度大、内容简单轻松不需要读者花心思揣摩，阅读量较大，不排除网站对排行进行了偏好设置，筛选自己的书粉群体，以快速获取利润。所以优质的作品不一定能够得到平台的大力推广，这让作者可能出于趋利心理和迎合粉丝的想法改变自己的创作内容，作品的发出者（作者）为了收益受呈现者（网络文学平台）聚合与传播能力的牵制不能完全自由地进行写作。

此外，为了获取更多的小说文本和平台收益，晋江及其他部分网站推出日更或周更的创作激励机制，以持续的更新能获得额外收益来鼓励作者创作更多作品，"定时更新（打卡）—争取全勤奖（上班）"何尝不是一种隐藏的"生产流水线"，通过限定性任务来驱动创作者们。但隐形的扩大生产还不能满足平台资方，2020 年 4 月，网传阅文集团启用新管理层，以战略调整的名义改革旧合同，推出新的"霸王条款"。其中："乙方无条件将所有版权交给阅文，甲方运营版权无须乙方同意，且不予分配收益。"

"甲方将乙方作品免费发布，视为对作品的推广手段而不是侵权。乙方必须认可。"和平台方无条件拥有作者完本后一年内的其他作品及一年后首发作品的优先权等不合理条约，直接将作者贬为小说生产工而不是靠脑力获得稿费和版权收益的写作者。这在网络文学界引起轩然大波，阅文集团部分作者在5月5日组织各大网文作者发起抗议，通过拒绝在当天更新作品来抵制剥削作者的网文平台，这一反抗活动后来被网友称为"五五断更节"。在5月6日的恳谈会中，阅文方面承认该合同是多年来的历史遗留问题，不属于新合同，并会着力改变这些不合理之处，将属于作者的内容生态归还创作者，保障作者的著作人身权。这场平台和创作者的权益之争揭露出了资本消抹人的独立性、试图工具化网文作者的无下限逐利行径。文化资本成为各大网络文学平台割据经济利益版图的武器，网络文学的传播渠道和开发权利几乎长久以来被垄断在这些巨头手中，网文界收益较高的群体也固定在一部分知名度高的作者之中。限制平台方的"集权"、保护和满足作者的应有权益和合理诉求应提上日程，推动网络文学源头创造者和发布平台的良性发展，才有利于创作出更多脱离模板化和流量至上倾向的良作。

（二）外在特征：网络文学的超级体量和多样化分类

在互联网空间中，人能摆脱物质的限制，以自身的主观能动性发展自我话语领地，后现代文化的主体能在网络中构建多元或多重身份，参与到不同文化的领域中。进入到文学领域中的参与者们也不再限于固定的作者、读者、评论者和出版方等角色，网络的实时交互性和近乎无限大的信息承载量让每个人都拥有了成为不同主体的能力。因此，传统纸质文学的篇幅限制被消解，而文学的创作内容在网络公共空间默认传播的内在逻辑下，为了使传播率和接受度最大化，开始迎合更多不同喜好的受众。于是网络小说成了网络文学的独特代表，受新媒介因素等方面的影响"脱离"传统文学的跨度最大，主要形成了两大基本特征，即体量庞大（包括文本数量和作品长度）和类型多样。

1. 体量的异变

一些热门网络小说作品如《诡秘之主》（共1401章）、《凡人修仙传》

（共 2516 章）都有着极多的章节，全书达几百万字。这样夸张的文字厚度已全然不是莫言所捍卫的"长篇小说就要长"的尊严问题，一个长篇小说作家以严肃文学的标准来看所必须具备的"大气象、大感悟"，[①] 在许多网络小说的创造者笔下根本"不成问题"。如果阅读量和收藏量不足，20 多万字的内容体量在起点中文网甚至无法达到签约标准，作品的篇幅长短或数量在网络世界失去了原有的衡量标准，无论是读者、作者还是第三方平台好似都在虚拟空间的无限可能中失去了对作品长度的感知。无论是纸质文学还是网络文学，篇幅的长短并不是评价作品的关键要素，但超长篇网络小说对所述故事内容造成的影响、创作者心理和相关网文平台推出制度则是网络文学创作和开发领域真正要面对的问题。

2. "分类"还是"分裂"——网络文学的范围边界

当人们能在移动端随意切换浏览网络文学时，只有足够吸引人眼球的内容或主题鲜明的作品才能抓住浏览者一瞬间的注意力。

网络文学有着直观易懂的分类方式。根据题材，可分为恋爱类、科幻类、穿越类、校园类、古风类等。根据风格，可分为正剧向类和轻松向类。根据时空，可分为历史类、现代类和未来类。还可以根据男女性向以及是否为原创等方式来进行分类。表面上，网络小说比传统的严肃文学拥有更多种类和题材，但类型的多样不等于内容的丰盈和饱满。经典小说作品的魅力在于拓宽生命和生活的边界，人类社会的存在是一个整体，作家力求真实，试图借用自己的文字揭开这个复杂世界的面纱，其所具有的思想深度和艺术造诣能引人无限遐思。这类作品在内容修改不大的情况下被影视化后仍能保持这样的能力，受争议的往往是剧集叙事或选角问题，如人们对《红楼梦》电视剧 1987 年版和 2010 年版的比较讨论。这是因为变化的只是内容的表现形式，人文精神和文化价值之灵魂永远蕴藏其中，它们就像藏于深层的锥尖，划开形式的外壳，引出观者的深度思考和解读。而网文作者深入市场化洪流，他们创作的小说天然是文学和商业的结合体，他们用文学的形式虚构出一定程度上远离现实的小说世界，为现实的

---

① 莫言：《捍卫长篇小说的尊严》，《当代作家评论》2006 年第 1 期。

真实蒙上了各色的面纱。这是网络文学和严肃文学的一大不同，也是绝大部分网络小说具有类型指向性的原因之一，不同的分类相当于不同的面纱，也是一种隐形的范围限定。在网文作者所圈定的领地中，由于类型的限制，该区域体现出吸纳同类、排斥异元素和异己的特征，读者可以不必思考外面的世界或现实中的生活，这是大部分网络文学和严肃文学内涵上的差异，前者给人以娱乐和虚构的美好，后者给人以真实与思想的痛感。它就像人们躲避现实生活压力的堡垒，进入这个小世界就可以暂且忘却现实，因而某类网络小说会有其对应的受众群体，一旦该小说经过改编被漫画化、影视化，内容接受群体在载体的形式改变和数量增长中扩张，而网文的原内容又缺少一定的包容性和深刻性，那么可能会造成原读者群体和后续其他形式观者群体的矛盾，其间还夹杂着 IP 开发操之过急、流水线式营销等过程问题。

由此可见，网络文学的体量和分类作为其内在内容的外化或侧写，出现篇幅过长和分类跨界现象并不是单纯的形式问题。网络文学的内在内容创造、外部多方位传播和相关产业再生产之间密不可分的关系使它成为一种当代文学的复合形态，上文论及的存在模式和创作方式所展现出的鲜明特征说明网络文学及其延伸产业在开发流程中存在一定问题。究其本质，是因为各方在进行网络文学的文化生产活动时，更关注数据化结果和受众（消费者）反响而忽视了文学本身的价值。于是 当各参与方之间相互掣肘，潜藏的多方博弈激发了网络文化产业不同层级的矛盾点，造成部分网络文学开发不当和开发模式的争议。

三　网络文学再生产经典开发模式——影视化改编

网络文学庞大体量提供的丰富改编素材和指向性明确的类型划分，其形式和内容能够与大部分影视剧剧本的创作相适立，所以在网络文学开发模式中，改编为视频形式的影视剧最为普遍，受众范围也最广。有学者统计，我国近五年来网络小说改编的影视剧作品超过 600 部，[①] 2022 年爆火

[①] 郑海鸥：《弘扬正能量　作品有流量》，《人民日报》2021 年 12 月 5 日第 2 版。

的电视剧《开端》《卿卿日常》和《风吹半夏》等都是网络文学改编而成的。互联网带来的破圈效应让篇幅较长的网络小说能为电影和电视剧提供连贯的故事情节，而文字符号向三维视频图像符号的转变也能将小说中描绘的世界变得直观或将一些构想变为现实。人们接收视觉形象是最轻松的，网络小说影视化后，人们可以直接看到画面、听到声音，从而跳过加工文字、形成想象的过程，直接感受画面刺激。因此，影视剧作为大众最快捷的娱乐产品之一有很大的商业价值，部分网络小说作为文化内容的生产原材料自然无法在开发过程中越过影视化环节，而"原材料"的质量往往决定了后续产品品质的好坏，网络小说的人物、情节、世界观设计、价值观等内容都在影视化改编中起关键作用。本文将以《镇魂》《琅琊榜》和《隐秘的角落》（改编自网络小说《坏小孩》）这三部内容上和改编模式上独具特色的电视剧为例，深入探讨网络文学影视剧开发逐步平衡文化价值与经济利益的发展升级之路，分析网络文学内容的重要价值。

（一）IP 初级开发——书粉和剧粉的融合与分裂

自大众文化兴起、文化消费融入生活的方方面面，泛娱乐概念随之被提出，打造以粉丝经济为核心的热门 IP 成为流行趋势。① 网络文学因为其丰富的题材和故事内容成了改编的源泉，且凭借其内容对读者群体的凝聚力产生了数量可观的"书粉"，又为影视剧改编提供了一部分稳定的"现有剧粉"，这种关注原书粉丝群体的早期 IP 改编模式在耽美（Boy's love）小说改编影视剧中比较常见。耽美类小说主要由女性作者书写，为女性读者提供男性同性之间的爱情故事，不仅体现出女性对纯粹、平等爱情的向往，也是部分作者和读者反抗父权体系、尝试在精神情感领域"凝视"男性的表现，因此耽美领域的粉丝有着独特的阅读取向和性别立场，其粉丝群体十分稳固。但由于社会语境的对该类题材的限制，虽然在我国爱好者数量颇多，这部分小说也需要在改编为传播量级更大的影视作品时掩盖一部分自身属性。

---

① 王珏：《媒体融合背景下的网络文学 IP 开发模式研究》，《传播与版权》2019 年第 8 期。

2018年6月在优酷播出的40集连续剧《镇魂》是当年大火的耽改网剧，改编自Priest的同名小说。这部低成本、小众网剧爆火的主要原因，还是来自书粉对原作者及其小说的追捧。就小说内容本身和剧集改编后的情节内容比较而言，编剧、制作和剧集播出平台确实享受了题材红利，但并没有产出较为理想的改编结果。原著作者Priest的写作风格在耽美文学界中属于"宏大叙事向"。她并不明写爱情本身，而是擅于将男主角们的情爱巧妙地安排在他们探索谜题、维护心中大义的旅途中，这旅途中的故事实际上成了她作品中十分吸引人的部分，与爱情元素并列为文中内容的两大特点。在小说《镇魂》中，有只为国家和知己而死的英雄主义，有不要太纠结是非善恶的盲目豁达，有对恶毒之人的生动描写；而在剧集《镇魂》之中，并没有很好地体现这些精神价值和人性刻画，甚至有部分办案过程的始末都没有表达清楚。同时剧作改变了原作的HE（Happy Ending）结局，设置了原创的开放性结局（部分人认为是双死结局），激起了大部分书粉的伤感与不满。即使如此，仍然有大量书粉甘愿为这"低制作"网剧贡献自己的一份流量，他们既是书粉，也是书粉前提下的剧粉。这些亚文化爱好者一方面由于十分坚定自己"镇魂IP"粉丝的身份而选择鼎力支持文字之外的其他形式，但另一方面，又为自己所喜爱的小说角色和内容被改编得不尽如人意而产生不满情绪。书粉和剧粉的双重身份在跨媒介的背景下融合，他们的原初喜好也被不同的表达形式分裂，成为矛盾化的受众群体。

通常情况下，大热的影视剧不乏受高热度影响心生好奇来观看的人，他们一般会提前预设与高热度相匹配的高质量，但真正的剧情和画面呈现的内容很可能会使他们失望，所以这类只是使用IP名气但没有继承原作优质内容和价值的剧作，虽然能满足其圈内粉丝的精神需求和娱乐价值，但不一定使圈外人也产生同等的认同，特别是小众文化影视剧，只利用而不用心的开发只会引发"劣胜优汰"，让更多制作方追求商业化和模式化，阻碍这类题材的影视剧或其他衍生产业扩大自身的发展道路。

综上所述，耽美IP有着不可估量的网络文化开发价值，即使是在限制性改编环境下，粉丝群体对于耽美小说的延伸产品依然有着很强的黏性和稳定性。但很大一部分耽改剧制作方只重视 IP 形象和快速榨取流量，只做最浅层次的初级开发，忽视了 IP 真正的价值内核和内容，《镇魂》剧集的短期爆火与粉丝的"又爱又恨"体现了价值传递程度与内容输出转换的成功与否会直接影响产业链运营的效果。

（二）传统文化与家国情怀

中国深远绵长的传统文化为无数网络小说提供了可用素材，我国网络小说界的玄幻、灵异、仙侠、古风等类型都脱胎于此，另外直接或间接使用中国古代社会历史及制度的历史向或历史架空向小说也非常多，《琅琊榜》就是其中的典型。2006—2007 年，《琅琊榜》小说在起点中文网连载并完结出版实体书；2015 年 9 月，54 集的电视剧《琅琊榜》播出，豆瓣评分高达 9.4 分，在当年小说影视剧化鱼龙混杂的情况下突出重围，历经国内古装剧多年发展仍然以其高质量的剧情、高水平的编剧为人称道，至今仍被称为"权谋古装剧天花板"。制作方邀请作者海晏担任编剧，除了服化道贴合原作外，不仅展现出了小说所描绘的朝堂斗争、江湖风云和家国大义等情节和内容，还将原小说中的人物性格和心理转化等细节展现得淋漓尽致，将原作传递的精神价值和深刻内容一以贯之。"梅长苏——梅藏殊"，林氏父子带领的赤焰军冤死梅岭，只有林殊和少数几个亲兵逃离了那充满死亡气息的皑皑白雪，忠义之士布局多年对抗奸佞，旨在为抛头颅洒热血的将士沉冤昭雪。一路来跌宕起伏、危险重重，"七万英魂，天地为墓"的悲恸之情、"起风了，风从来没有停过"的宿命感和历史厚重感……影视剧通过角色对话、情景环境设置将这些精神讯息保留下来，让观者无不动容深思。影视制作方继承了《琅琊榜》小说的"风骨"，同时也继承了中国历史中的"忠义"刻印，不再让 IP 开发过程中的内容转换浮于表面，不仅能让书粉更容易接受并喜爱剧作品，也使网络文学的内容开发深入文本核心，还原原作的故事细节、人物精神和文化价值，在解决当时网络小说影视化粗制滥造、同质化弊病的同时，印证了历史文化内容在网络文学开发领域的独特价值。

这些宝贵的精神是独属于国人的文化印记，潜藏在人们的集体意识之中，有关历史、传统文化甚至民俗志怪的精品网络小说能够传递传统文化之力量，引起广泛的共鸣，再借助影视剧、有声书等跨媒介形式创造历史性精神文化标识。

（三）生活中的惊奇——面对现实的人性探讨

随着文化生产场日益多元化，无论是 IP 的简单套用还是较为直接的内容继承改编模式都不能再延续过去的优势，为了争取到更多消费者，网络文学的影视化必须寻找新的内容转化出路，实现从内容直接改编到内容深耕的升级。2020 年 6 月，《隐秘的角落》在爱奇艺迷雾剧场播出，该剧改编自紫金陈的推理小说《坏小孩》，一度掀起全网追剧热潮，使悬疑、推理类小说成为影视化改编的新爆款。悬疑或推理类小说因其情节波折、耐人寻味以及容易设置伏笔成为最适合进行 IP 影视化改编的类型之一，是"IP 向小说"的典型代表，这类小说一般在情节安排上简练紧凑，在故事内容上富有创意，力求大胆突破而避免落入俗套。[①] 当然，悬疑和推理类小说早在 20 世纪就曾风靡一时，例如柯南·道尔创造出闻名于世的侦探夏洛克·福尔摩斯，还有侦探小说家阿加莎·克里斯蒂，她的小说《东方快车谋杀案》被多次改编为电视剧和电影。这类发生在现实背景下但又离奇古怪的犯罪事件能在很大程度上引起读者或观众不同寻常的新奇感，以不同于日常生活的人物心理和行为使内容"陌生化"，产生跟随情节推理慢慢发现被掩盖的弥天大谎或令人咋舌的真相的"惊奇效应"。而《隐秘的角落》的悬疑内容也有相似的作用，悬疑和推理作为故事外壳引起了"推理真相的惊奇"。但不同于以推理为主的揭秘型小说，其内里还包含了对人性之恶、生活意义、儿童心理和"中式家庭困境"的探讨等"生活中的惊奇"。

《隐秘的角落》的影视化改编为《坏小孩》的原始内容增添了新的魅力和深意。在原小说中，张东升是彻底的恶人，无论是对家人还是小孩子都没有一丝心软，而剧版中的张东升人物形象在经过改编后多了一点难得的善意，他去救了被人绑架的朱朝阳，还在和三个孩子的相处中对他们产

[①] 杨博雅：《从 IP 向悬疑小说到超级网剧的改编策略探析——以网络剧〈隐秘的角落〉为例》，《西部广播电视》2020 年第 19 期。

生了感情，特别是将普普代入女儿的角色，尽力满足她的愿望，在普普死后愧悔自己没来得及救下哮喘发作的她，这都让这个原书中报复心极强的"复仇者"形象多面化，增添了一丝人性中"善"的微光。同时，在朱朝阳害死父亲和继母一家的动机上，剧作将他的家庭关系、心路历程进行了细化。原作中朱朝阳的父亲朱永平对他不管不问，被人暗示自己并不关心亲儿子也毫无悔过；剧作中这位父亲的形象更加丰满，他在乎朱朝阳，会时不时送上关心，但更多是因为"他的儿子"表现乖巧、成绩争气。剧版用"一碗糖水中漂着一只死苍蝇"的画面来表现其父一面表达对儿子的疼爱、一面试图用录音笔录下"罪证"的两面派行径，暗示这样的关怀表面甜蜜实则让人恶心。但即使这样，也让朱朝阳仍然对父亲留有一定感情，进一步暗示朱朝阳内心缺爱、渴望哪怕一点关怀。不仅如此，剧作改变了原作中朱朝阳冷酷弑父的行动，在剧中让朱父为了救朱朝阳而死，还让其母周红春变为一个对孩子控制欲强又渴望情爱的单亲母亲形象，不仅塑造出复杂、有血肉的家庭关系，更突出了朱朝阳被无可逆转的宿命一步步紧逼的感觉。此外，严良和老陈的情谊与生死真相、晶晶的死亡是否为意外以及剧作最后朱朝阳是否害死了他的两个伙伴等类似的谜团如迷雾般萦绕在故事之中，还有照相机、睡前的牛奶、小白船等各种隐喻、虚实结合的表现手法和选择"幸福的童话"还是"黑暗的真实"的开放式结局，都使这部悬疑IP剧在内容深度上超越了原作，填充了原小说没有着力渲染的内在背景和支线细节。

"坏小孩"纯粹的恶意被转变为善恶、黑白的交织，为悬疑和刺激服务的扁平人物成为独立且复杂的个体，《隐秘的角落》的成功还在于它将"坏小孩"的黑色、黑暗世界变为灰色，那掺杂进其中的白色、"留白"就成了小说和剧作之间的调和剂，将小说本身扣人心弦的情节和剧作增添的社会人性之思有效结合，最终完成了IP内容和思想层面的提升。

四 内容方面：价值共创的开发模式

融媒体时代，在文字符号、图像画面、听觉感知甚至身体知觉都随着科技发展不断融合的当下，网络文学的内容可以跨越到影视、漫画、游

文化价值的共创

戏、广播剧和实体周边等领域，人们也能接触到无限多的文化消费品和评论反馈讯息，对相关作品、产品的优劣标准有大致了解，即使是受众群体甚广的影视剧，若想在众多娱乐形式中脱颖而出，也必须掌握"内外兼修"的能力，才能实现流量和内容双丰收，近两年引人注目的时间循环类电视剧《开端》、历时 4 年的大制作电影《流浪地球 2》就是最好的例子。自网络文学作品进入文化市场成为 IP 产业链的一部分，便走上了内在价值与外部形式共行的双轨道，其故事内容与精神价值作为网络文学开发的核心在各类媒介中起到支撑和桥梁作用，而其影视剧、广播剧、游戏或漫画等载体形式则作为传输与表达工具承载着前者的作品形象，就像《隐秘的角落》编剧孙浩洋所言："剧本与制作应该互为土壤"，[①] 内容与媒介也应该发挥各自优势、集多方之所长互相成就，共创"内容＋形式""文化＋经济"多方协同发展的产业未来。

（一）IP 内容优化

网络文学是大众的文学，是为所有人提供精神果实的想象领地；网络小说是网络文学开发领域的源头活水，能够为跨媒介叙事 IP 提供故事内容与价值内涵，如果一味追求流量最大化，倾向于改编言情、玄幻等内容元素单一的小说作品，制作仅供人愉悦的"爽剧"，虽然能在短时间内变现，满足一部分快节奏消费者的需求，但不利于保持网络文学的独创性和原创力。因此 IP 内容的良性发展、IP 生命的存续，需要网络文学作者和下游产业改编方的共同创造并保持文化价值内核的稳定，无论文化产品的形式如何转变，其内在精神文化之根能一直维持其应有的生命力和活力。

1. 去中心化——打造人设群像

在网络小说中，以一个或两个主角为故事的主要切入点和中心对象的设置非常普遍，作者对"主角"和"配角"的着墨一般有明显的区别，主角的经历和性格描述完整，而配角往往只介绍一部分对情节有推动作用的内容，以表现主角才是故事的核心，而配角属于助推型人物，几乎所有情

[①] 杨博雅：《从 IP 向悬疑小说到超级网剧的改编策略探析——以网络剧〈隐秘的角落〉为例》，《西部广播电视》2020 年第 19 期。

节线索和结局导向最后基本都要统一在主要人物身上。而《开端》和《流浪地球2》没有延续这种网络文学界或剧本改编界默认的人物角色设置模式，这两部作品虽然也有字面意义上的男女主，但其他人物的形象和个性也十分丰满。在《开端》中，行驶在时间循环中的45路公交车的封闭环境打造了一个小社会，车中包括司机在内的十个人都有各自的故事线，这些情节线条相互交织、轮流出现，慢慢架构出完整的故事内容和爆炸事故的真相。一反主角一两人的"独白"，喜欢二次元的年轻人、进城的农民、做直播的小哥还有心事重重的司机，每个小人物都有自己的故事。这部作品通过表现独属于角色自身的个体经历和拾取日常的生活碎片，构筑了丰富的群像视角语言，从而改变了传统的单一主人公的内容叙事方式，让每一个出现在故事里的角色都更像真正的、有血有肉的"人"，而不是简单扁平的角色形象；让立体的人物引发、展露更深层的意义。

2. 去标准化——创造"独立"内容生态

大量同质化网络文学作品充斥着市场，有独创性的内容才能在不同开发环节中立足，模板与套路不能永远圈住受众，有内在文化底蕴的内容更容易吸引新的粉丝群体。《开端》小说原作的"无限流"类型在网络文学界并不少见，但对电视剧改编而言，是国内少有的现实向时间循环/轮回作品，而不是常用的穿越、重生到过去或新世界的套路。恐怖的死亡轮回能让其人物一直处于一种绝望的境地，他们一次次反抗挣扎，在寻找出路的同时揭开循环中不同维度的真相。虚拟的循环链条与现实的生活相接，周而复始的公交车成为故事演绎的舞台，这是《开端》小说和剧作共同打造的"无限流"独立世界，不仅填补了国内缺少该类型改编剧作品的空白，也打破了国内影视剧类型固化的枷锁，做出了新的尝试。当然，创造个性的、独立的内容生态并不完全是"求新"，只是盲目追求"新奇感"容易落入爽剧的窠臼，其本质是形成完整的故事运行体系和能够逻辑自洽的附加设定，营造一个能让观者自然沉浸的虚构社会环境，产生看向另一个世界、另一种真实的体验。

3. 价值深化——引发情感共鸣

荣格认为："经过千百年的历史积淀，人类种族的集体无意识组成了一种超个性的共同心理基础,并且普遍地存在于我们每一个人的身上。"①在所有人的记忆深处都存在着"整体记忆",它作为"人类永恒的生命"在文学艺术家们的创作中生长,牵动每个人内心的意识。在民族精神层面,《流浪地球2》不仅是一部科幻巨制,更是真正传递了"中国精神"的电影,影片中,中方代表周喆直在联合国的宣言振聋发聩:"一万五千年前,愈合的股骨是人类诞生的标志;一万五千年后,又一根断裂的股骨,摆在了我们面前。""团结,延续着文明的火种。"面对文明的灾难,中国的选择是和地球一起"流浪",前往新的家园;面对全球性危机,中国的选择是团结所有国家,动用"饱和式救援"竭力完成每一步计划。《流浪地球》系列展现了中华民族的集体意识和价值认同,深刻体现了"人类命运共同体"的精神,让无数人为这种一往无前的信念动容。在个体道德层面,《开端》中悲剧的源头是人们对王萌萌遭受性骚扰的冷漠和混淆黑白的网络暴力,她的父母沉浸在丧女之痛中,一心"复仇",无视他人的痛苦和生命。是李诗情和肖鹤云的勇气与坚持让每一个人的苦难与真实被看见,也是那一份对生的执念让他们拼尽全力去改变死亡和已死之人被污名化的人生。信息化使人们成为互不关心的孤岛,冷漠成为常态,傲慢与无知变为武器,无私帮助成为负担,同理心成为现代社会的稀缺品,《开端》的死亡循环中隐藏着对社会关怀缺失的发问,也在潜移默化中传递一些小人物智慧、朴实和善良的品质,让无情的时间循环线闪烁着人性的光辉。

　　脱胎于未来科幻和虚构设定的两部作品,它们深入国人的民族意识与道德文化认同,引起观众的情感共鸣,产生切身代入感,由此引发大量讨论和分析,成为有着民族情感和民族意识标识的文化产品。

　　(二) 跨界联动——多方参与的共赢机制

　　网络文学内容与文娱市场结合日益紧密,深耕联动合作,推动内容在各类形式间的跨媒介流动成为趋势。《流浪地球》原作小说共计2.3万字,

---

① 参见胡经之、张首映主编《西方二十世纪文论选》(第一卷 作者系统),中国社会科学出版社1989年版,第297页。

是科幻小说家刘慈欣的中短篇小说之一，以一个生于"刹车时代"的小男孩为主要视角，用第一人称描述了地球在宇宙中流浪的悲壮故事，虽然严格来说它不属于网络小说的范畴，但是其跨媒介 IP 内容改编的成功值得借鉴。自 2023 年 1 月《流浪地球2》上映以来，国内累计票房超过 40 亿元，与塞凡科幻空间、52TOYS 联合出品的周边共众筹资金 1.2 亿元，小红书、微博等社交分享平台上相关标签浏览量过亿，[1] B 站、LOFTER 中视频剪辑、同人图和影视内容解析不计其数，甚至导演、制作团队和道具都"自带流量"，成为国内难得一见的现象级电影。IP 开发所获的经济效益和舆情口碑不仅仅取决于文学内容本身、文化企业的改编和管理，还取决于整个可供性环路内部的多种要素，这些要素共同影响着 IP 系列产品的水准和生命力。[2] "流浪地球"IP 体系的形成与内容基础上的多方参与和跨媒介联动有关，是小说内容基础、电影制作与发行、网络营销、线下宣传和粉丝效应共同造就的。

1. 不同媒介的联合与互补

网络文学为 IP 下游的产业开发提供蓝本，无论是进入影视剧、游戏、漫画还是粉丝自制视频或图画等何种形式，都需要针对某方向的特定"形式转化改编"。例如《流浪地球2》的影视剧本中，太阳氦闪和地球流浪的大背景与世界观没有变，人类方所采取的应对措施也没有较大改动，而是出现了使电影故事链完整的人物新增与细分，以人为核心延伸和丰富了原作的拯救行动。人物大致可分为科研组马兆和图桓宇、太空组刘培强（贯穿两部电影的主线人物）和韩朵朵、决策组周喆直和郝晓晞以及藏在暗线中的数字化生命组 MOSS 和图丫丫，这四组人物在各自的故事线中分别行动展现出独有的人格魅力，不仅用独立的个体化行为丰富了原小说的"人"的内涵，也构建了属于影视方的"流浪地球世界"。

---

[1] 吴清功：《〈流浪地球2〉成中国影史第10部票房破40亿影片，刘德华临危受命》，2023 年 3 月 12 日，https://k.sina.cn/article_1195942637_4748a2ed001010etu.html?from=ent&subch=film，访问日期：2023 年 9 月 20 日。

[2] 向勇、白晓晴：《场域共振：网络文学 IP 价值的跨界开发策略》，《现代传播》（中国传媒大学学报）2016 年第 8 期。

相较于电影剧本内容的增添，早在几年前出版的《流浪地球》漫画更像是"文转图"的直接编译，直观地表现小说内容。对于游戏而言，玩法是吸引玩家的关键，小说故事内容主要起构造世界观的作用，流浪地球手游仍处于预约阶段，没有使用通关升级或卡牌格斗等游戏改编常见的方式，而是尝试开发SLG（Simulation Game）模拟策略游戏，进一步拓宽内容应用与开发的广度。

不同的载体要求不同的表现方式，网络文学本体内容作为核心文化编码，需要在跨媒介流动的过程中适应其他场域的结构和形式，在形式和形式的转化之中成长为新的文化生命体。

2. 建立文化品牌

当网络文学内容具有强大的媒介间流动能力和较高的人气基础时，一个十分有潜力的文化品牌正潜藏其中。超越性的科幻电影巨制为"流浪地球"IP带来了超高的人气，粉丝所打造的"马兆鸥"和"小苔藓（MOSS）拟人"等互联网延伸形象风靡网络，曾直接引起"马兆鸥"原型"睿智海鸥玩偶"的出品方OCE（广州欧思逸文化发展有限公司）的关注，表示十分愿意合作。导演郭凡本人也因为"拉投资"的能力被戏称为"科幻姐己"，借势带领演员和制作团队线上、线下大力宣传。"硬核"的内容、系列文化产品和参与到IP传播和再创造的制作方与粉丝群体各自独立，又紧密相连，一系列文化产品的推出能延长内容活跃的周期，而周期时间的扩展则便于IP内容的全方位发展，参与集群则起到黏合剂和助推剂的作用，这种全面的发展是文化品牌的立足之本。同时，随着文化资本的积累，流浪地球或其他大体量IP能不断扩大自身影响力，形成漫威宇宙这样整合式文化品牌，甚至开发"流浪地球"主题乐园，打开新的市场、形成品牌符号，实现IP内容开发的最大化。

五　形式方面：创新型网络文学开发模式

网络文学的内容能为各开发环节提供内容蓝本、注入创意之源，多方参与的跨媒介价值共创体系能为开发流程提供产业化、专业化支持。随着娱乐方式的增加，情景式剧本杀兴起，参与者可以扮演剧情中的角色，体验故事中的人生；随着科技的发展，VR（Virtual Reality）可能在未来成为新的流行媒介，无限扩大内容改造边界和人类想象的空间，达到从未有过的高度。剧本杀突出故事前提下的互动，能产生心理上的沉浸感和逼真性；VR则是技术的革新，能直接统一视觉、听觉和身体的动态感知，产生身体知觉上的沉浸感和虚拟世界的拟真体验性。新交互形式和新参与媒介的发展，让网络文学的优质内容能有效融入沉浸式娱乐活动中去，为网络文学的开发提供新的思路和模式。

（一）交互剧本开发模式

在IP内容愈加精细化的情况下，个性化需求能够被合理满足，受众群体也产生了不同偏好、不同媒介的细分，形成当代互联网特有的圈层效应，小众娱乐层出不穷，剧本杀游戏便是其中较为流行的一种。

剧本杀本质上是一种互动式破解类游戏，通常需要4—8人参加，主要以想象式的情景再现和沉浸式角色融入为核心，剧本是让玩家产生代入感的关键因素。和小说类似，剧本杀的情景剧本也需要完整的故事链和形象立体的人物，同时作为解密类游戏，刑侦、悬疑推理和部分现实题材类网络小说可以作为这类剧本的改编素材。一般来说，剧本杀的叙事结构是层层递进的，玩家所扮演的角色也随着情节推进不断补充未知细节、树立自己的"人设"，且结局或真凶是被隐藏的。而网络小说的剧情或梗概一般是已知的，在改编中应注意在保留原世界观的前提下，填充新的细节和延伸故事。因此，交互剧本的改编可以分为情节分层及扩张和人设塑造两个步骤。

1. 情节分层与故事扩展

在剧本杀游戏的剧本中，故事的递进和呈现是分幕式的。例如，一个事件为一幕或通过空间设置的转换来划分特殊节点，网络小说一般是章回形式，就需要转换为适应剧本的多幕形式。《开端》这类时间循环题材的网络小说就可以直接按照时间重复的次数划分，而《坏小孩》这类没有明显分幕的小说则需要额外设置节点变化，原书中的重要证物——朱朝阳的相机，其无意拍下杀人现场、被孩子们发现和被丢失等都引发了一系列事件，同时它作为隐喻"记录真相"的象征物，可以作为划分"剧幕"的节点，将不同线索和事件串联起来，最终形成链条式的时空叙事。

通常情况下，玩家能通过各种渠道了解该小说的情节内容和结局，因此扩充原小说基础上的分支情节或设置不同结局走向十分重要。在故事细节中，可设置某些转折来改变原故事的发展，例如相机没有遗失或他们不小心留下了陷害朱晶晶的证据，从而让情节"牵一发而动全身"，改变最终结局的走向；当然也可以将原作的单一结局改变为多重结局，根据触发事件的不同和个性化选择来指引故事走向。这些改编技巧都能使整个剧本更加扑朔迷离，让玩家在已知的部分内容中体验寻找未知和解密的乐趣，将原小说内容升级为一个逻辑严密、故事情节更为丰富的互动式剧本。

2. 人设塑造

与小说中塑造的人物不同，剧本杀游戏强调玩家由现实的人向虚构角色的身份转换，参与者必须穿上"角色外衣"，才能融入剧本的故事和自己的人物时间线中去。因此存在于小说语境下的人物形象需要转变为一种互动性游戏角色，在剧本写作中需要将小说人物的性格特点、身份背景、职业和喜好等个人身份信息进行提炼，同时将各个人物的"小故事"从小说的"大故事"中提取出来，形成能为玩家提供游戏指示和身份代入功能的单线故事，由各玩家的团队配合与圆桌讨论来合成多幕/多线故事。另外剧本改编让内容形式更为灵活，有着更大的想象空间，剧作者可以发展小说中的边缘人物，以支撑上文提到的多重结局剧本。如小说《坏小孩》和剧集《隐秘的角落》都没有进行细致描绘的小男孩欣欣，他作为主角普普的弟弟是存在于普普口中的角色，而用于交互游戏和探秘的剧本可以发掘这一"背景式人物"，创造新的角色性格和行动，让欣欣"活"过来，参与到主线或支线故事中，丰富剧本故事的人设。新旧人设的塑造能为玩家角色扮演和交流提供更多选择，也能使他们全身心投入这场游戏中去，在现实环境中进行最直接的交流互动、体验破案的快感；在虚构情境中产生对故事内容的深度思考、享受沉浸式解密体验。

（二）"虚拟现实+"开发模式

VR 的目的是利用计算机技术及其他相关技术复制、仿真现实世界

（假想世界），构造近似现实世界的虚拟世界，生成高度近似真实环境的数字化环境，让参与者的视、听、触觉都可以趋近一定范围的真实。[①] 随着仿真技术的升级和现代数字艺术的发展，"VR +"的模式符合技术的发展趋势和文化的流传需要，这让多样的网络文学内容建设可连接虚拟世界，用数字化技术还原出影视剧和二维动画、漫画无法体现的想象奇观，特别是玄幻、克苏鲁（Cthulhu）和未来向题材作品。VR 技术能够再次扩大和延伸网络文学开发的媒介，让参与者真正走进小说所描绘的另一个时空。流浪地球中的科幻产物——"太空电梯"也能通过 VR 实现 3D 化，再配合动态体验舱让参与者体验虚拟空间中飞向宇宙的"真实感"，将小说中的设想提升到"可感知"的维度。

虚拟现实通过对不同类型网络小说内容的生动再现，用知觉的沉浸式打造"虚实"相生的双重体验，既能扩大网络小说的传播途径，也能丰富体验者的文化视野，形成新的文化生态。当"VR +"发展到一定阶段其数字环境能够迭代为更高级别的信息载体形式，网络文学甚至能发展"网文元宇宙"，让每一部优秀的作品都拥有数字化身，成为真正的想象共同体。

结　语

开放互联网环境引发的多方参与让网络文学的文化价值有了多重属性，实现良性开发也在网络文学的文学性、知识产权、商业运营和跨媒介开发等多种问题和层面的叠加下变得困难。但随着海量低创网络文学被淘洗，资本引发的热潮退去，急于获取流量收益并不具备持续发展的能力，文化的内核才是网络文学开发不变的价值。渗透着人类精神、体现多元文化或价值的网络文学具备改造为其他形式的更高效能，因此关注文化内涵、深耕内容优化才能继续为网络文学的发展开辟新天地。

"内容为王"不只是督促网络文学创造者的口号，更是当下打造文化精品的秘诀。内容价值的发展是网络文学可持续开发的原动力，以优质内

[①] 赵沁平：《虚拟现实综述》，《中国科学》（F 辑：信息科学）2009 年第 1 期。

容为核心的价值体系才能更进一步摆脱资本的束缚，打造互利共赢的文化市场。而在文化根本价值基础上的 IP 内容优化和优质内容回归策略，让有独创性的而不是同质化的、多元的而不是单一的、有活力的而不是陈旧套路的网络文学作品成为这一开放生态中的源头活水，让优质内容融入新形式和新技术下的创新型开发模式，使多方参与的价值共创和次生跨媒介开发具备更强的适应性和生命力。

（赵一涵撰稿，吴承笃指导）

智能艺术

生成式人工智能对创意端造成的困境研究：以 AI 绘画为例

序　言

　　随着互联网与数字化技术的发展，民众的日常生活逐渐走向数字化与便捷化，人工智能技术的应用场景也在不断增多，所涉及的相关领域也彰显出较高的研究价值，拥有良好的未来发展趋势。近年来，生成式人工智能作为人工智能技术发展的新类型，正在凭借其自身的先进技术手段，影响着人类日常的生产生活方式，尤其对创意端群体产生了重大影响，助推着生产创作领域产生新的时代浪潮。在人工智能下的艺术领域中，以 AI 绘画为代表的生成式人工智能正以突飞猛进之势向人们袭来，不到一年的时间便攻破了众多技术难点，成为人们尝试应用并不断热议的新话题。

　　值得肯定的是，生成式人工智能为艺术家们提供了全新的创作途径和工具，然而在投入实际的生产创作中也暴露出一些问题，如何在巨浪来袭的时代环境下站稳脚跟，寻找最正确的发展道路，仍是生成式人工智能亟须解决的难题。本文便以生成式人工智能为研究对象，从典型案例 AI 绘画的发展现状中，分析对创意端造成的审美趋同、技术偏差、版权纷争、失业焦虑等困境，并提出相应的解决方案，促使人工智能技术推动未来人类的高效生产创作。

一　巨浪袭来：生成式人工智能助推生产创作新浪潮

　　在网页对话框中输入一个问题，只需片刻便能生成大段的答案；在页面上输入几个此刻脑海中闪现的关键词，转眼之间呈现出的便是想象中的画面与图片……在目之所及的现实社会中，越来越多的此类神奇情境正在发生，并试图逐步占据人们的生产生活，而这些能够自动生成语言图片的工具，均属于生成式人工智能。

生成式人工智能（AI Generated Content，AIGC），是人工智能在发展过程中衍生出的特殊类型，也是近年来发展迅猛、迭代迅速、影响广泛的新型人工智能模型。所谓"生成式人工智能"是指通过模拟人类主观能动性的创意思维，深度学习现实世界中已有的基础性数据，从而借助自身设定的逻辑与算法技术，生成合理连贯的文字图像、音频视频等内容。目前，生成式人工智能正在凭借其自身具备的独特功能与技术手段，被更多民众所熟知并尝试投入使用，带动了人工智能新时代的技术风潮。

生成式人工智能与传统的人工智能模型相比，前者不仅可以识别和分类现有的数据，还可以通过学习现有数据的规律和模式，生成新的数据、图像、语言和声音等。[①] 而生成式人工智能之所以成为人工智能发展阶段中的重要一环，成为链接人类现实生产生活的新型工具，主要凭借的便是神经网络的深度学习功能和生成对抗网络两大技术。

一方面，生成式人工智能是在深度学习技术的基础上进行后续生成工作的，而深度学习技术则模拟了人类的大脑神经网络结构，打造算法中的"神经元"连接网状模型，以便逐步学习输入数据的特征内容，处理图像、自然语言等较为复杂的问题，更快捷地传递和处理数据信息。

另一方面，生成对抗网络则为生成式人工智能提供了关键的核心性模型支撑。生成对抗网络（Generative Adversarial Network，GAN）由生成器和判别器两大部分组成。生成器根据前期神经网络对数据的深度学习，在分析大量输入数据后对新数据进行生成输出，而判别器则是将生成器输出的新数据与现实中的真实数据进行对比，判断识别两者间的区别与相似度。因此在生成器与判别器持续的"学习—生成—判别"过程中，生成器与判别器两者互相对抗，并在对抗中不断学习训练，最终实现模型生成的

---

① 王小月：《生成式人工智能成热点》，《中国电信业》2023 年第 4 期。

数据以假乱真的目的，创造出逼真的文字与图像等内容。

根据生成内容类型和行业领域，现有的生成式人工智能大致可以分为四种类型：首先是能够处理自然语言、翻译文本和进行基础逻辑性对话的语言生成式人工智能；其次是通过图生图、文生图等方式生成新图片、修复原图像、转变图像笔触风格的图片生成式人工智能；再次是在虚拟偶像模型构筑中常见的音频生成式人工智能，可以通过学习已有的音频数据生成新的语音素材投入使用；最后是与图像音频相对应的视频生成式人工智能。而正是以这四大类为主要构成的生成式人工智能，正在以使用工具的形态席卷具体的生产领域，例如文案生成、自然语言处理、计算机视觉、虚拟场景构建、音频处理和艺术创作等，尝试为人类的生产生活带来颠覆性改变。

在科技强国与经济全球化的浪潮下，目前全球的各大龙头企业都在生成式人工智能领域积极作出探索，如 ChatGPT4、Open AI、小冰公司等平台正在不断推出高级版本和相关应用途径，其背后所运用的算法模型也随着深度学习功能而逐步精进。据量子位智库最新发布的《2023 中国 AIGC 产业全景报告》预测：2023—2025 年的培育摸索期增长率约为 25%，中国的 AIGC 市场规模预计可从 170 亿元增至 260 亿元人民币；随着 2025—2027 年的行业生态完善，底层大模型完成对外开放应用蓬勃期的年复合增长率将超过 70%，预计 2027 年我国的 AIGC 产业规模将超 600 亿元人民币；而从 2028 年开始，AIGC 产业将延展出完整产业链并在商业化场景上持续拓宽拓深，市场规模扩张加速，预计将会于 2030 年超万亿元。[①] 这足以说明，生成式人工智能的发展正在日益成熟且前景良好，推动着人工智能在新时代生产生活中的高效使用与融合。

虽然目前生成式人工智能尚处于初步培育摸索期，但是凭借其自身的先进技术手段与新颖程度，正如从远方席卷而来的海浪般，层层堆叠掀起千层雪，冲击着岸边的细小砂砾。科技革命正在悄无声息地改变着人类的

---

① 《2023 中国 AIGC 产业全景报告》，2023 年 3 月 29 日，https：//www.qbitai.com/2023/03/43241.html，访问日期：2023 年 8 月 3 日。

生产生活方式，尤其对创意端群体产生了重大影响，助推着生产创作领域产生崭新的时代浪潮。

二　马良神笔：AI绘画执笔描绘创意端新天地

在生成式人工智能的生成类型中，占据较主要地位的是图像生成式人工智能模型，而在人工智能对图像的生成创作过程中，最典型的案例是AI绘画。随手将几个形容词输入程序的填写框中，仅需几十秒的时间便可以得到一幅精美的画，还可以根据用户的个性偏好进行细化设置——这就是如今呈现在大众视野中的AI绘画。2022年初，关于AI绘画的众多软件平台相继涌现，短短数月便在生成结果的速度和质量上有了飞跃性的提升，直至在8月份美国科罗拉多州博览会上，游戏设计师Jason Alle利用AI绘画技术生成的作品《太空歌剧院》获得了一等奖的佳绩，而这一比赛结果的公布也引发了艺术界甚至普通民众的激烈讨论，推动AI绘画成为人类愈加密切关注的话题。

从广义角度看，AI绘画的渊源可以追溯到20世纪70年代，艺术家哈罗德·科恩开发了一款电脑程序Aaron试图进行绘画创作，但实际却是通过复杂的编程控制机械臂来完成整个运作过程，最终的画作成果也是基于科恩本人的绘画风格喜好呈现出来的。还有2006年出现的电脑绘画产品The Painting Fool通过提取照片中的色块信息进行绘画创作，这些都算得上是AI绘画的萌芽。直到2012年Google的吴恩达和Jef Dean联手使用1.6万个CPU训练了当时世上最大的深度学习网络，调动了取自YouTube的一千万张猫脸图片，训练了整整三天，[①]才得到了一张只有模糊轮廓的、隐约能够辨识出的猫脸图片，这标志着AI绘画领域技术实现了突破。

所以，AI绘画从严格意义上说并不是特别新兴的领域，只是局限于技术水平原因并未得到民众关注。目前人类社会中所说的人工智能时代下的AI绘画，则是基于深度学习模型来进行绘画作图的计算机程序，属于

---

① 《AI绘画：让技术成为想象力的发动机》，光明网，2022年10月25日，https://wlaq.gmw.cn/2022-10/25/content_36113753.htm，访问日期：2023年8月3日。

生成式人工智能对创意端造成的困境研究：以 AI 绘画为例

AIGC，即利用人工智能技术自动生成内容的新型生产方式。程序开发者首先会收集大量已有的图像进行整合，随后对其进行细致分类和输入预处理，随后设计程序对海量的图像数据进行全面学习，继而根据用户端上传的关键词和细化需求进行模仿输出，通过类似拼接的形式融合形成新作品。据《太空歌剧院》作者介绍，在作品创作过程中他将大量关键词输入到 AI 程序中，历经近 900 次的尝试和 80 个小时的细化，才完成了整个创作过程。

而以 AI 绘画为典型案例的生成式人工智能，无论是现在还是未来，最直接有力影响着的便是处于整个文化产业链条前端的"创意端"。学者张祥志在《文化产业创造力研究：机理、保障机制与激励政策》一文中，通过对联合国教科文组织的文化循环规律进行翻译分析，并结合文化产业各个循环阶段的共性，构建出了文化产业的"三链端结构"："以产业链的始端、中端、末端为划分区间，我们可以将文化产业以创意端、确权端、商业端之三端结构进行描述。"[①] 创意端处于整个产业链的源头地位，负责为后续的消费环节提供内容，从最本质上影响着产品优劣与产业兴衰。而生成式人工智能的出现，则丰富了创意端中创意内容生产工作者的工具多样性，使之从单一的人脑灵感创造力生成转变为智能高效产出，所以生成式人工智能直接影响的便是链条中的创意端，从而间接反映在中端的产品保证与末端商业端的价值回馈上。同样，在拥有图像生成功能的 AI 绘画领域，AI 绘画这一生成式人工智能的出现，将绘画领域原有的创意端工作者带入了全新的世界，影响着创意端的生产逻辑与工作内容。

首先，AI 绘画使创意端群体规模扩大，平台如雨后春笋般涌现。目前，AI 绘画的核心用户大致可归为两类：一是年轻人群体，以大学生和女性为主的兴趣类用户；二是以画家、商业插画师和电商卖家等为主的专业型创意端用户。AI 绘画已经吸引了众多创业者和用户，且随着其操作系统便捷性的提升，年轻人群体使用规模愈加扩大，正在借助人工智能实现向专业型用户群体的身份转移，最终的愿景便是人们常说的"每个人都是画

---

① 张祥志：《文化产业创造力研究：机理、保障机制与激励政策》，博士学位论文，华中师范大学，2014 年。

家"。同时，随着 AI 绘画技术的突飞猛进，在国外，如 Disco Diffu-sion、DALL-E2、Stable Diffusion、Midjourney、Make-A-Scene、NUWA 等平台纷纷出现，且拥有无法想象的迭代速度，例如 Midjourney 模型就在 2022 年 11 月从 v3 升级至 v4，能力和效果提高显著，而 Stable Diffusion 开源之后，借助它作为基底进行再训练而成的各类模型越来越多，造就了该领域的生态繁荣。[①] 在国内，如文心一格、盗梦师、Ttamat、意间等 AI 绘画平台兴起，引发民众热切关注。据粗略统计，目前在小红书软件中与 AI 绘画话题相关的帖子有数万条，在新浪微博平台上关于 AI 绘画的词条多次登上热搜榜，在 B 站艺术类 UP 主也创作出众多的 AI 绘画作品，并为观众提供了经验丰富的 AI 绘画教程。

其次，AI 绘画有效提升了创意端使用者的创意工作效率。专业型使用人员从事与绘画、设计相关的工作，在 AI 绘画出现前只能凭借人脑的创意激发与双手进行图像创造，而 AI 绘画出现后，他们能够更快速有效地创建内容，例如商业插画师在确定了画风和元素的基础上，可以使用 AI 绘画系统生成插画的草稿，给予甲方做取舍判断，并更高效地进行后续的编辑和完善，以便将更多的时间置于创造力激发等更为重要的方面，相应的较为机械漫长的部分则被生成式人工智能所取代。

最后，AI 绘画颠覆了创意端的内容生产方式，降低了生产工具的使用门槛，并形成了新的工具使用逻辑。AIGC 中的 Generated Content 意为生成内容、创作内容，出现较早的类型还有 UGC 和 PGC，分别是专业人员和用户创作内容的方式。也有人将 AIGC 看作继 UGC 和 PGC 后的新型内容创作方式，但就发展现状而言，AIGC 还必须有创意端人员进行轻度操作，无法实现意识上的主观生成。在传统绘画艺术领域，创意生产者常用的数位板、Photoshop 等专业工具难以被非专业者使用，普通民众与创意工作者间的行业壁垒也由此产生。而当 AI 绘画出现后，由于其工具易用性强，容易实现图生图甚至是文生图，因而能辅助 UGC 和 PGC 进行生产创作，形成了间接但高效的使用逻辑。

---

① 刘书亮：《论 AI 绘画对文化创意领域的影响》，《当代动画》2023 年第 2 期。

AI 绘画的出现仿佛让神话故事中马良的神笔再现人间,生成式人工智能技术的飞速发展也正在逐步使人们曾经的美好想象变为现实。或许目前的 AI 绘画并不能像传说故事中的那支神笔,将笔下所绘之物直接变成实物,却能够极大地提升内容创作效率,给予使用者良好的体验。同时,AI 绘画背后所蕴含的是人工智能对新时代生产生活的巨大影响力,为创意端的发展描绘了崭新的天地和生成式人工智能光明的前景图。

三 谁主沉浮: AI 绘画对创意端产生的现实隐忧

AI 绘画在短期内不仅克服了众多技术难关,同时也吸引了大批用户与关注者。市场嗅到了机会,谷歌、微软早已布局 AI 绘画,百度、抖音、腾讯也纷纷下场。按照国泰君安研报预计,未来 5 年 AI 绘画在图像内容生成领域的渗透率将达到 10%—30%,AI 绘画已然站上数字时代的风口。[①] 随着众多资本纷纷涌入这片崭新的蓝海,AI 绘画也在大众视野的关注下出现了许多令人担忧的问题,在创意端的审美、技术、伦理、版权、职业等方面也将迎来巨大挑战,引发着民众的忧虑与深思。如何在这片偌大的蓝海中抵御各方面的狂风暴雨,保持自身清醒的前进不被淹没,仍是目前 AI 绘画乃至生成式人工智能需要解决的难题。

(一) 创意群体良莠不齐,创作审美无限趋同

目前,AI 绘画的主要使用群体由专业团队、企业创意生成工作者与部分实验性艺术家构成,同时也有一些个人玩家出于对新事物的好奇开始接触并使用,甚至有部分人转型为 AI 绘画研究的个人博主。由于 AI 绘画背后所具有的深度学习技术使大部分操作过程由数据直接被分析使用、转化生成,所以对使用者而言,并不需要像传统绘画般复杂的操作流程便能直接生成图像。因此,传统的创意端群体的壁垒被人工智能打破,越来越多的人试图进入这个市场,这的确能够激发民众对于创作的热情,但换个角度来看,创意端群体的门槛呈现出了无限拉低的现状,人人都能凭借 AI 绘

[①] 郭霁瑶:《偷窃的艺术,还是重新定义原创? AI 绘画背后的艺术变革与争议》,《中国经济周刊》2022 年第 23 期。

智能艺术

画工具生成精美图像，甚至有人拿 AI 生成的画作以"专业"的插画师、设计师自居，群体内部的真实水平高低被人工智能包装起来，虚假人设使消费者的决策遭遇巨大挑战。

在创意端群体良莠不齐的情况下，加之平台程序众多，使用情况不同，其生成的内容和作品水平相应地也会出现极端分化。就目前的 AI 绘画系统操作及生成水平而言，生成一幅精美的画作需要操作者耗费精力反复对关键词、底图、笔刷力度进行细化调整，往往也需要在初次生成图的基础上进行二次生成，才能得到作品。这对于有审美基础的专业人员而言，操作是较为便捷的，而对于部分想要通过 AI 绘画直接进入艺术领域的人而言，则还需要一定时间的学习过程，盲目生成只会在作品中凸显低级与无知，这也是 AI 绘画极易陷入的难题之一。例如 2023 年 5 月在微博引起绘画教育圈争议的《超级教学》书籍，被指称拿低级的 AI 成图做教材，画面人物无感情交汇，并存在空间错误、比例怪异等内容，对初学者造成的只能是负面影响，而这也恰是 AI 绘画影响下的创意群体良莠不齐困境的真实体现。

此外，AI 绘画虽然凭借其先进的深度学习技术，分析了众多风格的作品数据，也被"喂食"了大量的知名艺术家作品，但再多的风格也是有数量限制的，再多的作品数据也都是已经出现过的，生成式人工智能所能做的不过是将千万幅作品分解的碎片重新组合。如果未来艺术家们更多地依靠人工智能进行创作，反倒会陷入已有风格的怪圈，无法真正创造出新的艺术风格。因此，创意端群体所接受、学习到的作品若多由 AI 绘画生成，其创作审美最终会趋同，而需求方和消费者的接受审美也会随之走向固定的风格。思维定式对艺术创作而言是百害而无一利的，当人工智能的作品被人们认可，并慢慢地影响着人们的审美标准，最终可能彻底颠覆人们的审美，走向趋同。

（二）平台技术高低参差，沉没成本阻碍提效

AI 绘画前期需要收集大量已有的图像作为后期数据处理的来源，所以在不同资本归属下的平台中，会存在因数据量多少导致的生成技术方面的差异。目前 AI 绘画的使用途径主要集中在网站、软件、小程序等，用户进入客户端入口后通过输入关键词、选择艺术家风格、调整设置参数和上传

参考图片等步骤完成整个流程。在已被发布的 AI 画作成品中有部分是较为精美的成功之作，但同时也并不是所有的作品都尽如人意，甚至会出现相比于佳作而言，民众更乐于关注 AI "翻车"搞笑作品的奇特情况。

AI 绘画到底是人工智能还是人工智障？据小红书平台数据显示，在数万条关于"AI 绘画"话题的笔记中，诸如"AI 你没事儿吧""AI 我真的会告你""人类驯服 AI 失败"等内容风格的词条常在帖子中出现，甚至此类吐槽型的单篇笔记最高点赞量达到了 8.71 万次，人们很难想象在高精细度的数据算法下还能出现偏差和失误。有数据显示自 2022 年 11 月以来，"AI 绘画"相关搜索指数环比增长近 500%，也有人专门为 AI 绘画创建了话题，截至目前总阅读量达 2.1 亿次。[①] 总体而言，AI 绘画生成失败的情况主要体现为三类，分别是多人识别不精准、人宠身份难判以及四肢手部刻画粗糙。AI 画图即使再智能、再强大、再便利，它目前所能做的，也只不过是以人类提供的数据为学习素材、以人类的认知为基础，来尽可能模仿人类所期望的画面。归根结底，失误的出现原因还是 AI 绘画前期的数据支持量不足以及技术落后等问题。

此外，以获奖的 AI 作品《太空歌剧院》为例，虽然作者借助人工智能生成了此幅画作，具体的绘制过程并不需要本人亲手操作，但光就将关键词输入 AI 绘画程序中进行生成，便历经了近 900 次的尝试和 80 个小时的细化，实际上与传统绘画所耗费的时间和精力相似。所以，创意端要想让生成式人工智能成为更加高效的工具，降低沉没成本对效率的阻碍作用，便需要构想精准的关键词并辅以技术支撑，否则面对的就是使用了 AI 绘画工具反而不如传统绘画效率高的难题。

（三）版权问题纠葛不清，信息安全引发纷争

2022 年 12 月，一场突如其来的、由数千位艺术家共同发起的 AI 作品抵制活动在 Artstation 网站爆发，是迄今为止全球参与人数最多、规模最大的反 AI 活动。事件的爆发源于保加利亚艺术家 Alexander Nanitchkov 上传

---

① 刘胤衡：《或涉抄袭，AI 绘画野蛮生长现隐忧》，《中国青年报》2022 年 12 月 9 日第 3 版。

了带有禁止警示符号的"抵制 AI"图文帖，得到了业内众多艺术家的支持和主动转发。他们呼吁原创，抵制抄袭和侵权，并要求删除网站内所有 AI 生成的作品，网站方面开始并不愿意正面回复此诉求，还试图通过删帖、关闭评论的方式来平息舆论，此处理措施非但没有奏效反倒激起了艺术家们的共情。

事件的最终，Artstation 网站发布公告表示仍然允许发布 AI 绘画作品，但未来会计划添加 AI 作品的标签实现分类，并会在艺术家发布作品时选择是否同意被 AI 抓取用来训练，如若版权遭到侵犯则可以按照流程向官方提交报告进行维权。虽然目前 AI 绘画相关网站也发布了类似内容的公告，但就版权事件进展而言这只是未来的计划和愿景，或者可以称为平息舆论的公关话术。关于 AI 作品的数据来源版权以及生成作品的版权归属都没有明确的定义，版权之争尚不明晰。

同时，当 AI 绘画逐渐成为民众热议的话题，关于个人信息隐私安全的问题也随之而来。在现有的绝大多数 AI 绘画程序中，注册时勾选的用户协议中都会明文规定，凡是用户上传到平台的公开内容都默认授权给平台，这也就意味着用户在客户端填写的所有信息数据和个人生活图片都会为平台所用，大量的数据由此被平台收集。虽然有部分平台发布了公告声明，称除了公开的生成图片，用户隐私数据绝对不会泄露，除了 AI 不会有任何第三方平台介入，但仅凭其一面之词也无法判定究竟能否实现隐私保护，且有部分网民反映在注册了 AI 绘画相关小程序后几天内便收到了诈骗电话，更警醒着用户对个人隐私及信息安全的关注。

此外，早在几年前便出现过利用 AI 换脸技术将女明星的脸替换到成人色情视频的事件，刚开始只是用类似 PS 的平面处理技术，但随着 AI 技术的成熟，目前呈现出的换脸视频已经很难辨别真假，这也对民众的正常生活造成恶搞、诽谤和诈骗等巨大威胁。同样，在 AI 绘画领域，随着人们的接触以及对 AI 绘图工具使用的深入，一些用户会利用 AI 绘画生成大尺度图片，在互联网上传播甚至售卖，对互联网生态环境造成了极其恶劣的影响。就目前情况而言，AI 绘画无法完全避免被利用生成低俗、色情等不良信息，随着技术的逐步完善，若有心之人利用 AI 绘图生成真假难辨的负面作品，势必会引起伦理问题等纠纷。

（四）价格失衡扰乱市场，失业隐患惹人担忧

随着 AI 绘画进入民众视野，被创意端当成新的生产力工具，创作图画、生成图像成了人们眼中轻而易举之事。当创作难度降低、生成时间缩短、使用人数激增，按照生产效率提升的公式推算，当 AI 绘画被大多数使用群体掌握，社会的劳动生产率随之提高，社会必要劳动时间减少的同时商品的价值也在降低，而对拒绝使用 AI 绘画的传统艺术家而言，便会出现价格失衡现象。以中国的商业插画为例，AI 绘画出现前的商业插画师收费根据画作的精美程度与风格差异，价格普遍在百元到千元不等。而 AI 绘画平台目前大多呈现免费开放使用状态，即便收费也价格较低，几元一张图的"高价"甚至都少见。

若商业插画创作者使用 AI 绘画软件辅助其作品产出，则会出现两种价格失衡情况：一种是标注的售卖价格过低，无须耗费过多人力物力的情况下实现薄利多销，而传统的商业插画师为求生存只能将价格降低，但这又与其实际工作量和难度并不对等；另一种则是拿 AI 生成的画作以高价卖出，打造亲手绘制、工艺复杂的虚假人设，蒙骗艺术品消费者，同样也会破坏整个市场的秩序。

此外，饱受争议的还有创意端群体的职业焦虑问题。面对 AI 绘画能够省略人力绘制过程进行直接生成的优点，人们担心 AI 绘画工具会导致部分以商业插画师、海报设计师为代表的创意生产艺术家们失业，生成式人工智能会取代创意人员的工作岗位。而失衡的价格会导致更加激烈的产品竞争，进而使消费者的决策偏好主观移向成本更加低廉的 AI 工具一方，同时惨淡的收入以及恶劣的市场环境也会让传统的绘画艺术工作者寒心，当他们的工作收入无法满足个人及家庭的温饱，多数人便会被迫失业。在 AI 绘画发展的风口上设想未来，当 AI 绘画随着技术力量的增强而不断精进，最终能够取代多数绘画师，那么绘画艺术的未来图景又怎能不让人担忧呢。

四 人机齐力：生成式人工智能将走向何方

面临高速发展与乱象丛生并行的复杂环境，以 AI 绘画为代表的生成式

人工智能若想在未来得到长足发展，在人工智能与艺术生产领域占有一席之地，必须针对上文提出的审美、技术、版权、伦理与职业方面存在的问题做出应对之策。AI 绘画的发展前景毫无疑问是光明的，但究竟能够走向何方、走得多远，还应当对其发展路径进行仔细探析，通过合理使用工具、防范技术漏洞、整治滥用乱象等措施构筑人机齐心协力的图景，在各方力量的共同推动下走向美好的明天。

（一）合理使用工具，生成准入门槛

生成式人工智能无论未来如何发展，民众首先要认清的是：目前的生成式人工智能只是辅助人类进行生产生活的工具，它所依靠的是模拟人脑神经结构的深度学习技术，并不具有个体意义上的主观能动性，不具有人类真正独特的创造力，正如《太空歌剧院》在 2022 年比赛中获奖时，奖项是颁给了艺术家杰森·艾伦，而非 AI 绘画系统 Midjourney。但关于未来 AI 是否能像影视作品中所表现的那样具有自主意识，目前难以回答。若想规避创作审美趋同的难题，便需要在认清其工具性的、被支配地位的基础上，合理发挥人的主观能动性去操纵生成式人工智能，创意端工作者不应局限于人工智能生成的有限风格，应当通过自身的不断学习发掘潜能，让更多的灵感与创意涌现，才能达成工具的使用目的。

此外，生成式人工智能的出现将创意端群体规模无限扩大，一方面提升了民众参与创作的意识，也激发了人们对于写作、绘画等领域的兴趣。在带来有利影响的同时，不容忽视的是创意端群体的门槛被无限拉低，虽然应当鼓励人人都能成为艺术家，但并不是所有作品都能成为艺术品进行后续的商品流通。创意端群体内部还应当有区分专业人员与兴趣人员的隐形门槛，以 AI 绘画为例，兴趣人员可以通过学习使用方法进行产出，但应在有绘画和艺术审美的基础上提高自身技能，逐渐向专业人员转化，然后再去进行后续的商业环节，这既有利于维护专业人员的工作，也有利于营造良好的市场氛围。

（二）防范技术漏洞，提高生产效率

以 AI 绘画为代表的生成式人工智能，目前大多均存在自身技术不完善的问题，这实际上反映着任何新事物出现后必定会同时迎来机遇与挑战的普遍情况。生成式人工智能作为近年来发展飞速的新兴事物，且是具备模仿特质的工具，也必须历经坎坷的前进过程。以 AI 绘画为例，作为以创作产出内容为核心的行业，它背后所代表的更是数据与算法的强大优势，部分 AI 绘画平台之所以会出现作品"翻车"的情况，归根结底还是由于初始环节中图像数据的收集量不够，而四肢手部刻画不精准等细节问题也是画家在现实中会面临的难点。所以如果想进一步完善 AI 绘画技术，就必须从整个生产流程的初始环节开始，以合法的手段收集更多的图像数据，并在数据分析的过程中细化分类和预处理，从而提高工具的学习能力和储存量，有效降低作品生成的失败率。

同理，除了 AI 绘画，其他类型的生成式人工智能也是如此。如何让生成式人工智能真正做到提升生产效率，避免因使用过程产生的沉没成本过高，一方面要依靠使用者即创意端群体学习能力的提升，积极探寻生成式人工智能的使用技巧，提高操作熟练度；另一方面则需要生成式人工智能的开发者根据使用过程中出现的问题和用户反馈，运用技术手段修复漏洞，例如 AI 绘画绘制人手的拙劣能力备受人们嘲笑，但让计算机攻克此事只是时间问题，随着 ControlNet 这类能在很大程度上对 AI 绘画模型在构图、角色动作等方面的不稳定性进行弥补的工具出现，AI 绘画在生成效果与可控性上将有更大的提高，从而被越来越多的人接受并使用。[1] 人类正在期待并相信，那些能够尽如人意的生成式人工智能未来必将出现，一切的一切只是时间问题。

（三）补充版权法规，整治滥用乱象

目前，关于 AI 作品的版权归属没有明确统一的定义，主流方式是由提供产品服务的平台定义，而我国法律目前也没有将 AI 生成的图片定义为"作品"，故 AI 作品尚未享有著作权。但能够明确的是，AI 绘画不能因尚未统一定义而随意夺取艺术家们的作品作为数据来源、进行数据分析，艺术家们也应当增强维权意识，按照个人意愿处理 AI 绘画的数据授权。随着人工智能进入高速发展期，相关部门在法律和监管措施的跟进上，也应加

---

[1] 刘书亮：《论 AI 绘画对文化创意领域的影响》，《当代动画》2023 年第 2 期。

紧脚步，为其良性发展保驾护航。

随着互联网时代的来临，民众在日常生活中对自身的隐私安全也日益重视，解决 AI 绘画领域的隐私保护问题也刻不容缓。首先从国家角度来看，应当依原有的隐私安全保护相关法律法规，结合现状对 AI 绘画甚至人工智能领域进行合理规范。其次，应当各方携手共同保护 AI 绘画行业的隐私，一方面运营商在网站软件的使用条例中应当明确对用户上传照片的绝对隐私保护，另一方面用户在使用平台软件时应仔细阅读使用条例后方可进行注册和后续使用，而在使用过程中一旦发现有对自身信息泄露的情况，应当及时向监管部门反映，勇于运用法律武器维护自身正当权益。此外，虽然 AI 绘画中低俗、色情等不良内容的生成目前还不能完全控制，但无论是平台还是用户都应当提高自身道德意识，营造良好健康的人工智能艺术氛围。

（四）平衡主观心态，持续学习创造

在许多情况下，正确运用生成式人工智能实际上可以增强工作人员的创意，使他们能够创造更多个性化的内容和产生新的想法，如果没有使用人工智能，这些想法和概念可能是不存在的。但正如现在工厂流水线上的机器代替了人力，未来生成式人工智能随着迭代升级，也必将取代部分创意端人员的工作，但这并不意味着生成式人工智能能够在不借助人类力量的基础上，完全将生产领域取代或覆盖。以 AI 绘画为例，它的出现已在试图挑战部分低端作画和设计人员的工作岗位，让那些只会临摹、素材拼贴生成的工作人员面临失业，但他们若转变思想，通过学习得到人工智能无法胜任的能力，以人类的力量证明自身的主观能动性与独一无二，失业焦虑便会化作前行动力，未来绘画艺术领域将会变成人机齐心协力、共同发展的美好景象。

所以，创意端所具有的个体审美与创造力是冰冷的机器永远无法拥有的，创意端群体应当在意识到会有失业风险的前提下，平衡好心态，将更多的精力投入提高自身能力、持续学习创造中去，方能不被人工智能取代，不被时代的洪流淹没。一方面，虽然部分工作内容较为单一低级的创意端人员的岗位会被生成式人工智能所取代，但在升级发展过程中会有与人工智能合作的新机会，会产生新的工作岗位。另一方面，真正具有创造

力和艺术表现力的绘画师，可以创作出更高效的作品。与其说部分创意端岗位的工作被 AI 取代了，不如说是跟不上时代发展的潮流，而在竞争激烈的社会中，只有持续学习并敢于创新的人才能获得更美好的明天。

结 语

综上所述，随着人类的生活走向智能化与信息化，人工智能技术快速发展，生成式人工智能的出现悄无声息地改变着人类的生产生活方式，尤其对创意端群体产生了重大影响，助推着生产创作领域产生新的时代浪潮。AI 绘画作为生成式人工智能的类型之一，扩大了创意端群体规模，如马良的神笔般提升着创意使用者的生产工作效率，也逐步形成了新的工具使用逻辑，为创意端的发展描绘了崭新的天地。但在良好的发展前景背后，以 AI 绘画为代表的生成式人工智能在实际生产创作过程中也暴露出许多问题，例如创作审美无限趋同、平台技术参差不齐、版权问题纠缠不清，信息安全和失业风险令人焦虑等。

笔者认为，未来不会属于人工智能，而是属于掌握了人工智能技术的人类，在发现现状背后存在的问题隐患后，需要及时寻求解决措施，为其未来发展寻找正确的道路。如何在巨浪来袭的时代环境下站稳脚跟，寻找最正确的发展道路，这仍是生成式人工智能亟须解决的难题。未来，生成式人工智能在发展过程中应当不断完善自身的技术、修复漏洞，作为创意端使用者的高级工具辅助实现高效生产，通过合理使用去创造更多个性化的内容、产生新颖的想法。而在民众隐私安全意识提高的同时，各方主体应共同携手监督，营造健康安全的使用氛围；同时针对版权纠缠不清的难题，应当完善相关法律法规，培养民众的维权意识，如此才能实现生成式人工智能的可持续发展。

（赵睿智撰稿，李辉指导，此文章内容主要部分以《AIGC 背景下 AI 绘画对创意端的价值、困境及对策研究》为题，发表于《北京文化创意》2023 年第 5 期。）

AIGC 技术背景下的网易云音乐产业研究

序　言

随着移动互联网的逐步成熟，数字内容产业出现了前所未有的繁荣局面。移动 APP 作为代表性的载体形态，将源源不断的优质内容大范围触达每一个拥有移动终端的普通用户。

"网易云音乐"数字音乐平台 App（以下简称"网易云音乐"）从 2013 年上线以来，5 年间积累超过 4 亿用户，因此呈现出发展的快速性与市场的拓展性等特点。

2023 年开年，聊天机器人 ChatGPT 的现象级爆红，引发了一场全球互联网巨头关于 AIGC 的"军备竞赛"，谷歌、微软、百度、Meta 等纷纷下场。而能够与人进行自然对话、回答问题的 ChatGPT 的问世，也让大型语言模型这种抽象高端的概念变成了人人都能用上的"个人助理"，一时间风头无两。2023 年 3 月 14 日，ChatGPT 的开发者美国人工智能研究室 OpenAI 发布了下一代大型语言模型 GPT－4，这不仅是用于支持 ChatGPT 和新 Bing 的最新 AI 大型语言模型，还支持 Microsoft 365 的新功能 Copilot，帮助用户更高效的办公。据悉，ChatGPT 在许多专业测试中的表现超出了"人类水平"，消息一出，再次引起人们对 AIGC 的高度讨论。

本文立足于 AIGC 技术兴起与发展的背景，以网易云音乐为代表，针对其发展进行分析与探讨，指出其发展历程中存在的问题，继而在对问题解决的过程中寻求与之对应的策略，可为当前数字音乐的发展提供借鉴，为数字文化产业发展提供新思路。

国内学者王昕野在《"流媒体+音乐"平台的发展趋势浅析》一文中提出,"流媒体+音乐"成为音乐平台主要的表现方式,该方式衍生出不同的形式,因此具有多元化的特点,适合于泛音乐市场未来发展的趋向。现代化的音乐平台与用户的选择存在一致性,用户据此具有多元化选择的可能性。[①]

多元化成为音乐平台发展主要的、具有代表性的趋势。赵志安和王洪欢的文章《我国音乐经济的内涵特征、历史演进与发展路径》,其内容是关于网易云音乐的运作。作者的研究结论表明:平台的运作具有比较鲜明的优势,促进音乐产业现代化的进程,但是也存在诸多问题。这些问题主要表现在技术支持力不高、人员素质亟待提升、自身创新力不足等。[②] 并据此提出解决问题的对策。

Tobias Regner 在 "An Artist Life Cycle Model for Digital Media Content: Strategies for the Light Web and the Dark Web" 一文中,针对数字音乐平台的商业模式进行了分析,研究结果表明,数字音乐平台受到影响最大的因素是音乐版权。[③] 针对音乐版权的社会成本投入会得到比较大的收益,因此,必须对音乐版权实施优质化的管理,并为音乐家提供相应的高质量服务,遵循相应的法律法规要求,才能促进数字音乐产业的健康发展。

一 在线音乐平台与 AIGC 技术探析

熙熙攘攘的路上,打开手机上的音乐软件,用音乐开始新的一天;深夜,静坐沙发中,听一段经典音乐,让自己在温馨的氛围中得到放松;工作之余,用 K 歌软件一展歌喉"飙"高音,与五湖四海的网友们"PK"唱功……网络音乐早已和我们的生活息息相关,很多人在用便捷、快速的网络去感受音乐的魅力。利用 AIGC 等多种技术手段的融合,线上音乐平台给用户带来了更新颖、更丰富的体验。

---

① 王昕野:《"流媒体+音乐"平台的发展趋势浅析》,《出版广角》2021 年第 14 期。
② 赵志安、王洪欢:《我国音乐经济的内涵特征、历史演进与发展路径》,《南昌大学学报》(人文社会科学版) 2022 年第 4 期。
③ Tobias Regner, "An Artist Life Cycle Model for Digital Media Content: Strategies for the Light Web and the Dark Web", Electronic Commerce Research and Applications, Vol. 8, No. 6, May 2009, pp. 334 – 342.

（一）在线音乐平台，提供虚拟聚集空间

在线音乐平台，是指在互联网技术的支持下所构建的音乐平台。该平台可以通过自建在线曲库的方式，实现在线音乐作品的播放与共享、下载、共创、社区活动等。

在线音乐平台运作实质上是以平台作为核心而形成的虚拟社区，该社区对受众产生吸引力，提供虚拟聚集空间。受众所开展的各项活动主要是通过音乐平台进行。因为他们具有类似的兴趣与喜好等，在参加在线音乐平台提供歌曲播放、共享、下载服务的过程中能够自发创建网络虚拟空间，有利于各方的交流与互动。这是通过某一兴趣与喜好等创建的网络虚拟平台。

音乐平台的粉丝利用微信、贴吧、微博等社交平台进行互动，包括音乐作品欣赏与交流；并且，对于其他参与者而言，他们大多是通过音乐平台进行互动与沟通，在音乐平台活动中结识，由此从陌生人变成了朋友，慢慢地把关系发展到现实生活中，由此能够打造出线下音乐社区，促使其形成线上与线下的高效互动与沟通。

参与者通过音乐平台能够实现虚拟的身心共性，在剔除了外在因素干扰的前提下，能够最大化地满足其对情感、音乐作品消费等多元化的需求，通过对音乐平台活动展开联想与探讨，能够获得相似的关注，并促进其情感共鸣，通过音乐平台实现互动，由此能够真正达到曲目交流与情感渗透等目的。

在线音乐平台的粉丝在网络空间进行的互动的一个重要部分是音乐作品的交流与共享，它具有双向性特点，参与者能分享自己的所感所想，也能通过他人去获取所需要的音乐作品。由于在线音乐平台和现实生活存在脱节，很多第一次参加音乐平台组织在线活动的新人为了了解更多的音乐作品，或者为了更深入地参与其中，则会非常积极地与一些经验丰富的人进行沟通，力争获得更多的帮助与服务。

很多参与者或许由于一些复杂的原因，不能来到现场进行互动与交流。但是，出于对音乐的渴望，他们不希望错过这样的机会，往往会根据其他人的分享来弥补这一缺憾。而一些完全沉溺于活动现场的参与者，通

常会在活动结束之后通过观赏网络平台中其他人上传的视频、图片等进行回想，乃至为了满足社交等需求积极地回应他人的要求，为其发送相关图片或者视频等。

音乐一般和审美、情感等存在密切的相关性。线上与线下有相似喜好与兴趣的群体支撑着在线音乐互动平台，它有较强的归属感与空间感，参与者有相似的生活习惯与思想观念，能够在这样的平台中找到志同道合的朋友，并与其进行积极沟通与交流，获得真实体验感。

（二）AIGC 技术，掀起全新艺术浪潮

AIGC（AI-Generated Content，人工智能生产内容），狭义概念是利用 AI 自动生产内容的生产方式，但广义上 AIGC 已在探索人工智能从感知理解世界到生成创造世界的实现路径，AIGC 代表 AI 技术发展的新趋势，通过大量的数据训练和生成算法模型，自动生成文本、图片、音乐、视频、3D 交互等各种形式的内容。换言之，AIGC 正在加速成为 AI 领域的商业新边界，它也会带来内容创作的变革，AI 绘画、AI 写作等都属于 AIGC 的分支，数字音乐的创新与发展得益于该技术的应用。音乐产业的发展进入到瓶颈期，在这一阶段，出现了单个创作者创作形式单一、生产周期长、内容成本高等诸多问题。这些问题直接影响到音乐产业的发展，而应用 AIGC 技术，大幅提升了创作效率，进而增加了收益。因此，AIGC 技术作为科技与艺术相结合的未来发展方向，有效支持并促进了云音乐平台的创新式发展，具有极其广阔的发展前景。

随着国家政策的倾斜和 5G 等相关基础技术的发展，中国人工智能产业在各方的共同推动下进入爆发式增长阶段。而 AIGC 技术的存在，将会极大释放人类的想象力，掀起属于这个时代的"新艺术浪潮"。

随着 AIGC 技术在消费互联网领域的不断普及，其内容类型不断丰富、内容质量不断提升、技术的通用性和工业化水平也越来越高，使 AIGC 技术在消费互联网领域日益主流化。因此，涌现了许多爆款级的应用，如写作助手、AI 绘画、对话机器人、数字人等，这些应用满足了传媒、电商、娱乐、影视、音乐等领域的内容需求。同时，AIGC 技术也正在向产业互联网和社会价值领域扩展应用。

iiMedia Research（艾媒咨询）发布的《2023年中国AIGC行业发展研究报告》数据显示，预计2023年中国AIGC行业核心市场规模为79.3亿元，2028年将达2767.4亿元。随着人工智能技术的发展，AIGC技术也将日益成熟，未来将在更多领域得到广泛应用，广阔的应用前景和商业价值空间将推动AIGC市场规模快速增长。

二　AIGC技术为网易云音乐产业提供机遇

AIGC技术与音乐产业的深度融合，是探寻音乐价值高质量增长的正向飞轮，正在催生行业发展新的可能性。它不仅会重塑音乐行业的创作生态，也将进一步拓展其商业模式。随着技术的发展，AIGC技术正在发挥越来越重要的作用，不仅能够提升音乐的创作能力，还能改善音乐消费体验，满足更多的音乐消费者需求。此外，AIGC技术还会改变音乐产业的竞争格局，将有助于促进其竞争优势的提升。在新技术、新场景、新模式的催化下，AIGC技术能改善音乐产业与用户之间的连接方式与内容消费方式，并在新一轮技术驱动下不断涌现出"AI+音乐"的融合创新应用。AIGC技术不仅能成为音乐创作、制作、传播等环节中不可或缺的工具，而且还将影响整个音乐产业。当下，AIGC技术与音乐产业的深度融合正呈现出爆发式增长趋势，并引发了新的"科技+艺术"创新浪潮。

（一）颠覆传统认知，独立音乐人异军突起

传统上，主流唱片公司具有极为明显的资本优势，依靠资本的支持和扩张，使流行音乐的生产被大大控制在主流唱片公司的手中，独立音乐人以及非专业音乐作品进入市场受到资本门槛的阻碍。但是，在AIGC技术应用背景下，计算机软件和人工智能使音乐生产的资本门槛被打破，取而代之的是知识和技术的门槛。对于独立音乐人而言，他们掌握了大量实际应用的音乐知识，能够实施独立化的音乐生产。在AIGC技术的支持下，独立音乐人通过创建工作室的方式，利用计算机模拟的虚拟环境，高效率地应用所掌握的音乐知识创作出符合市场需求的音乐作品，从而更好地展现出个人精神以及音乐技术知识双向结合的世界，让受众得到耳目一新的美好音乐艺术的熏陶。

同时，也应该看到，来源于 AIGC 技术的人工智能应用了自动音高矫正技术，使创作者能够在后期的调音中直接录入标准音高，并在后续的音乐音号自动中实现乐谱的转换，其结果必然会使旋律的即兴创作跨越训练的环节，大大提高了创作的效率。除了独立音乐人的自身创作，由 AIGC 技术支持下的数字音乐平台还为独立音乐人的音乐创作提供更广阔的空间，并得到相应的经济扶持。平台可以为独立音乐人创作的作品提供版权支持，增加独立音乐人的收益，为独立音乐人仅做平台提供大量的优惠条件。例如，网易云音乐平台所推出的云梯计划和石头计划，实质上就是针对独立音乐人的音乐作品推荐以及线下演出推出的激励性机制。

从上文的分析中，可以得出如下结论：随着独立音乐人进入音乐市场的门槛降低，以及 AIGC 技术应用下的音乐生产效率提升，例如网易云音乐平台独立音乐人从 2016 年的 2 万人增加到 202 年的 40 万人，增幅达 19 倍，这也表明了市场对独立音乐人创作行为和作品的认可度。数字音乐平台作品风格和题材的多元化，主要来源于独立音乐人的创作。独立音乐人追求个性化创作的风格，与公司并不存在直接的商业利益关联，不会受到商业音乐公司的制约。而音乐平台尊重了独立音乐人的创作风格，在人员的引进比例配置当中，确保独立音乐人与专业音乐人的比例均衡，并且引入涉及小众风格的独立音乐人，从而实现了音乐作品多元化的生产格局。同时，数字音乐平台也参与到不同题材流行歌曲的实验过程当中，鼓励引导音乐风格的创新性发展，这实质上是创作分化。其源于独立音乐人所处社会环境的多元化特点。

在不同的社会环境中，独立音乐人并不是都接受过专业化的音乐学习与训练，因此会带有个性化的特质，且呈现出明显的阶层分化。一般而言，处于一线大城市中的音乐人热衷于主导音乐、摇滚音乐的创作，且男性高于女性。但是在数字音乐平台中，这种格局被打破，大量的女性与学生进入到独立音乐人的行列，颠覆了人们对独立音乐人性别、年龄、学历、阶层等方面的传统认知。AIGC 技术支持这些独立音乐人创作出优质的内容。AIGC 技术弥补了独立音乐人专业化等方面的不足，而使其内在的精神气质与音乐创作才华得以凸显，最终形成风格多样、题材丰富、情感表达多元的趋势，社会生活由此得到更加全面的展现，音乐生产去中心化的整体趋势愈加明显。

（二）提供全新体验，增强用户黏性

随着技术的发展，数字音乐产业的生产、传播、消费之间的关系更加紧密，不同环节不再有明显的隔离。处于最终欣赏消费端的消费者能够被置于前端，参与音乐产品的生产。

工业革命后，音乐市场上唱片公司处于垄断地位，掌控了音乐产业的生产与传播的整个流程，消费端的受众不可能参与到以上两个环节中，只能是被动地接受。但是，在现代音乐产业的发展进程中，AIGC 技术改变了原来的音乐链条模式。数字音乐平台为受众提供在线视听与线下音乐现场参与活动。入驻音乐平台的独立音乐人能够与受众产生互动，引导受众参与到生产与消费的环节，因此增加了受众的话语权。2023 年，中国互联网络信息中心发布的第 51 次《中国互联网络发展状况统计报告》显示：截至 2022 年，中国网络音乐用户规模达 6.84 亿，占网民整体的 64.1%。并且独立音乐人会以组建粉丝社团等方式提高用户参与度。

AIGC 技术不断促进音乐作品的内容创新、素材挖掘与再创作的力度，其参与形式也是多元化的。在视频编辑中，AIGC 技术提供了音乐滤镜与模板编辑的功能；在翻唱中，该技术提供音准与音色的调节功能；在音乐再塑中，该技术则提供填词配乐、剪辑、动漫同人、综艺衍生等功能。AIGC 技术所提供的多元化功能为普通受众群体参与音乐作品的再创作提供了极大的空间。AIGC 技术在数字音乐中最具价值的应用体现在虚拟化与可视性两方面，它们为受众带来了良好的音乐体验。数字音乐平台在该技术支持下创作的短视频能够实现全息投影、动媒体、虚拟现实、增强现实等效果，从而让受众能在萦绕着音效与灯光、影像所创设的环境中，利用感官的感知功能，沉浸其中，在精神上与心理上受到感染。在此基础上，又通过微信朋友圈或微博进行分享与传播。普通受众也因此历经了音乐作品的生产与传播，以及消费的完整环节。

（三）注重数理逻辑，重塑创作生态

虽然不能否认音乐产品的创作源于创作者的内在情感以及灵感，但同时也应意识到，数理的计算方式也会对音乐产品的创作产生较大的影响，只要把这种影响控制在一定的范围之内，数理计算与创造者的情感以及灵感之间并不会发生大的冲突，也不会影响到音乐产品的原创性。例如，音乐创作的 AIGC 技术方法体现在旋律的递进、调式的转变以及和声音高排列等方面，如果应用 AIGC 技术作辅助，会达到较高的精准度，也会减少音乐创作者在这些方面耗费的时间和精力，使之在其他更为重要的方面更高要求地追求音乐作品的原创目标。关于 AIGC 技术与音乐的创新的关系，下文将作具体的分析。

　　AIGC 技术应用背景下的音乐产品创作，关注到了音乐作品自身所具有的数理逻辑结构，这就为 AIGC 技术的应用提供了充分的空间，在 AIGC 技术应用的条件下，创作者可以利用大数据分析的结果，促进其与神经网络之间的融合，解决了人脑在音乐数据单元与智能计算等领域的局限性问题。

　　在广大用户个性化需求激励的条件下，AIGC 技术得到了广泛应用。为了提高的用户满意度，音乐的生产者借助 AIGC 技术，海量的音乐素材选择与作曲会在极短的时间内完成，节约了音乐创作者的大量时间和精力，这就为大量高质量音乐产品的市场化创造了条件。例如在美国，2016 年，谷歌 AIGC 技术创作团队和加州艺术学院联合开发了音乐创作 Magenta studio 项目，它创作出的第一首乐曲是时长 90 秒的高质量钢琴曲，这是应用 AIGC 技术并独自完成的创作。2019 年 3 月份开始进行了市场化运作，能够为市场提供大量的 Magenta studio 作品，同时，该技术在钢琴曲创作方面得到了更高层次应用，为纪念巴赫诞辰 334 周年，创作了具有巴赫风格的古典音乐作品。AIGC 技术的成功应用，使谷歌 Magenta studio 成为当前欧美音乐人重要的创作工具。又如澳大利亚的 AI 音乐初创公司 Popgun 旗下的产品 AI 钢琴爱丽丝不仅能够自主作曲，而且还能够与 Popgun 新推出的 AI 架子鼓、AI 贝斯共同谱写一段旋律，这给欧美音乐人带来了更多的音乐创作乐趣。此外，AIGC 技术在韩国也得到了广泛的应用，AlGC 技术已经成为自动作曲领域中的研究热点，许多研究者都在不断探索如何将其应用到音乐创作中。同时，智能写歌机器人 EVOM 也已经为韩国多位艺人创作了多首音乐作品，给韩国音乐行业带来了新的活力。

智能艺术

上述案例表明：AIGC 技术应用已经为在线音乐平台建设带来了机遇，并因此引发国内在线音乐平台的创新式变革，据此，AIGC 技术的应用为音乐产品的创作提供了更为广阔的空间，使高质量音乐作品的创作得到 AIGC 技术的有效支持，减少了单纯人工应用所导致低效与错误发生的空间。

现在，国内也有越来越多的公司开始研究和应用 AIGC 技术，并且取得了较大发展。其中灵动音乐科技公司自主研发的 Deep Music 智能作曲系统，可以根据用户需求，在两分钟内自主生成带有歌词、旋律、和弦及曲式的歌曲，满足了用户的个性化需求，提升了创作体验。此外，该公司还在影视、动漫、游戏、广告等背景音乐创作中占据不小的市场份额，并利用强大的技术研发能力，在短时间内推出了多首优秀作品。盒声智能音乐公司旗下的"YAME"智能创作系统，也已成功推出了十首 AIGC 科技创作的歌曲，包括《一切关于你》和《跟我在一起》，两首歌曲播放量均突破了 142 万次。2020 年 12 月，网易推出了由伏羲智慧实验室自主研发的 AIGC 原创单曲《醒来》，该歌曲是网易首支完全由 AIGC 技术生成的歌曲，这是一首从作词、谱曲到演唱全链路 AIGC 技术支持的歌曲，标志着音乐行业又一次取得了突破性进展。

（四）技术赋能产业，促使平台高质量发展

AIGC 技术还可以帮助音乐产业更好地实现可持续发展。例如 AIGC 技术音乐公司安谱 AI 音乐以马尔可夫链为重要切入点，利用对海量音乐内容的深度学习，对具有相同曲调、曲风、节奏的音乐展开聚类分析，在经过了几年的技术积累和改进之后，它的深度学习音乐演算系统已经相当成熟。该系统对歌曲中的歌词和曲调有了较深的了解，并可以按照歌曲的风格和调式，为歌曲的创作提供各种辅助素材。安谱音乐已与索尼唱片公司达成深度合作，为索尼旗下的音乐创作人提供更好更智能的创作方式。又如盒声音乐自主研发出了一种名为"YAME"的智能创作系统，它可以根据创作者输入的旋律、歌词、标签、图片等信息，快速生成一首歌曲，让创作者获得灵感从而实现创作，同时，该系统还可以深入分析创作者已完成的歌曲，推测出其音乐风格或者喜欢的歌曲，并且，它还可以通过深度学习,来帮助创作者形成属于自己的风格。该技术的应用对音乐平台提出了更高的要求。

对音乐平台而言,需要从技术层面为音乐原创者提供高质量的技术支持,使之在较短时间内得到有关曲调、曲风、节奏等方面的有效信息,并对自身的音乐水平有全面的评价。这就意味着,AIGC能为创作者提供高质量的技术支持,使音乐原创者能够在自主深度学习的基础上,把握音乐的曲调、曲风、节奏,并能够得到智能系统提供的建议与问题解决方案,从而有效精准达成目标,这对音乐的原创者,以及平台对音乐的甄别与选择都具有十分重要的现实意义。

以前音乐产业的商业模式是用户付费,但付费过程中需要漫长的流程和环节。AIGC技术可以帮助音乐产业实现"去中介化",将上游的创作人和下游的听众直接联系起来,实现更加高效、便捷的商业模式。

2020年6月,网易与全球知名的人工智能音乐制作公司AIVA达成了战略合作,将利用AIVA的智慧创作系统,激发网易云音乐的音乐创作者们创作的灵感,并帮助他们产生新的创意。战略合作的达成是网易云音乐及时回应AIGC技术在线音乐平台应用的结果,也有利于网易云音乐平台紧跟时代潮流,保持市场竞争力。

三 AIGC技术下网易云音乐产业发展困境

网易云音乐的创新式发展得益于AIGC技术的开发与应用,特别是在互联网时代,音乐平台的兴起产生激烈的市场竞争,这就使AIGC技术的开发与应用更加重要。然而,任何事物的发展都不是一帆风顺的,就其现状而言,AIGC技术的开发与应用也为网易云音乐发展带来了许多冲击与挑战。

(一)技术研发略逊一筹,应用探索尚未成熟

AIGC技术的应用虽然为音乐产业的发展发挥了积极的作用,但是在对此问题的调查中发现:网易云音乐的功能仅仅局限在AI歌声评价、乐谱识别两个方面,未出现大规模的拓展。其结果必然会使AIGC应用的广度与深度受限。

智能艺术

　　随着深度神经网络提升了 AIGC 技术算法的学习能力，AIGC 技术高速发展，变分自编码器、生成对抗网络、强化学习、流模型、扩散模型等学习范式，AIGC 技术被迅速应用到不同场景和任务中，其结果不仅会使不同的场景与任务具有智能化的因子，还会在视觉与听觉等方面造成冲击，给予客户以全新的感受，其中，最为鲜明的代表是智能数字人的出现。通过智能数字人，实现与用户一对一的交流，根据用户的要求提供多元化与高质量的服务。这恰恰是未来技术研发的重点，网易云音乐可在此方向上展开创新研发。

　　网易云音乐对 AIGC 技术应用探索与该技术独立发展之间的鸿沟也在不断加大。就该技术自身的研发与应用而言，已经从早期阶段进入到高级智能阶段。在早期阶段，AIGC 技术是针对统计模型与专家系统进行预先定义性操作，从而使音乐内容制作与输出都处于比较简单的阶段，例如视频中的影像因素、音乐的旋律、音乐的加载等。上述应用恰恰是网易云音乐平台 AIGC 技术应用的映照。但是 AIGC 技术在应用的过程中，会基于客户选择的歌曲等行为习惯推算出其喜好，并向客户推送音乐。

　　当前这种算法有短视化的劣势，一方面会将用户局限在信息茧房内，使之得不到全新且全面的享受；另一方面这种短视化的行为，缺乏对用户的综合性考量，容易使用户滋生倦怠感，不利于用户与平台之间形成黏性。

　　（二）数字音乐或成垄断，音乐内容趋向模板

　　数字音乐平台借助 AIGC 技术的强力支持，能够在扶持独立音乐人的条件下，引导受众直接参与到流行音乐产品的生产、传播以及消费的整个流程中，显出 AIGC 技术应用下的交互性高效化优势，会形成数字音乐产业对传统音乐产业的竞争优势，甚至是垄断格局。一旦形成垄断格局，数字音乐产业必然会趋向两种结果。一种结果是剥夺了独立音乐人对音乐作品生产的选择权。数字音乐平台在 AIGC 技术的大力支持下，会从中大大受益，利用技术优势改变流行音乐排行榜，引导流行音乐发展走向，这种做法是对音乐创作者的自动筛选，使一部分独立音乐人被自动排除在外或者不得不追逐流行音乐的发展潮流，进而丧失了独立性的地位。另一种结果是使受众丧失了欣赏作品选择权。音乐平台在运营的过程中一般会遵循

"引入—分发—推荐—爆款"的流程，其主要目标是形成爆款。爆款属于高品质的量级指标，该指标主要是由音乐作品的播放量、互动率、拉新量以及社会传播率等组成，综合比较形成爆款。但是爆款音乐产品的最终确立，人工干预所占据的比重较大。在上文提到的四环节之前，音乐产品的自然发酵是不受人控制的，而从四个环节中都可以看到人为干预的影子。在引入环节，工作人员会将具有潜质的音乐作品作为引入的对象，在此基础上分发榜单或者歌单，使最后推荐得以成功。数字音乐平台工作人员会以申请到的资源位作为支持，由此大大提升了数字音乐平台推荐成功的可能性。从功能上而言，数字音乐平台扮演把关人的角色。在对大量的网络音乐作品进行筛选的同时，数字音乐平台又向用户推荐符合个人偏好的音乐产品。这种推荐方式一是会加强受众与音乐作品之间的关联，使受众无法突破信息茧房，而沉浸于原有的欣赏水平；二是会提升用户对数字音乐平台的依赖程度，增加数字音乐平台的话语权。需要指出的是，数字音乐平台的运作是商业化的，对利润的追求从未停止。因此可能出现为迎合受众的行为习惯而倾向于低俗化音乐作品的引入，从而导致音乐作品整体质量下降。

低质量的音乐产品使数字音乐平台极易堕入流量陷阱，也恰恰会成为AIGC技术应用的领域。该技术应用会在智能化分析的基础上掌控受众情感偏向，了解音乐发展的趋向。在音乐作品的制作中，以形式的制作来代替内容的丰富，形成有利于对受众视觉与听觉形成冲击的节奏、顿挫与拼贴，再加以声光的氛围打造，往往会使受众单纯追求感官的刺激而忽视了对音乐产品内容的关注。对数字音乐平台而言，这类音乐作品只是技术与模板的双向结合，只需少量的投入、批量的生产，就可以带来十分丰厚的利润。但是，此类音乐产品并无现实意义，也不会成为经典，只是以短期的流行作为基本的特点。

（三）版权红利不易抢占，AI 翻唱引发重构

在国家有关部门的监管下，2021 年 7 月，反垄断的重锤让持续了六年的音乐版权大战迎来了新的变局，但是，独家版权的淡化并不意味着版权竞争绝对终结。过去，独家版权通常和高额预付金（保底金）捆绑，即数

智能艺术

字音乐平台和歌曲版权方并不通过音乐最终产生的流量结算，而是平台预先支付一笔高额预付金给版权方，无形中抬高了独家版权的价格。

如今，虽然高额预付金模式不复存在，但实际上，音乐平台依然可以通过变相抬高价格的方式，促使版权方做出名义上的"非独家合作"，形成"变相独家"。据有关统计资料显示，腾讯公司拥有市场80%以上的音乐版权，乐曲库中有4000多万首音乐版权，接下来仅需对版权"查缺补漏"即可。而对网易云音乐来说，虽然能从此次版权机遇中受益，但是，其版权缺口和腾讯音乐相比完全不是一个级别，要实现海量版权的覆盖，背后的版权资金投入和时间成本都非常大。短期内，腾讯音乐的版权优势依然傲视群雄，网易云音乐想要抢得版权红利也不容易。

除了传统的版权问题，还有因AIGC技术引起的版权问题。最近不论国内还是国外，其实都掀起了利用AIGC工具打造"新歌"的风潮。Youtube上，一个名为PluggingAI的账号，在过去两周时间里发布了88个视频，几乎全是用AI生成说唱巨星Kanye West"唱"他人歌曲的内容。就在最近，一位名叫ghostwriter的创作者利用AI让Drake和盆栽哥的合唱更是在社交媒体上爆红，就连Drake本尊都公开表示"压死骆驼的最后一根稻草"已经出现。

而在国内，2023年3月22日知名音乐人陈珊妮在微博上发表长文，表示她在3月14日上线的新歌《教我如何做你的爱人》其实是由她的"AI模型"演唱的，就连单曲封面也是由AIGC生成的。除了陈珊妮通过新歌进行的AI创作实验，哔哩哔哩（以下简称"B站"）上每天都有持续进化"唱功"不断精进着的"AI孙燕姿"在翻唱着周杰伦、王菲、张韶涵那些耳熟能详的成名作，就连不同语种的《残酷天使的行动纲领》和《好想大声说爱你》也有人在大胆尝试，动辄几十万的播放量则证明当下这场"AI音乐"实验的热闹程度。就连B站官方也在积极鼓励这些创作，推出了名叫"虚拟之声创作计划"的主题活动。即便Up主自己大概也明白类似作品其中涉及的版权问题，都会在视频描述里写上一段免责声明，声称仅为娱乐而非商用。

显然，不论是音乐流媒体平台还是身处一线的音乐创作者，都已经明确感受到了这次 AIGC 大潮的势不可当。只不过对在线音乐平台和音乐人来说，双方对这类工具的立场即便有差异但几乎不会有太大冲突。前者要考虑的是如何通过 AIGC 尽可能将听众留在平台上并且创造更多商业收益，而音乐人显然更希望通过其对 AI 的训练来证明自身独一无二的价值。另外，二者始终还有一方绕不过去的势力——音乐版权公司。

在音乐的版权世界依然被环球、华纳、索尼三巨头瓜分时，音乐流媒体平台试图利用 AIGC 作为杠杆来撬动话语权的行为，必然会引起这些巨头的警惕。可以说，对在线音乐行业而言，AIGC 绝非只是效率工具，从本质上来看其很可能会掀起一场在线音乐的"革命"。

事实上，环球音乐已经在国外市场四处出击，一方面让 TikTok 和 YouTube 等平台四处扫荡类似作品，另一方面阻止各类音乐 AIGC 训练模型获得 Spotify 等平台歌曲数据（例如旋律和歌词）用于模型训练。① 一个可以通过输入提示词模仿说唱歌手 Drake 唱歌的网站已经主动下线，现在的主页变成对这项服务的"悼念"。环球音乐自然是大义凛然地表示其拥有道德和商业上的义务，阻止未经授权使用旗下艺人的音乐，以及要求平台停止使用侵犯他们权利的内容。

对于国内在线音乐平台来说，类似的权利诉求出现大概只是时间问题。但对版权公司来说，这种"将头埋在沙子里'的状态其实并不能持续。暂且不去讨论所谓版权侵犯和合理使用这类法律概念，当下的 AIGC 工具事实上是在进一步放大超级明星的价值，会使用 AIGC 工具的创作者无疑有其自身的才华，但这些 AI 歌曲之所以能够成为热门，核心原因还是它们以假乱真地复现了 Drake 和孙燕姿的音色和唱法。这正是 Drake、Kanye、孙燕姿这样的歌手最终成为 AIGC 创作大赢家的原因——想象一下未来他们只需要对外授权自己的音色，就能从任何人的 AI 创作中继续名利双收。

对于在线音乐平台来说，如果平台本身就是 AIGC 工具的开发者，那么它天然就能成为创作者。例如对同一首歌曲《发如雪》或《富士山下》，

---

① IT 之家：《环球音乐集团敦促 Spotify 和苹果等流媒体平台打击 AI 生成音乐》，腾讯网，2023 年 4 月 13 日，https://new.qq.com/rain/a/20230413A01JJI00，访问日期：2023 年 5 月 12 日。

若用户能够在原唱之外选择孙燕姿、张学友、王菲等熟悉的歌手的声音重新演绎时,传统的听歌方式无疑就迎来了新玩法。

同时,AIGC 工具的泛用化,也会催生出更多有潜力的创作者,从而为像网易云音乐这样乐于扶持独立音乐人的平台提供更多的内容储备。对于在线音乐平台,难点自然不在技术环节,最需要攻克的还是重新获得版权主动的可能性。

过去几年里,面对 AI 语音合成技术的快速发展,已经有法律界人士表示需要对自然人声权益进行保护。如今随着 AIGC 的大发展,类似立法显然会加速进行,音乐版权生态又会发生重构,这势必会对网易云音乐等在线音乐平台提出新的版权挑战。

(四)创作主体依赖技术,创新能力逐渐消退

音乐应该具有原创性,属于创造领域之内的艺术,从一般意义上来说,音乐内容的生产等同于音乐创造的主体,二者存在一致性,因此生产者(或者创造者)的自身素质会对音乐作品产生重要影响。随着 AIGC 技术的应用,在一定程度上改变了音乐创造的过程,使之增加了更多的技术方面的因素。在市场环境下,在线音乐平台的创造活动实质上是一种市场行为。这一市场行为虽然受到技术的支持而处于高产的状态,并能够缩短资金回收的周期,为平台以及创造者带来更多的利润,但是,在线音乐平台与音乐的创作者都已经成为市场环境中的生产者,音乐作品成为商品。这就要求平台与音乐产品的创造者以此为目标,将艺术创造改变为商品生产,满足市场中消费者对音乐商品的需求。由此得出结论:技术的过度参与使音乐内容生产者创造性不断被弱化,进而影响音乐产品的创造性与创新性,使优秀音乐内容匮乏。

从最近几年的发展中,可以看出,音乐生产与创作环节被 AIGC 技术影响着。在该技术的支持下,独立音乐人有了更多的自我创作空间,能够依靠自身创作灵感的引导而实施音乐产品的创新。尤其是在某一段词汇或者曲目的创作当中,AIGC 技术的应用具有明显的优势,进一步促进了独立音乐人灵感的激发。伴随 AIGC 技术对独立音乐人创作的影响逐渐加深,AIGC 技术应用和创作力之间的比例发生了较大的转换,这就意味着在音乐创作中

AIGC 技术应用的比例逐渐超过了创造力，独立音乐人逐渐依赖 AIGC 技术的支持而不是完全依靠自身的创新能力，其结果会表现在两个方面。一方面，独立音乐人的创作灵感以及创新能力逐渐消退；另一方面，独立音乐人逐渐退化为批量模仿类音乐产品的制造者。

（五）深度伪造构成危机，音乐内容质量堪忧

AIGC 技术音乐创作与生产是在对已有音乐作品进行数据采集、分析和学习的基础上，构建出的音乐内容制作模型。用 AIGC 技术创造出来的音乐，就像是用机器学习和多变量神经网络建立起来的一种算法模型创造出来的"原始音乐"。但其本质却是对现有音乐数据分析下的一种音乐伪原创行为。例如在大数据的推动下，音乐平台能够准确预测音乐消费市场中用户喜爱的音乐类型与风格，进而根据大数据分析的结果引导音乐人去创作符合用户口味的音乐作品，凸显了移动互联网时代音乐内容的商业性与功利性，音乐创作的本质特征——艺术性也因此被消解。

此外，AIGC 技术在音乐创作过程中发挥的是指令作用，人虽然是这一过程的行为主体，但是 AIGC 技术所发挥的作用是无法改变的，这就使音乐内容生产偏离真正原创的轨道，从而在事实上成为一定伪原创行为。这就意味着，AIGC 技术的应用进一步提高了音乐产品创作的批量模仿力，而不是音乐产品的创新性，这种状况会伴随着 AIGC 技术的介入而逐渐深化。

伪造程度的深化成就了深度的伪造类型，AIGC 技术的应用并不能解决音乐产品的创新性问题，是因为 AIGC 技术仅仅处于机器阶段，注重的是对原有产品的模仿与再复制，例如真人声音、图像和视频、文字等都成为模拟的内容。尤其是最近几年，在 AIGC 技术的支持下，大量的音乐作品应用范围突破了纯视听的范畴，在影视、游戏、广告等领域也得到了广泛的应用。因为现有的音乐产品属于深度仿造，在内容和形式上都具有极大的相似性，不易被人察觉，但是其结果往往也是十分严重的：一是产生了事实上的侵权行为，二是质量堪忧。

四 AIGC 技术下网易云音乐产业直面挑战

面对重重困难，网易云音乐产业并没有退缩，直面 AIGC 技术的挑战，

在行业的"风口浪尖"抓住机遇。这不仅是良好的运营奠定了发展基础，更是网易云音乐产业努力攻克技术壁垒，加快技术自研发突破带来的信心。并且网易云音乐持续打造并完善音乐人服务体系，挖掘培养更多创作人才，创新多元化平台，为音乐创作不断赋能。

（一）良好运营基础，提供发展底气

1997年6月，网易公司在广州成立，是中国领先的互联网技术公司，其重点领域在数字产品、虚拟技术研发以及相应的服务。网易公司的发展领域具有鲜明的时代特征，符合互联网市场的发展要求，在较短的时间内占领国内互联网市场并进军国际市场，2000年在美国纳斯达克上市，成为一家极具活力与发展潜力的跨国公司。

网易是国内最早布局AIGC、相关技术储备最多的主要互联网企业之一。自2018年启动GPT（生成式预训练）模型研究，网易目前已自研数十个超大规模预训练模型，覆盖自然语言、文图跨模态、文音跨模态、智能抓取、情绪感知等多种模型领域。[①]

1. 注重用户体验感

网易云音乐平台是以在线音乐产品的开发服务为主要内容的在线音乐平台。该平台的技术特征是虚拟化，表现为依托互联网与移动通信网等技术，实现了在线音乐播放、音乐产品下载等，同时应用了歌曲、乐曲、画面、视频等辅助性技术手段。网易云音乐平台聘用大量的独立音乐人，通过音乐挖掘与音乐分享的方式，提高时尚音乐的传播力，同时又以在线音乐平台为依托，实现了线下的社团活动。

网易云音乐平台于2013年4月在苹果商店上线，只在一定范围内传播。同年7月正式官宣进入数字化领域，完全具有了数字化音乐平台的特征，其移动化、社会化、服务化的优势十分鲜明。而伴随着智能手机的应用与推广，以上三种优势更加明显，能够为受众带来全新的体验与感受，促进了网易云音乐平台与受众的直接互动。

[①] 袁传玺：《网易去年净利润同比增长28.3% 研发投入超150亿元》，《证券日报》2023年2月24日第B03版。

2. 打造独特社交圈

网易云音乐平台基于其所承担的服务功能而成为虚拟音乐社交空间，并建设了适合于自身发展的近期目标与长期目标。就近期目标而言，其主要目标是促进音乐歌单的分享与音乐在线互动与交往，积极与国内外线上音乐跨国公司建立合作关系，获取丰富的音乐资源，形成利于自身有效竞争并能够为受众提供高质量音乐曲库，其目的是提高粉丝的满意度，增加粉丝对网易云音乐平台的黏性，同时还积极举办线上音乐社区活动，促进各主体间的互动。

网易云音乐平台自上线以来通过不断地进行产品创新，实际上它已经成为公众熟悉甚至长期使用的音乐社区，以"90后""00后"为代表的年轻用户的黏性不断增强，市场的优势也不断提升，据网易云音乐2022年8月发布上半年财报，每名日活跃用户每天在平台平均花费约80.6分钟听歌，高于2021后上半年的76.9分钟，如此大规模的用户黏性，让整个市场认识到了音乐平台的价值。以长期发展的角度来看，得用户者得天下，任何音乐平台如果在内容上有持续的竞争力，在用户体系上有强势的黏性，在社交网络的加持下，具有强势曲库优势的音乐平台无疑会更具市场竞争力。当内容的优势逐步释放之后，网易云音乐未来的可能性其实还在不断增加。

3. 版权体系逐渐完善

2021年以来，网易云音乐先后与相信音乐、摩登天空、英皇娱乐、中国唱片集团、乐华娱乐、福茂唱片、韩国SM娱乐、YG娱乐、时代峰峻等达成版权合作。在成功上市之后，网易云音乐的版权逐步丰富，得益于此，音乐社区生态与原创音乐的双轨发展都取得了不错的成绩，这都体现出网易云音乐已经实现了全面版权优势的构建。到2022年底整个音乐内容库已经包含了1.16亿首歌曲，如此庞大的版权库，让网易云音乐的很多业务发展有了更多的可能性，而且这种版权不仅仅是人们熟悉的版权，其中更有大量原创的版权，平台有61万多名原创音乐人，创作了260万首歌曲，这些原创的音乐优势可能才是网易云音乐自身业务发展的核心关键。

智能艺术

（二）加快技术突破，推出全新应用

支持国家在数字音乐行业中的方针政策，把握数字音乐时代的变化，把握"5G"时代网络经济和其他领域的重大发展机会，积极树立自身良好的品牌形象与用户口碑，充分发挥网易云音乐平台在独立音乐人、原创音乐、庞大用户群体等方面的优势，增强网易云音乐平台核心竞争力，通过对平台数字音乐生态圈的构建，以及平台发展策略的执行，来达到平台的长远发展目标。

2023年2月23日，网易发布2022年第四季度及全年财报。季度内，网易持续加码自主研发投入，加快AIGC、元宇宙、智能机器人、数字孪生等前沿技术的自研突破，创新数实融合应用模式，服务数字经济发展、智能制造、东数西算等国家战略建设目标。

2022年度，网易总营收965亿元，公司2022全年研发投入超过150亿元，占比营收15.6%，研发强度保持行业领先。其中，Q4（第四季度）研发投入41亿元，创下历史新高。[①]

2022年，网易聚焦数字内容精品打造。网易云音乐全年营收90亿元，Q4营收24亿元，平台原创音乐人超过61万，原创音乐作品约260万首，领先行业；平台原创贺岁歌曲《新春蹦蹦》首次登上央视春晚。

伴随AIGC和音乐科技的持续优化与改进，不仅有助于网易云音乐产业端提升效率，更能持续改善用户的音乐娱乐体验。网易云音乐持续探索AIGC技术赋能音乐产业，加码AI词曲编唱、AI歌声评价、AI乐谱识别、AI辅助音乐创作等领域的技术研发，致力于打造出激发音乐人灵感的AI创作工具。目前，网易云音乐AI歌声评价、乐谱识别的研究成果已处于国际领先水平，获得国际AI顶会（Association for the Advance of Artificial intelligence，AAAI）认可。这些研究成果能有效提高平台优质作品的创作、识别与推荐效率。

2023年3月20日，网易云音乐推出首个面向大众的乐商测试体系，

[①] 于蒙蒙：《网易2022年净收入965亿元 四季度研发投入创新高》，《中国证券报》2023年2月24日第A06版。

进一步丰富用户的音乐消费体验。乐商基于学术研究、大数据与 AIGC 技术，保证及时、准确地实现多方位的乐商观测，帮助用户全面了解自身在音乐领域的感知力、把控力和鉴赏力。即日起，用户登录网易云音乐搜索"乐商"即可参与测试。

网易云音乐乐商特邀推荐官、世界级钢琴家郎朗表示，乐商指音乐情商，是根据听歌的多、广、深等维度，对个人音乐审美和素养等能力进行综合评估所得。入围金曲、金钟、金马奖音乐制作人张三认为，通过了解和提高自己的乐商，我们能获得全新的音乐体验，提升对音乐的感知，更好地欣赏音乐。

作为首个面向大众的系统性乐商测试产品，网易云音乐在考察了全球现有的大多数乐商测试后，与业内资深人士共同打造音乐评估测试与训练体系。据了解，网易云音乐乐商测试体系包含乐商分、天赋分和专业分三个部分。"乐商分"由用户在网易云音乐的听歌行为和音乐品味一键生成；"天赋分"考察用户的音感、节奏感、留音记忆等音乐天赋；"专业分"通过乐理、视唱、弦乐、常识等音乐专业考题对音乐专业能力进行考察。此外，乐商测试体系还设置了一些升级功能，例如为用户提供金曲发掘力报告、剑桥音乐人格报告等，可供用户深度体验。

此外，针对乐商分排在前 20 万名的用户，网易云音乐特别成立了网易乐商俱乐部，为高分用户打造可以"顶峰相见"的对话园地。进入网易乐商俱乐部，成员将获得特殊村民证定制卡面、网易乐商俱乐部认证证书、专属六边形头像框等特殊权益。

作为中国最大的原创音乐平台及最受年轻一代喜爱的音乐社区，网易云音乐持续发力产品创新，不断丰富用户的音乐体验。乐商测试体系的上线，是 AIGC 技术成功赋能音乐产业的典范，提高了网易云音乐的市场竞争力，并且有助于促进用户逐步积累音乐欣赏、感知与表达的素养，帮助用户更好地探索音乐世界。

（三）升级音乐人体系，创新多元化平台

网易云音乐持续打造并完善音乐人服务体系的方向始终未变。2022年，网易云音乐新增开放编曲、制作等专业身份入驻，帮助每个音乐环节的音乐创作者加入平台，实现音乐人角色体系升级，以此达成创制人身份开通"30万+"。

在此基础上，网易云音乐持续打造更多样化的音乐人服务内容。例如为音乐创制人打造专属主页，帮助他们高效聚合并展示自己参与创作的音乐作品；实现自由版税，各类音乐人与合作伙伴协商确认后可获得自由比例的作品收益分成；打造"音乐人学院"，为音乐人提供全方位的音乐创作、运营推广、版权维护等课程；创立"幕后专区"，为词、曲、编、制音乐人提供专属展示和合作交流社区；创立Beat专区，打造全国领先的一站式Beat交易平台"BeatSoul"，它是网易云音乐正式上线的一站式Beat交易平台，集合Beat上传、展示、购买与交流功能于一体。

通过全方位的音乐人服务体系，已有众多业内知名音乐创制人加入网易音乐人体系，如陈耀川、秦四风等拥有众多脍炙人口作品的资深音乐人，以及陆希文、许钧等已成为行业中坚的优秀音乐人。

创新多元化平台，为音乐创作赋能。除音乐人体系创新之外，网易云音乐为音乐人创作提供了众多创新型平台工具，助力音乐人更好地进行音乐创作。除已提到过的国内领先的一站式Beat交易平台"BeatSoul"之外，还包括多项创新型举措。

2022年1月，网易推出旗下AIGC音乐创作平台"网易天音"，音乐人可以在平台上通过AI技术，实现AI作词、AI作曲、AI编曲、全曲制作等歌曲制作流程。推出官方音乐知识教学平台"音乐人学院"，帮助音乐人提高自身的音乐素养，包括音乐制作、运营技巧、站内功能教学和版权知识等专业课程，课程覆盖从零基础入门到高级进阶教程，全方位满足各类学习需求，目前平台已有"35+"专业课程，总播放量超过200万。2023年4月，网易云音乐的"音乐人训练班"联合说唱空间站、唱由音乐发起了"说唱特训营"，面向全网招募说唱音乐爱好者。作为音乐人训练班新声势力计划的重要组成部分，说唱特训营将提供全明星讲师团、导师全程陪伴式教学、分组战队共创Cypher挑战、个人单曲合辑企划、平台海量资源曝光等多重课程。

（四）培养原创新星，挖掘创作人才

在服务当下的音乐人之外，挖掘和培养更多新生代有才华的音乐人也是网易云音乐坚持的方向。在挖掘方面，2022年网易云音乐推出了第四届"星辰集"词曲创作大赛，这是网易云音乐已举办的大型词曲创作评选活动，该活动设立了百万奖金池，帮助挖掘出的优质词曲作品匹配明星歌手演唱，让优质词曲作品发挥应有的价值，目前已助推"200＋"首优质词曲闪闪发光，帮扶"100＋"词曲人迈入行业正轨。在培养方面，网易云音乐在2022年举办了两季"星辰集"词曲创作营，这是由网易云音乐与中国数字音乐基地联合发起的大型线下原创音乐创作营，邀请行业顶尖创作者为音乐人提供面对面交流辅导，目前已举办四季，为60多位音乐人提供了线下交流机会。

此外，网易云音乐也充分扩展自己的支持范围，针对专业音乐领域也推出了相关挖掘和培养举措。如在说唱音乐领域，网易云音乐在2022年5月举办了国内首个线上Beat创作征稿比赛"节奏玩家"。2022年内已举办三届，赛事站内外累计曝光达"4亿＋"，收获优质投稿作品1.5万份，"1万＋"音乐制作人参与到大赛当中，在全国说唱音乐人中有广泛知晓度。[1]

五 AIGC技术下网易云音乐产业未来展望

网易云音乐始终致力于原创音乐良好创作生态的建设，也正在成为优秀的音乐人成长、创作、交流的线上活动基地。在AIGC不断发展的时代，网易云音乐要持续提供更好也更有效的音乐创作服务，加强技术研发力度，增加技术人员比例，优化平台管理，帮助音乐人创作出更多高品质作品，让华语原创音乐走得更远。

（一）持续加强技术研发力度

AIGC技术已经发展到深度神经网络技术应用阶段。该阶段，深度神经网络技术在大模型和多模态两个方向上获得了比较大的成就，多模态大

---

[1] 闵令欣：《场景时代智能音频媒体运营模式探析——以网易云音乐为例》，《传媒论坛》2022年第24期。

模型可以处理不同模态、不同来源、不同任务的数据和信息，满足 AIGC 场景下新的创作需求与应用场景，广泛应用于文本、音频、视频等不同模态数据，生成丰富多彩的内容。例如智能数字人，它是 AIGC 多模态生成的重要应用与表现，也成为现实世界与虚拟世界的联结点。智能数字人具有可交互的特征，可以自动生成内容，也可以复制多个分身，实现多载体多模态，并且在交互过程中，给人以更加人性化、个性化的优质体验。

针对 AIGC 技术发展到深度神经网络技术应用阶段的现实，网易云音乐在技术研发过程中，需要将深度神经网络技术与音乐平台相结合。例如研发智能交互数字人，使之在实现自然语言处理、图像处理、语音处理、机器学习等 AI 技术应用的基础上，与用户建立起智能问答、快速渲染和输出各类播报与讲解视频、赋能实时交互场景的关系。

通过继续利用"大数据""云计算"等新技术，探索能适应更多场景以及更得受众喜爱的推荐歌单，并加大激励力度，鼓励用户分享自己的歌单，支持个人开设播客，增加互动和参与感，还可以丰富网易云音乐的曲库；音乐社区是用户情感互动的主要场所，通过设计丰富的场景或情感主题，带给用户更多的音乐体验，让歌单的分享和互动成为用户的日常活动；通过技术层面和融资层面的突破，增强与科技企业的合作。不仅要在高品质无损音质技术上继续发力，同时，MV、线上直播、演唱会和线上音乐教学等超高清画质也要继续得到提升。目的是持续提升和改善音乐服务，这也是网易云音乐的立身之本、发展之魂，也是提升用户使用体验的根本立足点。

(二) 积极探索平台多元应用

在大数据和人工智能技术的基础上，可以根据用户的喜好，为用户提供智能、精准、个性化的音乐推送服务。但是，因为推荐算法而产生的信息茧房问题，已经渐渐变成了对用户扩展多样化音乐喜好的限制，阻碍了音乐平台开展多样化的消费服务。针对上述问题，网易云音乐应该对推荐算法进行改进和优化，使用户在获得自己喜欢的音乐的同时，突破音乐的"信息茧房"效应。

平台除了基于推荐算法为用户推送可能喜爱的音乐风格或歌手，还可以设置如"猜你喜欢""听见不同""新歌速递""电台精选"等模块，在满足用户个性化需求的前提下，为用户提供更多的新音乐资源。同时，在对智能推荐算法进行完善和改进的过程中，音乐平台不再只根据用户对某一风格或某一歌手的喜好、收听与下载频次来对其进行智能推送，而是对用户的情感进行综合分析，并根据用户所处的场景来为他们推荐合适的音乐，从而提高互动性，减少"信息茧房"的发生。

（三）重点优化平台版权管理

版权管理的主要目的是促进原创型音乐产品的产生，从而提升大众的音乐综合素养，这会对音乐产品的影响以及功能的发挥起到提升性的作用，同时，在一定程度上防止音乐作品发生的滥化问题。网易云音乐平台在独立音乐人的招募以及原创音乐歌曲库的建设等方面都作出了极大的努力，并且主要是通过加强版权保护的方式来加以维护。

但是整体而言，线上音乐平台存在着门槛低以及监管不完善等诸多问题，这在一定程度上纵容了侵权——盗版音乐作品的产生，如果不能及时加以关注并采取相应的措施，AIGC 技术应用条件下的侵权作品会愈加猖狂，在社会上形成较大的危害。这与我国加强版权管理、提升法律在版权管理中作用的引导趋向背道而驰。例如在 2020 年 4 月，网易云音乐平台用户上传并私自分享了周杰伦的部分歌曲，这些歌由周杰伦拥有完全版权，因此从法律层面上来说属于侵权行为。平台当时没有及时察觉并采取相应的措施，从而使这种侵权行为在音乐平台上愈演愈烈，形成了恶劣的社会影响。此外，还有其他音乐原创作品也受到了侵权，这就使部分歌手不得不采取维权的方式来维护个人利益。针对这一事件的原因分析得出如下结论：网易云音乐平台存在监管不力的情况，无法对侵权行为及时察觉并采取针对性的措施，其结果必然会对音乐受众造成负面影响，甚至错误的引导，使受众认可侵权的有效性以及无过错性。因此，网易云音乐平台必须采取相应的措施，一方面，积极鼓励原创性音乐产品入驻平台，进入网易云音乐平台曲库，为受众提供高质量的音乐产品，增加受众与平台之间的黏性；另一方面，针对侵权行为要及时加以筛查并关注，针对部分用户的违法行为追究其法律责任，从而维护平台的声誉。

此外，AI 翻唱所引起的版权问题也不容忽视。AI 翻唱是一种新兴的音乐形式，它利用人工智能技术，将原唱歌曲转化为 AI 版本，从而实现自动化翻唱。该技术的出现，使歌曲被翻唱的门槛被大大降低，普通用户也可以通过开源项目自制并上传 AI 翻唱歌曲。这种新兴的音乐形式，受到了广泛的欢迎和追捧，特别是在年轻人中间。然而，AI 翻唱也带来了一些问题，其中最重要的就是版权问题。虽然不以营利为目的、未向公众收取费用的非商业性 AI 翻唱不视为对已发表歌曲著作权的侵犯，但此处"不以营利为目的"是指不获得任何商业利益，而不单指直接经济收益。在网络平台上传此类 AI 歌曲，若平台属于商业性质且有打赏功能或创作激励机制，则上传属于商业性行为，可能涉嫌著作权侵权。如果 AI 翻唱歌曲没有得到原唱歌曲的授权，那么就会侵犯原唱歌曲的版权。这种侵权行为，不仅会损害原唱歌曲的利益，也会损害整个音乐产业的利益。

AI 翻唱歌曲的创作者发布的免责声明无法豁免其侵权责任。此类行为可能侵犯被 AI 模仿歌手著作权中的表演者权，被模仿歌手的演唱风格、音色、唱功等共同构成歌手的表演风格，受表演者权保护。这种"翻唱"或不符合被模仿歌手本人意愿，影响其社会评价，涉嫌侵犯其名誉权。此类 AI 需使用被模仿歌手演唱歌曲进行训练，训练过程若无取得歌曲相关版权方许可可能涉嫌侵权。要规避侵权，应征得被模仿歌手及歌曲相关版权方的同意。同时，平台方的商业属性，有责任规范此类歌曲和视频的上传。

不过因 AI 孙燕姿等 AI 歌手在音乐平台出现时间较短，网易云音乐等一些国内音乐平台还未专门对此制定应对策略。但海外已有版权方针对 AI 歌曲作出反击。例如前文提到的环球音乐集团敦促 Spotify 和苹果阻止 AI 工具从其艺术家版权歌曲中抓取歌词和旋律。这一举措，旨在保护原唱歌曲的版权，防止 AI 翻唱侵权行为的发生。但是，这种做法也引发了一些争议。有人认为，AI 翻唱是一种新兴的音乐形式，应该得到更多支持和鼓励，而不是打压和限制。

2023 年 5 月 9 日，抖音明确表示，应用生成式人工智能技术时，发布者应对人工智能生成的内容进行显著标识，帮助其他用户区分虚拟与现实，特别是易混淆场景。同时，发布者需对人工智能生成内容产生的相应后果负责。这将会给网易云音乐等国内音乐平台很好的借鉴与启发，在未来发展中，建议其对 AI 翻唱等人工智能生产的内容进行合理管制，规范版权管理，建立良好的平台生态环境。

（四）推陈出新"社区＋原创音乐"

在线音乐平台不只是用来听歌，网易云音乐一直在努力建立用户与音乐、用户与"云村"、用户与用户的深度链接。

围绕用户的使用习惯和日常心理，充分利用 AIGC 技术，网易云音乐改进了很多功能。比如听歌识曲更智能、自动区分人声哼唱与音乐歌曲；设置了学习、工作等不同场景使用的专注模式；云随机模式变得更个性化，用户可以通过风格与常听两个维度进行自定义等等。所有功能中，网易云音乐新上线的"回忆坐标"最能触动人心。它能筛选用户有特殊回忆的歌曲，从第一次听的时间、累计播放时长、听得最多的一天等维度，让用户回忆起与这些歌曲更多的过往。这种音乐记忆的出现，让用户与歌曲建立起更深的情感关联。

正是这种探索、满足用户最细腻情感需求的产品思路，让网易云音乐的社区生态生机盎然，也更令人感受到科技进步、产品革新所带来的惊喜。社区产品不同于社交产品，重点是做人与内容的连接，人与人的高频互动是基于优质内容。网易云音乐一直在"内容"上做升级，比如，每个云村用户都能收到一首 AI 制作的专属生日歌。网易云音乐的"音乐密友"功能更是受到了用户们的喜爱。用户可以设置 5 个"音乐密友"，可一键分享歌曲至密友桌面，自定义分享歌曲的图片、歌词、心情、位置等信息。"合拍推荐"则适合那些寻觅趣味相投者的用户，根据用户听歌行为来匹配听歌品位最相似的人。此前备受欢迎的"一起听"功能又加入了"心动推荐"，可根据两人听歌数据推荐心动歌曲。

网易云音乐的每一个小改变，既是一次行业技术与服务的创新，更是一次发现和满足用户心理需求的进步。这些"小改变"让云村村民有一种"被关照"的感觉，参与度、归属感越来越强，如此才有了不断生长的云村社区文化，也让网易云音乐形成了自己的品牌优势。

除了"音乐社区"这张招牌，网易云音乐还有一张"潜力牌"——原

智能艺术

创音乐。

网易云音乐发布的 2022 年终总结报告披露，2022 年网易音乐人突破 60 万，超 30 万幕后创作者获得关注。他们的歌曲中，年度累计播放破亿的达 70 首。[①]

过去经典歌曲的独家版权已不再是音乐平台唯一的竞争筹码，原创音乐来到了一个重要的战略位置，成为兵家必争之地。网易云音乐因为当年就是后发产品，原本在版权上不占优势，故更早发力原创音乐，现在反而转为优势。

如今的网易云音乐，几乎已成为原创音乐的风向标。2022 年，专门针对网易音乐人的"年度最受瞩目音乐人"推选了 22 位音乐人；举办了三届筛选优质原创音乐的"硬地原创音乐榜"；全年共推介 110 首单曲、55 张专辑，总播放量超 6 亿。

此外，为了让原创音乐与幕后创作者被更多人看到，网易云音乐一直在策划更多元的分发方式与活动。比如策划了《保质期艺术家 S2》《诗 X 歌》《未定义边界》石头计划第四季合辑和《出新》Z 世代创作新星等合辑。同时，网易云音乐还出炉了业内首个幕后编曲人榜单、幕后推荐榜以及幕后研究所等推广栏目。

正因如此，网易云音乐的原创音乐"出圈"到了更多大众舞台。裴德的《浓缩蓝鲸》登上《中国好声音 2022》的舞台，国风堂/黄诗扶的《四万秋》成为优酷《了不起！舞社》表演曲目，Royster Lee 的《阿公的热气球》出现在影视剧《我家的医生》，夏日入侵企画的《想去海边》《极恶都市》等歌曲被用于《第五人格》游戏四周年线下活动。

除了扶持音乐人、加强原创音乐宣发，想要原创音乐可持续发展，还需要整条产业链的搭建。网易云音乐积极推进了 B 端的音乐基础设施建设。正如前文所提到的一站式 Beat 交易平台 BeatSoul，幕后创作者可以自如上传、展示、购买与交流 Beat。2022 年 7 月，网易云音乐又上线了版权

---

① 《网易云音乐发布音乐人年终内容总结，60 万 + 音乐人在这里闪耀发声》，《中国商报》2023 年 1 月 6 日，https://baijiahao.baidu.com/s?id=1754263253419284327&wfr=spider&for=pc，访问日期：2023 年 5 月 12 日。

服务平台"云村交易所",并与商用音乐服务商 VFine Music 达成版权授权合作,后续还将拓展与运营商、手机厂商、音视频等领域的 B 端合作。

这一套组合拳下来,网易云音乐相当于既搭建了原创音乐前期的健康创作生态,又拓展了后续的版权分发能力,为原创音乐提供了从产出到宣发的一条龙服务,让原创音乐有了更多出圈、变现机会。

网易云音乐一直在做对行业有价值的事。过去一年,很多音乐平台的新产品也都打出了"社区"字样。可见,"社区"这个网易云音乐当年独一份的思路与招牌,已经成为音乐平台共同的探索方向。

而网易云音乐的社区之路,几乎和网易云音乐等身。在发展早期,由于网易云音乐的名字太长,机智的用户便取了一个"云村"的绰号。没想到,网易云音乐在后来的发展中,真的把"云村"逐步变成了鸡犬相闻、琴瑟友之的音乐社区。用户可以自行创作图文、视频内容分享的云村板块,彻底带活了网易云音乐的 UGC 生态。

以 2022 年的年度听歌报告推出的"创意交互空间"为例。人们可以在报告最后选择走进云村,与其他化身小云朵的村民互动,在其中聊天、移动,甚至打坐念佛、放烟花、蹦迪。

2023 年是网易云音乐创建十周年,恍然间,当年因为起步晚而被大家追问还有什么路走的网易云音乐,已经陪伴所有用户走过了整整十年。十年时间,网易云音乐早已确立了自己的差异化之路,其"社区+原创音乐"模式已经相当生态化。事实上,高黏性的社区文化为网易云音乐带来了强有力的营收增长点。社区是唯一一个能够连接内容、内容生产者和内容消费者的载体,未来面向以"00 后"为主的互联网消费者,更需要社区这样能满足他们细分和圈层需求的产品。总说音乐这种娱乐消费方式正在被现代人抛弃,但现在看来,不管什么消费方式,人都是需要社交的。而社交,才是带动消费的关键。在未来的发展中,希望网易云音乐能够在 AIGC 技术的扶持下推陈出新,持续不断地推出更多元化和创新意义的社区乐园,继续孵化优秀的原创音乐人,将自身"社区+原创音乐"的招牌越做越响,创建更具市场想象空间的强黏性社区生态圈。

结　语

法国文豪福楼拜曾说："艺术与科学总是在山脚下分手，最后又在山顶上相遇。"纵观音乐的发展历程，科技始终在其中扮演着相当重要的角色。现阶段，随着人工智能的不断开发和演进，AI 在音乐领域的能力正逐渐被大众认可。而且，不管是 AI 技术用于音乐创作，还是借助 AI 音乐赋能产品玩法，再或者以 AI 技术对音乐进行加工利用，如：AI 演唱、AI 作词、AI 作曲、人声/乐器分离、BGM 识别、副歌剪辑、曲谱识别、音频合成等等，人工智能正更广泛地在音乐行业中扩大影响，其辐射各行业及场景带来诸多利好也是明显可见的。本文主要以网易云音乐平台为例对"AIGC + 音乐"模式进行研究。

网易云音乐平台作为数字音乐时代环境下，中国数字音乐服务平台的后起之秀，在数字音乐行业的激烈竞争中和 AIGC 技术的支持下，始终坚持"用户体验第一"的原则，开创出了一种全新的个性化服务模式，并以用户之间的互动为基础，构建出了独特的音乐社群，拥有了庞大的用户群和良好的口碑。作为数字音乐服务平台，AIGC 技术的支持是其持续向好的关键所在。

在 AIGC 技术的推动下，网易云音乐产业迎来了新的发展机遇。通过人工智能和大数据分析，网易云音乐能够更好地了解用户需求，推荐符合用户喜好的音乐和音乐人作品，提高用户黏性和活跃度。同时，网易云音乐也积极探索新的商业模式，如音乐社交、付费歌词等，为用户提供更加完善的服务。然而，随着 AIGC 技术的逐渐普及和应用，网易云音乐产业也将面临更加激烈的市场竞争。网易云音乐需要不断进行技术创新和业务拓展，提升差异化竞争优势，才能继续稳固自身在数字音乐行业的领先地位。

（班馨元撰稿，李辉指导）

当孙燕姿变 AI 宠儿，前沿技术产生哪些利与弊？

近期，一批由 AI 语音合成的歌曲在网络上迅速走红。从 AI 周杰伦翻唱《夏天的风》、AI 孙燕姿翻唱《发如雪》，到 AI 陈奕迅翻唱《富士山下》、AI 邓紫棋翻唱《告白气球》……这些 AI 翻唱的歌曲在各大平台吸引了大量网友的观看与讨论。AI 孙燕姿固然有趣、好听，但经历了聊天机器人 ChatGPT、AI 绘画模型 Midjourney 等风潮后，AI 音乐也引起人们对于前沿技术发展利弊的最新探讨。

一 AI 带来音乐变革

在这些 AI 翻唱的歌曲中，有些确实令人意想不到。比如，AI"药水哥"翻唱的《泡沫》、AI"侃爷"翻唱的《稻香》等。这些歌曲以及其中 AI 声音的搭配出乎意料，风马牛不相及的网红与艺人搭配一些知名歌曲，给人们带来了新奇的艺术体验。

被认为还原度最高的歌手是孙燕姿。UP 主"陈墨瞳 1995"发布的视频"AI 孙燕姿《发如雪》cover 周杰伦"截至 2023 年 5 月 10 日笔者发稿前已获得 3.2 万次点赞，播放量达 113 万次，网友贡献了近 2000 条评论。博主"AI 音乐"在抖音平台制作的"AI 孙燕姿"视频合集，囊括 AI 孙燕姿语音对诸多知名歌曲的翻唱，如《漠河舞厅》《烟花易冷》等，目前已获得 543 万次播放。

网友"谁杀死了我的黑猫"兴奋地评论道："AI 太强了，留住了旧的容器，并用来装新酒。郭帆和图恒宇诚不欺我——这就是 AI 生命，数字飞升！"在其他 AI 翻唱歌曲视频的下方，也常常可以见到类似的评论。对于

·169·

智能艺术

AI 翻唱，大部分网友表现出了好奇与欣赏的姿态。

二 流程简单，AI 音乐制作 "有手就行"？

在 B 站上到处可见 AI 音乐制作的教学视频，新黄河记者按照 B 站 UP 主"羽毛布团"发布的教程，亲身体验了一次使用 AI 语音合成歌曲的过程。根据教程中的步骤，记者选择了时长为 1—2 小时的周杰伦的纯人声语音材料作为训练集。之后使用 UVR5 软件去除背景音乐和混响，并使用 Audio Slicer 进行音频切片处理，然后把最小长度设置为 8 秒，并手动检查了输出文件夹中的切片，删除过长的音频。之后，将输出路径的文件夹改为说话人的名字，并将其移动至相应的目录中。接下来，回到教程提供的整合包，点击数据预处理，修改配置文件开始训练，然后根据显存大小，以及教程提供的公式计算 learningrate，开始训练。随后，记者通过整合包中的推理功能与预制的语音模型，使用之前训练的音色，并使用 Adobe Audition 对上传的音频进行了去和声和混响处理。最后，经过语音转换与变调，记者得到了一段由 AI 周杰伦翻唱的《曹操》。尽管这段成品还不能达到热门视频中以假乱真版的效果，但一个新手仅仅花费一两个小时即可得到如此成色的作品，足以说明 AI 音乐制作的门槛并没人们想象中的那般遥不可及。

三 对音乐生态带来冲击

曾为《小敏家》《山河令》《斗罗大陆》等 80 多部热门影视剧创作原声歌曲的资深影视音乐制作人、配唱制作人孙艾藜接受记者采访时先是肯定了 AI 的优势，认为它的发展不仅为大家提供了一种新的娱乐方式，也是生产力进步的体现，"它在一定程度上为很多初级的音乐爱好者提供了很多便利，比如一般找代唱歌手可能一首歌就要花三五百元，但是当你有了 AI 歌手作为工具使用的话，这笔费用可以节省，它还可以提供人声来导唱 DEMO。人工智能作为辅助工具服务于人类，这是技术促进生产力的一种体现"[①]。但她

[①] 被采访人：孙艾藜，采访地点：电话采访，采访时间：2023 年 5 月 7 日上午 9：30 – 9：50，根据录音整理。

认为 AI 歌手并不能代替专业歌手,"我觉得有 30% 左右的头部歌手是不会被 AI 歌手所取代的,因为演唱分为很多维度,职业歌手在演唱时会有很多情感方面的表达,比如力度、感情、情绪、气息、吐字、音色等多个范畴或维度,这些共同衡量的结果才合成了一句歌曲的表达,AI 能够替代的仅仅是一些'发声工具'这个功能的演唱人员"。孙艾藜站在整个音乐行业的角度,认为 AI 的出现很有可能会产生一种积极的推动作用,"从歌手来说,会鞭策真正希望以歌手当作职业的人们精进自己的理解和表达;从受众角度来讲,我觉得大家还是会更喜欢听有表达、有思想的演唱方式。所以我认为无论 AI 如何高速发展,每个人独特的情感都是无法被代替的,在市场良性发展与尊重事物的多样性的情况下,做有内容、有态度的音乐是不用担心被取代的"。①

四 面临的法律难题

AI 的加速发展带来了新的法律问题,如何应对某些人利用"AI 歌手"来作恶?在音乐领域,这或许会让歌手假唱难以辨别,歌手行业门槛降低,声音侵权问题频繁。此外,恶意使用声音合成技术可能会在更广泛的领域内延伸,例如通过伪装亲友的声音进行电信诈骗、使用 AI 变声技术入室抢劫、在婚恋领域使用"杀猪盘"新型工具等。山东瀛岱律师事务所合伙人王晓鹏律师表示,AI 歌曲涉及了好几个维度的法律问题,其中一个是作品版权问题,还有一个是侵权问题,也就是侵犯自然人声音权利的问题。"像孙燕姿,周杰伦,他们的声音都非常有辨识度,从民法典来讲,这种有辨识度的声音是受到法律的保护的,如果被侵权,自然人可以以人格权侵权去主张他的权利。"② 据悉,在《中华人民共和国民法典》未出台之前,我国鲜有法律法规对自然人声音的保护做出明确规定,民法典出台后明确了声音同肖像一样可以作为人格权被保护。《民法典》第 1023 条第

---

① 被采访人:孙艾藜,采访地点:电话采访,采访时间:2023 年 5 月 7 日上午 9:30—9:50,根据录音整理。

② 被采访人:王晓鹏,采访地点:电话采访,采访时间:2023 年 5 月 7 日上午 9:30—9:50,根据录音整理。

2 款规定："对自然人声音的保护，参照适用肖像权保护的有关规定。"① 此乃《民法典·人格权编》的一大亮点。此次立法实际上承认了声音作为一种独立的新型人格权，在权利保护的技术层面采用了参照肖像权的保护模式。王晓鹏说："因为它是属于这个特定的声音，它具有一个专门的经济价值，尤其是歌手，它更具备独特的经济价值。"②

（彭天宇撰稿，发表于《济南时报》2023 年 5 月 10 日第 11 版）

---

① 根据《中华人民共和国民法典》（中国民主法制出版社 2020 年版，第 298 页）法条原文："第一千零二十三条 对姓名等的许可使用，参照适用肖像许可使用的有关规定。对自然人声音的保护，参照适用肖像权保护的有关规定。"

② 被采访人：王晓鹏，采访地点：电话采访，采访时间：2023 年 5 月 7 日上午 9：30—9：50，根据录音整理。

游戏人生

乙女游戏性别伦理构建研究

序　言

"乙女"（Otome）一词来源于日语，词义为年轻未婚的、未被世俗玷污的女子。乙女游戏是以女性角色为主角，有两个或以上的男性角色作为可攻略对象的角色扮演类恋爱游戏。乙女游戏是女性向游戏下的重要分支，以"角色扮演＋虚拟恋爱"为主的游戏模式区别于其他女性向游戏。1994年日本光荣株式会社推出《安琪莉可》，成为世界首款乙女游戏，开拓了乙女游戏市场分类，随后更多游戏公司进军乙女市场，至今已有近三十年发展历史。

中国首款乙女游戏《恋与制作人》2017年姗姗来迟，填补了国内乙女市场空白。《恋与制作人》一经上线便取得巨大成功，在达成首月流水近2亿元市场成绩的同时，"李泽言"等男性形象也迅速"出圈"，从游戏市场走向大众视野，使《恋与制作人》成为2017年现象级移动游戏。此后，国内游戏大厂进军乙女市场，至今呈现出"四足鼎立"的局面，分别是叠纸公司《恋与制作人》、米哈游公司《未定事件簿》、网易游戏《时空中的绘旅人》与腾讯游戏《光与夜之恋》。

从游戏角度分析，乙女游戏是文字冒险类游戏下的细小分支。文字冒险类游戏也被称为交互式小说，将剧情作为最大卖点，以文字叙述为主，结合人物立绘、美术设计、游戏配音与动画CG等多媒体技术辅助推进剧情，设有多条剧情支线，是信息技术时代中超链接小说与多媒体技术在游戏领域的商业化转型。

乙女游戏以年轻女性群体为目标用户，游戏运营核心逻辑在于使玩家在虚拟空间与游戏人物模拟恋爱，获得精神满足。但虚拟世界中对恋爱关系的追捧并不适用于现实世界，国内近几年结婚率的持续走低与以模拟恋爱为核心的乙女游戏大爆似乎很矛盾。随着经济发展，中国女性参与劳动率逐年攀升，社会地位逐步提高，但与当今女性社会处境相适配的恋爱伦理尚未形成，使更多适龄女性以"观望"的态度看待婚姻。当代适婚年轻女性正是第一批成长在互联网时代的"Z一代"，她们对于理想恋爱模式的追求、对自身性别身份的认识与定位也部分地体现在乙女游戏所构建的世界中。目前对于乙女游戏与女性向恋爱游戏的研究集中在对女性玩家心理的分析以及对玩家带来的消极影响，但虚拟世界的恋爱模拟经验还具有更重要的参考价值，仅从消极方面看待这类互联网产物极其片面。玩家通过游戏追求的恋爱关系与现实中的恋爱关系有何异同，乙女游戏以互动小说形式呈现的虚拟恋爱关系呈现了怎样的价值倾向、传递怎样的性别话语，这对当今女性主义研究具有重要意义。本文在探讨乙女游戏性别身份构建时以腾讯游戏2021年6月发行的《光与夜之恋》为例，以《恋与制作人》与《时空中的绘旅人》等游戏作辅助对比。

一 "他"的性别身份分析

"恋爱"作为双主体活动，本身能否被模拟仍待商榷，这使乙女游戏中的"他"形象十分可疑。从2017年《恋与制作人》到2021年《光与夜之恋》，早期国内乙女游戏主要男性形象已形成固定性格模板，如霸道、傲娇、温柔与腹黑等。这些服务于乙女游戏的二次元男性形象并不以复刻现实中的男性为目的，而是作为女性主体欲望投射的载体。"恋爱是自我的斗争。我要成为'女人'，就需要'男人'作为恋爱游戏的对手。而且我深刻认识到，我对女性身份的认同依赖于男人的存在。"[①]

对男性形象的幻想中也包含女性对自我身份的定位。女性期待被怎样

---

① ［日］上野千鹤子、［日］铃木凉美：《始于极限：女性主义往复书简》，曹逸冰译，新星出版社2022年版，第66页。

对待、渴望获得怎样的爱，这些复杂的情感需求都具象化地体现在乙女游戏二次元男性形象身上，"人只能得到自己所要的"。① 与其说女性在乙女游戏中寻找"男性"的爱，寻求恋爱温存的虚拟体验，不如说女性在乙女叙事的审美空间中完成对自身性别意识与性别身份的探索与再认识。综上所述，对乙女游戏中"他"的形象探索可以从侧面更生动地丈量其受众群体，女性意识觉醒到何种程度，以及其在两性关系中性别身份的构建。乙女游戏男性形象设计构成游戏核心竞争力之一，其形象只作为一串随时可被更改的代码。开发商在设计男性形象时费尽心思赢取市场受众的欢心，而这种狡猾且费力的"讨好"最能捕捉并挖掘出时代转向与受众自身也难以察觉的心理偏好。

（一）霸道总裁：传统性别伦理中对男性力量的向往

乙女游戏中的"霸道总裁"实际上是泛娱乐主义时代下传统性别政治与大男子主义形象在网络游戏中的翻版与再现，这体现在对"霸道总裁"财力、能力与完美人格的想象与崇拜中。泛娱乐主义兴盛于网络与现实空间，资本的逐利倾向推动文化娱乐化、商业化，并突破界限，延伸至政治、社会等方面。性别政治作为社会中最普遍、最隐蔽的不平等现象已经深入生活的方方面面，而乙女游戏也不可避免受其影响，一定程度上在"女性向"的遮蔽下重蹈覆辙。

1. 言情外壳下的拜金主义与强者崇拜

乙女游戏开发商对"霸道总裁"的执着侧面反映了资本拜金主义对现代婚恋观不可忽视的影响。在国内首款乙女游戏《恋与制作人》声名鹊起之时，"李泽言"成为乙女游戏第一个"出圈"的游戏符号，随后推出的乙女游戏必然为"李泽言"类男主预留一席之地。"霸道总裁"是网络言情小说在发展过程中逐渐形成的形象脸谱，是传统男性形象在商业社会的延续与神化。"霸道总裁"形象的出现是商业社会与资本发展的某种结果，人们崇拜智慧、权力与财富，而"霸道总裁"正是三者的结合。《恋与制

---

① ［日］上野千鹤子、［日］铃木凉美：《始于极限：女性主义往复书简》，曹逸冰译，新星出版社2022年版，第70页。

作人》中李泽言作为乙女游戏中"霸道总裁"类人物的开山之作,为后续的总裁形象框定了基本框架。目前乙女市场中具有代表性的"霸道总裁"还有《未定事件簿》中的陆景和、《时空中的绘旅人》中的罗夏与《光与夜之恋》中的陆沉等。乙女游戏商业属性促使开发商追求差异化,虽同为"霸道总裁",但在以上四款乙女游戏中的形象仍各有差别,而"富有"却成为贯穿四人身份的主旋律。

乙女游戏中的"霸道总裁"虽跳脱出早期网络文学的窠臼,却无法放弃对财富的执着。"霸总文既不反思父权制,也不针对资本;前者被抽空,后者是它所维护的。"① 早期网络文学中的"霸道总裁"粗暴地忽视女性主体身份,以绝对强势的社会地位"强迫"女主角与其进入"恋爱关系"。而这种游离在法律边缘的擦边行为借助言情外壳在"罗曼蒂克"的氛围中将犯罪与厌女合理化、浪漫化,这种含有"强迫"与"威胁"等侵略性质的情节反而成为早期网络言情小说的"招牌",广受市场欢迎。乙女游戏2017年才进入中国市场,彼时女性主义借助互联网风潮逐渐发展,"飞入寻常百姓家","Z世代"作为互联网"原住民"不免受其影响,显然早期网络言情小说以"浪漫"美化"厌女"的爱情故事再难在这代人中引起共鸣。即便如此,"霸道总裁"的形象依然不能从娱乐市场彻底根除,旧的总裁"倒下"总有新总裁"站起来"。言情市场执着于"霸道总裁",在于这类形象是多种因素共同作用的结果,其本身也是智慧、财富与权力等多种因素的结合体。"霸道总裁"的诞生之初沾染太多资本拜金主义与泛娱乐主义的颜料,构建出一个个英俊、富有且令人炫目的男性形象,这些华丽的外壳被市场广泛接受。随着市场成熟与女性主义发展,狡猾的乙女游戏开发商借助被市场多次检验的成功外壳,不断更新其"内里",为其填充符合时代发展需求与社会心理转向的精神内涵,使其不断完成"毁灭—复活"的循环。

"富有"既是总裁的身份特征,也可直接成为总裁的魅力优势。网络言情小说中女主角与"霸道总裁"的甜蜜恋爱不断向读者传递一种暧昧不

---

① 柯倩婷:《霸道总裁文的文化构型与读者接受》,《妇女研究论丛》2021年第2期。

清的金钱观与恋爱观,即总裁们在冷酷淡漠的外表之下,内心总有一团小小的篝火守护他们的善良与深情,而女主角则是第一个在黑暗中发现这团篝火的探险者。女主角的爱情起点绝非金钱,而最终爱上的却总是腰缠万贯的总裁,这种看似巧合的恋爱循环依然没有脱离资本拜金主义对婚恋观的影响。总裁与女主角在社会地位悬殊的条件下相遇,女主角被迫陷入不对等关系的旋涡,但最终为其人格魅力、爱情与忠诚征服,这种情感转变是否逻辑自洽,女性在这样的恋爱模式中处于怎样的性别地位,这些问题使这类俗套的浪漫情节危险而可疑。在女性主义借助互联网以前所未有的规模普及到大众中去时,对"霸道总裁"浪漫幻想的娱乐化叙事依然能被市场持续消费的原因恐怕与"财富"有莫大的关联。言情小说"爱情至上"的价值传统模糊了金钱与爱情的界线,使其不再构成物质与精神的两极对立,男性为女性提供至死不渝的爱情的同时,也为其提供绝对的物质保障,金钱与爱情的双重满足正是资本影响下具有代表性的都市爱情童话。

对"霸道总裁"的迷恋实际上延续了农业社会中对强壮男性的崇拜,是生物文化的本能性追求。在农业社会中,男性承担大多数体力劳动,并通过婚姻剥夺女性的财产继承权,将其封闭在家庭中,迫使女性退出劳动生活,将女性在性别关系中的弱势地位扩大到社会生产层面。波伏娃在《第二性》中提出:"男人宣告自己是主体和自由者的同时,发明了'他者'的概念。从此他与他人的关系发生转变。"[1] 在这一过程中女性被动地接受自身作为"他者"的命运,而来自"主体"即男性的认同则成为女性自我身份构建的基础。

来自"霸道总裁"的认同与保护总能为初次打破父权制樊篱、独自进入社会的女性提供足够的安全感与认同感。有学者认为"霸道总裁"是"富二代的登场方式",[2] 这种说法简明扼要地指出总裁的核心竞争力——财富。资本发展时期市场化、商品化与阶级化等现象跨越经济与社会领域,深刻

---

[1] [法]西蒙·波伏娃:《第二性》,舒小菲译,西苑出版社2009年版,第39页。
[2] 毛尖:《资产阶级二代的美学语法》,《文艺理论与批评》2017年第3期。

影响人们的精神世界。男权社会中女性永远处于资源匮乏的弱势一方，尽管工业革命后更多女性参与到劳动中，但性别政治的存在为初次从家庭中解放的女性设下重重障碍。是"自愿"回归家庭还是以更多劳动获得更少报酬，新历史背景下的女性与百年前"出走的娜拉"面临同样尴尬而残酷的处境，而"霸道总裁"的出现则为女性"出走"提供了另外一条更浪漫的出路。

2. 对传统性别秩序的部分妥协

对霸道总裁完美人格的幻想一定程度上是对传统性别政治的认同与妥协。总裁们往往身居高位，拥有超乎常人的专业能力与不容逾越的社交界线，而打破这层社交界线并使双方共沉沦的恋爱模式正是总裁们在言情频道备受欢迎的关键。乙女游戏中的总裁形象是网络言情小说发展过程中"总裁们"的缩影与改良。同时，总裁屈服于女主角人格魅力并坠入爱河的恋爱模式也无法摆脱传统性别政治的窠臼。男性占据主体地位，女性退居其次，以屈服与顺从换取支配强者的权力。如《恋与制作人》早期剧情中，在李泽言出现前，女主角接手的电视节目已到山穷水尽之时，而女主单枪匹马与投资方华瑞集团总裁李泽言的谈判成为两人邂逅与恋爱的开始。"霸总"恋爱模式区别于其他恋爱模式的重要特征在于叙事空间的选择，自身专业素养极高的总裁在遇到女主角后情不自禁模糊了职业空间与私人空间的界线，处在社会顶端、高高在上的社会精英被"灰姑娘式"女主角的人格魅力折服，义无反顾投入恋爱关系。这是对传统性别伦理的美化与幻想，而这种美化只有在乙女游戏的文化语境中才恰如其分，即在逃离现实性别压迫之外的空间创建以"真善美"为价值基础的幻想乌托邦。

早期网络小说中"霸道总裁"与乙女游戏总裁之间存在承袭关系，但前者形象设计所传递的性别意识落后而"不自知"。网络言情小说中总裁对女主角的真情流露往往以某次计划之外的情绪失控为起点，如"壁咚"或吃醋。此类情绪失控的剧情作为小说发展中的"小高潮"，其背后的情感逻辑却格外简单明了。小说在形象塑造时将总裁推上神坛，赋予其常人难以望其项背的冷静与自制力，却因为女主角产生强烈焦虑与危机感，至此总裁跌下神坛，成为饱受七情六欲之苦的凡夫俗子，甘愿受女主角驱遇，为"虐恋"向"甜宠"的情节转变奠定感情基础。此类恋爱可以归结为"公司归老板，老板归老板娘"的俗套模板，男性角色智慧、富有并掌控全局，占据可观的物质财富与受人尊敬的社会地位，而女性角色客观上处于弱势地位，却凭借美貌与美好品德在情感中"征服"男性，其人生价值在"征服优秀男性"后达到顶峰，并从此被禁锢在两性关系中，不再参与社会财富与社会地位的竞争，与世界的接触始终以男性角色为媒介。早期网络言情小说对这一恋爱模板爱不释手，其背后以不平等与剥削为内核的性别伦理则被早期网络小说创作者与读者市场照单全收。

相较于网络言情小说，在"女本位"的乙女游戏中，"霸道总裁"的性别呈现方式更加微妙。主动将男主角置于某种弱势地位，而女主角则作为"拯救者"引导他走出深渊，在救赎中产生爱情。如《光与夜之恋》中万甄集团总裁陆沉，陆沉作为集团总裁，对女主一见倾心，"在那间咖啡馆中无可救药地爱上了她"，这是支线剧情中陆沉初遇女主角时的心理剖白。在乙女游戏中，玩家所带入的女主角视角往往不如小说般残酷，总裁的情感转变与心迹表露更细腻温和，无底线的信任、顺从与言情小说中疾风骤雨般的情感宣泄大相径庭，但其背后行为动机往往殊途同归，即总裁心甘情愿摘下精英光环，袒露出脆弱的一面，在情感上成为女主角的囚徒。通过情感链接消弭强者与弱者的现实差距，完成性别权力让渡，这本身就是网络小说与网络游戏对现实性别秩序的虚假幻想。开发商深知现实世界中性别政治的不平等，却在主动认同与积极反抗中，为游戏女主角选择被动接受的命运，反而在幻想中延续现实世界的性别秩序，完成以"爱情"为武器的复仇。

乙女游戏"霸道总裁"的形象演变也侧面反映了女性主义在中国网络世界的传播。初代霸道总裁李泽言的人物设计核心之一为"毒舌"，总裁"毒舌"与可靠形象的反差为其在市场中博得大量好感，使其在乙女市场占据一席之地。"毒舌（どくぜつ）"源自日语，指与他人沟通时具有讽刺性的语言风格。"毒舌"作为外来词，本意与汉语中"赤口毒舌，言语恶毒，出口伤人"的含义不同，而是作为ACGN次文化的萌属性之一，成为某人性格中的区别性特征。"毒舌"的讽刺性并不全是恶意的，在这一层

游戏人生

面则与中国文化语境中"刀子嘴豆腐心"有异曲同工之意。在李泽言的羁绊卡片①"言定终身"中，由于李泽言即将结婚的亲戚生病，无法正常进行婚礼彩排，只得邀请李泽言代其彩排，而李泽言则邀请女主"扮演"新娘。当女主角接受这份邀请时以为只是作为嘉宾出席婚礼，并未想到自己将作为新娘，并身穿婚纱与上司李泽言走完婚礼的整个流程。正当女主面对突如其来的婚礼演练不知所措时，李泽言敏锐地察觉到女主角的不安并给出鼓励。"'抬起头来，没有人想看到垂头丧气的新娘。'轻声提示过一句之后，李泽言不动声色地拉紧了我搭在他手肘内侧的手，让我更自然地在他身上借力。'这身婚纱选得不错，别浪费了。'他压低了的声音险些就被乐声盖过，却比鼓点更加猛烈地敲落在我的心上。"②羁绊卡片中对李泽言的这部分描写集中体现了其性格特征与其"无恶意"式毒舌的语言风格，李泽言短短两句都没有从正面回应女主角的焦虑与不安，而是侧面地指出观众期待的理想新娘、"选得不错"的婚纱来提醒女主不要焦虑，看似甜蜜的"毒舌"式鼓励背后的隐藏含义却经不起深究细研。李泽言始终延续"霸道总裁"风格，不断暗示女主角目前情况正常且可控，鼓励女主角不要"掉链子"。这种"激将法"式鼓励对身处焦虑的人群而言或许稍显刺耳，但受众却不断默许这种行为，并被其"浪漫"与"毒舌"的光环迷了眼，原因之一是受众默认自身的弱者地位，但又期待能有突破困难与瓶颈的能力，受众对自身的身份认同始终在自信与自卑的矛盾中左右摇摆，而李泽言"毒舌"的前提则是确认女主角拥有克服困难的勇气，并在此基础上对女主所表现出的怯懦表示"震惊"，在讽刺中，受众感受到了被肯定。

李泽言作为初代"霸道总裁"，对女主角的"毒舌"通常只出现在私人领域，即作为伴侣以"毒舌"的方式调笑女主角，并不会上升到公共领域中。李泽言以玩笑的口吻调侃女主角的能力、身材与性格等，而这种无

---

① 羁绊卡片是玩家进行副本任务时所利用的游戏道具，获得游戏道具开启相应支线剧情。羁绊卡片的获得方式有两种，分别为抽奖与合成，抽奖消耗抽奖机会，玩家支付给游戏方一定费用获取抽奖机会。获取羁绊卡片是游戏主要盈利方式之一。

② 《恋与制作人》限时婚纱主题 SSR 羁绊卡片"李泽言·言定终身"，发行时间为 2019 年 1 月 29 日至 2 月 14 日。

恶意，甚至在开发商眼中"甜蜜"的对白在女性主义语境中十分尴尬。在人物设计中，李泽言傲娇、深情与忠诚构成其核心品质，玩家默许这些无伤大雅的"甜蜜"玩笑并不代表李泽言对自身的真实态度，也无法改变其忠贞不渝的爱意。市场不断容忍亲密关系中来自伴侣无意的贬低与调侃，这类玩笑背后令人尴尬的甜蜜实际上也反映出女性主义发展的两难处境，即大众并没有足够的敏感度识别父权社会长久以来为女性设置的粉色陷阱，甚至连女性自身也可能是根深蒂固的厌女者，所以才允许自身被如此对待，这或许与传统性别伦理中女性普遍低自尊的身份认同有关。女性在成长过程中被打磨成合格的零件嵌入社会运作的大机器中，凭借"示弱"与主动屈服换取在社会中体面生活的保障。在乙女游戏发展初期，开发商仍将男性的建立在优越感之上、饱含挑剔的"毒舌"模糊为"傲娇"，不断将传统性别伦理娱乐化、合理化。而市场受众不断容忍这一系列擦边行为的根本原因仍在于女性并没有敏感到有能力识别社会中的隐形歧视与厌女，依旧沉浸在资本织就的、关于爱情的甜蜜幻梦中。

（二）残缺的伴侣：男性神话的解构

乙女游戏的男性塑造在"女本位"游戏逻辑中呈现出多样化的审美趋势，不再执着于男性力量展现，转而将男性放置到客体位置，欣赏其残缺、脆弱之美。

1. 陆沉：被拯救的强者

乙女游戏继承言情小说中对霸道总裁形象的浪漫幻想，并在此基础上增加女性视角，使其更符合"女本位"的游戏理念。早期网络言情小说中霸道总裁对于女主角的"爱"往往由"恨"或利益开始，在顾漫的言情小说代表作《何以笙箫默》第四章中，何以琛与赵默笙久别重逢，两人社会地位大变，何以琛身居高位，对赵默笙提出复合："我不打算在这方面浪费太多时间，也没有兴趣去重新认识一个人经营一段感情，所以你最合适，不是吗？"[①] 何以琛表面上以效率与利益衡量一段感情是否值得开始，

[①] 顾漫：《何以笙箫默》第四章，晋江文学城 2013 年 6 月 11 日更新，https://wap.jjwxc.net/book2/55648，访问日期：2023 年 9 月 13 日。

游戏人生

实际上对赵默笙一往情深，出于自尊难以直白表达爱意。作者设置何以琛坎坷的命运与骄傲的性格为"绝情"的话语提供合理行为动机，而在后续剧情发展中不断解构这一形象，无底线、无条件地包容赵默笙使本为"天之骄子"的何以琛在情感与尊严层面更加清高、易碎。接连不断的情感冲突构成独特虐恋模式，男女双方在这段感情中一刻不得闲、为之付出巨大情感成本，这都为读者接受提供极强的愉悦感，而在玩家第一视角操纵的乙女游戏中，这种模式不再适用。

在"女本位"视角中，霸道总裁在传统性别政治中的强者形象不断被消解，而女主角则作为拯救者登场，形成强弱易位的新性别伦理。在早期网络言情小说《千山暮雪》中，莫绍谦作为经典总裁形象为后续总裁们设立模板，他们往往"重利轻别离"，对事业与财富有较高追求，反而漠视与家庭及伴侣的亲密关系，这都一定程度上造成总裁们情感冷漠、"爱无能"的心理特征。而乙女游戏在角色设计中选择性吸收这一性格缺陷，并通过支线剧情，如原生家庭、成长创伤等因素将其合理化，保留总裁情感弱势的身份特征，为女主"拯救者"的身份创造合理动机。

乙女游戏利用超链接小说特质，以支线剧情为补充，不断拓展与扭曲叙事序列，丰富人物形象。《光与夜之恋》中的"陆沉"则是"霸道总裁"形象由网络言情小说向乙女游戏转向的新代表。在主线剧情中，陆沉老练可靠，背靠家族势力接手万甄集团，完成由富二代向总裁的身份转变，玩家作为万甄集团新员工，以第一视角完成对"总裁"的身份接受，构建起陆沉高高在上的精英形象，但在作为补充性章节的支线剧情中，这一强者形象不断被解构。陆沉童年时期成长于陆氏城堡中，家族成员亦如古老城堡般神秘、古板且冷漠。童年时期的陆沉在偶然中见证了父亲的背叛与母亲的早逝，这一切都加速了儿童陆沉的心理早熟。皮亚杰的"自我中心化"理论认为，年幼儿童与成人思维之间存在本质差别，幼儿不能区别自己与别人的观点，不知道除了自己的观点外还存在其他观点，以为事物就是他所看到的样子，不会再有其他想法。陆沉在心理发展"自我中心化"时期亲历父亲出轨与母亲早逝，使他难以区分自身与外界差别，主动将这些不幸都归结于自身，认为是自己的存在带来家庭悲剧。这段早熟的心理过程塑造出陆沉阴郁、自厌的性格底色。在陆沉日后的成长中，虽锦衣玉食，享受社会顶级物质与教育资源，但其内心仍然无法原谅自己的"过失"，并产生强烈的自厌与自毁情绪。脆弱、残缺的内在情感与陆沉可靠老练的总裁形象形成强烈反差，而从强弱矛盾中产生的"破碎感"则成为人物魅力的核心成分。女性不再向往纯粹力量型男性，而对脆弱的、有伤口的男性心生怜悯，促成玩家对游戏角色形成以怜悯与共情为基础的虚拟爱情。

2. 查理苏：被抛弃的丈夫

查理苏是国产乙女游戏男主角形象创新的一次大胆尝试，在乙女世界中首次出现"弃夫"形象。查理苏以欧洲贵族独子与国际最大制药企业唯一继承人形象登场，在双方家族利益合作下与女主角订有婚约，而女主角，即玩家，为反抗父亲与家族联姻在婚礼现场逃跑，开始追求自由与尊严的新人生阶段，而作为天之骄子的查理苏则成为婚礼上被抛弃的"弱者"。这是《光与夜之恋》的开场情节，玩家"接手"的人生从逃婚开始，而查理苏作为模糊的人物剪影，只留下一句似是而非的人物对白，直到主线剧情第六章节才再次出现。

查理苏以"弃夫"形象登场并在乙女游戏市场广受欢迎，这标志着女性主体意识的增强，传统性别政治逐渐解体，市场正在呼吁新的、更平等的性别关系诞生。"逃嫁"传统由来已久，可追溯到秦汉时期。"逃嫁"一词最早出现于《史记·秦始皇本纪》中，始皇外出巡游，在会稽山上遥望南海并祭祀大禹时，刻石立碑，颂扬始皇功绩，写道"妻为逃嫁，子不得母，咸化廉清"，意为"妻子弃夫逃嫁，子不得认她为母，都要感化清正"，臣子在颂圣过程中难免夸大其词，但从侧面反映出秦汉时期婚姻关系比较灵活，在父权制背景下，女性在婚姻中仍保有一定权利与自由。

女主角的"逃婚"是对网络小说玛丽苏情节的延续，而此次逃婚将视角更多集中于女主个人成长与发展，剥夺了爱情与婚姻的唯一性，仅仅作为女主角新生活的点缀。马克思与恩格斯认为母权制的被推翻，乃是女性具有世界历史意义的失败，妻子的主体性被剥夺，被客体化为丈夫淫欲的奴隶与生孩子的工具。女性成长到一定年龄，作为"妻子"被父亲用于与另一个家族的财产交换，这种简单粗暴的客体化正是传统性别伦理的延续，而《光与夜之恋》正复刻了这种叙事逻辑。女主角幼年丧母，被外婆抚养长大，父亲缺位与被母系家族抚养长大的叙事结构正是对父权制下畸形家庭关系的反映。女主角成长到一定年龄，被富有的父亲强制"用于"家族联姻，于是"逃嫁"的经典情节在国产乙女游戏中第一次得到复现。同时，女主角的逃婚不再是出于感情与另一位男性的私奔，而是着眼于个人利益的选择。女性不再以弱者与"被拯救者"的身份出现，不需要依靠另一位强壮男性的力量完成对性别压迫的反抗，而此次乙女游戏女主角的"出逃"是一次宝贵而大胆的剧情呈现。

二 "我"的性别身份分析

乙女游戏在女性向游戏中备受欢迎，不仅因其迎合女性审美趣味与在虚拟世界构建理想恋爱关系，更重要的是玩家也在此过程中参与了自我理想人格的再塑造。

（一）当局者迷：在虚拟世界中完成理想身份构建

乙女游戏所构建的虚拟空间是对现实世界的模拟，而玩家也在虚拟空间中完成对自身理想人格的构建。温彩云等在《恋爱·游戏·白日梦：女性向恋爱类游戏的心理作用机制分析》中借助戈夫曼社会表演理论，提出表演者同时兼任观众的假设。"在游戏世界中，这种自我表演更像是一种私密的个体体验，表演者自身扮演的是在日常生活中无法企及的理想角色，与理想的虚拟对象建构剧情，"[1] 从而形成更复杂的自我欺骗。

1. 沉浸式游戏体验构建

对现实世界社会秩序的逼真模仿是自我欺骗机制形成的首要条件。乙女游戏利用本身虚拟性与技术优势，对现实世界进行低成本复刻与模仿，如在游戏中仿照现实创建"恋语市"与"光启市"等虚拟城市。"游戏世界是虚拟的，但体验是真实的"，在虚拟世界中玩家以虚拟身份延续社会行为，而游戏机制将烦琐的社会行为简化为触手可及的选项，保留真实感

---

[1] 温彩云、周宣任：《恋爱·游戏·白日梦：女性向恋爱类游戏的心理作用机制分析》，《艺术评论》2018年第8期。

的同时也给玩家提供沉浸式游戏体验。

　　玩家虚拟角色的职业选择参与构建了自身理想身份。在国内大部分乙女游戏中，玩家通常被定位为社会中产阶层精英女性形象，从事社会性强的工作，或尚未步入社会却处在复杂的社会关系中，如《恋与制作人》中玩家扮演影视制作人，《未定事件簿》中玩家是芜弥斯律师事务所的实习律师，而《光与夜之恋》中玩家则是万甄集团初级设计师，漂洋过海追逐梦想，量体裁衣，以设计在社会中传递人文关怀。可以看到在乙女游戏中，女主角往往处在复杂的社会关系中，玩家以游戏逃离现实，却在游戏中保持积极活跃的社交状态。对于在互联网技术迅猛发展背景下成长的"Z一代"，网络世界与现实世界的角色在生活中同等重要。网络时间的延长也在变相压缩玩家的现实生活时间，现实中难以实现的生活状态与人生理想在游戏中得以"重生"并延续。乙女游戏设计并非漫游式全开放世界，存在清晰的主线结构，玩家必须遵循预设的叙事结构与剧情设置，按部就班度过虚拟世界的社会生活。《光与夜之恋》以"光启市"为背景，复刻现实世界都市女性白领的生活，迎合了目标群体审美取向，为其提供极具真实感的虚拟体验。玩家作为新人设计师在集团举办的设计比赛中脱颖而出，获得工作机会，成功入职设计部A组。设计部A组作为设计部主力，成员专业能力成熟，风格各异，而女主角作为初级设计师与前辈相处融洽，关系和谐，业务能力突出。游戏为玩家预设的职业路线虽有坎坷，但玩家都可以通过天赋、努力与运气逢凶化吉，达成传统的"圆满结局"。

　　而在《时空中的绘旅人》此类二次元文化倾向较强、采用半架空社会历史背景的游戏中，仍旧延续人类社会生活的基本秩序，保证玩家体验的真实感与沉浸感。"他现在做的不是'游戏'了，而是'幻想'。他在虚渺的空中建造城堡，创造出那种我们叫作'白日梦'的东西来。"[①] 在《时空中的绘旅人》中，以西方幻想世界作为游戏背景，男主角们既可以是大学教授，教书育人，也可以是古老贵族，承袭爵位。刘小源认为，"二次元的幻想世界，并不总是温情美好的世外桃源，甚至恰恰相反，在幻想的

---

① 王先霈、王又平主编：《文学批评术语词典》，上海文艺出版社1999年版，第501页。

夸张变形下，很多二次元世界的矛盾呈现比三次元世界更为极端与尖锐，也更加黑暗与残酷"①。《时空中的绘旅人》则基本遵循这一世界观设定，将矛盾集中于世界的"毁灭与拯救"中，在幻想世界中完成对现实生活的逃离。这类具有浓厚二次元文化倾向的身份构建使玩家在游戏中完全脱离现实，以游戏赋予的新身份在虚拟世界中开展与现实世界毫不相干的幻想命运。

"二次元的想象并不是脱离现实独立存在的，而是对现实世界一种文化上的反映"，而这种文化上的想象往往兼具继承性与批判性。从玩家职业生涯来看，游戏在虚拟中模仿现实并超越现实。玩家在游戏中可以享受与生俱来的天赋，以三两句文字描述代替现实中夜以继日的工作与努力，弱化过程的枯燥并无限放大成功所带来的喜悦。同样，作为女性向游戏，《光与夜之恋》为玩家在虚拟世界中续写"都市童话"，强化女性本位意识，刻意避免重现女性现实生活中遭受的隐性歧视，成为乌托邦式世外桃源。现实世界中隐性的性别政治无处不在，挤压女性职场生存空间，而游戏沉浸式"玛丽苏""大女主"剧情则在虚拟世界中为玩家构建理想"舒适区"，完成对现实焦虑与压力的自我消解。

2. 双线叙事与"金手指"满足

乙女游戏中传统的双线叙事结构与"金手指"模式也完成了对现实性别身份的超越。首款乙女游戏《恋与制作人》中所采用的双线叙事结构，即现实世界与超现实世界并存，被各游戏厂商借鉴并广泛应用，这已成为业界不约而同的传统。《光与夜之恋》中，在人类现实世界背后隐藏着暗流涌动的超现实世界，血族与灵族两大种族对立，而道家作为人类保护者，在种族斗争中艰难保持平衡，维持人类社会秩序正常运行。而女主角则成为游走在"光与夜"之间的自由人，在即将爆发的种族斗争中"挽狂澜于既倒，扶大厦之将倾"。

玩家往往被赋予"拯救者"身份，当善恶对峙、陷入僵局时，女主角超能力觉醒，成为破解死局的关键，这种身份设定明显沿袭了网络小说中

---

① 刘小源：《二次元文化与网络文学》，《东岳论丛》2017年第9期。

"金手指"的传统。"金手指"原指游戏玩家用来修改后台数据，以获得力量、武器、更高级别甚至续命的作弊程序。在网络小说中，无所不能的主人公随心所欲化解危机的方法也被称为"开金手指"。①"金手指"模式常见于网络男频小说"小白文"，即主人公结合努力与运气完成由社会底层到最强实力拥有者的转变，而"金手指"则是其打怪升级之路的关键，往往救主角于生死关头，并轻而易举实现常人一生难以得到的事业成就。从严肃文学角度来看，"金手指"模式是一种颇为拙劣的创作技巧，为追求主人公由"草根"到"至尊"的社会地位逆袭，获得阅读快感，而牺牲文本逻辑性与文学的严肃思考。

"金手指"模式的诞生是"男本位"性别意识在网络小说中的延伸，而在"女本位"的乙女游戏中也沿袭其部分传统。"金手指"小说以侵略性姿态搜刮资源，以压迫与冲突作为社会层级跃升的基本手段，体现出强烈的自我中心化与自恋倾向。目前国内乙女游戏并未完全继承"金手指"的写作传统，但情节设置上明显受其风格影响，增强玩家第一视角游戏快感。如在《光与夜之恋》中，女主角作为人类游走于"光与夜"之间，为对抗血族毁灭人类社会的"日蚀"计划，周旋于血族、灵族与人类之间，并与来自不同种族的男主角们发展恋爱关系。为避免游戏剧情陷入死局，女主角无法完全拥有"金手指"的能力，却永远能在危难关头扭转乾坤。在类似叙事模式中，女主角作为"局外人"登场，在看似偶然的机遇中不断被卷入"光与夜"的斗争，在男主角的陪伴与鼓励下一步步展示自身实力，拥有影响事态走向的能力，以独立的个体与男性平起平坐，完成由"被拯救者"到"拯救者"的身份转变。而在这一转变过程中，恋爱实质上只作为一种点缀，女主角的人生重点从男女关系的局限中解放出来，走向更广阔的新世界。在未知的世界中，女主角在男主角的陪伴下成长，而这样的叙事也支撑起乙女游戏的恋爱特质。叙事重心的转移使乙女游戏呈现出与早期网络言情小说完全不同的精神内核，女性在恋爱关系中不再作为他者，不再以男性为媒介与世界接触，借助"金手指"的力量成为主动

---

① 许苗苗：《游戏逻辑：网络文学的认同规则与抵抗策略》，《文学评论》2018 年第 1 期。

参与世界的主体。

女性视角与男性视角相区别的另一特点在于"金手指"的构成,男性"金手指"具有强烈外指性,而女性则更偏向于内指性与精神性。在网络男频小说中,金手指类型多样化,既有具体物质形式,也有独立角色,但无一例外都仅为男主角一人所用。其中,在网络小说后续发展中,"神器"由具体的法宝、神宠、系统或天赋等衍生为独立人物角色,但遗憾的是此类角色的工具性占据首位,其"功用"单一,人物形象单薄,哪怕身怀绝技或占有优质社会资源,却也只对男主角一见倾心,无条件奉献所有。这些"人形金手指"对男主角强烈而忠诚的热情不具有合理的存在动机,却符合男频小说的网络语境与读者想象。男主角将自身放置在主体地位,把其他小说角色置于客体地位,将其无限工具化并榨干价值的行为更像是父权社会中传统性别政治在网络文学中的又一次虚拟实践。

乙女游戏中的"金手指"沿袭网络小说某些传统的同时也发展出自身特色。首先,男频小说中的"金手指"具有较强的工具性与物质性,女本位语境下的"金手指"则更多指向女性自身。如在《光与夜之恋》中,女主角的设计天赋得益于其敏感多思、温柔坚强的性格,而其逐渐觉醒的"读心术"则是与生俱来的天赋。其次,乙女游戏语境下的"金手指"具有更加合理、温和的情感关系与行为动机。男频小说中的"金手指"具有剥夺的性质,即从原拥有者转移到主角手中,而这种"占用"具有明显的破坏性,前拥有者与男主角难以共存,必须有一方做出类似牺牲的代价。在乙女游戏中,女主角的"金手指"被无限抽象化与精神化,女主角利用自身温柔善良的本性与运气加成,广交朋友,为己所用。这种基于人际关系的"金手指"使双方达成互惠共赢、和谐共生的利益关系,其配角形象比男频小说中单纯的"工具性"人物具有更合理的存在动机。

(二)情热至深:乙女游戏中的欲望书写

乙女游戏文本叙事中不乏女性欲望书写,而这种不再需要遮掩的直白表达则是女性主体地位构建过程中的一种有力尝试。乙女游戏中的女性欲望书写被逐渐祛魅,强加于欲望之上的种种链条与枷锁逐渐失效,不再报复性地以流于表面、反深度的欲望书写作为反抗父权社会的工具,而是将性描写作为"饮食男女"的组成部分回归日常生活。同时作为交互式小说，乙女游戏将女性形象拉下神坛，以现实性需求代替精神性与符号化的象征意义，使女主角成为现实生活中鲜活有力的生命个体。但为迎合市场需求，其女性形象的塑造很难具有批判性与创新性。

1. 欲望书写中人本体力量的展现

女性欲望书写在乙女游戏语境中逐渐解禁，成为人本体力量的表现形式之一。《光与夜之恋》2023年推出的情人节活动"情热至深"中为五位男主角推出限定卡面，抽奖获取后可解锁卡面音频剧情"A+B"面，专业CV（Voice-Character）为文本提供音频补充，辅助展示剧情，为玩家提供多感官、沉浸式游戏体验。在游戏界讨伐乙女游戏卡面擦边色情时，国产乙女游戏以隐晦、暧昧不清的氛围描写填补了成人女性游戏市场的体验空白。乙女游戏毫不避讳地描写男女主角间情欲涌动的暧昧场景，并以留白代替叙事、以音频代替文本的方式为玩家的自由想象留下空间。乙女游戏市场对欲望书写的积极反馈标志着女性逐渐脱离性羞耻的锁链。在传统性别政治中，"当少女从自身的变化和周围环境中发掘生命和性的神秘涌动时，人们却强迫她'纯真'、'贞洁'"①。而这种性羞耻感不仅反映了女性在生理欲望方面的被动与窘迫，更是女性在男权社会中无能为力的社会处境缩影。而乙女游戏中大胆的欲望书写则是基于对生命深处原始欲望的接受与承认，不再被束缚于"贞洁"的社会枷锁。

乙女游戏欲望书写并非反深度的欲望化文本，一定程度上是情欲交融的、具有主体意义的女性写作，但其情感叙事仍具有较强的目的性与工具性。"1990年代中国女性写作中的性表达有这样一个起点：性作为原欲，是一种本质性力量；关于它的讨论与表述，应该以悬置道德为前提。"② 乙女游戏中的女性写作似乎延续了这一传统，却以一种更保守的姿态完成了对欲望的表达与描述。在以"女本位"为区别性、本质性特征的乙女游戏中，玩家可同时与多位男性角色发展恋爱关系，而玩家不必承担贞洁观念

---

① [法]西蒙·波伏娃：《第二性》，舒小菲译，西苑出版社2009年版，第133页。
② 王侃：《论1990年代中国女性小说的欲望叙事》，《文艺争鸣》2011年第18期。

所带来的心理负担，单方面享受男主角在恋爱关系中提供的热情与忠诚，纵情享受虚拟恋爱带来的精神满足。

而这种"一对多"的伴侣关系是否只是男频小说后宫模式的性别翻转呢？这便暴露出乙女游戏世界观中人物塑造的逻辑漏洞，即男主角之间可以知悉彼此的存在，而对方的存在并不会带来强烈的焦虑、危机与破坏欲。"男人共有的梦想之一就是在女人身上打下属于自己的烙印，让她永远属于他。可是最狂妄的男人也明白，他留给她的仅是记忆。"① 乙女游戏中的男性形象并非以复刻现实男性形象为目标，而是单一且扁平化的，以迎合女性审美趣味与恋爱想象为最终目标。尽管任何一款国产乙女游戏都在通过支线剧情不断丰富男主角的人物性格，使其具有更丰富的性格侧面与更合理的行为动机，但不可否认的是，他们的出现具有强烈的目的性与工具性，"为爱而生"的存在动机很难使其成为立体、生动的文学形象，而只能作为满足玩家恋爱想象的游戏符号存在。

2. 突破传统性别伦理的乙女尝试

当社会整体性别结构失衡时，主体往往难以独善其身，以"女本位"为价值基础的乙女游戏也不能免俗。逐利资本的开发商难以从更高层次反思传统性别伦理，因此他们所涉及与开发的"女本位"游戏价值观往往是男性凝视下的"女本位"，这首先体现在对女主角形象美术设计的选择上。《恋与制作人》曾因其女主角的"好嫁风"备受争议，而"好嫁风"背后则是复杂的审美历史遗留问题。"好嫁风"在互联网语境中指女性穿衣风格甜美知性，温顺内敛的风格更容易被男性接纳。"好嫁风"深层文化含义实则是刻板印象与传统性别政治对女性外表的规训。长久以来，这类隐性的樊篱并没有作为"问题"走向公众视野，"好嫁风"在互联网语境中被攻击、被批判的同时也标志着社会对女性主义的理解从迟钝走向敏感，而打破隐性不平等的第一步则是认识并承认不平等的存在。

其次，乙女游戏的女性主义尝试在于将女性作为完全独立的主体，将其从社会框架中解放出来，回归日常生活，成为有血有肉的凡夫俗子，但

---

① ［法］西蒙·波伏娃：《第二性》，舒小菲译，西苑出版社2009年版，第63页。

仍有其局限性。"女性的神话，是用虚假的客观性做成的陷阱，以现有评价标准为信条的男人，毫不犹豫地跳进这个陷阱。"① 乙女游戏的女性主义尝试在于对女性形象的更新，打破虚假的客观性，让女性回归为自主的生存主体，摆脱"爱情"的阴影，追求除爱情外更广阔的生命价值，如亲情、友情与事业等。但在资本市场追求女性主义崛起本就不合时宜，资本的逐利属性促使游戏开发商将经济效益置于社会效益之上，而此时为丰富女主角形象而赋予其的性格侧面则更难以接受女性主义语境下的分析与研究。如《光与夜之恋》中，"缺乏方向感"成为女主人物设计的突出特征之一，而此特点正是玩家与男主角之一萧逸的结缘之始。在目前所有国产乙女游戏中，除主线、支线剧情外，都设置了"朋友圈"等具有社交属性的特殊模块，此模块并不会大量涉及主线剧情，只为玩家与男主角提供私人沟通、感情升温的渠道，不同的短信内容随主线与支线剧情的开展不断被解锁，即玩家所解锁的剧情越多，获得的互动项目也越多，包括文字、音频与语音通话等。在《光与夜之恋》中，男主角通过游戏内"微信"主动向玩家发送消息，而玩家的回复内容并非自定义，而是设定好的选项，玩家从其中二选一，不同选项会不同程度提高男主角对玩家的"好感度"，这似乎使选项的选择具有更强的可玩性与思考性，但事实并非如此，选项多数时间以不同修辞传达相同的情感倾向。《光与夜之恋》中的萧逸是赛车手，也是最早与女主相识的男性角色，在剧情发展过程中，萧逸与玩家在一次次偶然相遇中暗生情愫，其中女主角"缺乏方向感"的特点给萧逸留下深刻印象，在短信互动中成为二人情感升温的重要契机。

在对话中，"方向感差"作为女主角的特点在萧逸眼中却成为无伤大雅，甚至略显可爱的小缺点，这份令人不适的"甜蜜"则是开发商在"女性向"旗帜遮蔽下重复传统性别伦理的典型。女主角形象在男主角的视角中扁平化，推崇"恋爱至上"的相处原则，甚至连缺点在其眼中也娇俏可爱，成为二人感情升温的转折点。乙女游戏中的男主角为"爱"而生，而女主角的形象设计似乎也无法逃离"爱"的樊篱，而这种始终无法逃脱的

---

① ［法］西蒙·波伏娃：《第二性》，舒小菲译，西苑出版社2009年版，第105页。

游戏人生

"爱"则是女性主体身份与主体权利缺位的体现。男性凝视下"女性向"游戏的滑稽之处在此一览无余,游戏声称为女性服务,却不断加强传统性别伦理对女性的规训,能否被男性喜爱成为衡量女性的重要标尺,而这种剥夺主体性的粗暴行为被冠上"甜蜜"的噱头,目前仍在乙女游戏中大行其道。游戏开发商精明地沿用传统性别伦理,即女性让渡一部分权利,以迟钝与顺从的外在获得男性的信任与怜悯,强迫玩家在这种自上而下的感情中寻找"爱"的痕迹,也侧面反映了市场的脆弱性,他们仍然没有准备好面对一个真正鲜活、有力和具有多面性的女性形象,只能依靠想象按照传统性别模板绘制出一份不会出错的答卷。传统性别社会中女性从儿童时期便成长在有条件的亲情中,女性无比清晰地意识到温顺与屈从在当下社会秩序中的重要性。女性主义在中国越来越普及,但其真正走向普通大众仍与互联网兴起与智能手机的普及息息相关,女性正在思考"甜蜜"背后的陷阱,不再是"她"迫切地想成为奴隶,社会反而迫切希望"她"成为奴隶,而此处的"社会"即目前国产乙女游戏的大部分开发商。

最后,国产乙女游戏虽然以女性意识为卖点,却是有局限性的女性视角,甚至是男性凝视下的"女性视角",这让乙女游戏在面对严肃议题时力不从心。在形象设计上,女主角往往美丽、温柔、坚强且向往自由,但这样的女性形象在文学史中却过于俗套。乙女游戏开发商对主控[①]的选择狡猾而安全,她们或许不满足于社会不平等现状,立志反抗并追求自由,但她们却永远属于社会主流群体。在剧情设计上,乙女游戏的娱乐属性使其在面对严肃议题时显得呆板且无所适从,尽管在支线剧情中出现众多社会边缘群体人物,但也只作为剧情的推动器或衬托主角形象的工具人,配角的性格与命运被无限扁平化。大部分国产乙女游戏以温和与向往平等、自由的态度接触社会边缘议题,但受制于其商业化属性,难以形成深度思考,其价值宣传往往流于独白式说教或对话式宣传。这种性别意识的苏醒是幼稚且不成熟的,作为女性向恋爱游戏,近年来乙女游戏始终在试图触碰更多社会领域,承担起更大的社会力量,但游戏的娱乐性与商业

---

① 主控:乙女游戏术语,即玩家所操纵的女主角,乙女游戏剧情都以主控视角展开。

性如同镣铐使其难以走到更远的旷野，而流连于康庄大道上的浪漫幻想。虽然不能否定乙女游戏对某些社会议题的积极表态与正面引导，但也不能忽视其局限性。

（三）身份构建：在恋爱身份中寻找新性别伦理

在乙女游戏中，玩家与不同男性角色间的恋爱相处模式背后有相似的性别伦理追求。如《光与夜之恋》中共有五位男主，而五位男主角的身份设定与恋爱风格各自相异，但背后却传达出对新性别伦理的共同追求。

在大部分与"上位者"的恋爱关系中，玩家在看似被动的性别地位中扮演"拯救者"角色，完成性别权力逆袭，《光与夜之恋》中与陆沉的恋爱正是此类恋爱模式的典型代表。陆沉与玩家分别是总裁与集团职工，沿袭"总裁文"男强女弱的性别模式。而在"女本位"游戏语境中，总裁陆沉的魅力核心不再局限于智慧、财富与社会地位等外在条件，并否定传统男权社会以占有资源多少衡量个体价值的标准，转向注重内在情感性品质，如忠诚与付出精神等。支线剧情不断放大"上位者"陆沉的童年创伤，物质的丰富与精神的贫瘠形成强烈对比。陆沉将家族托付在年幼继承人身上的希冀比喻成盐："它们像盐一样无孔不入，将我腌制成一块越来越干瘪酸咸的肉，挤不出任何灵感与梦想的成分。每当身体被摊开来涂抹时，我都会在心里祈祷腐败的到来。"由此可以看出，在游戏设置中，陆沉有金玉之表，但其内里已腐朽不堪，自我认同感极低，并伴有强烈的自毁倾向，而正是这样的内里支撑着陆沉维持上位者的辉煌与荣耀。陆沉财富与地位的物质外壳已不再具有吸引力，反而成为囚禁其人格与灵魂的囚笼。

在陆沉的恋爱模式中，他对女主角的爱称为"小兔子"，来自他童年时饲养的宠物兔子。而兔子对陆沉的童年创伤具有重要的抚慰作用，在饲养宠物的过程中，心如死灰的陆沉再次感觉到爱、责任与希望。而家族掌权者认为兔子只会分散陆沉的注意力并使其形成优柔寡断的性格，而将其毒死。童年陆沉认为是自己的关心与爱带给兔子厄运与死亡，将他人过失投射到自身，并由此产生极低的自我认同感，使其成为人格发展的底色。兔子在这一过程中被动地承受爱与死亡，而女主角则主动接受爱、危险与挑战，女主角重新为陆沉燃起久违的希望，所以当陆沉以曾经的宠物名字称呼女主角时，二者的形象出现奇妙的重合，共同成为陆沉追求生命与希望的象征符号。在陆沉与宠物或与女主的关系中，陆沉在物质方面看似占据主动地位，是供养者与支持者，但在精神层面，则是"弱小"的他者成为陆沉的精神依赖，他者的存在唤醒陆沉的主体意识，使其不再是一块"干瘪酸咸"的肉，而成为活生生的人。玩家在这一过程中看似被束缚在传统男强女弱的性别模板中，但在精神上不厌其烦地扮演"拯救者"，而这种拯救并非以牺牲为代价，而是从爱情中产生强烈的精神力量与生存欲望。

玩家与陆沉的恋爱模式可以概括大部分乙女游戏中"男强女弱"恋爱模式的核心，即女性在两性关系中扮演拯救者并乐在其中。传统的男性强者形象被不断解构，并远离舞台中心，退居次要地位，转而以绝对奉献精神支持女性追求事业与理想。而这种相处模式并非传统性别伦理的两极翻转，而是乌托邦式幻想，在权力让渡中一切因爱而起，不存在任何一方利益受损。这种无限接近于"驯化"的情感模式使传统性别伦理被推翻，性别权利置换的快感给玩家带来极大的满足。

结　语

乙女游戏在文本类型中可看作互动式小说，是互联网时代女性写作在游戏领域利用超链接与多媒体形式的新文学尝试。美丽坚韧的女主角在游戏中游走在人类世界与超现实世界之间，拥有"平凡与惊奇"的双面人生，与多位性格各异的男主角培养虚拟恋爱关系，并在虚拟世界中完成自身理想人格的构建。但乙女游戏作为以"女本位"为价值基础的新游戏尝试，其可能性远不止于此。乙女游戏的生命力与竞争力在于人物设计与情节预设，单一爱情描写不再构成游戏核心竞争力，女性玩家也不再满足于以虚拟恋爱抵抗现实焦虑，而是期待通过丰富的剧情设计从游戏中获得更高价值的审美愉悦与满足。

乙女游戏中的性别伦理建设绝不能复刻现实社会的传统性别秩序，更不能成为传统性别秩序的简单翻转，而是要从女性主义出发，做出更具有现实意义的性别思考与尝试。乙女游戏恋爱剧情的设计应该是艰辛、困难的，不能流于传统性别伦理的甜蜜陷阱，也不能粗暴地借用"男频模式"，要从女性的自我探寻与自我实现出发，在游戏领域留下女性主义冷静、客观和更有深度的探索尝试。

（王莉妃撰稿，李红春指导）

国产乙女游戏产业化研究

序　言

　　手机游戏是指在移动客户端,如手机上运行的游戏软件,一般简称为"手游"。[①] 我国手游最早出现在 20 世纪 90 年代中后期,那时手机已经成为一种普及的通信工具。但手机的初始功能主要集中在语音通话和短信交流上,手机游戏只是其附加功能之一。1998 年出产的诺基亚 6110,其自带的益智游戏《贪吃蛇》成为中国的首款手机游戏。依靠该款手机在我国 4 亿台的销量,《贪吃蛇》成了当时最受欢迎的手游。[②] 经过 20 多年国家政策层面的鼎力扶持,技术发展和手机硬件性能也逐渐提升,中国的手机游戏市场从 20 世纪末的起步阶段逐步发展至当前生产、消费和经销各领域都处于全球领先的地位。特别是在 2017 年,中国游戏市场实际销售额高达 2036.1 亿元人民币,一跃成为世界第一大"游戏体"的同时,也晋级为全球游戏产业的支柱[③]。

　　也是在 2017 年,我国乙女游戏《恋与制作人》的正式发行引起了现象级的娱乐和商业热潮。自此,乙女游戏为我国游戏市场带来了巨大的经济体量,但目前学术界对于其产业化的研究还相对有限。本文主要以论述

---

　　① 徐曼:《手机游戏营销策略分析——以王者荣耀为例》,《现代营销》(经营版) 2022 年第 3 期。
　　② 胡冯彬、邰子学:《中国手机游戏变迁:产业转型、格局转变、玩家变革》,《新闻爱好者》2017 年第 3 期。
　　③ 邓剑:《中国当代游戏史述源——以 20 世纪的游戏纸媒为线索》,《新闻界》2019 年第 3 期。

国产乙女游戏手机端（以下简称国乙）为主，以芜湖叠纸网络科技有限公司的《恋与制作人》、腾讯旗下北极光工作室的《光与夜之恋》、米哈游科技（上海）有限公司的《未定事件簿》、广州网易计算机系统有限公司的《时空中的绘旅人》四大国乙为例，进行产业化分析，有助于业界更好地理解乙女游戏作为文化消费品的发展现状和潜力，为此后研究游戏产业化提供理论分析。此外，也为相关产业提供现实参考和借鉴，推动国内乙女向游戏产业的进一步发展。

一 乙女游戏的兴起背景

在传统农业社会，受父权制的影响，女性通常被期望展现出柔弱、温顺和勤劳等品质，这导致了"男尊女卑"和"男强女弱"两性关系的产生和固化。在游戏市场的早期阶段，男性主义占据主导地位：在大多数游戏中，女性形象通常表现为"等待帮助和救赎的弱女子"或"暴力的受害者"。随着近年来女性意识的崛起，中国女性的需求和消费习惯正在从"悦人"向"悦己"转变，女性越来越崇尚经济独立和自给自足的舒适感。在此背景下，我国第一部乙女游戏《恋与制作人》于2017年12月开服，其正式发行引起了现象级的娱乐和商业热潮，开创了国产乙女手游的先河。其开服当月流水近3亿元，促进了国内女性向游戏市场迈向新阶段。

"国乙"是国产乙女游戏的简称，指由中国游戏公司自主研发，以女性群体为目标受众的恋爱模拟游戏。这类游戏以女性玩家的视角为主视角，与特定的男性角色进行剧情互动，在游戏中确立与角色的情感关系，进行虚拟生活的场景游戏。其以满足女性玩家对浪漫、爱情和情感的向往为核心，迎合了女性玩家群体的情感需求，并在市场上获得了一定的欢迎度。这些游戏中出现的虚拟男性角色，打破了游戏中传统男性霸权的现象，女性不再把男性当作高高在上的崇拜者，而是消费的对象。

提及乙女游戏，最早可追溯到1994年日本发行的《安琪莉可》，当时这款游戏面向大众时迅速走红，并掀起了女性向游戏的风潮。随着技术的进步，乙女游戏在不同平台上逐渐发展壮大。起初，乙女游戏主要通过任天堂游戏机 SFC 与 PC 电脑端传播。2004 年和 2011 年，SONY 公司先后推出了 PSP 和 PSV 等掌机平台。随后，任天堂也于 2017 年推出了 Switch 等游戏机，进一步丰富了乙女游戏的平台选择。再到如今 PC 端的正版游戏售卖平台 Steam 与 App Store 等、满足中国市场需求的腾讯 1001 平台，IOS 与 Android 实现了乙女游戏多平台开发的愿景。①

2017 年末《恋与制作人》开服引起女性圈层的强烈反响，其产生的巨大经济体量，吸引了众多公司纷纷涉足该领域。到 2018 年，以乙女游戏为代表的女性向游戏开始井喷式爆发。相对于 2017 年，这一年女性用户规模达到了 2.9 亿，同比增长 11.5%，女性用户消费规模达到了 490.4 亿元，同比增长了 13.8%，② 高于行业平均水平。发展至今，乙女游戏行业已形成较为成熟的产业体系。

乙女游戏作为文化消费产品，在其价值受到市场和受众认可后，逐渐商业化从而创造出更多的市场需求和市场价值。在市场和需求的驱动下，大规模的工业化生产出现，流程化的生产过程、标准化的生产规格、规模化的生产强度、稳定丰富的市场供给和不断涌现的新品类将行业推向更完整的产业化。《恋与制作人》《光与夜之恋》《未定事件簿》《时空中的绘旅人》四大国乙不断开拓市场，根据七麦数据，2022 年 6 月以上四款游戏仅 IOS 端流水就超过了 6500 万元。由此可以看出，将乙女游戏行业进行产业化有利于其行业的高质量发展，促进其产生巨大的经济效益和社会效益。

二 国产乙女游戏的产业化之路

国产乙女游戏的产业化之路可以说是一个逐步发展的过程。过去，国内市场对于乙女游戏的认知和需求相对较低，这导致了该领域的发展相对滞后且缺乏成熟的产业化路径。随着时代的变迁和消费者观念的转变，国内乙女游戏产业崭露头角并取得了一定的发展。

---

① 王曼黎：《浅析日本乙女游戏市场发展历程》，《大众文艺》2021 年第 4 期。
② 中国音数协游戏工委（GPC）、CNG 中新游戏研究（伽马数据）、国际数据公司（IDC）编写：《2018 年中国游戏产业报告》（摘要版），中国书籍出版社 2018 年版，第 59—60 页。

(一) 优质内容助推游戏发展

乙女游戏产业的持续发展的关键是提供优质内容。国乙通过优质内容能够吸引更多玩家，并提升他们的游戏体验和参与度。

首先，游戏研发重视剧情塑造。国乙的玩家受众定位明晰，该类游戏主要面向"16+"的女性群体。相较而言，女性玩家更加注重游戏故事的情节发展和人物角色的塑造，并对游戏画面和音乐的质感有较高要求。游戏开发商通过了解消费者需求，更好地设计和开发游戏。

一是精心设定多元角色。角色塑造在乙女游戏中的作用至关重要。乙女游戏的核心玩法是为玩家提供与虚拟男性角色互动的体验，因此角色的塑造直接关系到游戏的吸引力和可玩性。四大国乙均提供了丰富多样的男性角色供玩家选择，玩家在前期的剧情中会在不同的时间节点与不同的男主角相遇，随后的章节中可以选择单独攻略自己喜欢的角色。这些男主角们具备各自独特的个性和特点，如在《恋与制作人》中，白起是冷酷而独立的警察，周棋洛是多才多艺的流行偶像，李泽言是富有魅力和成功的企业家，许墨是优秀的科学家和心理学家。游戏户涵盖了多种类型男性角色，玩家们总能找到适合她们的那一款。

二是剧情设置跌宕起伏。游戏中每个角色可能有着令人意想不到的背景故事、复杂的情感纠葛，或者是深埋心底的秘密。随着女性玩家在游戏中逐渐解锁新的关卡，剧情也会逐步向前推进。同时，这些男主角们隐藏在背后的故事也将逐渐浮出水面，为整个游戏增添更多的深度和情感。四大国乙中均有着不同的剧情，玩家进入《恋与制作人》的身份是制作人，游戏中的"我"刚刚毕业，在努力拯救父亲濒临破产的影视公司的过程中，开始与四名身份各异的男主角接触，最终卷入了一系列不可思议的超现实事件当中；玩家进入《未定事件簿》的身份是刚毕业一年的初级律师，在其上司（其中一名男主）的邀请下，进入了NXX小组，与四位性格迥异的男主角们相遇，解决一桩桩案件，在这些案件背后，也隐藏着千丝万缕的联系。不同的剧情线让玩家体验不同的生活，与角色们共同成长，创造出丰富而难忘的游戏体验。

在游戏中，玩家同时展开与多位男性角色的故事线，这些故事线在某些部分交叉连接，使玩家能够在同一时段与多个角色建立互动关系。这种设定丰富了游戏世界，增加了梦幻和多样性元素。此外，国乙周期性地推出新卡牌，卡牌中附带的优质剧情能够为游戏吸引更多的玩家。如《未定事件簿》在正式发行时并未激起太大的浪花，但其依靠独特的萌宠系列和民国系列成功出圈。

其次，美术设计、音乐搭配强化沉浸体验。乙女游戏通常通过精美的画面和细腻的绘画风格来营造出独特的氛围。游戏角色的立绘设计注重细节和美感，他们的服装、发型和面部表情行为动作都被精心设计，使玩家能够更好地代入主人公的角色。且国乙的音乐搭配在营造游戏氛围方面起到了极其关键的作用。游戏的背景音乐通常采用柔美、优雅的旋律，在故事剧情中搭配适合情节发展的不同音乐主题。音乐的风格多样，可以是悲伤的古典乐、轻快的钢琴曲或者戏剧性冲突的节奏鼓点，让玩家在游戏中更好地感受到角色的情感和剧情的发展。这在《未定事件簿》中的民国系列卡牌活动中得到了完美体现。它在故事剧情中巧妙地运用了光影效果、音乐铺垫和人物美术设计等元素，为玩家们创造了一种引人入胜的游戏体验，同时也为玩家们充分展现了米哈游的技术实力，强化其品牌塑造。

再次，同人二创丰富作品架构。"同人二创"是指基于原创作品的二次创作，在游戏领域，同人二创则以游戏作品为基础展开。这种创作形式包括但不限于游戏的小说、漫画、动画、插画、音乐等。米哈游便摸索出了一套详细且成熟的二创规范，划定了清晰的红线与规则。其官方社区米游社设计了"创小摊"这一独立版块，他们为二创的作者们承担了制作和销售的环节。玩家只要提供设计稿，米哈游就会帮助将同人作者的创意转化成徽章、抱枕、鼠标垫等商品，并在米游社的创小摊平台上进行贩卖。这步棋，不仅补全了米哈游在社区运营布局上的关键一子，还为游戏增加了更多的故事、角色和创意，进一步丰富了游戏的世界观和内容。

最后，玩家互动推波助澜。在层层推进的同人创作社区中，游戏消费者在一次次分享和互动中成为游戏运营商的数字劳工。他们将游戏引入更广泛的社交圈子中，吸引新的潜在玩家，有助于提高游戏的知名度和受欢迎度，极大地促进了游戏的宣发。如 B 站 UF 主"阿嗲很夸张"，她顺应热点，推出了《未定事件簿》民国主题拉片，分析其游戏中的角色、场景及情节的艺术描绘。其他玩家对她的作品非常喜爱，纷纷转发、评论和点赞。随着这位玩家的作品越来越受欢迎．更多的乙女游戏爱好者开始注意到她的创作，由此会对其描绘的游戏世界产生浓厚的兴趣。

（二）游戏机制增强用户黏性

游戏机制的设计是为了增强用户的黏性和提升其对游戏的参与度。通过引入各种激励措施和奖励机制，游戏开发者能够创造出更加吸引人的游戏体验。

一是氪金机制较为完整，形成消费黏性。手机游戏具有强大的盈利能力。除了传统的下载收费、内置广告、游戏衍生品等盈利模式，随着我国手机游戏市场规模的不断扩大，近年来氪金已成为手游的主要盈利模式。曹书乐与许馨仪以现象级游戏《阴阳师》为例，总结了游戏玩家的三种氪金动机：为胜利而氪金的竞争动机、为认同与爱而氪金的情感动机，以及为分享和炫耀而氪金的社交动机；并建立起三维度氪金动机模型。[①] 在四大国乙中，游戏厂商均十分充分地利用游戏玩家的这些心理动机，通过一步步引导玩家做出选择，让他们心甘情愿地进行消费，并持续付费，具体分析如下。

首先，为胜利而氪金的竞争动机。国乙在某种程度上可以将其玩法概括为抽卡游戏，传统的抽卡游戏以卡牌收集、培养、选择和使用为基础玩法。玩家需要收集并构建自己的牌组来进行对战，因而卡牌的收集情况对玩家的游戏体验有很大影响。国乙也有这个特点，四大国乙的卡面虽然说法不同，但总体来说都有不同的属性，玩家通过其克制关系进行战斗。而为更好地获取限定卡牌，游戏方设立一些限时活动，例如限时抽卡、限时任务等，这样玩家必须在特定时间内参与游戏并氪金以获取稀有奖励。且玩家想要其卡牌到达一定的战斗等级，就需要进行"养卡"，这又需要玩

[①] 曹书乐、许馨仪：《竞争、情感与社交：〈阴阳师〉手游的氪金机制与玩家氪金动机研究》，《新闻记者》2020 年第 7 期。

家花费大量时间去获取资源。然而,游戏往往会设置限量的体力,这意味着玩家必须花费特定天数才能战胜剧情关卡,由此导致的紧迫感通常能够刺激玩家进行消费。于是游戏方引入一些可以加速进程或获得额外奖励的选项,例如购买双倍经验、快速完成任务等。这些选项可以让玩家更快地获得战斗关卡的胜利、进展游戏内容,更快地提升他们的游戏体验,从而促使他们进行氪金。

其次,为认同与爱而氪金的情感动机。国乙与传统形式的卡牌游戏最大的不同在于,游戏中的卡牌存在不同的故事线和约会内容,这也是乙女游戏中文化消费的最大特色——情感消费。现实世界中,金钱付出和爱情获益无法等价。但在乙女游戏中,游戏公司的策略核心便是将金钱与爱情等价,其运作使爱情与金钱之间有了很强的链接,为游戏内购买行为赋予符号意义。[1] 通过这一策略,游戏公司让玩家产生了源源不断的氪金需求。玩家意识到他们购买的不仅仅是普通的卡片和游戏道具,而是获得与游戏中男性角色相处的机会。如果需要拓展剧情,获得更好的游戏体验,或者与游戏中人物进行更多亲密互动,仅仅凭运气与时间是不够的,付费成为实现目标的最佳途径。付费行为成为对游戏中人物的爱的体现。游戏公司也会在节日推出相关的活动,包括给玩家打电话、发短信,推出限定特惠礼包来巩固这种关系。如《恋与制作人》,该游戏已上线 5 年,然而每次更新活动之后,它都能稳定回到 iOS 畅销榜的前 50 名位置,这充分显示了用户对游戏的极高黏性。

再次,为分享和炫耀而氪金的社交动机。玩家通过乙女游戏找到了和自己有相似兴趣爱好的人群,他们可以在游戏社区中相互交流、分享游戏心得和喜好,建立起共同的话题和情感链接。且玩家通常会对游戏中的角色展现出巨大的热情,晒照片、微博留言表白、建子站等,以各种方式来参与活动和分享情绪,这种参与感可以增强玩家的忠诚度和社区的凝聚力。

---

[1] 白帆:《情感认同如何助长虚拟消费:以手游玩家为例》,《中国青年研究》2021 年第 11 期。

但国产乙女游戏玩家有着不同于传统形式的社交动机，乙女游戏通常提供丰富的角色设定和人物关系，玩家可以与虚拟角色建立互动关系，并在游戏中经历各种情感发展。这使玩家能够投射自己的情感和期待，与角色之间建立情感纽带，满足情感交流和寻找依赖的社交需求。如《恋与制作人》中，游戏除了短信、电话等基本功能外，还设置了自习室和取快递等功能，其在某种程度上提高了玩家的社会属性。

二是角色与资本控制相剥离。在一些游戏玩家心目中，游戏公司常常被描绘成扮演着"无良的游戏公司"的角色。认为游戏公司通过各种手段设置消费点，设计出迫使玩家不断氪金的游戏机制，并制定不合理的高昂的周边设定价格。此外，还指责游戏公司针对不同角色进行差别对待，以实现所谓的"虐粉逼氪"，认为这些都是游戏公司无良行为的体现。代表资本力量的公司，被认为是邪恶而强大的存在，不怀好意地以追逐利润为目的，通过操纵游戏角色来谋取自身的利益。

而国产乙女游戏中的男主角们通常展现出霸道、睿智、阳光、桀骜不驯，脱离了游戏资本的控制。当面对"我要余生，有你存在""从此以后，我陪你看所有的人间烟雨"等羁绊卡片时，游戏玩家渴望拥有它们。如果这些卡片迟迟没有出现，玩家可能会感到失望，并表现出对游戏运营公司的不满，便会有吐槽、"问候"官方等行为。然而，这种指责和批评主要针对游戏运营公司，而游戏中的角色则被视为无辜善良的对象，需要玩家通过氪金来"解救"他们。

游戏公司对角色的不公平待遇与游戏角色的单纯无辜形成鲜明对比。而在这对比之下，玩家对游戏官方的极端不喜会转换为对角色的心疼，从而增强玩家对游戏角色的黏性，不会轻易退游。

游戏厂商甚至会通过电话召回用户。如《恋与制作人》的玩家在一段时间没有登录游戏后，就会收到游戏中羁绊最高角色的电话。而当召回的玩家重新进入游戏时，他们会受到专属欢迎剧场的迎接，进一步增加了用户的喜悦和满足感。

（三）下游产业链不断延伸

近年来，国乙积极通过延伸产业链来扩大其影响力和盈利能力，并且表现出积极的趋势。官方主要通过以下几种方式让游戏角色深入玩家的生活，从而提高用户黏性。

一是通过手办等周边产品进行形象衍生。这类产品主要以游戏中的人物形象为基础，生产和销售相关的周边产品，如角色扮演服装、玩偶、手办、明信片等，以满足玩家的收藏和购买需求，进而获得可观的收益。例如《光与夜之恋》在淘宝上设有旗舰店，其中两款周边产品月销量超过10万件，其他产品也都有月销量超过1000件的成绩，给腾讯带来了巨大收益。2022年6月18日，在天猫潮玩店铺中，叠纸官方店铺取得了排名第七的成绩。其中，许墨生日主题套戒仅仅一个月的时间就售出了7116个，销售额超过200万元。这些数据显示了乙女游戏周边产品在受众中的热度和市场的强劲需求。

二是通过视频、线下展览等进行内容衍生。一些成功的乙女游戏被改编为动画、漫画或小说，从而扩展了游戏的受众和影响力。这种跨媒体的推广不仅增加了游戏的知名度，还为游戏衍生产品的销售创造了更多机会。如叠纸还成立了动画公司，2020年7月，《恋与制作人》动画登录腾讯视频，取得了不错的反响。此外四大国乙经常与其他品牌或知名IP进行合作或授权，吸引其他领域的粉丝和用户，扩大游戏的影响力，并在合作中共享双方的资源和用户群体。

玩家们都说"我谈了一场永不分手的恋爱，代价是永不相见"。但随着国乙产业链的逐渐成熟，出现了各种线下活动，如粉丝见面会、国乙展等，参加线下活动的Coser们会扮演游戏中的男主角与女性互动，给玩家们一种虚拟照进现实的情感，如此以增强粉丝的归属感和互动体验，进一步推广游戏品牌。

三是粉圈文化助力游戏出圈。游戏玩家在游戏外呈现出高度的粉丝化特征，包括但不限于为角色庆生、为喜欢的角色打榜。而游戏中男性角色的生日往往是游戏玩家们集体狂欢的日子，有组织的微博打榜、承包各个地标建筑大屏，都成为玩家们表达爱意的方式。如《恋与制作人》中"霸道总裁"李泽言的生日，其单推玩家租下深圳京基100大厦的LED大屏幕滚动播放"李泽言生日快乐"，成为生贺出圈第一人。

三 国产乙女游戏产业化的困境

随着国乙的发展，其产业化虽在逐渐完善，但不可避免也出现了一些问题，该行业面临着一系列挑战和困境。

（一）精品游戏不足，品牌同质化严重

品牌定位是品牌建设的核心，之后的一系列运营都是围绕着定位进行的。《恋与制作人》的成功一大要素是抓住了当时乙女向游戏的市场空白，满足了需求市场。随着游戏行业的快速发展，越来越多的国乙被推向市场，然而，并非所有游戏都能达到精品水准。许多游戏缺乏创新、深度和独特性，导致玩家对游戏的选择有限。《恋与制作人》的成功引起了许多游戏公司的模仿，试图复制出同样的成功。但如今提及乙女游戏，目前国内最火的是《恋与制作人》《光与夜之恋》《未定事件簿》《时空中的绘旅人》四大国乙，其他乙女游戏并未形成高热度的精品IP。

乙女游戏本身在故事内容上留给创作者发挥的余地较少，环节设计上可选择的模式也相对单一，攻略角色的方法也很难创新。一些游戏开发商为了迎合市场需求，采用了类似的题材、玩法和风格，没有努力寻找产品之间的差异。这就使品牌同质化现象日益严重，限制了玩家对游戏产生的联想信息，进而造成了品牌的联想薄弱。这也是除了四大国乙外，目前市场上没有其他足够火爆的国产乙游的主要原因。

（二）策划失格，游戏结构不够完善

无论游戏中的世界与角色是多么虚拟与自由，其背后始终是由真实存在的人来进行的设定与策划，这就产生了虚拟与现实之间的矛盾，即游戏角色设定迎合私人偏好。如《光与夜之恋》在2022年6月被玩家质疑游戏设定夹带私设：一位曾在该游戏公司任职的女性员工布朗云被玩家发现其现实生活中有许多元素与女主设定重合。在受到大量玩家的质疑后，该工作人员与游戏制作公司相继发帖进行澄清，但部分玩家并不买账，无论这一事件是否真实，女主本身设定中与玩家个人不相符的元素已经损伤了她们自我代入的可能。此外，2022年上半年，《光与夜之恋》蝉联国产乙女手游流水冠军，与之对应的是活动、礼包接连不断，"又肝又氪"，造成很多玩家的不满。甚至在以上原型事件发生前，以官方公布的周年活动礼包价格计算，想要拿到全部活动限定的婚纱服装和卡牌需要 1.3 万元。游戏不恰当的策划行为造成很多玩家退游。

（三）CV 塌房事件频发，风险预警不足

CV（Character Voice），即声优。"优"这个字，在日文中的意思大致是"演员"，声优，顾名思义是用声音来表演的人，即人们日常所说的配音演员。乙女游戏中的角色均为"纸片人"，其配音便起着至关重要的作用。CV 们使用自己的声音技巧和表演能力，赋予角色生命和特色，会使主控（玩家）会更加有代入感。当 CV "塌房"，会导致"纸片人"风评受损，进而产生极为严重的影响。

配音演员有负面影响时，游戏方会及时采取措施，将其 CV 替换为 AI 配音，但当玩家再次听到角色声音时，还是难免会联想到配音演员自身的失德行为，演员的形象与角色设定形象产生冲突，为用户带来认知不协调的问题。此类事件说明游戏方的风险预估不充分，没有做好 CV 的背景调查。

四　乙女游戏的产业化发展建议

为了推动乙女游戏产业的健康可持续发展，必然要针对其面临的问题，采取一系列措施和策略。

（一）开发精品游戏，加强品牌竞争力

乙女游戏如何在竞争激烈的市场中脱颖而出，则需要明确其定位并找到自己的独特之处。制作方应积极寻找故事内容和环节设计上的创新点，为玩家提供新颖且引人入胜的游戏体验。此外，制作方需要加强品牌建设，提升品牌认知度和识别度，通过差异化的市场定位来吸引目标受众。

精品游戏作为头部 IP 具有稀缺性和较高的商业衍生价值，适度开发可以强化游戏品牌竞争力，并且扩展游戏 IP 的产品矩阵。这不仅能够扩大用户群体，还有利于打破既有的圈层限制，为游戏 IP 注入利于长线发展的潜力。乙女游戏通过迎合"她经济"消费市场需求短时间内积聚了关注度，但又因自身的局限使它的大众接受度稍显不足。这不仅对游戏的运营造成了不利影响，也为游戏自身的品牌化之路带来了挑战。因此创新品牌定位和塑造游戏文化，是乙游走出同质化困境和破圈的关键。

（二）优化游戏机制，提升粉丝忠诚度

乙女游戏最重要的魅力之一便是能让玩家代入游戏中的角色，与之产生情感共鸣、建立精神纽带。因此，游戏制作公司应该加强对员工的规范和指导，需要清晰地区分游戏角色设定与现实生活中的个人元素，确保游戏中的角色设定不会夹带私设，避免他们在参与游戏制作时将私人偏好与角色设定混淆。

还需要注意的是，游戏开发者应该保持平衡，确保游戏的氪金元素不会过于侵入性或破坏游戏的公平性。成功的乙女游戏应该提供有趣的内容和体验，同时为玩家提供一些额外的付费选项，而不是将氪金当作游戏进展的唯一途径。玩家应该感受到即使不氪金也能够享受游戏，并且氪金只是加速和增强游戏体验的选择。随着游戏体验不断提高，粉丝忠诚度自然也会随之上升。

（三）加强风险管理，强化危机应对措施

游戏制作方在选择配音演员时，应加强对其背景和品行的调查和审查，建立严格的合作伙伴选择机制，确保配音演员具有良好的职业道德和行为操守，以避免潜在的声誉风险和消极影响。为了减少对单一演员的依赖，游戏制作方可引入多名备选的配音演员，确保在发生意外时能及时替换，以保证角色的连贯性和声音形象的一致性。若发现演员存在不当行为，应及时采取行动，除替换相关角色的配音演员外，还要进行重新宣传和推广，强调角色形象的独立性，将注意力放在游戏的剧情、玩法和良好的体验上，以减少用户对演员行为的关注度。

随着科技的进步，可以考虑引入 AI 配音技术，以减少对具体演员的依赖。如《未定事件簿》背靠米哈游公司，在莫弈 CV 姜广涛出事之后，马上采用了逆熵 AI 配音以保持玩家对角色形象的认同和接受度。

此外，在游戏的活动预热和进行阶段，需要有与玩家保持良好沟通和反馈的机制，这既可以及时了解市场风向和玩家喜好，也能够提升游戏的品质和用户满意度。

结　语

　　游戏已成为民众精神文化需求的一部分，国产乙女游戏在文化消费视域下更是具有广阔的发展前景。然而，乙女游戏还存在着一些不足，需要加以改进，以实现其在文化消费市场中的可持续发展。相信国乙通过加强产业化进程，不断创新和适应市场需求，有望在文化消费市场中发挥更加重要的作用，为我国文化产业的繁荣和发展做出积极贡献。

（胡倩倩撰稿，李辉指导）

粉墨空间

剧本杀行业商业运营模式分析

序 言

剧本杀源于"谋杀之谜"——在推理小说盛行的欧美，慢慢流行起来的一种实景社交推理游戏，在综艺《明星大侦探》的带动下在国内大火。剧本杀游戏提供了逃避日常生活的机会，玩家可以沉浸在游戏的虚构世界中，忘却现实的压力和焦虑，放松身心。同时其有助于玩家建立新的友谊，增进旧友之间的联系，满足其社交需求。也因为其长时间、沉浸式的游戏氛围，剧本杀已经成为当下年轻人扩大社交圈的一种有效途径。在剧本杀火热的背景下也能够观察到一些问题，如剧本盗版屡禁不止、剧本杀线下实体店同质化竞争激烈、剧本主持人不专业、优秀剧本供不应求等等，这些问题不利于该行业的健康发展。当下的消费者对娱乐体验的需求也正在发生变化，对游戏产品的品质和创新性提出了更高要求。剧本杀行业需要及时作出改变，迎合消费者需求。

伴随着剧本杀产业链的延伸，"剧本杀+"模式给其行业带来新的出路。"剧本杀+"模式是指在传统剧本杀游戏基础上，通过与其他行业或元素的结合，实现双方的互利共赢。近年来，人们的消费习惯正在发生改变，更加注重个性化、多样化和深度的体验，相较于传统的桌面游戏方式，玩家更倾向于实景沉浸式的剧本杀。剧本杀链接其他行业能够拓展游戏空间，使其不再局限于桌面，给予玩家更沉浸的体验。这种模式可以为剧本杀游戏带来新的玩法、增加吸引力，同时为其他行业带来了新的体验和发展，带动线下实体经济的复苏与发展。剧本杀作为当下年轻人热衷的社交游戏，具有良好的发展前景，其商业运营模式值得研究，其行业的未来发展方向也是值得令人深思的问题。本文主要采用文献归纳法和数据分析法等研究方法，归纳剧本杀行业发展的现状，分析产业当前面临的问题，探究"剧本杀+"模式的未来。

剧本杀，源于在欧美非常流行的一种派对游戏——谋杀之谜。在国外，只有演绎推理类游戏才被称作"谋杀之谜"。引入国内后，所有包含演绎、推理元素的互动剧本类桌面游戏，都被称作"剧本杀"。在剧本杀游戏中，每个玩家都会根据剧本的预先设定，拿到自己需要扮演的角色，不同角色对应不同的剧情和任务。其中，有一名玩家会秘密扮演"凶手"角色，而他的任务是掩盖自己的罪行，其他玩家的任务则是通过调查线索和推理剧情找出凶手。

初期剧本杀游戏内核为"角色扮演+推理解谜"，通过游戏中的线索卡玩家共同还原故事真相，推理解谜是游戏的核心玩法，即为硬核推理剧本杀。随着剧本杀行业的发展内核中推理解谜的部分逐渐减弱，角色扮演属性提高，玩家不再执着于单纯的推理解谜，根据玩家需求的变化逐渐衍生出多种剧本类型。

目前剧本杀游戏已经形成较为完整的产业链，包括上游的内容创作、中游的发行以及下游的游戏空间。从线下剧本杀产业来看，作者创作剧本，发行商以买断或分成的方式购买剧本，印刷、包装、配备道具后售卖给店家，店家向玩家收取门票费用，而且为了发展剧场，店家还需要表演人才、专业的服装设计制作和游戏道具生产厂家，可以说剧本杀不仅带来了新的职业，也带动了相关产业的发展。

一 剧本杀行业发展兴起历程

2016年芒果TV推出了一档推理系列明星真人秀节目《明星大侦探》，给剧本杀行业带来了初始的流量和曝光。2016年底部分经营狼人杀、密室逃脱、桌游的店铺开始引进一些较为简单的剧本杀，普遍以最基础的桌游形式进行。2017年首家独立的剧本杀店铺在上海开业，首个线上剧本杀平台推理大师成立，行业逐渐获得资本关注，步入新的发展阶段。

2018—2019 年，随着"我是谜""百变大侦探"等线上 APP 的推广，剧本杀开始作为一种新兴游戏在年轻人群体中普及。2019 年，中国"剧本杀"行业市场快速增长，规模是 2018 年的 2 倍，突破 100 亿元。截至 2019 年 12 月，全国的剧本杀店由 1 月的 2400 家飙升到 12000 家，[①] 大多集中在商圈、大学城等人流密集处。2020 年受疫情影响剧本杀线下实体店大批关闭，但也有新的门店陆续开张，剧本杀作品数量持续增长。2021 年全国各地举办大型剧本杀会展，发行和推广剧本。

截至 2021 年 1 月 5 日，天眼查专业版数据显示，中国有超过 6500 家企业名称或经营范围含"剧本杀、桌游"，且状态为在业、存续、迁入、迁出的剧本杀相关企业。其中，超九成为个体工商户。《成都日报》2021 年 9 月 13 日消息，2021 年第一季度成都剧本杀线下开店数量排名全国第一，线上剧本杀订单量排名全国第三。

二 剧本杀产业兴起的原因

剧本杀的出现，为参与者提供了一种新颖而独特的娱乐方式。它符合当下年轻人的社交需求，相比起其他娱乐社交方式剧本杀的成本更低。线上剧本杀游戏 APP 的兴起也为其流行提供了便利。人们可以轻松地组织剧本杀活动，邀请朋友或陌生人参与，并分享游戏过程和心得。这使剧本杀不再局限于线下聚会，而是可以在线上进行，这极大地扩展了其受众群体。

（一）娱乐方式符合现代年轻人社交需求

随着互联网技术的发展和信息传播的便捷化，人们越来越多地使用在线通信工具来传送和表达自己的态度和意见，呈现相关的信息。这导致的结果就是，人们对于身体共同在场的物理空间构成的场景，投入的注意力越来越少，甚至越来越不太倾向于与人进行面对面的互动。[②]

[①] 吴艺星：《线下剧本杀：反群体性孤独的"限时梦"》，《视听》2021 年第 5 期。
[②] 王水雄：《当代年轻人社交恐惧的成因与纾解》，《人民论坛》2021 年第 10 期。

越来越多伴随着新技术成长的"90后""00后"年轻人认为自己有"社恐",他们更喜欢独居独处,倾向于让自己现实的物理空间带有封闭性,而不受身体周遭的外界打扰。但这并不意味着他们与外界没有任何的联系,而是他们的心思更多地放在互联网世界之中:依靠手机、电脑等智能终端,通过互联网来建构和维护自己的社交网络。特别需要注意的是,年轻人在虚拟世界中的交往,无论是在对象、形式和内容上,都在一定程度上区别于现实生活中面对面的社会交往。比如聊天不一定会涉及现实问题,多以虚拟世界中的内容为主,或者长时间投入网络游戏。

游戏最重要特征之一是它和日常的生活空间隔离。一个封闭的空间,不论是物质上还是观念上的,都从日常环境中被标识、圈画出来。在这个空间里,游戏举行,规则通行。剧本杀成功塑造了这样一个完美的游戏空间。对于游戏玩家来说,剧本杀既是一种娱乐形式,也是一种社交手段。在剧本杀游戏中,玩家以剧本中角色身份进行社交,共同话题仅限于剧本剧情而不涉及其他任何个人隐私,当从游戏回归现实后,不少玩家仍能彼此产生联结。剧本杀在这一点上完美契合了年轻人的社交需求。

(二) 娱乐成本具有比较优势

相比起其他的娱乐社交方式剧本杀的成本更低,它对社交技能的要求较低,在社交活动中,拥有某种特长的人会拥有社交优势,例如,在KTV中拥有歌唱技能的人会拥有社交优势,在球场球技较高的人会拥有社交优势,他们更容易获得在社交中的主动权,而不具备特长的人在社交中就会相对处于弱势地位。

剧本杀场景的独特之处在于,它脱离玩家原有的社交环境,以虚拟的身份进行社交。在虚拟的场景中通过扮演剧本角色,玩家可以不具备某种特长而享受该特长带来的社交优势,游戏体验者被重新赋予不同的身份,而以推理为主的游戏方式和情境又为青少年一展身手和自我表达提供了广阔的平台。[1] 例如,玩家在剧本杀中扮演篮球高手的角色,在现实中不会

---

[1] 燕道成、刘世博:《青年文化视域下"剧本杀"的兴起与发展趋势》,《当代青年研究》2021年第6期。

要求玩家拥有高超的篮球技巧，但游戏中所有玩家都会默认该玩家是篮球高手。同时，剧本杀让每个人都能发表自己的观点，引领甚至误导他人，该场景可以展现玩家的口才与魅力，也可以锻炼其思维与推理。

（三）线上引流扩大消费群体

剧本杀产业的线上引流模式如下。一是热播综艺节目的宣传。伴随着剧本杀综艺节目的热播，如《明星大侦探》《爱奇艺剧本鲨》《风云剧会》《萌探探探案》《最后的赢家》等，越来越多的人开始认识到剧本杀游戏。2016年，芒果TV首次推出明星推理综艺秀节目《明星大侦探》第一季，它以充满娱乐性的风格，互联化改造后的侦探悬疑内容，独特的播出形式，全民破案的参与方式，创下豆瓣评分9.4的纪录。[①] 剧本杀综艺的热播，将剧本杀游戏带进了大众的视野，将综艺粉丝转化成游戏玩家，极大地扩大了剧本杀的受众群体。

二是线上剧本杀APP的推广，目前有"百变大侦探""我是谜""戏精大侦探""迷圈"等剧本杀APP。这些APP以互联网为载体，简化游戏流程，使玩家能够随时进行一场剧本杀体验。由于剧本杀复杂的机制和多变不一的种类，对新手玩家相对不够友好。同时由于其具有推广目的，部分线上剧本杀游戏可供玩家免费体验，能将更多的新手玩家培养为忠实玩家，为线下实体店的增长打下了基础。

三 剧本杀行业当前所面临的困境及原因

尽管剧本杀行业在过去几年中持续发展，但也面临着一些困境。首先，随着剧本杀的流行，越来越多的人参与其中，而好的剧本数量有限。优质剧本供不应求，导致一些店家只能使用低质量或者重复的剧本，影响玩家的游戏体验。其次，盗版屡禁不止。剧本作者付出了大量的心血和时间创作剧本，却常常面临剧本被盗版的问题。盗版不仅损害了剧本作者的权益，也严重影响了整个剧本杀行业的健康发展。再次，剧本杀行业同

[①] 《明星大侦探 第一季》，豆瓣，https://movie.douban.com/subject/26737158/，2024年10月23日。

质化竞争也日益严重，行业内难以产生头部品牌，形成品牌效应。这些问题都严重制约着剧本杀行业未来的可持续发展。

（一）优质剧本供不应求

玩家对高质量剧本的渴望推动着剧本杀行业的快速发展。这一现象也鼓励了供应商提供更具创意和深度的游戏，以满足不断增长的高质量的需求。但受限于剧本杀剧本的创作者团队与创作周期，剧本杀行业存在优质剧本供不应求的问题，主要原因如下。

一是缺乏专业剧本杀编剧。剧本作为剧本杀游戏的核心组成部分，在整个产业中具有举足轻重的作用。剧本杀剧本相较于其他类型的剧本对创作者有其独特的要求，首先是剧作者要有超强的逻辑思维能力，能够完整地梳理剧情与线索，避免在游戏中出现bug。其次，由于剧本杀是多人沉浸互动式游戏，玩家对于游戏内容的掌握全部来自剧本，这就要求作者能够进行多视角的故事描述，让玩家通过各自视角整合游戏内容，获得剧本杀沉浸式体验感。但就目前来说，剧本杀产业缺乏专业的作者。当前剧本杀作者主要是以影视剧作者转行或者是剧本杀爱好者尝试进行写作。由于剧作者不够专业，在剧本创作过程中的很多问题难以发现，主要依靠剧本杀编剧及其团队进行多次预演排查逻辑漏洞，完善剧本内容。这一过程延长了剧本的创作周期，创作团队与发行团队为了加快剧本发行往往会降低要求，导致剧本质量降低。

二是剧本更新换代速度快。由于剧本杀产业的特殊性，它提供的游戏体验往往是一次性的，玩家玩过某一剧本后可能不会再进行第二次体验。由于剧本杀游戏的结局基本是固定的，这就意味着玩家体验过之后，无论是否更换店家或是主持人该剧本对该玩家来说都失去了体验价值。一般一个剧本的使用周期在三到五个月，五个月后店家辐射区域内的玩家基本会体验过该剧本，那么这个剧本对店家的价值就大打折扣。店家通常会通过与其他地区剧本杀店互换剧本或是购进新剧本的方式来吸引玩家。但玩家对剧本的需求是没有上限的，剧本杀能凭借新鲜感实现初始客流累积，而要真正留住玩家仍需要提供优质内容。游戏玩家内部也会对剧本进行评价或者互相推荐，这也会导致好的剧本一座难求，而质量一般或是较差的剧本无人问津,这样的情况也加剧了优质剧本的紧缺。

(二)盗版侵权问题依然存在

随着"剧本杀"市场的蓬勃发展,剧本的需求量也与日俱增,作者要根据角色属性和剧情发展撰写针对不同角色的剧本,有一定的创作难度,一些作者也获得了丰厚的经济收益,而剧本的盗版侵权乱象也层出不穷,主要原因如下。

一是版权保护制度缺乏。剧本杀作为一种新兴产业,国内还没有出现与其相关的版权保护制度。[①] 当前剧本杀发行注册的版权一般是著作权或改编权,没有意识到它是具有商品属性的产品,可以申请商标和识别码以及工商管理方面的一些审核。一般文字版权的申请分为两种,一种是作品登记,只登记该作品由作者创作,但不会对内容进行审核;另一种则需要对所有内容进行审核,然后再出版,属于出版流程,周期会很长,至少需要十个月,由于剧本杀行业剧本更新速度快,为节省发行时间大多会越过审核直接发行剧本,这就使剧本难以得到版权保护。侵权盗版会大大挤压原创作品的市场空间,剧本创作者和购买正版剧本的商家权益遭受侵害,失去创作和购买正版的动力,最终形成市场恶性循环,造成劣币驱逐良币的严重后果。

二是盗版成本低廉。正版剧本的价格需要覆盖作者稿费、美工、会展宣发等所有环节的成本,其余的才是发行利润。盒装剧本发行量最大,通常价格为300—500元,城限本一般是2000元起,独家本则要卖到五位数。盗版店铺完全不用考虑创作成本,即使是精美的印刷,花费成本也不会很高,盗版剧本一套只卖一二百元。在网络交易平台上,9.9元就能买入近千本电子版剧本杀,而且排版精致,店家自行印刷成本只会更低。而且由于剧本杀的一次体验属性,通常情况下,剧本的迭代速度很快,半年到一年就会换一批新的,超过一定时限,市面上的盗版剧本就会销声匿迹,很难追溯。

[①] 谢宛霏、孟佩佩、张桢桢:《让年轻人"上头"的剧本杀产业该如何走向"正轨"》,《中国青年报》2021年11月30日第7版。

（三）剧本杀实体店同质化竞争严重

同质化竞争是指同一类系列的不同品牌产品，在外观设计、理化性能、使用价值、包装与服务、营销手段上相互模仿，以至产品的技术含量、使用价值逐渐趋同的现象。线下剧本杀实体店除去那些拥有城市限定剧本的，其他店铺普遍经营内容相似，经营模式上也普遍以依靠剧本杀主持人拉拢开拓客户为主，呈现出同质化趋势，难以产生大的品牌，形成品牌效应。造成这种结果的原因大致如下。

一是准入门槛低。开办一个剧本杀实体店最重要的两个部分是游戏场地的建设和剧本杀主持人的招揽与培养。剧本杀主持人对剧本杀实体店的作用是至关重要的。剧本杀实体店能否成功经营，取决于其主持人的质量。但就目前来说，剧本杀门店主持人还没有形成职业化，甚至不能算是正规的职业。社会上对剧本杀主持人这个职业的认同度普遍偏低，究其原因还是这个行业不被人广泛了解，从业者相对鱼龙混杂，而且这个职业现在的收入水平普遍不高，从业者的自我价值认知也没有提高到统一的高度，因此剧本杀主持人也没有统一的专业标准。目前剧本杀行业普遍缺少专业的主持人，他们大多是兼职的，且多为附近大学的学生。这就让商家能以极低的成本达到开办剧本杀实体店的条件，较低的准入门槛使商家能够快速加入到剧本杀行业中来，随着商家的增多，不可避免地陷入争夺城限、独家剧本，挖角优质 DM 的竞争中，加剧了行业内卷。

二是选址集中且内容重复。线下剧本杀店铺选址一般有临街店铺、商场店铺、大学城店铺、住宅小区、酒吧街、商圈写字楼等等，根据美团研究院显示的数据，参与"剧本杀"消费者的年龄以 20—30 岁的年轻人为主，35 岁以下玩家占行业玩家的 92%。[①] 因此许多店铺会选址在高校或者大学城附近，而大学城商业街是大学城内人流量最大的场所，自然是各个店家的最优选择。但这样集中分布使各个店铺的玩家群体高度重合，而且这些店铺大多以普通盒装剧本为主要经营内容，同质化严重，缺乏独特的

---

① 美团研究院：《2022 年剧本娱乐行业发展报告》，https://mri.meituan.com/research/report，2024 年 10 月 23 日。

竞争力。

四　剧本杀行业的破局之法——"剧本杀+"模式

"剧本杀+"模式是指在传统剧本杀游戏基础上，通过与其他行业或元素的结合，实现双方的互利共赢。这种模式能够为剧本杀游戏带来新的玩法、增加吸引力，解决剧本杀行业当下所面临的困境，同时也为其他行业带来新的体验和发展。

（一）"剧本杀+IP"：IP衍生式剧本杀

剧本作为整个剧本杀的核心，由于一个剧本玩家大多只会玩一次，复玩率低，使剧本杀行业对"剧本"有着持续且大量的需求。在这种情况下，越来越多的创作者涌入剧本杀行业，影视、文学、游戏等大IP，也加入了剧本杀中，实现了与剧本杀的联合。

一是借助热门IP文本，转化为游戏剧本。IP剧本的最大优势就是自带流量，更容易打开市场。剧本杀受限于面对面社交、一定的理解门槛、时间成本较高等因素，在用户触达上存在难度。IP进入能够为剧本杀带来更多新鲜的内容，自带流量和热度的IP，解决了破圈问题。

《王者荣耀》是由腾讯游戏天美公司开发并运营的一款Android、IOS、NS平台MOBA类手游，于2015年11月26日在Android、iOS平台上正式公测，据王者荣耀官方统计，2020年《王者荣耀》周年庆活动期间，游戏日活跃用户突破1亿人，成为全球首个日活跃用户日均"亿"量级的游戏产品。[①] 游戏《王者荣耀》在2021年推出首部剧本杀作品《不夜长安·机关诡》，剧本杀游戏主要以《王者荣耀》主线任务不夜长安的故事内容为背景进行改编创作，在全国"200+"城市上线。《王者荣耀》推出剧本杀能够将后者带到其庞大的用户视野中，使更多的人了解剧本杀，同时根据游戏世界观创作出的剧本更容易被游戏粉丝接受。大IP改编剧本杀能够将IP粉丝转化成剧本杀玩家，扩大剧本杀的受众。根据IP文本改编的剧本

---

① 王磊、满羿：《〈王者荣耀〉欲成国产游戏IP"王者"》，《北京青年报》2020年11月5日第A09版。

杀剧本其创作难度也小于原创，能够在一定程度上弥补原创剧本不足造成的市场空缺。

二是以剧本杀完成 IP 变现。IP 变现是指将具备开发潜力和价值的 IP 进行一系列的商业运作，获取经济效益的过程。变现一直是 IP 领域创业最难的问题，剧本杀与 IP，二者在转化和互动的过程中，以构建出来的故事世界，扩大着用户基数和 IP 影响力。将剧本杀作为 IP 的衍生商品，成为 IP 变现的一种新途径。所谓 IP 衍生品，就是指以 IP 为基础衍生出的产品，也就是一切由知识产权转化而来的产品。只要条件允许，一个 IP 可以进行无数次的再创作。①

动画《狐妖小红娘》改编自小新创作的同名漫画作品。作品主要讲述了以红娘为职业的狐妖在为前世恋人牵红线过程当中发生的一系列有趣、神秘的故事。2015 年 6 月 26 日，《狐妖小红娘》第一集全网播出，一上线就以精良的画质、中国风十足的人设形象受到大量网友追捧。2021 年 3 月 9 日由 3101 原创剧本工作室联合折子戏工作室强势推出《狐妖小红娘》正版 IP 授权剧本杀游戏《情·书》开启全国巡展。共有南京、武汉、郑州三站，巡展结束后全国及海外地区限量发行 300 套。"剧本杀 + IP"模式为 IP 变现提供了一种新的途径。

(二)"剧本杀 + 文旅"：大型实景式剧本杀

"剧本杀 + 文旅"模式是指借助景区内实景作为剧本杀游戏的背景，为玩家提供更大的活动空间和沉浸感，同时以剧本杀游戏的形式带领玩家体验景区的特色文化。剧本杀的强社交属性、沉浸性和场景多元性等特质给予文化旅游产业新的机遇。2020 年 11 月，文化和旅游部发布的《关于推动数字文化产业高质量发展的意见》提出："支持文化文物单位、景区景点、主题公园、园区街区等运用文化资源开发沉浸式体验项目，开展数字展馆、虚拟景区等服务。"② 这种模式的优势在于剧本杀可以借助景区原

---

① 沈敏、夏雨等：《中国 IP 衍生品产业现状及其发展方向》，《市场周刊》2019 年第 2 期。
② 《文化和旅游部关于推动数字文化产业高质量发展的意见》，2020 年 11 月 27 日，网址：https://www.gov.cn/zhengce/zhengceku/2020 - 11/27/content_5565316.htmv.cn，访问日期：2023 年 10 月 7 日。

有建筑给玩家带来更真实的体验感，并且免去了对游戏场景的投资。更大的游戏场景意味着能够同时容纳更多的玩家，为超大型剧本杀提供了可能性。同时景区能够借助剧本杀为游客提供更多的内容体验，实现共赢。

一是借助景区设计游戏剧本，增加复刻难度。剧本的核心主题可以从景区特色文化元素中提取，为景区量身定制剧本杀。这种剧本立足于景区自身文化资源，为景区打造全新消费场景，景区在开发剧本杀项目时有天然优势，比如现成的故事场景，悠久的历史文化等。[①] 同时剧本以真实的城市地理人文为背景更容易引起玩家的共鸣，独特的地理人文设定与实景相结合也能够提高剧本的复刻成本。

2021年5月20日，全国首款以城市人文为题材的大型沉浸式实景剧本杀《十二市》在成都宽窄巷子景区正式上线。《十二市》以剧本杀的剧情大纲为脉络，宽窄业态为内容，实景搜证为串联，沉浸体验为吸引。立足为人熟知的成都特色旅游景区的宽窄巷子，融合并升级打造成一个20万平方米的实景互动真人NPC游戏世界，增强剧本杀游戏的沉浸体验感。宽窄《十二市》剧本杀以成都十二月市真实历史人文作背景，萃取了漆艺、蜀锦、蜀绣、酒醋等代代传承的传统民俗珍宝。在剧情中，创立因"漆器、蜀锦、蜀绣、酒醋"四项传统手工艺闻名的"四大家族"、将巴蜀商业经济发展以来百家争鸣的手艺匠作归类"十二门派"，充分向玩家展现了巴蜀地区的地理人文特色，创作出一个与景区完美契合的深沉浸剧情世界。剧本是借助景区的文化进行创作或改编的，能够降低剧本的创作难度，更容易创作出引发玩家共鸣的剧情。同时也能够起到提高复刻成本，减少盗版剧本的作用。

二是剧本杀剧情补充景区内容不足。当前国内很多景区建设只重视表面工作，同时由于资本的趋利性，景区开发只能停留在表面，追求美观的建筑和基础设施，而不能往纵深发展做内容，为游客提供更沉浸的体验感。

---

① 李子俊、吕珂：《剧本杀+文旅，沉浸式旅游引发新"爆点"》，《南京日报》2021年11月26日第3版。

云南彝人古镇推出的八小时超长沉浸式体验项目，真人实景剧本杀《彝人古歌——威楚之战》。彝人古镇位于云南楚雄市经济技术开发区永安大道以北、太阳历公园以西、龙川江以东、楚大高速公路以南。占地面积3161亩，总建筑面积100万平方米，项目始建于2004年，由伟光汇通集团总投资32亿元开发运营，是集商业、居住和文化旅游为一体的文化旅游项目。彝人古镇"剧本杀"全部在真实场景中完成，毕摩房、风情街等特色景点和建筑都成为助力玩家沉浸体验的场景，游戏也不再仅局限于桌面"推本"环节。玩家通过剧本杀的剧情为线索，在剧情人物的带领下游览古镇的特色风景，体验古镇的特色文化。将剧本杀加入景区能够为景区提供内容加成，将景区内独立的景点通过剧情串联起来，带领游客感受景区特色文化，进行沉浸式体验，提高游客的体验感。

（三）"剧本杀+酒店"：全天候深沉浸式剧本杀

"剧本杀+酒店"模式是指以特殊装修的房间或是整个建筑作为游戏场所，为玩家提供全天候的沉浸式剧本体验。剧本杀引入酒店，既是对文旅融合创新模式的探索，也是对文旅产业和市场需求以及城市度假潮流等方面的探索。

"剧本杀+酒店"模式提高了线下剧本杀准入门槛。剧本杀线下店面临的一个重要问题就是准入门槛低，大量商户争相涌入导致竞争激烈。剧本杀与酒店合作，更长的游戏体验时间对游戏店家的要求提高。首先是对主持人的要求提高，需要其拥有更好的表达与演绎能力，能够带动游戏氛围，让玩家沉浸在氛围里并保持更长的时间。这也反向要求店家不断加强对主持人的培训，培养出更加专业的主持人。其次是对店内游戏环境的要求提高，在长时间沉浸体验过程中店家还需要满足玩家的饮食与住宿需求，这就意味着需要多个游戏场地，为保障玩家的游戏体验，这些场地也必须进行特殊装修，以满足游戏要求。这些要求提高了开设剧本杀游戏的成本，同时由于更沉浸的体验感会吸引更多玩家，使酒店剧本杀成为玩家的更优选择，这也迫使普通剧本杀店家提高前期投入，无形中提高了行业的准入门槛。

"剧本杀+酒店"模式多种服务叠加，提高了酒店收益。该模式将剧本杀游戏融入住宿体验中，相比传统的桌面剧本杀，它能给玩家带来了更加沉浸和综合性的娱乐感受。对于酒店来说，与剧本杀团队合作，举办剧本杀活动，通过收取参与者的入场费用获得收益。鉴于剧本杀较长的游戏时间，玩家可能在活动期间选择在酒店内用餐和入住。这将增加在酒店内的消费，为酒店带来额外的收益。这种模式可以是多种服务的叠加，以剧本杀《梅落》为例来说明。《梅落》是全国第一家民国公馆剧本杀，游戏时长两天一夜（全长约21小时），包括16名玩家和10个NPC。游戏背景设置在1937年抗战前夕，国民政府下令缉拿潜伏在安仁商会中、代号为"梅花"的地下共产党。名伶秋月称自己就是"梅花"，自刎于舞台之上，安仁商会会长刘仁水、二太太刘沁、刘府赵管家及各堂口堂主均被卷入。在剧情中，玩家会更换民国服饰，在真正的民国公馆陈月生公馆中进行游戏。该公馆位于大邑县安仁镇树人街26号，建于1945年，占地面积3875平方米，建筑面积1513平方米，是安仁古镇上绿化运用最多、西式风格最为显著的公馆，造景真实。并运用裸眼3D、激光矩阵、全息投影、空间成像等高科技装置，为玩家提供沉浸式演出。随着行业发展，剧本杀玩家已经对"剧本＋DM＋环境＋品牌"有了初步认知，相比于现行的单一体验模式，"剧本杀＋食宿＋换装拍照"的多重体验模式会更具有竞争力。促进消费、提升收益是酒店在不稳定的市场状况下生存的关键。酒店引进剧本杀，通过剧情推进引导顾客进行消费，将饮食、住宿、拍照等常规活动附加特定内容，增加收益。

结　语

近年来剧本杀行业发展趋势良好，与其他社交游戏相比其娱乐成本更低，并且能够满足当下年轻人的社交需求，加之线上剧本杀游戏APP的推广，使其受到了更多年轻玩家的追捧，成为当下年轻人扩大社交圈的一种有效途径。虽然目前尚有部分问题和乱象，如优质剧本供不应求、盗版现象屡禁不止，以及剧本杀实体店同质化竞争严重等问题，但产业链的延伸为行业带来了新的发展机遇。"剧本杀＋"模式通过延伸到更多的实体店、与知名IP合作以及与文旅产业相结合等方式，为剧本杀行业开辟了更广阔的市场空间。这种发展模式为剧本杀游戏带来新的玩法、增加了吸引力,解决了其当下所面临的困境,有望推动剧本杀行业进入更高层次的发展阶段。因此,剧本杀行业需要积极寻求合作与创新,以适应不断变化的市场需求,推动其向更成熟和多元化的方向发展,同时也为其他行业带来新的体验和发展,实现互利共赢。

(高莹禧撰稿,李辉指导)

音乐剧的中国本土化

序　言

音乐剧于20世纪80年代被引入中国，至今已有40多年的历史。在这期间，中国音乐剧人引入了许多国外经典音乐剧，也一直在不间断地创作中国本土音乐剧。外国原版音乐剧和中文版外国音乐剧虽在中国市场创造了不少票房奇迹，但始终未能达到长期驻场演出的程度；中国原创本土音乐剧数量虽多，但能被观众认可的却少之又少。音乐剧在中国尚未被大多数观众接受的很大一部分原因是音乐剧的本土化程度不够高，大部分音乐剧不符合中国观众的审美需求，不能表现中国人民的生活方式，因而难以引起中国观众的情感共鸣。本文旨在探析音乐剧的中国本土化进程，并对音乐剧"中国本土化"中存在的问题提出简要见解。

一　音乐剧的前世今生

音乐剧是一门综合舞台艺术，集音乐、舞蹈、戏剧于一体，以叙事为主的戏剧表演结合优美通俗的人声歌唱和多样化的舞蹈形体动作，同时融合服饰、布景、灯光等舞台艺术，广泛地采用了高科技的舞美技术，追求视觉效果和听觉效果的完美结合。[①]

音乐剧的起源可以追溯到19世纪的轻歌剧、喜剧和黑人剧。在诞生初期，音乐剧没有固定的剧本，甚至包含了杂技、马戏等元素。进入20世

---

① 钱亦平、王丹丹：《西方音乐体裁及形式的演进》，上海音乐学院出版社2003年版，第423页。

纪，美国作曲家接受一种独特的音乐形式——欧洲小歌剧——包括英国喜歌剧、维也纳小歌剧、法国轻歌剧等的影响，音乐风格与戏剧形式开始从古典歌剧向音乐剧过渡，有意味的情节、优美的音乐和文雅的歌词成为编创者追求的目标。

第一次世界大战后，音乐剧在美国，尤其是百老汇得到高度发展。当时美国音乐剧的内容，偏重谈情说爱及幽默风趣，音乐轻松愉快。这种风格的典型代表人物科恩被人称"百老汇音乐剧之父"。1927年，科恩所作的《演艺船》在某种意义上说也是一部真正的小歌剧。该剧长4小时，首演之夜即对观众造成了很大的震撼。从此，百老汇音乐剧开始了现代剧目的尝试，音乐剧的编导开始更注意故事情节及歌曲的创作，从而更丰富了音乐剧的形式。

与小歌剧并存于同一时代的还有时事讽刺剧，它以没有完整故事的形式和通俗的方式兴盛着。20世纪同样引人注目的还有爵士音乐在音乐剧中的应用。爵士时代的到来使音乐剧的演唱风格发生了较大变化，即将美声唱法与爵士音乐相通并逐渐融合，演唱时接近于真声，自然、亲切，如自然说话般娓娓道来。其代表作即为《当心你的脚步》等音乐剧，在美国取得了巨大成功。

值得一提的是，不少作曲家也将爵士的因素引入创作中。乔治·葛什温开创的就是一种"交响味"的爵士风。1924年，由葛什温兄弟创作的《女士，好样的》开创了20世纪20年代百老汇音乐剧的爵士舞风格。至此，美国音乐剧开启了它的新纪元，作品逐步趋于成熟。

在爵士时代，音乐剧仍然以轻歌剧风格的美声唱法为主；但受爵士乐影响，"爵士乐"也逐渐成为音乐剧的"音乐俗语"。题材上，该时期的作品更多地"去贵族化"，而倾向于讲述日常生活中的故事。这类音乐剧发展到后期，如《西区故事》中已经在整部剧中使用了大量的爵士乐，原本的美声唱法也相对减少。

20世纪40年代，受欧洲轻歌舞剧和爵士音乐、乡村音乐的影响，产生了一大批优秀的百老汇音乐剧经典剧目，如以美国西南部俄克拉何马拓荒地区为背景的《俄克拉何马》；考勒·波特的根据萧伯纳剧本改编的音乐剧《窈窕淑女》等。该时期音乐剧的特点是节奏平稳、曲调简单，且带有叙事性，多为地道的美国乡土特色故事。演员的演唱风格以乡村音乐为主，不使用过多的技巧。

这一时期的音乐剧还受到了乡村音乐的影响。其平易、质朴的特点也逐渐影响着音乐剧的主题。在这几十年中，音乐剧这一艺术形式开始彻底平民化，其受众的群体急速扩大，开始在全球范围内广泛流行。

在20世纪60年代中期至70年代，前卫剧场的观念渗入主流作品，摇滚乐、社会变迁为音乐剧的创作提供了更为丰富的素材，欧洲音乐剧开始兴起，呈现出百花齐放的局面。例如，各国音乐剧作曲家开始接受摇滚乐这一新的音乐形式，创作出了众多优秀剧目。

在这一时期的音乐剧中，演员演唱时的情感表达与宣泄更为直白、坦率，并多使用声音的金属感和冲击力来增加感染力，经常为凸显气氛而使用假声。同时，这一时期的音乐剧打破了它对管弦乐的严格限制，将电声乐器引入其中，从而加强了它的时代感和表现力。直到如今，大量以摇滚乐风格为主的音乐剧仍然活跃在各大舞台。

20世纪七八十年代，音乐剧的创作热潮从美国百老汇转向伦敦西区，英国创造了与美国风格大不相同的音乐剧，出现了一批英国音乐剧经典剧目，引起全世界的瞩目，尤其是作曲家安德鲁·劳埃德·韦伯的《耶稣基督万世巨星》《艾薇塔》《猫》《剧院魅影》等。法语音乐剧也呈现出了兴起之势，例如勋伯格的同名改编音乐剧《悲惨世界》《西贡小姐》等，在音乐和戏剧表现形式上都有了突破和飞跃。

1980年后，英国伦敦西区的音乐剧演出蓬勃，已经追上百老汇的盛况。后来出现法语音乐剧（如《罗密欧与朱丽叶》《小王子》《巴黎圣母院》等），德语音乐剧（如《伊丽莎白》《莫扎特!》等），以及由其他各种不同语言写成的音乐剧。

此时，大制作音乐剧开始风靡。这类音乐剧将古典与现代音乐风格相融，注重体现舞台美术及舞蹈表演的恢宏磅礴，有震撼人心的强大艺术感染力。其演唱风格介于通俗唱法与古典歌剧唱法之间，技巧难度大，对歌唱家的能力要求极高。随着韦伯的"现代派音乐剧"和勋伯格、鲍勃利的史诗派音乐剧风靡世界,大制作音乐剧在当时几乎占据了世界音乐剧舞台的中心位置。在这类音乐剧中,故事题材的选择也越发多种多样,历史事件、名著改编、当代故事皆可入戏。这种音乐剧有更加系统的音乐和戏剧结构,台前幕后的每一个部门必须进行完美的配合,完整度极高。从戏剧的观赏体验而言,这类音乐剧大众的接受度最高。

由此可见,音乐剧这种艺术形式是完完全全的"舶来品",就像大部分中国人吃不惯西餐,中国观众对这种西方本土的、流行的艺术形式大概率会适应不良,所以对音乐剧进行中国本土化,是十分有必要的。

二 音乐剧走向"中国本土化"的途径与具体方式

在中国的音乐剧研究中,"本土化"是一个被提及率很高的概念。郑晖在《论音乐剧的本土化》中提出:"欧美的音乐剧向非西方国家和地区传播时,都会在它那开放性的结构中最大限度地容纳了当地的文化艺术资源,学界称之为'本土化'。"[①]周映辰在《全球化时代的中国音乐剧》中提出,音乐剧的中国本土化有四种含义:一种目标,使音乐剧在中国扎根,成为具有中国民族特色、气派、风格、口味的艺术种类;一种手段,即在音乐剧中加入中国元素,使之符合中国人的欣赏心理、审美习惯;一种过程,在西方音乐剧艺术形式架构中,中国本土文化元素从少到多的递进动态过程;一种结果,即音乐剧已在中国扎根,成为具有中国民族特色、气派、风格、口味的艺术种类。[②]

笔者认为,"本土化"是一种结果,更是一个过程。音乐剧作为一种艺术形式从西方诞生,改革开放后传入中国,传入的剧目甚至整个艺术形式经过中国音乐剧人的内化、改编和再创,重新输出给中国观众,观众经过欣赏、思考后再将信息反馈,使音乐剧更能符合中国观众的审美需求,表现中国人民的生活方式,引起中国观众的情感共鸣。

(一)"本土化"的途径

音乐剧的本土化,从完全陌生到自我内化再到熟练运用,需要长时间

[①] 郑晖:《论中国音乐剧的本土化》,《中国音乐学》2006年第3期。
[②] 周映辰:《全球化时代的中国音乐剧》,北京大学出版社2016年版,第14页。

的学习和实践。音乐剧作为完全外来的艺术形式，在中国完全没有相关理论基础，如果只学习西方音乐剧理论知识，必定导致"消化不良"，因此还需要引进经典的、成熟的音乐剧作为"参考答案"，在不断模仿、改编的过程中逐渐形成自己的理论体系。于是，音乐剧的本土化主要通过以下三种途径完成。

1. 引进原版，适当增加当地特色

一般经典的、已收获较大成功的音乐剧都会受到严格的版权保护，但为了使当地观众更有代入感，演出时会在尊重版权的前提下加入地方特色，如音乐剧《猫》在中国巡演时，会将猫生活环境更加"中国化"，场景中的道具会使中国观众看后倍感亲切，如中文的报纸、中国常见的饮料包装、中国的车牌等。

2. 主要内容不变，本国语言演出

为减少语言障碍，使本地观众能更直接更充分地欣赏音乐剧，出品方会将外国音乐剧转换为自己国家语言版本，包括台词的翻译和歌词的译配。比如法语音乐剧《悲惨世界》已被翻译成了英、德、日、韩等22国语言。

3. 借鉴表现形式，内容本土原创

欧美音乐剧是全球音乐剧中的主流，但只靠单纯引进是满足不了本地观众的审美需要的，并且一些音乐剧的题材、故事发生的背景只有本地观众能够感同身受，这些都是引进外国音乐剧所不能满足的，于是各个国家的音乐剧人都开始了原创之路。近10年，韩国原创音乐剧数量大增，同时，韩国也引领了小剧场音乐剧的风潮，原创小剧场音乐剧《也许美好结局》《烟雾》等广受好评，被多国引进。

(二)"本土化"的具体方式

"音乐"与"戏剧"是构成音乐剧的两大要素。想要实现音乐剧的本土化，就需要在这两方面下大功夫。

1. 音乐本土化

音乐是音乐剧的主要表现手段之一，剧中的人物塑造、剧情推进、气氛渲染等都离不开音乐，而本土的音乐风格更能打动观众，也使音乐剧有更明显的地区特色。如中国原创音乐剧《蝶》中多次出现《梁祝》的旋律，剧中歌曲也大多采用五声调式，使《蝶》散发着浓郁的中国风；音乐剧《虎门销烟》中则化用《彩云追月》的曲调表现主角夫妻二人在"国"与"家"之间的艰难抉择。

2. 语言本土化

音乐剧是一种综合性的艺术形式，它既具有音乐性，又具有文学性，并带有许多文化因素。所以音乐歌曲的创作翻译涉及音乐和文学两个方面，对作者和译者提出了更高的要求。

普通话有阴阳上去四声，还有诸多同音字，如"灯塔"和"等他"两词同音，只听不看，只能靠上下文语境和声调分辨意义。但如果上下文一致，如"你是不是在灯塔""你是不是在等他"，就纯粹凭声调分辨。当下，中国有很多音乐剧由国外引进，引进的作品大部分来自美国、英国、德国和韩国。当那些脍炙人口的歌曲引入中国，曲调已经成熟定型，在进行歌词翻译时，中文歌词不仅要信达雅，还要在押韵的基础上，在中文声调上符合音阶的变化，才能让观众听懂中文。这实在是难上加难。如果无法做到音调起伏与旋律的配合，就会出现"倒字"的现象，严重时很容易影响到对歌词意思的理解。无法第一时间听懂歌词，这对观众来说是极大的痛苦。

3. 题材本土化

每个国家都有自己独特的历史文化背景，而观众的意识层面活动必然会受到历史文化的影响。中国许多民间传说、经典作品都可以被当作音乐剧的题材。中国第一部大型原创音乐剧《金沙》将背景定位在四川成都金沙遗址，这部音乐剧用西方"舶来"的艺术形式讲述了中国故事，传播中国物质文化遗产中包含的文化内涵，体现出了巨大的文化经济价值。在《金沙》之后诞生了很多以中国故事为主题的音乐剧，如三宝的《蝶》以《梁山伯与祝英台》为题材；音乐剧《日出》改编自曹禺先生的话剧剧本；音乐剧《赵氏孤儿》改编自春秋时期的历史故事和元代纪君祥创作的杂剧《赵氏孤儿大报仇》；音乐剧《在远方》改编自同名电视剧，讲述了中国快递业的发展；音乐剧《绽放》讲述了"燃灯校长"张桂梅的感人故事。

三　音乐剧中国本土化的过程

20世纪80年代至90年代初，音乐剧市场在欧美地区稳步扩大，音乐剧也通过一些华人华侨、留学生逐渐引入中国。这一新兴的文化娱乐模式迅速引起了中国各大歌舞剧团、歌剧团的重视，纷纷开启了音乐剧引进、创作之路。例如中央歌剧院以中美文化交流为契机将百老汇音乐剧《异想天开》引入中国，并推出了中文版本。在音乐剧原创方面，大多以改编电影、话剧剧本，再添加音乐、舞蹈，最终加工成为"IP改编音乐剧"，如南京军区歌舞团改编自同名电影的原创音乐剧《芳草心》。带有政治色彩的"国外引进音乐剧"加时下流行的"大IP改编音乐剧"，构成了音乐剧中国本土化的第一个阶段。

20世纪90年代至21世纪初，除国家、地方剧团之外，许多商业性质的演出团体、音乐制作公司也加入音乐剧制作的队伍中，最著名的就是香港天星娱乐集团制作的音乐剧《雪狼湖》，打开了中国音乐剧的商业化道路。同时，北京、上海的各大艺术院校，如中央戏剧学院、上海音乐学院纷纷设立音乐戏剧系，开始培养中国的音乐剧人才，于是，许多带有实验性质的原创音乐剧纷纷出现。这些音乐剧有很强的模仿痕迹，追求大场面、大制作和明星演员加持，但音乐和剧情的不成熟无法支撑宏大的制作，导致这一时期的原创音乐剧比起"戏剧"来说更像是一场大型晚会。但在这个时期的末尾，一部中国原创音乐剧历史上里程碑式的剧目诞生了——中国第一部原创大型音乐剧《金沙》。《金沙》以四川金沙遗址为背景，讲述了太阳神鸟"金"与考古学家"沙"跨越千年的爱情故事。虽然这部音乐剧比起现在的音乐剧在音乐叙事性、剧本故事性等方面仍有很大的差距，但在那个时期，《金沙》凭借优美的音乐、宏大的舞美效果和明星阵容在全国引起了巨大反响，也成为"音乐剧"这种舶来的艺术形式在中国观众心中的代名词。

2005年至2015年，以上海大剧院为代表的中国演艺集团开启了"中外合作"模式，开始大批量引进原版外国音乐剧并进行中文版的改编，引进的范围也从美国扩大到德国、法国、英国等欧美国家，如伦敦西区音乐剧《剧院魅影》《猫》、德语音乐剧《伊丽莎白》、法语音乐剧《罗密欧与朱丽叶》，等等。虽然这一时期的中国原创音乐剧市场也进行了很多尝试，但在成熟的国外引进剧的冲击和对比之下，整体而言收效不算乐观。一些剧目虽然观剧评价认可度不错，如由李盾执导的原创音乐剧《妈妈再爱我一次》《爱上邓丽君》等，但是市场收益不高。

2015年前后，北京天桥艺术中心和上海文化广场两个专门为音乐剧演出服务的大型演艺场所的建成标志着中国音乐剧发展进入新时代，上海也凭借着优秀的对外资源成为中国音乐剧的中心城市。许多音乐剧制作公司纷纷成立，成为中文音乐剧制作的主力军。2018年，随着湖南电视台一档音乐综艺节目《声入人心》的播出，音乐剧吸引了大批年轻观众的关注，成为一种新型的文化娱乐消费方式。

2019年至今，中国音乐剧市场仍然主要以引进剧和原创剧两部分构成，原创剧处于劣势状态。在引进剧方面，各大音乐剧制作公司为抢占市场，纷纷大量引进成本较低的韩国音乐剧，完成中文版改编后进行演出。可是由于引进剧目数量庞大、中方制作时间有限、中韩两国文化差异等原因，中文版引进剧的质量大多有所下降，出现了剧本、译配质量低的情况。但可喜的是，中国音乐剧在演出形式方面做出了极大创新。2020年初，由于新冠疫情的影响，传统剧场的演出计划被疫情限流阻碍。但得益于上海"演艺新空间"政策，所有通过安全检查的场所均可改建成小剧场进行演出，"环境式音乐剧"应运而生。小剧场大多空间狭长，为了保证所有观众视野不被遮挡，于是出现了舞台集中、观众散坐的剧场布局，并根据故事背景装修、布置剧场，试图打破戏剧的"第四面墙"，让整个剧场都成为故事发生的场景和演出空间，实现演员与观众的近距离交互。在原创音乐剧方面，IP改编仍是其主流模式。例如上海缪时文化传播有限公司推出的"悬疑宇宙"系列音乐剧，分别改编自同名推理小说《嫌疑人X的献身》以及同名网剧《沉默的真相》《隐秘的角落》《猎罪图鉴》。四部音乐剧邀请知名音乐人参与作词作曲，运用震撼的舞美效果，吸引了大批热爱悬疑剧目的观众，开启了中国音乐剧的"悬疑"热潮。原创剧本音乐剧大多在沉浸式小剧场中诞生，如魅鲸文化出品的环境式小剧场音乐剧

《梦微之》，一台好戏出品的沉浸式音乐剧《翻国王棋》《灯塔》等。其中《翻国王棋》实现了中国音乐剧版权首次"出海"，于 2023 年底进军韩国音乐剧市场。

笔者认为，音乐剧的中国本土化过程包含两大问题：一是在面对引进剧时，如何在剧本改编、歌曲译配等方面更符合中国观众的认知习惯；二是针对音乐剧这一艺术形式，如何摆脱对西方现有体系的模仿，创作出更符合中国观众审美需求的原创音乐剧。

对引进剧的本土化加工主要有两个阶段：中国公司将音乐剧剧目引入，并对其进行"本土化加工"，如剧本的改编和歌词的译配以及根据演出场地声场情况对编曲进行改编；经过"初步本土化"后的中文版剧目在国内演出，出品公司收集观众意见后推出 2.0 甚至更新版本，实现"进一步本土化"。

第一阶段：中国公司将音乐剧剧目引入，并对其进行"本土化加工"，如剧本的改编和歌词的译配以及根据演出场地声场情况对编曲进行改编。以音乐剧《粉丝来信》中文版为例。韩国音乐剧《粉丝来信》剧情如下：朝鲜被日本统治时期，一位叫世勋的朝鲜留日学生，用"HIRAKU（光）"的笔名给喜欢的作家金海振写信诉说心中痛苦。HIRAKU 的信件也安慰了处在痛苦绝望中的海振，海振误以为 HIRAKU 是女性，对 HIRAKU 产生了好感。回国后，世勋进入了海振工作的编辑部，继续以 HIRAKU 的名义与海振通信鼓励海振写作。海振患有严重的肺结核，但常常因为 HIRAKU 在信中的鼓励不顾自己的身体写作。剧末海振去世，世勋在海振遗留的手稿中发现海振已经知道了事情的真相，并找到了海振真正写给他的信。

该剧于 2021 年由上海文化广场剧院管理有限公司引入，但由于历史背景原因，肯定不能对该剧只进行歌词的译配和剧本的翻译，而需要将剧本背景、人物身份进行改编使其更符合中国历史。于是《粉丝来信》的中文剧本改编者王凌云对剧本主要进行了如下两点改编。

一是将故事背景设置在了中国文学与出版的重镇——上海，描绘了 20 世纪 40 年代的文人世界。20 世纪三四十年代 中国与原版剧情中的朝鲜同样面临日本的侵略，有着相似的社会历史背景，改编后不仅不会改变剧本的原始走向，还使中国观众更能感同身受。

二是将主角的名字中国化。金海振改为金海鸣，世勋改为郑微岚，HIRAKU（光）改为夏光。"岚"意为"山林中的雾气"，与夏光名字中的"光"给人以鲜明的反差感，表明虽然微岚和夏光是同一个人，但是二者性格完全相反。在歌词的译配中也多次使用"雾"与"光"的意象，在具有象征意味的同时也使歌词充满诗意。

值得一提的是，对引进剧的中文版改编并不是强求把所有的故事都中国化，而是在保证剧情走向的同时，对话、旁白、歌词的翻译做到"信、达、雅"，将整部剧改编为最容易被中国观众所接受的样子。

第二阶段：经过"初步本土化"后的中文版剧目在国内演出，出品公司收集观众意见后推出2.0甚至更新版本，实现"进一步本土化"。经过第一阶段本土化加工的音乐剧在首轮演出中难免会暴露出一些细节上的问题，比如词译配导致的唱词听不清、演员与灯光的配合问题以及麦克风调试问题导致的淹麦等等。有时观众也会提出对剧本改编、歌词译配、演员表演方式等方面的思考和建议，这也有助于出品方对剧目作进一步本土化。

这一阶段可以用德弗勒互动过程模式来解释。德弗勒互动过程模式20世纪50年代由美国社会学家德弗勒创立，又称"大众传播双循环模式"。在该模式中，信息源通过"发射器"发射信息，经过一定渠道到达"目的地"，而目的地又可以成为新的信息源发射信息，从而对初始的信息源进行影响。在这个过程中，"噪声"会影响信息传递的每个步骤，从而造成一定误差。经过初步本土化加工的音乐剧可以被视为最初的"信息源"，信息以演员的表演、歌唱为媒介传递到观众，观众在欣赏表演后，会产生自己的想法并通过一定反馈手段将信息传达给出品方，这时观众就变成了新的"信源"；"发射器"为观众表达自己想法时使用的设备，如手机、电脑等；"媒介"一般为微博或线上售票平台，比如音乐剧《银河铁道之夜》中文版的出品方会关注微博上的留言信息和售票平台的观众评论；"接收器"为出品方接收观众反馈信息的设备。出品方会将这些反馈信息进行统计，然后和主创团队进行对剧本、歌词、演员表演方式的改进，比如《银河铁道之夜》在一轮演出结束后对歌词进行了大幅度修改，在第一版歌词的基础上修改了歌词的语序,使观众只凭借听觉就能听清、理解演员的演唱,从而在其二轮演出中能够给观众以更好的体验感,也使观众对音乐剧的情节有了更清晰的理解。

四 关于音乐剧"中国本土化"的思考

目前,音乐剧中国本土化的进程似乎进入了一个"瓶颈期":由于疫情防控,近几年几乎没有国外经典音乐剧的国内巡演;中文版音乐剧则大多自韩国引入,风格比较单一,虽然也有引入的如音乐剧《罗密欧与朱丽叶》《基督山伯爵》《安娜·卡列尼娜》《剧院魅影》等欧美经典大制作音乐剧中文版,但这些音乐剧的时代背景、作品风格等与中国文化环境大不相同,本土化的空间很小;中国原创音乐剧则出现了模仿痕迹过重、剧情过于简单、旋律没有记忆点等问题,反响好的作品不多。对于这些问题,笔者认为,国内音乐剧人应该将目光投射到我国的现有资源上,深入挖掘中国悠久历史、悠长文脉、优秀传统文化中可以用作音乐剧的素材,逐步摆脱对欧美、日韩音乐剧模式的模仿,推动"音乐剧"这一舶来的艺术形式本土化,创作出更多的优质原创剧本。

笔者认为,在原创剧本音乐剧的制作上,中国音乐剧还存在以下几个方面的问题。首先,在剧本选材方面。虽然近年来出现了一些评价不错的原创音乐剧剧本,但讲述中国故事的并不多。如音乐剧《翻国王棋》在选材上借鉴了北欧神话故事,《灯塔》则是讲述了海盗的故事。其次,在音乐创作方面。音乐剧源自欧美地区,音乐形式也以流行音乐和摇滚音乐为主。以现代音乐作为音乐剧的主要音乐形式并无不妥,但更应将曲风向整部剧的风格贴近。如果在古装音乐剧中出现了 rap,那就非常违和了。最后,在表演形式方面。虽然中国音乐剧已经做出了环境式音乐剧的创新,但在沉浸式小剧场遍地开花的今天,环境式音乐剧已是屡见不鲜。如何创作出让观众耳目一新的表演形式,是亟待解决的难题。针对以上几点问题,笔者认为有以下几种解决方式。

首先,在剧本选材方面,可以深入挖掘中国悠久历史、悠长文脉、优秀传统文化中可以用作音乐剧的素材,用音乐剧讲述中国故事。近年来,《觉醒年代》《杨戬》《蝶变》等取材于中国历史和神话故事的音乐剧先后完成制作并进行演出，获得了大量观众的好评。同时，一些原创的创新实验剧目也正在创作过程中，比如《摇滚太白·诗与星》《摇滚鲁迅》等。这些原创音乐剧为中国音乐剧的剧本选材提供了很好的思路，中国有丰富的神话传说和文学作品，也有很多传奇历史人物，这些都可以成为音乐剧的表现主题。

  其次，歌曲创作方面，需要考虑吸收传统曲艺精髓。由于欧美地区的语言没有音调，所以歌曲旋律也不用考虑音调起伏对歌词理解的影响。但普通话有阴阳上去四声，如果作曲时不考虑音调变化就容易出现倒字现象，影响观众对歌词的理解，所以中国音乐剧在创作歌曲时不能照搬欧美的作曲风格。笔者认为，传统的民歌、小调以及五声调式都可以作为歌曲创作时的参考，诗词也是歌曲创作过程中很好的素材。三宝的音乐剧中就化用了许多传统曲目，比如《梁祝》《彩云追月》中的曲调，使歌曲充满浓郁的中国风味。

  最后，在舞台表现形式方面，以数字技术助力音乐剧的本土化。在表演中加入裸眼3D、多媒体等舞台效果，增强观众的沉浸体验。在传统的舞美设计中，舞台场景的切换主要靠场务人员对舞台布景的移动以及演员的妆造变化。但是如果使用多媒体技术对舞台场景进行控制，就能实现时间、空间的灵活转换。比如在音乐剧《狗和猫的时间》中，由于两位演员分别扮演狗与猫，动物视角与人类大不相同，于是演出利用多媒体播放照片与视频的方式展现狗和猫的视角，使观众更有代入感。裸眼3D技术也可以运用在音乐剧中以增强观众的沉浸式体验。比如在音乐剧《猎罪图鉴》中，男主角沈翊最后跳入大海寻找濒死的感觉，这时舞台通过灯光和LED屏幕的配合，展现出十分真实的漩涡场景，仿佛演员与观众同时被卷入了那片大海中，在令人耳目一新的同时增强了现场观剧的沉浸感。

  音乐剧的中国本土化任重而道远，希望有一天，中国音乐剧能够像百老汇音乐剧、伦敦西区音乐剧那样，成为世界知名的文化艺术品牌，通过音乐和戏剧向世界范围内的观众讲述中国故事，传播中国文化。

（孙骐越撰稿，李辉指导）

杂技剧《铁道英雄》火出圈，专访剧中主演：超越"炫技"，以"技"讲"剧"

  山东省杂技团杂技剧《铁道英雄》曾作为开幕演出登上第十一届全国杂技展演的舞台，再次向观众展示了以铁道游击队长老铁与地下交通员凤兰为代表的"英雄群像"。剧中，杂技演员们以技演剧，塑造了一个个鲜明而深刻的人物形象。日前，记者采访了该剧四位男女主演，解读台前幕后的演员故事。

一 新"技"

  据了解，《铁道英雄》巧妙地用杂技艺术讲述了鲁南铁道游击队、鲁南人民抗日义勇大队抗击日本侵略者的英雄事迹。与传统的杂技表演不同，《铁道英雄》并不局限于"秀技术"的层面，而是形成了杂技技术、故事情节、舞台布景等多方融合的杂技剧。值得注意的是，《铁道英雄》在杂技节目的选取上没有偏向传统优势动作，而是大胆突破、敢于创新，在传统的"绳技""吊环""跟头""蹬人"等技术的基础上创造性编排，用动作讲述剧情。

  "扒火车"是该剧的关键情节，舞台上 1∶1 复刻的火车在铁轨上驰骋，游击队员"扒火车、杀敌寇、抢物资"，在正在移动的火车周围上下翻飞。如何与高难度动作融合、克服技术问题成为难点。男主老铁的两位扮演者郭庆龙、全昭明表示，在移动物体上做动作是从来没有过的，在"运动的时空"中表演对于演员来说是一次全新挑战。为了攻克技术难关，让动作随剧情而行，杂技团聘请专业的跑酷演员，学习跑酷动作的可取之处，与传统杂技动作"跟头"有机融合，创造出富有艺术感、饱含精气神的翻腾画面，一跃一翻之间彰显英雄气概。

值得注意的是，在"爱在微山湖"篇章中，为表现凤兰与老铁的细腻感情变化，《铁道英雄》团队原创了"U 形绳"技术。"爱在微山湖"是全剧最浪漫、最唯美的片段，也是最能见杂技剧表演张力的片段，在浪漫与唯美的背后，"U 形绳"的从无到有，离不开主创团队的大胆革新和演员幕后的不懈努力。广泛找寻灵感来源、翻阅国内外视频资料、创造性结合其他杂技技术，集百家智慧于一绳之中。凤兰的一位扮演者张旭表示："在选择表现方式上，我们摸索了很久，考虑过绳子、网吊、绸等多种道具，最后结合微山湖剧情，选择了模拟渔网的绳子，为了模拟湖上场景，将绳子两端吊点吊起，这是一次从无到有，从有到优的创新。"① "开始创节目的时候是挺难的，一步一步摸索的。一开始两手抓到换一手抓，再到转体或者抓脚都很有难度，尤其是在高空中很容易受伤。"② 凤兰的另一位扮演者张立梅说。

杂技向杂技剧的转变，是杂技的艺术升华，这要求杂技要融合其他艺术形式与艺术元素，这种艺术审美的跃升让杂技从单纯的"炫技"发展为以"技"讲"剧"。老铁的扮演者仝昭明表示："随着观众的审美水平与杂技艺术的发展，对演员的要求更高了，其实我们现在演剧，就是在讲故事，要把故事讲透彻明白，让观众能够接受。"③

二 "磨"剧

从 2020 年创排到登上第十一届全国杂技展演的舞台，《铁道英雄》已经经过了五次创排，台上一瞬间的璀璨，是演员们用无数日夜的勤学苦练换来的。

看着饰演小小子的演员一天天长大，张立梅仿佛看到了三年间为《铁道英雄》挥洒过的汗水浇灌出喜悦的果实。"在五次创排中，我努力做到每次

---

① 被采访人：张旭，采访地点：山东省杂技团，采访时间：2023 年 4 月 3 日 9 时，根据录音整理。
② 被采访人：张立梅，采访地点：山东省杂技团，采访时间：2023 年 4 月 3 日 9 时，根据录音整理。
③ 被采访人：仝昭明，采访地点：山东省杂技团，采访时间：2023 年 4 月 3 日 10 时，根据录音整理。

杂技剧《铁道英雄》火出圈,专访剧中主演:超越"炫技",以"技"讲"剧"

都有提升,为了演好凤兰被关囚笼的片段,很注重对核心力量的训练。"① 张立梅说。几年之间,一刻不敢懈怠,不定期练习引体向上、卷腹等核心训练。只有核心足够强大,才能展现出角色在被囚时的绝望与不屈感。

杂技剧对演员情感投入的要求高,动作变化幅度大,这也意味着势必比普通杂技表演更消耗自身的力量,对演员的体能提出了更高的要求。"这场杂技剧很考验演员个人的综合实力,为了演好'穿越封锁线'时老铁的速降情节,最初要穿戴威亚衣、灵活掌握高空技术和地面技术,同时还要注意表情管理和感情投入。"② 老铁的一位扮演者仝昭明讲道。实际上,为了这一系列动作能够完美展现,仝昭明常加倍负重训练此环节,来确保登台演出时的准确无误。

另一位老铁扮演者郭庆龙表示,速降这一技术是杂技演员从来没有接触过的领域,这在专业和心理上都是不小的挑战。在教练的耐心指导下,在自己的不懈努力下,从低到高进行,扎扎实实练习,不贪多、不松懈,终于有舞台上老铁神兵天降的精彩一瞬。③

三 "演"剧

《铁道英雄》用杂技创作故事,重在用"技"塑造和表达人物情感,要讲好铁道故事,离不开鲜活的角色塑造和生动的情感表达。

"不管演什么都要先去了解,只有在了解的基础上演绎才能把握角色内心世界。凭空拿来的情感都是空中楼阁,切身的体会才能打动人心。"④ 张旭说。为全情投入老铁和凤兰的角色,恰如其分地表达游击队员的人物情感,郭庆龙和张旭在创排的间隙来到枣庄铁道英雄博物馆,亲身体验那一

---

① 被采访人:张立梅,采访地点:山东省杂技团,采访时间:2023 年 4 月 3 日 9 时,根据录音整理。
② 被采访人:仝昭明,采访地点:山东省杂技团,采访时间:2023 年 4 月 3 日 10 时,根据录音整理。
③ 被采访人:郭庆龙,采访地点:山东省杂技团,采访时间:2023 年 4 月 3 日 10 时,根据录音整理。
④ 被采访人:张旭,采访地点:山东省杂技团 采访时间:2023 年 4 月 3 日 9 时,根据录音整理。

段激情燃烧的岁月。郭庆龙谈道："看到铁道英雄博物馆的陈列，我的第一反应就是触目惊心，从老照片中似乎看到了以老铁为代表的游击队员为民族而奋斗的身影。"①

谈到全剧情感表达最精彩的片段，两位饰演凤兰的演员不约而同地谈到小小子被刺杀的片段："一个母亲痛失孩子的悲愤、痛苦、无助，各种情感杂糅在一起，让现场观众无不触动落泪。"②张旭、张立梅表示，因为当时自己还没有孩子，要深刻理解和演绎凤兰当时的心情并不容易。

为了演好这一复杂情感，张立梅在演出时会以宠物来作情感想象，但总不能完全满意。后来，张立梅的外婆不幸离世，一时陷入悲伤。在后来的演出中，张立梅对凤兰失去至亲之人的痛苦情绪有了更深刻的理解。张旭则将"艺术来源于生活又高于生活"践行到生活中，她常常在上下班路上观察女性的状态，并从中获取灵感和启发，由此更好地进行情绪表达和传递。

"老铁拔起插在中国土地上的日本旗这一举动，虽然只是一个很小的举动，但贯穿剧情始终，背后展现的是老铁对这片土地的敬畏之心。"③郭庆龙谈到，小小的动作可以传达出人物性格，角色的塑造，与剧情契合的动作固然重要，容易忽略的细节也是在表演中值得推敲的。

舞台上并不是只有主角。"每个演员都在用一丝不苟的态度和专业的技术演绎着角色，一部杂技剧的成功离不开每一个演员的认真和执着，最终才会有《铁道英雄》这一堪称经典的作品。"④张旭说。

（焦腾、曹鹏洁、赵静宜撰稿，发表于《山东商报》2023年4月11日第13版，此次出版题目略有改动）

---

① 被采访人：郭庆龙，采访地点：山东省杂技团，采访时间：2023年4月3日10时，根据录音整理。
② 被采访人：张旭、张立梅，采访地点：山东省杂技团，采访时间：2023年4月3日9时，根据录音整理。
③ 被采访人：郭庆龙，采访地点：山东省杂技团，采访时间：2023年4月3日10时，根据录音整理。
④ 被采访人：张旭，采访地点：山东省杂技团，采访时间：2023年4月3日9时，根据录音整理。

光影世界

"社会派"推理小说的影视改编策略探析

——以《隐秘的角落》《沉默的真相》为例

序 言

近年来,悬疑题材的影视作品显现了跨越圈层的影响力,《隐秘的角落》《沉默的真相》《白夜追凶》《摩天大楼》等多部悬疑剧的火爆引发众人关注。其中,形成大范围讨论的剧目都触及社会焦点问题:"原生家庭""社会医疗保障制度""官商勾结"……截至2023年3月,由爱奇艺"迷雾剧场"推出的《隐秘的角落》《沉默的真相》的豆瓣评分稳定在8.8分与9分,实现了商业性与艺术性并驾齐驱的双丰收。两部影视剧分别改编自作家紫金陈的"社会派"推理小说《坏小孩》与《长夜难明》。

"社会派"推理小说源自日本,是推理小说的类型之一。推理小说最初源于美国,旧称"侦探小说"。传入日本的侦探小说经历了本土化的发展历程,于明治维新时期崭露头角。在二战结束后的文字改革中,日本人废除了汉字"侦"。自此,"侦探小说"的官方名称被更改为"推理小说"。实际上,早在20世纪20年代,日本作家兼评论家水谷准就已经提出了"推理小说"的概念,其后在作家木木高太郎的倡导下,"推理小说"一词逐渐被大众认可和接受。

推理小说是以推理为主要构成要素,以设立悬念并运用逻辑推理方式进行侦查破案为主干内容的小说类别。[①] 推理小说的流派众多,如"本格派"注重推理解谜、以科学逻辑的方法侦破案件;"变格派"内容大都阴

---

① 帅松生:《日本推理小说的发展与特点》,《当代外国文学》2000年第4期。

森恐怖、荒诞不经,是惊险、色情等猎奇元素的糅合。20世纪50年代,作为战败国的日本百废待兴,社会制度黑暗糜烂,"社会派"作为揭示社会弊病的工具应运而生。它不只是简单地停留在描述与解决案件的层面,而是将案件与社会矛盾紧密结合,并注重挖掘人物的犯罪动机、探索和追究犯罪的社会根源,由此探讨社会问题与人性。"社会派"使日本推理小说挣脱了通俗文学的束缚,上升至文学性与思想性兼具的纯文学高度。作为日本的主流读物,"社会派"发展繁荣、作家众多,其中最具代表性的非松本清张莫属。作为"社会派"的开山者,他与"本格派""变格派"的掌门人江户川乱步、横沟正史并称为"日本推理文坛的三大高峰"。

改革开放后,松本清张的《砂之器》《点与线》被引入中国,"社会派"推理小说真正走进中国读者的视野,国内译介日本推理小说的热潮也由此产生。[1] 事实证明,中国具有巨大的推理小说消费市场,东野圭吾、宫部美雪、伊坂幸太郎等日本推理作家的作品常常位居图书销售榜单前列。然而,作为"舶来品"的推理小说在中国长期处于被动接受的状态,其本土创作十分贫弱,"社会派"推理作品更是寥寥无几。幸运的是,近年来互联网的发展为中国推理小说的传播与创作提供了平台,一批优秀的作家作品才得以走进大众视野:紫金陈的"推理之王"系列;周浩晖的"暗黑者四部曲"系列;那多的《19年间谋杀小叙》;中国香港陈浩基的《1367》《网内人》……其中,紫金陈的作品由于在创作风格、手法等方面都近似日本"社会派"推理小说,被小说出版商冠以"社会派"的头衔。尤其在创作《高智商犯罪》系列之后,他的《坏小孩》《长夜难明》等作品更注重挖掘"为何行凶"的杀人动机,刻画人性冷暖与社会嬗变,[2] 经小说改编的影视亦呈现鲜明的"社会派"特色。在学术界,王喆[3]、汤锦花[4]等学者将这些小说的类型明确定义

---

[1] 王成:《松本清张的推理小说与改革开放后的中国》,《日语学习与研究》2010年第4期。

[2] 诸鸿雁:《紫金陈"社会派"推理作品三部曲的网剧改编研究》,硕士学位论文,浙江大学,2021年。

[3] 王喆:《新媒介语境下网络悬疑小说的影视改编策略——以紫金陈"悬疑三部曲"为例》,《西部广播电视》2022年第7期。

[4] 汤锦花:《国内社会派推理小说的影视化改编研究——以紫金陈作品为例》,《广西教育学院学报》2022年第1期。

为"社会派"推理；学者李晓津和杜馥利也认为其改编剧在推理风格上更偏向"社会派"推理。① 因此，笔者在本文中把紫金陈的作品归入"社会派"推理范畴，并作为本土化的"社会派"推理代表作加以阐释。

近年来，推理小说受到影视改编市场的青睐，二者的联合有望达成"双赢"的合作效应：一方面，推理小说的原有读者群使影视作品具有基础的流量受众；另一方面，影视媒介又能促进本土推理小说的传播及影响力提升。与以精密的逻辑推理或诡谲的猎奇情节为特色的"本格派""变格派"等流派不同，"社会派"推理小说对复杂人性进行深刻审视，具有极高的社会性和话题度，十分适合改编成悬疑剧作，将是未来改编剧的重要"内容池"。

（一）研究意义

其一为理论意义。笔者在梳理相关文献时，发现学术界对"社会派"推理小说影视改编研究的关注较少。在中国知网搜索"'社会派'推理""影视改编"等关键词，文献多聚焦于"社会派"推理小说的艺术特色、社会悬疑剧的类型化特点及叙事分析，涉及改编的文献多为针对某一方向的"点"式研究，未在跨媒介叙事理论的视野下对文本到影像的提升策略进行系统的探索。因此，展开对《隐秘的角落》《沉默的真相》的改编研究，有利于丰富跨媒介叙事理论的研究样例，对学界的推理小说影视化研究做出较为系统化的补充。

其二为现实意义。不同于都市或"甜宠"类型的影视作品，社会悬疑类影视对逻辑性、叙事性、细节展现等要求更高。由于存在逻辑硬伤、剧情老套、精神内涵不足的问题，部分悬疑剧受到了观众的批评。题材的敏感性也要求悬疑剧"戴着镣铐跳舞"，大大提升了其改编的难度。因此，本研究总结的改编规律能为后来者提供具象的参考，有利于更多精品悬疑影视作品的产出与悬疑影视市场的繁荣发展。

（二）文献综述

针对"社会派"推理小说《隐秘的角落》《沉默的真相》的影视改编

---

① 李晓津、杜馥利：《国内悬疑类网剧的类型化创作研究》，《当代电视》2022年第3期。

问题，在中国知网以"'社会派'推理小说改编"作为关键词查阅后发现，相关文献仅2篇。这表明，当前国内外学术界关于"社会派"推理小说的影视改编研究尚处于待完善状态。针对现有研究，经过梳理，笔者认为较有价值的文献可分为以下两类。

第一类与《隐秘的角落》《沉默的真相》的改编情况相关。目前国外没有成熟的研究，而国内研究大多为未形成系统化论述的期刊论文，仅针对一个方向出发的"点"式研究较为普遍。杨博雅在《从IP向悬疑小说到超级网剧的改编策略探析——以网络剧〈隐秘的角落〉为例》中指出，在风格基调上，改编剧将原著《坏小孩》暗黑的底色向温暖阳光的方向扭转，并扩展了数条支线剧情以打造家庭群像;[1] 张富丽和贾想在《现实题材网络文学改编剧的突围——从〈长夜难明〉到〈沉默的真相〉》中指出，相较于原著《长夜难明》，《沉默的真相》补充了严良参与案件之前丧子、离异、兄弟重伤等人生经历，增添了阴郁、渴望救赎的特质，使他毅然查案的行为动机更加合理化;[2] 谢珍晶在《人性的善与恶——论电视剧〈隐秘的角落〉对小说〈坏小孩〉的改编》中指出，相较于《坏小孩》赤裸裸地展现朱朝阳的阴暗面，改编剧《隐秘的角落》更注重刻画朱朝阳"黑化"的种种原因，叙述重点转向"诞生恶的过程"。[3] 以上文献侧重于原文本与影视剧的对比分析，从风格基调、情节补充、叙述重点等方面的变化展开论述。李敏在《"迷雾"系列悬疑剧的叙事和影像探索——以〈沉默的真相〉为例》中指出，《沉默的真相》寻求多线叙事并行的无缝衔接，在悬疑人物设置上采取模糊呈现的手法;[4] 李晓津和杜馥利在《国内悬疑类网剧的类型化创作研究》中指出，《隐秘的角落》采用环环相扣的锁链

---

[1] 杨博雅：《从IP向悬疑小说到超级网剧的改编策略探析——以网络剧〈隐秘的角落〉为例》，《西部广播电视》2020年第19期。

[2] 张富丽、贾想：《现实题材网络文学改编剧的突围——从〈长夜难明〉到〈沉默的真相〉》，《百家评论》2022年第4期。

[3] 谢珍晶：《人性的善与恶——论电视剧〈隐秘的角落〉对小说〈坏小孩〉的改编》，《湖北工业职业技术学院学报》2020年第4期。

[4] 李敏：《"迷雾"系列悬疑剧的叙事和影像探索——以〈沉默的真相〉为例》，《当代电视》2021年第1期。

式叙事结构，悬念被接连不断地抛出；① 徐丽敏和陶真在《叙事·建构·现实：〈隐秘的角落〉之三重解读》中指出，《隐秘的角落》秉持家庭叙事逻辑进行了主题呈现，检视了问题背后的因果建构，从社会学的角度阐释家庭失能产生的社会性困境儿童的社会现实问题。② 以上文献侧重于分析改编剧的叙事逻辑、叙事结构及叙事主题，为推理小说影视化改编提供了叙事方式上的借鉴。杨培伦在《破圈、建构、现实：中国悬疑涉案剧的发展与突破——以〈隐秘的角落〉为例》中指出，《隐秘的角落》多次使用对比照明、镜像效果、超现实布景等手法使电视剧整体呈现出诡异、压抑、偏执和恐怖的影像世界；③ 谢敏之在《浅析悬疑剧的声音设计——以〈隐秘的角落〉为例》中指出，《隐秘的角落》用写实的声音风格强化故事"真实感"，并利用音乐帮助叙事；④ 郑可彤在《打造上乘音乐为影视作品助力——剖析〈隐秘的角落〉中音乐的绝妙作用》中则更为详细地介绍了配乐、片尾曲等如何达到升华作品主题、展示人物情感的效果。⑤ 以上文献注重分析影视媒介独特的视听呈现，从影像与声音的角度阐释改编剧的魅力。

第二类与影视改编的理论相关。在西方，影视改编理论研究尤其是电影改编理论研究一直受到学者们的关注。一些学者总结了改编的方法与形式，如电影理论家杰·瓦格纳在《改编的三种方式》中提出"移植式""注释式""近似式"三种改编方式，乔治·布鲁斯东则在《从小说到电影》中更赞成一种独立、自由、具有创造性的电影改编；一些学者将改编研究的重点由形式研究转向文化研究，如詹姆斯·奈默尔在《介绍：电影和改编主导》一书中从社会学角度出发，认为改编需要考虑到形式主义之

---

① 李晓津、杜馥利：《国内悬疑类网剧的类型化创作研究》，《当代电视》2022年第3期。
② 徐丽敏、陶真：《叙事·建构·现实：〈隐秘的角落〉之三重解读》，《当代电视》2020年第10期。
③ 杨培伦：《破圈、建构、现实：中国悬疑涉案剧的发展与突破——以〈隐秘的角落〉为例》，《艺术评论》2020年第10期。
④ 谢敏之：《浅析悬疑剧的声音设计——以〈隐秘的角落〉为例》，《戏剧之家》2021年第3期。
⑤ 郑可彤：《打造上乘音乐为影视作品助力——解析〈隐秘的角落〉中音乐的绝妙作用》，《新闻传播》2020年第19期。

外的具体语境,如政治、经济、文化等,并将其作为"互文性因素"来考察;在其基础上,布莱恩·麦克法兰在《从小说到电影:改编理论入门》中从结构主义与叙事学的角度进行客观实证研究,提出文化和语境是研究改编的重要因素。在国内,关于影视改编理论的研究也较为丰富。万传法在《从文学到电影:关于改编观念、理论、模式及方法等的思考》中整理了电影改编的理论框架,认为 21 世纪以来的改编观念"去原著化"明显,改编模式与方式愈加自由灵活;① 郭钟安在《电影改编理论的发展概况与当下困境》中分别阐释了国内、国外改编研究的发展概况,并对如何建构良性的改编作品评价标准提出了建议。以上文献以宏观角度切入,以历时性的眼光梳理了改编理论的发展概况。② 曾一果和杜紫薇的《数字媒介时代网络文学 IP 改编的再思考》与何美的《类型、媒介和审美:近年国产悬疑网剧的破圈之道》都提到"跨媒介叙事"的重要作用,着重分析网络时代的改编现象,认为当下媒介的变更使作品的叙事和审美均呈现了强烈的"时代性"。③

综上所述,经过半个多世纪的发展,国内外关于改编理论的研究已经比较丰富和系统。《隐秘的角落》《沉默的真相》改编剧的"破圈",也使其在学术界有一定的讨论度。令人遗憾的是,学界几乎没有对《隐秘的角落》《沉默的真相》改编策略的系统化分析,也未上升到为"社会派"推理小说的影视改编总结经验的高度。因此,笔者通过研究《隐秘的角落》《沉默的真相》的改编情况,提炼出"社会派"推理小说的影视改编策略,是有研究价值的、有意义的。

一 相得益彰:改编的原因分析

"跨媒介叙事"指一个故事被多种媒体平台讲述,每种讲述方式都为

---

① 万传法:《从文学到电影:关于改编观念、理论、模式及方法等的思考》,《上海师范大学学报》(哲学社会科学版)2020 年第 1 期。
② 郭钟安:《电影改编理论的发展概况与当下困境》,《电影文学》2020 年第 7 期。
③ 曾一果、杜紫薇:《数字媒介时代网络文学 IP 改编的再思考》,《中国编辑》2021 年第 6 期;何美:《类型、媒介和审美:近年国产悬疑网剧的破圈之道》,《当代电视》2021 年第 4 期。

故事添砖加瓦，从而形成更加丰富多元的完整故事体。① 小说改编影视是跨媒介叙事中最常见的类型之一。两者具有诸多相似之处，它们都以讲故事的方式设立一种虚拟情境，设置性格迥异的人物角色与纷繁复杂的人物关系，由此映射人类社会中的善恶与是非。影视在功能上与文学既交叉又互补，它通过补充与完善叙事空间、改变叙事特征和审美呈现，从而形成一个互文、开放、包容的崭新故事世界。

（一）小说与影视的"联姻"

小说与影视"联姻"的世界历史源远流长。1897 年的《南茜·赛克斯之死》是最早改编自小说的电影，出自查尔斯·狄更斯《雾都孤儿》中的一段情节；② 进入 20 世纪，一些文学经典被搬上银幕，诸如玛格丽特·米切尔的《飘》、夏洛蒂·勃朗特的《简·爱》，列夫·托尔斯泰的《安娜·卡列尼娜》甚至被改编了 13 次；当代流行小说改编的影视作品更是风靡全球，如《阿甘正传》《辛德勒的名单》等奥斯卡获奖电影，以及《哈利波特》《暮光之城》等系列片。1905 年，中国的第一部电影《定军山》改编自戏曲经典片段；1921 年，中国电影史上出现了与小说首次"联姻"的影片《红粉骷髅》；1924 年，文学流派鸳鸯蝴蝶派的言情小说《玉梨魂》也被搬上大屏幕；文坛巨匠茅盾的经典小说《春蚕》则在 20 世纪 30 年代参与了影视改编。由此可见，小说改编影视是一种由来已久的世界性传统。

小说与影视之所以可以长期"联姻"，是因为两者具有可流通的审美特质，即它们都承载着叙述兼具叙事性与抒情性的故事使命。主题、结构、人物、情节是传统形式的小说与影视共有的叙事要素，由这些要素交织而形成的故事无一例外展现着人类的理性与本能、社会的秩序与混乱、世界的更新与毁灭。当然，在表现相近的叙事内容的同时，二者的叙事手段却大相径庭：小说通过抽象的文字语言来叙事，影视通过具象的视听语言来叙事。所以，以影像与声音呈现的改编化影视作品实际

---

① ［美］亨利·詹金斯：《融合文化：新媒体和旧媒体的冲突地带》，杜永明译，商务印书馆 2012 年版，第 157 页。

② ［美］约翰·M. 德斯蒙德、［美］彼得·霍克斯：《改编的艺术：从文学到电影》，李升升译，世界图书出版公司 2016 年版，第 112 页。

上容纳了文学、美术、音乐等各类艺术形式。但是，作为"一剧之本"的小说始终是孕育影视雏形的关键母体，在"联姻"过程中扮演着举足轻重的角色。

（二）"社会派"推理小说的改编优势

"社会派"推理小说对社会现实的强烈关照，使悬疑色彩与社会反思精神得到了高度融合，提高了推理小说的思想性，让它在一定程度上承担着现实主义小说的功能。而正是"社会性"与"悬疑性"相融的特点造就了"社会派"推理小说影视化的独特优势。

1. 作为推理小说的"悬疑性"

悬念是情节点中不予立即解答的疑团，它使剧情拥有多向发展的可能性。在悬念设置的主题模式中，与犯罪行为相关的"罪与罚"是设置者与受众最为津津乐道的模式。[1] 由于推理小说几乎离不开对犯罪案件的描述，因而其在悬念制造方面与其他类型的小说相比具有天然优势。

悬念在影视领域的重要性不言而喻。2018年，腾讯V视界大会提出了"生死七分钟，黄金前三集"的概念：35%的用户在第一集的前七分钟弃剧，40%的用户在前三集弃剧。[2] 悬念是维持观众兴趣的重要手段，其叙事功能引导受众紧张、积极、激动地参与到故事中来，从而达到增强观众黏性的目的。紧张的悬念、回环缜密的推理、疑窦丛生的故事情节，推理小说本身便暗含了各种吸引读者的悬疑性元素。"社会派"推理小说归属于推理小说范畴，多悬念设置与浓厚的悬疑性仍是核心特点，因而在影视改编中显现出独特的优势。例如，《隐秘的角落》（改编自紫金陈"社会派"推理三部曲之一《坏小孩》）第一集开头，便是张东升将岳父岳母推下山的惊险场面；而在此集结尾，张东升谋害岳父母的视频被三个孩子发现。观众随即产生疑问：张东升为何要谋杀两位老人？三个孩子会报警吗？张东升会被捉拿归案吗？同样，朱晶晶骤然坠楼后第二集随即结束，留下观众陷在紧张刺激的悬疑节点中难以自拔。

---

[1] 陈瑜：《电影悬念的叙事分析》，博士学位论文，上海大学，2009年。
[2] 杨培伦：《破圈、建构、现实：中国悬疑涉案剧的发展与突破——以〈隐秘的角落〉为例》，《艺术评论》2020年第10期。

2. 作为"社会派"的"社会性"

"社会派"推理之所以为"社会派",是因为它将情节放入广阔的社会背景中展开。在呈现曲折离奇的案件的同时,此类型关注当下社会现实问题、塑造真实人物而实现了影像记录与剖析社会问题的艺术功能。①

作为"社会派"的"社会性"主要体现在两个方面。首先是嫌疑人犯罪心理的社会性。"社会派"推理小说注重通过分析嫌疑人的情感状态与心理活动来挖掘人物的犯罪动机,从而对社会中的复杂人性进行深刻审视,如《隐秘的角落》(原著《坏小孩》)中借刀杀人实施"完美犯罪"的朱朝阳促人反思家庭教育对青少年心理健康的巨大影响。其次是时代特点的社会性。优秀的"社会派"推理作品聚焦时代问题,深刻把握时代脉搏。如《沉默的真相》(原著《长夜难明》)关注法学领域中"实质正义"与"程序正义"的博弈问题,借小说之口道出了这个时代法律体系中的无奈。

反观影视剧的发展情况,近年来引起大范围讨论的剧集大都反映了社会问题:《隐秘的角落》讲述"原生家庭""中年危机""青少年犯罪";《白夜追凶》涉及"游戏上瘾""社会医疗保障制度";《沉默的真相》更是大胆展现"女学生性侵案""官商勾结""情色交易"等主题,洞察底层生命的苦难。"社会派"推理小说改编剧的"社会性"话题度高,所呈现的真实质感、人性情怀与社会问题意识也更易获得广大受众的认同。

(三)紫金陈的 IP 向小说创作

IP 即 Intellectual Property,直译为"知识产权",即"权利人对其所创作的智力劳动成果所享有的财产权利"。② 随着改编剧的势头持续火热,"IP 向小说"应运而生。IP 向小说更有针对性地偏向版权开发渠道,其商业价值在于"是否适合影视化"。

首先,IP 向小说作者追求新意十足的故事内核,致力于建造新颖的故事骨架而非细节的血肉填充。③ 与普通小说相比,IP 向小说更注重紧凑精

---

① 张净雨:《日本推理电影改编中的视觉性与社会性》,《当代电影》2017 年第 9 期。
② 秦枫、周荣庭:《网络文学 IP 运营与影视产业发展》,《科技与出版》2017 年第 3 期。
③ 杨博雅:《从 IP 向悬疑小说到超级网剧的改编策略探析——以网络剧〈隐秘的角落〉为例》,《西部广播电视》2020 年第 19 期。

致的故事情节，塑造的人物性格偏于扁平，为编剧的二次创作提供了充足的空间。紫金陈的《坏小孩》《长夜难明》皆有以上特点。

另外，IP向小说大多发表于网络平台。在迎合广大读者新阅读习惯的前提下，IP向小说作家依托传播便捷的网络积攒了极高的人气。紫金陈的写作之路便始于天涯论坛，近年来的网络热度高居不下。其作品在天涯点击阅读量过千万，2012年度成为天涯文学"十大作者"与"十佳作品"的双榜榜首。"追连载"的原著粉丝由于目睹了原文本诞生的全过程而对其具有深厚的情感认同，同样也会给予小说IP改编剧持续的关注。因此，IP向小说改编剧不仅自带"流量池"与话题度，还会在"情感经济"的条件下刺激原著粉丝的消费欲望并形成购买行为，从而借助粉丝效应实现了扩大市场与获得高收益的目的。

（四）社会背景下的受众心理

根据传播学中"使用与满足"的理论，观众作为具有主观能动性的个体，会主动接触满足自身需求的使用对象。因此，除了客体呈现的客观可能性，接受主体的心理状态与需求倾向也是改编的风向标之一。

当今社会节奏加快，人们为生活而日夜奔波，背负沉重压力的生活易引发烦闷、压抑、焦虑等心理问题。日复一日的枯燥生活中，悬疑类影视无疑是富有新鲜感的调味剂：它所包含的暴力、犯罪、冒险等元素丰富了受众的感官体验，有利于满足人们寻求新鲜刺激的欲望；悬念重重、矛盾纠葛、节奏紧凑的悬疑剧情也让观众更深地沉浸在故事中，暂时逃离"案牍劳形"的现实世界。另外，悬疑剧中恶势力最终被绳之以法的"邪不压正"大结局也对现实创伤具有安抚慰藉的功能。

此外，在这个真实感受不被鼓励表达的时代，悬疑剧作以相对极端的方式为人们提供了一条窥探自己内心的路径。"社会派"推理小说改编影视掺杂了嫉妒、贪婪、色欲等与主流话语体系相背离的人性黑暗面，隐晦地暗示了社会文化中的隐秘症候。在观看过程中，人们摘下平日被道德规范约束的人格面具，审视剧中人的同时也在审视自我，从而使人性得到最真实的释放。

因此，从社会背景下的受众心理来看，悬疑类影视成了宣泄心理压力的"闸口",从而更易受到广大观众的青睐。

二 故事重构: 改编的叙事策略

叙述一个故事,主题、结构、人物、情节是永恒的展现内容。[①] 主题是灵魂,渗透着创作群体的价值观念;结构是骨架,体现着叙事组合的个性风格;人物是心脏,展露了矛盾冲突的生发核心;情节是血肉,厘清了故事延伸的来龙去脉。另外,只要存在叙事便会出现叙事话语。作为整个作品的"皮肤",故事的叙事话语比日常语言更富有审美特性与情感意义,这种特质的呈现离不开叙事修辞的点缀和修饰。

影像文本虽然与文学文本讲述同一个故事,叙述的方式却大相径庭。作为"第二作者"的编剧往往在保留故事内核的前提下对故事进行"重构",弥补原著缺憾的同时力求贴合新媒介的呈现方式,形成与文本叙事截然不同的崭新叙事策略。

(一) 故事主题与叙事结构

故事主题指作品的创作宗旨与其中心思想,故事的叙事结构则是组织、配置各种元素的方式。二者在讲述故事中起着提纲挈领的作用。

1. 再创作的故事主题

《隐秘的角落》原著《坏小孩》的主题是表现"孩童之恶",它主要讲述初中生朱朝阳如何运筹帷幄,将周密绝妙的诡计付诸实施。作为网络小说,《坏小孩》更倾向于以"爽感"为目的的书写本质。"'爽感'是意志的完全实现,并以此为一切手段的合法性依据。"[②] 在文本中,这种"爽感"被具象化为主角发泄、报复或战斗的畅快感。杀妹弑父的极端复仇情节、朱朝阳突出的数学天赋与缜密的逻辑能力 均符合"爽感"的叙事逻辑。况且,相对于成年人之间的"黑吃黑",孩童犯罪的反差感更能制造刺激、引发猎奇心。

相对于原著赤裸裸地表现"恶",《隐秘的角落》更偏重呈现"形成恶

[①] 周弘璟:《故事之光:从创意到创造——超级 IP 指南》,华文出版社 2019 年版,第 12 页。
[②] 胡一峰:《超越"爽感"之后——从〈隐秘的角落〉看网络剧精品化之路》,《艺术评论》2020 年第 10 期。

的路径"。导演辛爽在访谈中说,影视化后的故事核心在于"因爱生恨",恶的诞生源自对爱的错误理解。剧中人将其理解为自私的占有、卑微的让步甚至强迫与控制——正如张东升对妻子"得不到就毁掉"的占有欲,周春红对儿子变态的控制欲,家庭内部的隐形暴力才是罪恶背后的动因。因影视剧借用家庭关系展现变质之爱催生的恶果,制片人卢静和美国剧本监制 Joe Cacaci 将剧作定调为"家庭剧"而非纯粹的"犯罪剧"。作为国内首部家庭悬疑类型剧,它引领了由重推理到重人文的关键转向。

值得一提的是,近年来聚焦于原生家庭话题的影视剧在我国并不鲜见。学者杨培伦认为,"原生家庭"已经逐渐成为具有矛盾生成功能的单调叙事符号。[1]《欢乐颂》中的樊胜美、《都挺好》中的苏明玉、《我的真朋友》中的曾慧敏,这些原生家庭的受害者均为被"性别原罪"压迫的女性,具有一定的套路化特征。《隐秘的角落》则将故事主题拓展至父母与成长期子女的互动模式,剖析不良亲子交互关系对儿童的性格特征与价值观念的影响。剧中的朱朝阳与叶驰敏便形成了强烈的对比:同样处在家长缺位的家庭,前者善于伪装、隐忍,具有远超实际年龄的成熟与世故;后者却会撒娇、嗔怒,具有表达内心真实想法的底气。原因在于叶驰敏的父亲虽然工作忙碌,却尽可能地对女儿展现热情与关心。由此看来,《隐秘的角落》对原生家庭问题的呈现在一定程度上打破了符号化、套路化的樊篱。

2. 忠实原著的叙事结构

影视作品的叙事结构指按照一定的规律和技巧组织、配置各种元素,从而在视听呈现的帮助下完整地叙述整个故事。[2] 以《沉默的真相》为例,它基本延续了原著《长夜难明》多线叙事的核心框架,使用"嵌套探案"的多线并行结构:故事开局,2010 年的刑警严良调查江阳遇害一案;时间退回 2003 年,检察官江阳在同学委托下接手下乡支教老师侯贵平死亡案;再退回 2000 年,侯贵平在乡村支教时发现女学生被性侵,走上伸张正义的道路。三条线索同时推进,时空交叉的叙述方式使叙述视角在多个线索与

---

[1] 杨培伦:《破圈、建构、现实:中国悬疑涉案剧的发展与突破——以〈隐秘的角落〉为例》,《艺术评论》2020 年第 10 期。

[2] 刘凡:《电影叙事结构探析:线与非线》,《电影文学》2011 年第 15 期。

人物之间穿梭。当每条支线在结尾处汇流时，观众终于拼贴出案件的原貌，产生"拨云见日"的畅快感。

虽然叙事结构忠实于原著，但与文字呈现不同的是，影视剧中三条线索的无缝衔接借助"平行蒙太奇"的剪辑方式。蒙太奇（Montage）源自法语 Monter，原为建筑学术语，意为构成、装配。而"平行蒙太奇"又称"并列蒙太奇"，是将同时异地或不同时空发生的两条或多条情节线并列剪辑、交叉呈现的剪辑方式。由于导演善用相似的动作或剧情衔接时空，《沉默的真相》中三条线之间的切换并不显得突兀，反而相互呼应、起承转合。① 例如第三集中，2003 年忐忑等待检察长回电的江阳在接起电话的瞬间，画面突然被切换到 2010 年的办公室，此时记者张晓倩也接起电话。借助接电话的相似动作，叙述的时空便从 2003 年平滑地跳转至 2010 年。

（二）人物形象与关系呈现

威廉·福克纳指出，人性是唯一不会过时的主题。② 塑造人物是为了表现人性，而将人放在社会关系中更容易激发并展露人性，这尤其反映编剧的功底。《隐秘的角落》《沉默的真相》的编剧通过丰满设定、描摹弧光、调整结构、强化关系等一系列策略深化角色的鲜活性，最大程度地揭露了人性的弱点与闪光。

1. 人物设定的丰满

在传统的悬疑类剧作中，"正面人物往往是完美和正义的化身，他们正直勇敢、刚正不阿，为百姓除暴安良；而反派通常穷凶极恶、残忍冷血，令人闻风丧胆"。③ 这些固化的形象定式忽略了人性的复杂性与多面性，易导致人物塑造扁平化等问题。而《隐秘的角落》《沉默的真相》中人物的塑造打破了二元对立、黑白分明的刻板印象，边界模糊的角色立场

---

① 明玥：《悬疑剧集叙事策略的类型化嫁接——以网络悬疑短剧集〈沉默的真相〉为例》，《视听》2021 年第 8 期。
② 参见［美］罗伯特·麦基《故事——材质、结构、风格和银幕剧作的原理》，周铁东译，中国电影出版社 2001 年版，第 440 页。
③ 李晓津、杜馥利：《国内悬疑类网剧的类型化创作研究》，《当代电视》2022 年第 3 期。

展示了人性中的"灰色地带"。笔者将以悬疑剧作中的经典角色犯罪者、侦破者为例，阐释编剧如何丰满人物设定、塑造"圆形人物"。

传统影视剧中的犯罪嫌疑人多展现反人性特征，对其生活与心理处境的关联表现不多。受众在获得猎奇、刺激体验的同时，难以激发出更深层的心理认同。《坏小孩》中的张东升从头至尾都是鲜明的反派角色：为了摆脱净身出户的困境，他对岳父岳母与妻子实施了蓄谋已久的谋杀，是一个彻头彻尾的冷血杀人犯。而改编剧《隐秘的角落》则最大限度地探索了张东升的行为动机与内心世界，将他的犯罪行为归为内在心理因素激发为主，探究恶与悲剧诞生的必然与偶然：张东升在家是孝顺体贴却处处受挤压的上门女婿、在单位是勤勤恳恳工作却不得志的编外数学老师，婚姻中不平等的地位、工作上的怀才不遇等多重因素激发了他的犯罪心理。相较于原著中的单薄形象，剧集中的他体现出介乎善恶之间的矛盾人格：张东升身上背负数条人命，是其"可恨"之处；作为温和勤快的"赘婿"，身为少年宫无编制教工的张东升在家人面前受尽冷眼和打击，用卑微的姿态挽留出轨的妻子，这是其"可怜"之处；他在水产厂解救朱朝阳，又收留了无家可归的严良与普普，瓷娃娃一般的普普激起了他的善意和保护欲，为她购买汉堡、玩具，这是其"可爱"之处。编剧将犯罪者身份设定为大众所熟知的社会边缘小人物，用生活细节和亲情伦理消融张东升的反社会人格。当观众对张东升身上的人类正常情感产生共鸣时，便会试图理解促使他犯罪的无奈与苦衷。

同样，对侦破者的塑造也卸下了传统刑侦人员"伟光正"的脸谱。"和高大正义的脸谱化警察形象不同，严良被赋予了较为淡漠、我行我素甚至可以说是有些冷漠和低情商的性格，打破主人公惯有的完美形象。"[①]《沉默的真相》中的刑警队长严良被评价为"邪气得很"，他不与同事握手，对同组队员的话充耳不闻，别人开会时将面条吃得震天响……随后的剧情也交代了其孤僻性格的根源：儿子严晓东意外死亡，替自己做卧底的

---

① 明玥：《悬疑剧集叙事策略的类型化嫁接——以网络悬疑短剧集〈沉默的真相〉为例》，《视听》2021年第8期。

友人刘明洋在执行任务的过程中受到重创而住进精神病院。与原作相比，改编剧中的严良散发出沉闷、阴晦、渴望救赎的气质。这些"点睛之笔"使其决绝查案的行为动机更加真实可信，复杂丰富、立体可感的形象也由此而生。

2. 人物弧光的显露

罗伯特·麦基在《故事》中说："最优秀的作品不但揭示人物的性格真相，而且在讲述过程中展现人内在本性中的弧光或变化，无论变好或变坏。"[1]"人物弧光"指人物本性的发展轨迹或变化，其展现与否是评估人物塑造好坏的标准之一。笔者将以两部影视作品中的主角朱朝阳和江阳为例，阐述改编剧中的人物逐渐趋向"负面"与"正面"的变化过程。

《坏小孩》中的朱朝阳像一个天生的恶魔，在故事开头便造成了朱晶晶之死，后续其他人的死亡也与他息息相关。对比而言，影视剧中的朱朝阳最初是一个沉默封闭但渴望友情亲情、仍对他人存有期待的真实少年，经历了外部环境中母亲变态的控制欲望、父亲的背叛、张东升的"启蒙洗礼"后，其内心发生激烈动荡，才演化为后期冷血偏执的模样。冲突是"人物弧光"产生的必要条件，陷入冲突中的人物才能产生动作，继而促成其变化发展。朱朝阳人物弧光的完成便经历了几个关键的冲突节点：首先是朱晶晶坠楼一事，这让朱朝阳重新"占有"了父爱，恶的种子就此埋下；其次是录音笔事件，朱永平迫于现任妻子的压力对朱朝阳起了疑心，假借带儿子吃甜品为由进行套话并录音，识破真相的朱朝阳心态崩塌，进一步加速其黑化；最后，被王立绑架的朱朝阳在水产场目睹了张东升杀戮王立的场面，其性格的黑暗面再次被无限放大。因此，改编后角色的性格转变具有明显的层次性和递进性，最终呈现出富有质感与魅力的人物形象。

《沉默的真相》中的江阳也存在明显的"人物弧光"。江阳是具有哈姆雷特式延宕性格的人物，最初的他理智清醒且懂得权衡利弊，对是否要为

---

[1] ［美］罗伯特·麦基：《故事——材质、结构、风格和银幕剧作的原理》，周铁东译，中国电影出版社2001年版，第440页。

光影世界

抽象的正义打破规则而犹豫不决，为了取悦心上人才勉强接手案件。随着案情的逐步推进，被戕害的证人、嚣张跋扈的作恶者、惨遭报复的同僚刺痛了他的心，江阳查明真相的决心逐渐坚定。他也曾因证据链断裂或遭遇恶势力威胁而一蹶不振，却在查出罹患重症后再次选择不惜一切代价揭开邪恶的面纱。江阳的赤子之心一步步觉醒，最终为正义献祭了自己。

3. 人物结构的调整

改编剧中人物结构调整的亮点主要在于女性角色与正面角色的增加。

首先，女性角色的状态从原著的"失语"转变为剧中的"发声"。福柯认为"话语即权力"，权力者拥有更多的资源与能力定义并诠释社会、现象与个体。父系社会已延续两千多年，女性大部分情况下处于"失语"状态，男性占比更高的文学与影视领域也不例外。《长夜难明》是"女性失语"的典型文本，表现在女性角色工具化、女性行为被动化、女性特征符号化。文中几乎不存在任何正面的女性主角，李静是推动剧情进展的"花瓶"，被强奸的女学生是等待拯救的客体，而检察官江洋的前女友吴爱可与前妻郭红霞则分属于两种刻板性别符号。相比之下，改编剧《沉默的真相》中的女性人物塑造相当出彩。例如，新增角色张晓倩在剧集的前半部分以专业法制记者的身份出现，以笔发声记录明洋与江阳的英雄事迹；后半部分作为自我救赎成功的受害者站上法庭为被侵害女性发声，成为江阳翻案的重要支柱。另一新增女角色刑警队长任玥婷的出现改变了原小说警局中单一的性别构成，打破了职业偏见与刻板印象。她以女性特有的温和耐心引导地铁站嫌疑人稳定情绪，让观众看到冷静、理智、英勇的女性力量；熬夜"蹲点"抓罪犯时敷面膜的细节则展现出她作为女性的柔软一面，刚柔并济的人物特征由此淬炼而生。改编剧通过构建影视媒介中女性角色打破了公众的性别刻板印象，成为传播女性文化理念的典范。

其次是正面角色的加入。《沉默的真相》中的新角色刘明洋是严良的警校同学，作为卧底深入虎穴缉毒，完成任务后却患上精神疾病。作为另一个版本的江阳，他们同为未得到应有嘉奖的无名英雄。明洋与江阳是"明"对"阳"、"洋"对"江"的映射关系，暗示正义的接力；《隐秘的角落》中也增加了由王景春饰演的片警老陈这一角色，在某种程度上改变了整部作品的黑暗基调，为剧作带来更多的温情色彩。他主动申请严良的监护人资格，用正义的力量守护严良的成长，在一定程度上救赎了他的人生。老陈代表社会的价值主流，符合主旋律的时代语境。

4. 人物关系的强化

黑格尔认为："若干人在一起，通过性格和目的的矛盾，彼此发生一定的关系，正是这种关系形成了他们的戏剧性存在的基础。"[1] 改编后的影视剧强化了人物之间的关系，大致可划分为精神层面的传承关系与人际层面的家庭关系。

首先，《沉默的真相》中侯贵平、江阳、严良三者间存在着某种英雄之间的精神传承关系。[2] 梳理时间轴线来看，侯贵平被邪恶势力陷害致死，江阳受李静的委托调查侯贵平案而死，严良在调查江阳死因的过程中顺藤摸瓜回归到侯贵平案——前者的死亡是后者"入局"的条件。侯贵平与江阳均为正义的殉道者，通过以卵击石的自我牺牲推动冤案平反的进程；严良虽已褪去青年热血，但也冷静、理智且坚定地接过了接力棒。侯贵平单纯、江阳执着、严良内敛，但性格迥异的他们都兼具英雄悲剧感与使命感。在三个时空里，三位主角均选择了向前，他们前赴后继的行动与殊途同归的选择强化了正义的宿命感，引发了观众情绪的强烈震撼。如果说侯、江、严三者传承的是正义精神，那么在《隐秘的角落》中张东升、朱朝阳之间则传递了人性的阴暗面。两者类似的人生境遇引发了类似的犯罪心理，产生一种对位的镜像关系。编剧增添了许多细节来强化这种关系：将张东升的工作设定为少年宫数学老师，又强调了朱朝阳奥数天赋，两人对数学家笛卡尔共同的热爱使彼此有了更深的羁绊；刻意让二者照镜子、喝水等动作如出一辙；另外，两人的名字"朝阳""东升"也具有"传承"和"呼应"的关系：张东升就是未来的朱朝阳，朱朝阳就是曾经的张东升。剧集最后朱朝阳与张东升在船头完成了代际"交接"仪式，同款的白色衬衣暗示着二者的同化。

---

[1] ［德］黑格尔：《美学》（第三卷下册），朱光潜译，商务印书馆1981年版，第241页。
[2] 明玥：《悬疑剧集叙事策略的类型化嫁接——以网络悬疑短剧集〈沉默的真相〉为例》，《视听》2021年第8期。

除了强化精神传承关系，改编剧还注重拉拢家庭关系并打造家庭群像。与《坏小孩》相比，改编剧《隐秘的角落》插入了多条崭新的家庭线，且对于家庭内部关系的展现优先于悬疑情节的铺开，确立了"家庭＋悬疑"的定位呈现。编剧打造了数个有血有肉的家庭群像：单亲母子相依为命的周春红朱朝阳一家、气氛轻松的刑警叶军和女儿叶驰敏一家、承受丧女压力的朱永平王瑶夫妇、没有血缘关系却依然充满温情的老陈与严良……影视剧通过对家庭群像的刻画向社会发问："赘婿"的生存状况如何？单亲家庭的母亲承受着多大的压力？离异家庭的孩子心理状态如何？《隐秘的角落》融合了犯罪悬疑剧与家庭伦理剧的元素，使诡谲跌宕的案件表层包裹着亲情伦理的故事内核，生动地展露了角色在各色家庭环境中独特的生存境遇与心理轨迹。

（三）情节认知与隐喻修辞

贾磊磊认为，"优秀的电影艺术家会在叙事过程中不断追求影像的隐喻功能，尽量实现电影的叙事性与隐喻性的相互统一、电影的叙事效果与隐喻效果的相互融合"[①]。《隐秘的角落》中，片头动画与剧中反复出现的假发、牛奶、橘子等都是被赋予了特殊隐喻功能的物象符号，引导观众在符号解码的过程中建构属于自己的情节认知与人物认同。

1. 动画：建构情节的整体隐喻

多数影视剧中的片头常呈现剧中某些片段性画面，以实现展示制片人、导演、演员等信息的功能，难以引起人们的兴趣。而《隐秘的角落》另辟蹊径地将片头设置为具有隐喻意味的动画：在郑渊洁作品《魔方大厦》的灵感启迪下，导演辛爽以黑白为基调别出心裁地设计了四个在迷宫建筑中你追我逃的卡通形象，并对情节走向、人物关系及命运进行了隐喻，三个孩子目击"六峰山命案"、孩子们与张东升斗智斗勇、朱朝阳黑化等关键情节在动画中依次浮现，与剧情形成了巧妙的呼应。

2. 物象：建构形象的个体隐喻

如果说片头的动画是建构情节的整体隐喻，那么剧中的物象便是建构

---

① 贾磊磊：《什么是好电影——从语言形式到文化价值的多元阐释》（修订版），中国电影出版社2015年版，第16页。

形象的个体隐喻。

　　作为暗含隐喻意味的物象之一，假发是张东升的"人格面具"。"人格面具"由瑞士心理学家荣格提出，它是一个人公开展示的一面，其目的是向他人呈现良好的印象以便得到社会的承认。① "人格面具"与"阴影"相对应，前者代表人的社会性，后者代表人的动物性。张东升为了展现衣冠得体、平易近人的表面形象而戴上假发，这是寻求社会道德认同的演绎行为。然而，中年危机压迫下的他实际上已经濒临心理崩溃的边缘，不体面的职业、脱发且性无能的缺陷、爱人的背叛与岳家的嫌弃刺激他在隐秘处以极端的方式释放内心的"阴影"：电梯里的他对用水枪瞄准自己的孩子实施睚眦必报的凶狠"复仇"，暗地里将岳父母从山顶推下、换药害死妻子。假发具有压抑"本我"、掩藏自卑心理的功能，而摘下假发并凝视镜中丑陋自我的过程暗喻潜意识中的"本我"欲望不可餍足到吞噬人性的境地。② 在第二集中，杀害了岳父母的张东升摘下假发审视镜子中秃头的自己。镜像的生成被视作趋近本体的同等分身，在影视中常隐喻精神分裂与多重人格；而"照镜子"是重新审视自我的过程。此时，张东升"人格面具"的伪装被全部剥除，"阴影"得到最大程度的释放，并完成了对黑暗面的自我认同。

　　作为剧中多次出现的物象，牛奶与橘子则代表周春红两种不同层面的核心欲望。牛奶暗喻周春红与朱朝阳的母子关系，是周春红释放操控欲望的手段之一。在逼儿子喝牛奶的戏码中，周春红以规训的姿态要求儿子喝下滚烫的"爱"，用力擦去奶渍的手展示了单亲母亲令人窒息的控制欲；橘子暗喻周春红与马主任的情人关系，代表鲜活的身体欲望。马主任提出分手时，周春红咀嚼酸涩橘瓣的同时也吞咽这段隐秘苦涩的恋情，而后果断离开的背影折射出一个女人尽力维持的体面与不服输的坚韧。

　　事实上，隐喻符号还常常以色彩、构图、音乐等形式在影片中呈现，

---

① ［美］卡尔文·霍尔、［美］弗农·诺德比：《荣格心理学七讲》，冯川译，北京大学出版社2017年版，第45页。
② 周粟：《退行巨婴·暗黑童话·隐性置换——〈隐秘的角落〉精神分析理论解读》，《南京师范大学文学院学报》2021年第1期。

下面的视听转换研究中笔者将进一步阐释将视听元素作为隐喻符号的改编策略。

三 视听盛宴：改编的视听转换策略

文学是用语言构成的无声文字影像，影视剧则是用镜头构成的有声银幕影像。《隐秘的角落》《沉默的真相》中的色彩、音乐等视听元素风格化特征明显，是传递感情、表达思想的有效手段。正是因为采用了杰出的视听转换策略，才超出预期地实现了故事从纸张到银幕的媒介跨越。

（一）影像呈现

影像是一种视觉符号，它是色彩、空间、构图的艺术，蕴含着丰富的意义和内涵。

1. 色调色相：富有象征含义

作为一种表现力丰沛的艺术语言，色彩在烘托氛围、升华主题、象征暗示等方面都意义重大，笔者将从色调、色相两个维度阐述色彩的绝妙之处。

色调即"色彩的基调"，它是影视作品中色彩构成的主导色或总倾向。依据色调进行分类，可分为冷色调与暖色调。首先，色调具有划分时间线、配合叙事的作用。《沉默的角落》以三条线索交叉叙事，讲述时间分别为2000年、2003年及2010年。以前三集为例，由2010年张超地铁抛尸展开叙事，此时画面多用青、灰色等国产悬疑剧常见的冷色调配置，明度与饱和度偏低，以暗黑感与扑朔迷离感营造出沉闷压抑的氛围。时空倒退至2003年，此时江阳被录取为检察官，正是意气风发、志得意满之时；2000年一线中，侯贵平的乡村支教生活刚刚启程，对未来充满期许与希望。后两条线索使用偏向橘黄色的暖色调，具有时光蒙尘感。由此，观众便能轻易通过对色调的感知理清线索的时间顺序。其次，色调具有强烈的象征性。以红色的运用为例，长期的生活经验使人们常把红色与火、鲜血联系在一起，红色由此被赋予了流血、危险、冲动、恐怖的意义。在《隐秘的角落》第一集中，张东升给岳父母所拍的影像呈现出暗红色，预示即将到来的谋杀；第九集中，王立被杀于水产厂的画面片段中，厂中阴暗的红光烘托了惊悚的气氛,代表"杀戮"与"血腥"的血红色主调背景预示着死亡与不祥。影视剧中的色调构成一个庞大的表意系统,给观众带来强烈的心理暗示。

局部色相指画面中某一具体物体的颜色。笔者选择以人物的服装颜色为例,服装的色彩有助于衬托影视中人物的性格特质,也为人物感情的变化发展、人物关系及情节的变动埋下伏笔。①《隐秘的角落》第三集中,单亲妈妈周春红与马主任在宾馆幽会时,周春红身着一袭红衣,以柔情似水的"女人"身份出现,热烈奔放的红色彰显了内心对情欲的渴望;而作为犯罪案件策划者的张东升自出场便穿一件白色衬衣,白色代表的理性、克制、冷静与他的性格特质相符。第十二集,剧集末尾,张东升与朱朝阳在船头对峙时后者也穿上了白衣,暗喻师生之间的同化。由此,两者镜像般的羁绊关系通过服装相同的色相得到强化。

2. 地域空间:蕴含文化意义

空间元素是影视剧中重要的叙事元素之一,它是经过影视艺术家审美选择与加工后,用摄影机对现实物质空间或人工构造空间进行拍摄,再经过剪辑组合后呈现在银幕(屏幕)上的人为空间或虚幻空间。② 其中,故事发生的地域空间以其独特的地方特色与生活气息,助力影视剧的文化构建与表达。作家紫金陈毕业于浙江大学杭州城西紫金港校区,写作时习惯于将故事背景设定为自己熟悉的城市,因而《坏小孩》《长夜难明》的故事均发生在浙江省"杭市"。改编剧则避免了"一刀切"的地域选择,要求取景地与故事本身深度融合。

导演陈奕甫说,"要想讲好故事,自然环境是先天条件"③。重庆可谓犯罪悬疑片的"温床",《在劫难逃》《非常目击》等均在重庆拍摄。《沉默的真相》中"张超抛尸"的开场戏取景地便位于重庆地铁三号线的工贸

---

① 徐海芹:《影视剧角色服饰语言的符号表意功能研究》,硕士学位论文,山东师范大学,2009 年。
② 王伟国:《电视剧的空间造型与叙事》,《电视研究》2003 年第 11 期。
③ 城market:《那一座城:重庆,沉默的真相》,腾讯新闻:2020 年 10 月 12 日,网址:https://new.qq.com/rain/a/20201012A0AETQ00,访问日期:2023 年 4 月 30 日。

站，建在山壁之上地铁出口酷似防空洞入口。此地建筑构造特殊、灯光昏暗，阴冷晦暗的基调与压抑感极强的环境形成了独特的阴郁气质，自带扑朔迷离的悬疑气氛。另外，重庆的城市空间呈现一种"错乱"的特质：地势、建筑、交通的特殊性赋予了它"莫比乌斯带"一般的交叉环绕感，在此行走的人们本以为抵达了明亮的表面，忽而又钻进背面阴暗的地带。城市空间的光怪陆离与影视中翻案时的艰难险阻相呼应，为主题进一步赋予文化意义。

《隐秘的角落》则取景于广东湛江。故事时间设定为 2005 年的暑假，而这座燥热的南方小城与浓郁的暑期氛围十分契合：红顶房子与绿植，氤氲的海水与热烈的阳光，搁浅在海岸上的渔船，稍显破败但热闹非凡的市井小街……独特环境渲染出的闷热潮湿感赋予了故事更多真实性。影视剧用温暖的外部空间包裹着人内心冰凉的恶意，形成强烈的反差感。另外，湛江由于与影视剧的主题相呼应而蕴含别样的文化意义。湛江曾作为对外的重要港口而繁华一时，后受到珠三角地区虹吸效应的影响而衰落——与其他南方的发达城市相比，湛江因被抛出了高速发展的轨道而沦为了"隐秘的角落"。与之对应，改编剧中的两位主人公均被所爱之人抛弃：张东升被妻子背叛，朱朝阳被父亲背叛。因而，"湛江'被抛甩'的历史发展曲线与《隐秘的角落》中主人公被抛弃的心理处境形成了一种有意味的互文和共振"[①]，呼应了主人公的弃子心态。

3. 构图艺术：提升视觉体验

构图指导演在一定空间范围内通过合理安排线条、几何形状等元素的位置与组合关系来建构视觉艺术的手段。《隐秘的角落》《沉默的真相》中巧用构图艺术，既形成了美的视觉体验又传达了某种特定的含义。

首先，影视剧巧用框架式构图。它指充分利用门框、窗框等建筑物自带的线条所构建的框式构图，多通过构图的封闭性表现主体的拘束。《隐秘的角落》中朱朝阳在卫生间里练习憋气，画面中的他被限制在封

---

① 霍胜侠：《近期大众文化中的广东图景——以〈隐秘的角落〉、"五条人"音乐、〈风中有朵雨做的云〉为例》，《广州大学学报》（社会科学版）2021 年第 5 期。

闭的浴缸中，无法逃脱的逼仄空间令人产生不安感，观众由此感知到其犹豫、压抑的内心世界。《沉默的真相》中江阳作为检察官来到侯贵平的家乡了解案情，画面中的三人均被困在窄小的门框中，在环境的衬托下更显主体的渺小与被动，暗示无辜平民被黑暗势力控制束缚的无助处境。

其次，巧用三角形构图。作为几何构图的一种，三角形是《隐秘的角落》中运用最多的构图方法，具有安定均衡但不失灵活的特点。第五集中，三个孩子去老陈家偷相机的计划实施成功，在返回的途中欢呼雀跃。画面中的朱朝阳和严良占据三角形底边的两个端点，突出了作为顶点的普普的中心视角。同时，"以三分法作为基础，让普普的身体中线落在上三分线处，没有进行居中处理，给整个画面赋予了孩童般的俏皮感。"[①] 由此，孩童的天真烂漫呼之欲出。

（二）声音设计

声音可以分为人声、音响、音乐三大类别。三者相辅相成、有机交织，构筑起完整的声音话语空间，提升了影视作品再现时空的能力。

1. 人声：凸显人物性格与心理

人声就是人发出的声音，可分成对白、旁白、独白三类。其中，对白是影视剧中使用最多的人声内容，它是人物间进行交流的语言。

对白同动作、造型一起塑造了角色的性格特征。《隐秘的角落》中，朱朝阳的父亲朱永平嘴叼香烟首次登场，牌场上的他一边发牌一边用纯正的粤语说："买定离手啊，来来来，各位老板发财生意兴隆，财源广进，一帆风顺，东成西就，如意吉祥，福星高照。"打牌小赌本质上是商人生意场上沟通协调的手段。扮演者张颂文行云流水的演技辅之短短几十字的对白，将一个八面玲珑、左右逢源、世故老到的小老板形象演绎得活灵活现，使观众在最短的时间内初步建构了对角色的整体印象。

对白还可以传达潜台词、暗示人物在特定情况下的思想感情活动与心理状态。张东升的妻子徐静出轨背叛，准备去广州与情人同居。张东升帮

[①] 王葆玥：《网感与电影感：网络悬疑剧〈隐秘的角落〉叙事分析》，硕士学位论文，兰州大学，2021年。

光影世界

她把行李放入后备箱时，剧中设计了如下对白：

徐　静：放得下吗？
张东升：放得下。①

放得下的东西原意是行李，实则是"感情"。简洁的三个字干脆利落，传达了张东升此时心如死水的心境与隐隐杀意，潜台词深层内涵使对白富有弹性和张力。

2. 音响：营造氛围与承接叙事

影视剧中的音响涵盖了除人物语言与音乐之外的全部声音，可分为动作音响、自然音响、机械音响等类别，能渲染出不亚于视觉影像的感染力。

首先，音响能渲染画面氛围。第一，音响传递着现实的信息与自然的节奏，通过再现时空的"真实感"加深观众对故事的信任。在《隐秘的角落》第三集，三个孩子在朱朝阳的生日宴后一起漫步在南方小镇傍晚的街道上，嘈杂的汽笛声、吱吱啾啾的虫鸣相互交织，营造了一种温馨安逸的氛围，使观者身临其境地沉浸于故事之中。第二，声响能营造基于"真实感"的"悬疑感"。《隐秘的角落》的声音指导张楠认为用音效引导观众情绪略为低级，因而剧中未采用突兀拔高或惊悚的音效来刺激听众的感官，而是更注重环境声与现实音效的悬疑感设计。第九集的水产厂绑架戏中，未关紧的水龙头的滴水声、随闪动的红光作响的警报声、人与大型机器碰撞时产生的沉闷回声，皆以"听"的角度丰富了悬疑效果。

其次，音响能承接画面的叙事功能，打破画面框架并增加画面的信息量。《沉默的真相》中江阳为揭开真相选择自缢，但导演并未用影像展示江阳惨死的全程，而是用机械滚轮转动的镜头代替残忍的画面。然而，绳索勒紧的声音被有意放大，这种令人不寒而栗的声响使观众意识到鲜活生命的挣扎与流逝。在音响营造出的氛围下，似乎能清晰地看到江阳被勒窒息而死的现实场面。

---

① 辛爽执导：《隐秘的角落》，2020 年，爱奇艺。

3. 音乐：呼应剧情与升华主题

渲染气氛、推进情节、升华主题的影视效果与音乐的使用密不可分。仅12集的《隐秘的角落》却有配乐34首、片尾曲12首、片头曲1首、插曲7首，这些小众且极具特色的音乐赋予了影视剧独特的质感，带给观众别样的审美体验，被广大网友戏称为"阴乐"。

《隐秘的角落》导演辛爽曾是摇滚乐队JOYSIDE的成员之一，对影视剧的配乐要求较高。音乐制作人丁可为本剧创作了34首配乐，类型上多为实验电子乐、摇滚乐和氛围音乐，其中充满了用电子手段做出的失真人声与尖锐音效，呈现出空灵、诡异、迷离的效果。配乐的名称尤为巧妙，与剧情遥相呼应。例如，第一集中张东升的岳父母坠崖、第三集中朱晶晶坠楼时的配乐都是《坠入爱河》，浪漫的名称与三人从高处坠下的死因既相互呼应又反差强烈，给人一种怪诞的美感。音乐中人的叹息声、呻吟声与诡异的鼓点交织缠绕，幽怨凄凉。

除了配乐，依据每集主题制作的12首片尾曲（表1）是对此集剧情与风格的高度概括，也有延展剧情、隐喻人物结局的重要作用。第二集片尾，在老陈和严良争执的过程中朱晶晶突然坠地，此时响起木马乐队的《犹豫》：歌曲用吉他声模拟人凄厉的惨笑声，与极具冲击感的场面完美契合。"红色的，蓝色的，必须选一个"的歌词也暗示了朱永平在一双儿女之间犹豫不决的心态，他内心无法平衡的天平最终助推了女儿的惨死。第十集片尾，张东升误会普普致使其哮喘病发作，紧随其后的片尾曲《比年轻人小一点的鹤》，歌中"年轻的形，苍老的灵""等不及晴""冰的纯净"，暗示了普普的死亡结局。

表1　　　　　　　　《隐秘的角落》片尾曲

集数	片尾曲
第一集	《小白船》
第二集	《犹豫》
第三集	"Dancing with The Dead Lover"（《与死去的情人共舞》）
第四集	"DESCENT"（《下降》）
第五集	《因你之名》

续表

集数	片尾曲
第六集	《人间地狱》
第七集	《偷月亮的人》（"Lady in the Moon with Rabbit"）
第八集	《Good Night》（"晚安"）
第九集	《死在旋转公寓》
第十集	《比一个年轻人小一点的鹤》
第十一集	《昔日，没有光彩》
第十二集	《白船》

另外，暗含死亡意义的片尾曲《小白船》多次作为插曲出现。《小白船》本是朝鲜作曲家尹克荣为悼念去世的姐夫而创作的儿歌，歌曲曲调平和安宁，充满孩童对宇宙的美好想象，在本剧中却是一种死亡的预示：第一集三个孩子在唱着《小白船》时，张东升将岳父母推下悬崖；第三集普普在幻想中给父母与弟弟唱了《小白船》，接着朱晶晶坠楼身亡；第六集海面漂浮起女尸时，《小白船》也如安魂曲一般奏响。

四 中国表达：改编的本土化策略

日本推理小说的蓬勃发展推动其影视化改编形成热潮，而由"社会派"推理改编的影视作品在犯罪原因上加入了社会元素，透过案件来探讨和反思社会现实问题，具有鲜明的时代色彩和本土化烙印，[①] 这使其在日本本土赢得了广泛的观众基础。自1977年松本清张的小说《砂之器》被改编为电影，"社会派"推理小说影视改编至今已走过了40余年，推出了如《人性的证明》《白夜行》《告白》《绝叫》等优秀的改编作品。中国推理文学的发展较欧美、日本等传统推理小说大国而言还处于起步阶段，"社会派"推理小说的代表作更是寥寥无几。近年来，受国内市场需求、国际推理文坛发展趋势等因素影响，国内的"社会派"推理小说发展前景良好。虽然起步晚、数量少，但仍有许多优秀作品涌入大众视野，"在借

---

① 李德纯：《松本清张论——兼评日本推理小说》，《中国社会科学院研究生院学报》2001年第5期。

鉴其他国家优秀作品的基础上求变求新，加入中国传统的道德观表达和文化意象，努力形成具有鲜明中国特色的文学风格"。① 随着互联网的发展，文学 IP 改编层出不穷，中国"社会派"推理小说改编影视剧在探索中形成了独一无二的本土化策略，力图输出别具一格的中国表达。

（一）中国故事：叙事语境的本土化

影视是民族国家的历史记忆。影视叙事的背景普遍与本土的真实历史记忆及现实征候之间存在千丝万缕的关联，叙事呈现的话语特征与文本情境也形成了特征鲜明的原创逻辑体系。②

日本影视中，石桥冠执导的《点与线》（改编自松本清张的《点与线》）揭露了政界与财界之间的勾结和营私舞弊的行为，李相日执导的《怒》（改编自吉田修一的《怒》）则围绕一起凶杀案件，借三个嫌疑人的视角叙述了当下日本社会中同性恋、援交少女及美日冲突遗留问题。中国的"社会派"推理小说改编剧则重视叙述中国历史变迁与时代变革，反映本国独有的历史文化图景。如张晓波执导的《胆小鬼》（改编自郑执的《生吞》）选取中国 20 世纪 90 年代东北国有企业改制与二人下岗作为叙事背景，聚焦东北下岗潮对渺小个体的影响，诉说个体困境交织时代焦虑的影像寓言。

（二）亲情呈现：情感伦理的本土化

儒家强调构建以血缘认同为纽带的稳定宗法关系，认为个人价值在家庭角色中最先得以确认、个体情感在家庭互动中最先得以表达，家庭伦理成为儒家文化的价值核心。正如钱穆先生所言："中国文化，全部都是从家庭观念上筑起来的。"③ 由此，中国形成了家庭情感高于其他一切情感的伦理倾向，在影视中插入亲情元素也成为激发国人情感共鸣的普遍手段。

亲情作为最具生命力的主题之一，在《隐秘的角落》中大放异彩。第一编剧潘依然负责家庭戏的撰写，在"家庭+悬疑"思路的主导下，剧中出现

---

① 邓天然：《新世纪中国悬疑推理小说创作研究》，硕士学位论文，沈阳师范大学，2019 年。
② 马军：《当下中国式悬疑犯罪片创作的叙事征候》，《当代电影》2019 年第 8 期。
③ 钱穆：《中国文化史导论》，上海三联书店 1988 年版，第 42 页。

了第五集《妈妈》这样游离于主线之外、侧重探索亲情关系的部分,[①] 观众纷纷感慨从中窥见了中国式母亲的缩影。《沉默的真相》更是巧妙地将亲情穿插进震颤灵魂的献祭主题：在探案过程中妻儿数次被人要挟，江阳为了不拖累家庭忍痛与妻子离婚、与儿子别离；在剧集结尾，儿子江小树站在江阳的墓前向天空张望，似乎要寻找父亲所变的那朵云——那一刻，某种血脉、情感、精神相融的传承关系在父与子之间形成链接。

相较之下，日本影视似乎更善于呈现还未形成家庭纽带关系的少男少女的朦胧之爱：如中岛哲也执导的《告白》（改编自凑佳苗的《告白》）中爱恨交织的渡边修哉与北原美月；平川雄一朗执导的《白夜行》（改编自东野圭吾的《白夜行》）中相互救赎的桐原亮司与唐泽雪穗；《怒》中关系暧昧的知念辰哉与小宫山泉。日本影视中的亲情关系次于爱恋关系出现，且多呈现出冷漠疏离或极端病态的状态：如《白夜行》中与店员偷情、忽视儿子成长的母亲桐原弥生子；水田成英执导的《绝叫》（改编自叶真中显的《绝叫》）中否定阳子价值、重男轻女的母亲铃木妙子；《告白》中试图与儿子同归于尽的母亲下村优子。一方面，这些亲情关系极少表现积极正面的影响；另一方面，在亲子互动中多聚焦于母子、母女关系，父亲的角色常常缺席或隐匿——这与日本"男主外，女主内"的传统家庭模式息息相关。

（三）温情底色：民族性格的本土化

日本由于四面环海而灾害频发，"'祸福同道，盛衰反常'使日本人气质中携带着其他国家没有的绝望和悲情"[②]，滋生了岛国寡民独有的日式颓废情绪。被阴暗心态所影响，日本影视改编在呈现人性问题时倾向于表现人性的阴郁邪恶，甚至大胆展现某些极端扭曲的道德关系，与现实产生明显的割裂感。如《告白》沿袭了原著冷冽压抑的风格，整部电影散发着深入骨髓的阴冷感与窒息般的绝望之气，将暴力美学与死亡美学运用到极致；《绝叫》中的阳子在走投无路的境遇下黑化，直至故事结尾也未得到

---

① 刘燕秋：《【专访】〈隐秘的角落〉编剧潘依然：哪有灵感光顾，都是反复讨论和研究》，新浪网转载"界面新闻"2020 年 7 月 2 日，网址：http://k.sina.com.cn/article_5182171545_134e1a99902000twrp.html，访问日期：2023 年 5 月 5 日。

② 蒋艳君：《从日本电影看日本文化的颓废性》，《电影文学》2014 年第 8 期。

救赎,是一个彻头彻尾的悲剧。

相较之下,中国的影视改编更具温情底色,注重书写希望、挖掘美好。一方面是为了通过严格的审查制度,另一方面也迎合了国民从古至今始终如一的"真善美"价值观与审美需求。《隐秘的角落》导演辛爽在访谈中谈到,文艺作品中的残忍与残酷有本质区别,可以残酷但不能残忍,总要留一道光、传递一点温暖。剧中的"光"之一便是极具理想化的人物老陈,在他身上闪烁着善良、正直、无私等人性光芒,展现了艺术创作中挖掘人性之美的重要意义。同时,"圆满性的叙述结语,反映了对艺术尽善尽美的审美要求,更体现了中国人传统的社会心理和文化精神"[①]。《隐秘的角落》《沉默的真相》结尾似乎均为"大团圆"模式:前者以反派张东升被警察击毙、其他人的生活步入正轨为结局,后者以卡恩集团与受贿高官落马而收场。不过,表面理想化的结局似乎展露的仅是"童话"而非"现实","大团圆"结尾引发了观众的激烈讨论,留下令人深思的余韵。

结　语

两部"现象级"高分剧《隐秘的角落》《沉默的真相》改编自紫金陈的"社会派"推理小说,在保留原作优秀之处的同时求变图新,成为国产改编剧的优秀案例。通过对比分析小说文本和影视文本,笔者总结了"社会派"推理小说的影视改编策略。在叙事方面,编剧以升华故事主题、调整人物结构、嵌入隐喻符号等方式重构故事,在叙事中塑造细腻的情感内核并有意凸显"社会性"的呈现;在视听方面,通过运用象征性色彩、艺术性构图、个性化音乐等手段打造富有"悬疑性"的沉浸空间,提升观众的艺术享受。此外,只有坚持本土化策略,才能让国产"社会派"推理小说及改编剧摆脱"舶来品"的身份,真正在中国生根发芽。笔者认为,在叙事语境中展现流淌在国人血脉中的历史记忆,在叙事模式中迎合国人的情感伦理习性,在叙事风格上折射本民族的传统文化性格,是改编影视剧进行中国表达、输出中国声音的有效策略。

---

① 郦苏元:《中国早期电影的叙事模式》,《当代电影》1993 年第 6 期。

2020 年，美国《综艺》杂志发布了本年度全球 15 部最佳国际剧集榜单，《隐秘的角落》成为唯一一部入选的国产剧；2021 年 1 月，《隐秘的角落》登陆日本收费电视台 WOWOW。《沉默的真相》也已成功在日本、韩国、澳洲、新加坡等多个国家和地区发行并播出，赢得了海外用户及媒体的广泛赞誉。当今世界文化交流频繁，而影视是文化输出最重要的载体之一。在这个"内容为王"的时代，期待更多高质量改编剧走向海外，为输出中国文化、提升国家文化软实力贡献力量。

（付一凡撰稿，任传霞指导）

神工意匠

德州黑陶：泥与火中的匠心传承

黑陶是龙山文化中出现的标志性器具，也是世界文化中的瑰宝。在此前举办的首届中国非遗保护年会上，诸多德州黑陶作品亮相，将山东特色非遗技艺展示给大众。穿越时空的传统技艺，也通过一件件可触可感的产品，融入寻常百姓的生活之中。

一 烙印龙山文明的非遗技艺

20世纪20年代末，在济南市章丘区龙山镇城子崖遗址进行的考古工作发掘出了震惊世人的史前遗存。遗址中出土了许多距今4000年的黑陶。其中，细泥薄壁黑陶制品技艺精湛高超，胎壁厚仅0.5—1毫米。这便是声名远扬的蛋壳陶，有"黑如漆、薄如纸"的美称。人们惊异于中国新石器时代便已拥有如此高超的制陶技艺。

然而，黑陶出现的历史远比龙山文化还要久远。在泰安市岱岳区大汶口镇大汶口遗址发现的大汶口文化中，也有少量黑陶制品出土。这便将黑陶诞生的时间继续向前推进至距今6000年。大汶口文化也被认为是龙山文化的源头。

龙山文化泛指中国黄河中、下游地区约新石器时代晚期的一类文化遗存，以精美的磨光黑陶为显著特征，因此也被称为黑陶文化。从分布情况来看，龙山文化影响范围并不仅局限于龙山镇，在黄河中下游省份皆有分布，如陕西、山西、河南、山东等。根据不同地区文化面貌，文化命名有所区别，但通称为龙山文化；其中，分布在山东半岛的被称为山东龙山文化或称典型龙山文化。

从山东情况来看，济南、东营、日照、德州等地皆是黑陶的重要产地，且不同地区黑陶制作技艺各有特色。但从制作成品来看，黑陶"黑如漆，声如磬，亮如镜，硬如瓷"的特点被完美保留下来。

黑陶技艺历史悠久，其珍贵性与稀缺性也通过另一种方式凸显。经过20世纪的考古发掘，黑陶"重见天日"，人们才发现数千年前就被中华民族祖先掌握的技能已经失传。复原黑陶烧制技艺也成为许多制陶人的钻研目标。

"对黑陶烧制技艺复原的探索曾经形成一股热潮，诸多前辈付出极大心血。早在20世纪70年代末时，德州便已复原出黑陶产品。经过反复研究试验，如今黑陶烧制技艺更加成熟，黑陶产品也日渐丰富多样。"[1] 德州黑陶烧制技艺传承人、梁子黑陶文化有限公司设计艺术总监毛军介绍。

二　古老技艺也能乘 "快车"

黑陶是继彩陶之后，中国新石器时代制陶工艺出现的又一个高峰，是我国古代制陶工艺中的一大"高光"之作，也是我国深厚的历史底蕴和丰富的人文内涵的体现。黑陶得到广泛赞誉，与其特点关系密切。"黑陶的本质还是陶器，比瓷器出现时期（东汉晚期）要早2000余年。但是从实用性来看，其硬度、光泽、细腻和耐用程度等都远超陶器。"[2] 毛军对山东商报·速豹新闻网记者介绍。

德州黑陶烧制技艺是国家级非遗项目。"土与火的艺术，力与美的结晶"的赞誉将黑陶的特色一一点出。源自大地的泥土经过高温的烧制，变化了模样的同时也被赋予了生命。与其他黄河流域生产的黑陶不同，德州黑陶选用的泥土主要来自大运河两岸的红胶泥。"南北水系在大运河交融，酸碱平衡的水质让这里的胶泥特别适合制作黑陶。"[3] 毛军介绍。

---

[1] 被采访人：毛军，采访地点：陕西榆林第一届非遗保护年会活动现场，采访时间：2023年2月19日10时，根据录音整理。
[2] 被采访人：毛军，采访地点：陕西榆林第一届非遗保护年会活动现场，采访时间：2023年2月19日10时，根据录音整理。
[3] 被采访人：毛军，采访地点：陕西榆林第一届非遗保护年会活动现场，采访时间：2023年2月19日10时，根据录音整理。

德州黑陶：泥与火中的匠心传承

　　黑陶虽为陶，但器型表面细腻光滑，有光泽感。即便没有经过瓷器烧制过程中的釉烧阶段，依然可以拥有黑中透莹的外观。一方面，坯体晾干过程中压光等工艺让其产生光泽感；另一方面，原材料红胶泥的细腻也赋予其这种特性。"红胶泥必须经过反复过滤，保证其中没有一颗砂砾，烧制的黑陶才能达到如此细腻的效果。"① 毛军介绍。

　　研磨细腻的胶泥与水充分融合，除去底层沉积物，保留的上层泥浆才是制作黑陶的好材料。值得欣喜的是，如今，传统技艺制作也搭上先进技术的"快车"。"我们德州的机械厂为黑陶制作生产的压缩过滤机能够快速高效的将水分从泥浆中挤压排出，极大地提高了生产效率。节省下的时间和精力让我们能够更好地投入产品研发创作。"② 毛军表示。

三　创新带动技艺传承

　　黑陶是中华民族源远流长的文化长河中孕育的一颗璀璨的明珠，也是人类历史发展中的辉煌篇章。与常见的陶器颜色不同，黑陶的一大特色是"黑如漆"。黑陶烧制的温度在900℃左右，烧制过程中温度的控制极为关键。陶坯入窑后，需要缓慢升温，以防陶坯内外空气温差过大导致破裂。经过10余个小时的烧制后，黑陶便进入了冷却还原阶段。

　　不同地区黑陶烧制技艺各有不同，德州采用的便是渗碳法。"明火烧制结束，进入还原阶段后，需要将窑内的烟囱、窑口封闭，投入含有大量碳分子的材质，如锯末等。这些材料在高温下燃烧形成浓烟，其中的碳分子颗粒便渗透进入黑陶的孔洞中，让其成为黑色。这个过程便是黑陶烧制过程中的碳还原环节。有趣的是，如果将已经烧制成功的黑陶经过再次高温处理，碳分子还会从孔洞中析出，退却炭黑色。这个过程是反复可逆的。"③ 毛军对记者说道。

---

① 被采访人：毛军，采访地点：陕西榆林第一届非遗保护年会活动现场，采访时间：2023年2月19日10时，根据录音整理。
② 被采访人：毛军，采访地点：陕西榆林第一届非遗保护年会活动现场，采访时间：2023年2月19日10时，根据录音整理。
③ 被采访人：毛军，采访地点：陕西榆林第一届非遗保护年会活动现场，采访时间：2023年2月19日10时，根据录音整理。

神工意匠

黑陶技艺拥有数千年的历史，在当下也通过融合创新等形式迸发活力。如今，雕刻、掐丝珐琅等技艺被融合到黑陶创作过程中。此外，从产品的实用性上看，黑陶产品的功能也在不断丰富。从瓶类、盘类艺术造型摆件，到有福禄等吉祥寓意的装饰品，再到实用的笔筒、茶叶罐，黑陶产品将古老文明的技艺传承至今，也在日常生活中发挥着实用价值，将历史与今天相连接。

"艺术形式的生存和发展，要贴近大众生活。因此，技艺创新在黑陶发展中便显得尤为重要。"[①] 毛军介绍。创新让非遗产品融入百姓生活，得到消费者的喜爱，积极的市场反馈也反向给予传统技艺持续传承的动力。如今，梁子黑陶文化园中到处是一片欣欣向荣景象，黑陶作品的种类和款式极为丰富，越来越多的年轻人投入黑陶研发烧制的行业中。"只有行业发展好了，才能散发强大的吸引力，让更多人愿意投身其中，不断创新推动黑陶制作技艺传承发展。"[②] 毛军说道。

首届中国非遗保护年会上，德州黑陶带来的展示物品几乎销售一空，此外，还接到后续制作订单。在一代又一代匠人手中，从千余年前文明中走来的黑陶也通过不断创新，进入千万百姓家。

（王宇琦、孟知艺、孙瑜撰稿，发表于山东商报·速豹新闻网，2023年3月8日）

[①] 被采访人：毛军，采访地点：陕西榆林第一届非遗保护年会活动现场，采访时间：2023年2月19日10时，根据录音整理。

[②] 被采访人：毛军，采访地点：陕西榆林第一届非遗保护年会活动现场，采访时间：2023年2月19日10时，根据录音整理。

聂家泥塑"焕新"记

在公布的 2022 年"非遗工坊典型案例"中，66 个工作成效突出、社会效果良好、人民群众认可度高的非遗工坊案例入选。其中，高密市昌盛泥塑农民专业合作社联合社非遗工坊（以下简称"昌盛泥塑非遗工坊"）是本次山东入选的 3 个项目之一，并在活化非遗生产性保护方面取得优异成绩，助力乡村振兴。

一　助推乡村振兴

近年来，各相关部门发掘保护非遗项目，促进其不断传承发展，许多深藏于民间的非遗项目存续发生了积极变化。在各方积极参与带动下，非遗在弘扬中华民族优良传统、助力乡村振兴等方面正不断发挥着重要带动作用。

非遗项目是劳动人民勤劳与智慧的结晶，也是人类文明留下的宝贵遗产。非遗工坊是依托非遗代表性项目或传统手工艺，开展非遗保护传承，带动当地人群就近就业的各类经营主体和生产加工点。

2023 年 1 月，山东省首批省级非遗工坊名单公布，潍坊景芝酒酿造非遗工坊、隆盛糕点非遗工坊入选。同年 2 月，中共潍坊市委宣传部、潍坊市文化和旅游局等 24 部门印发《关于进一步加强非物质文化遗产保护工作的若干措施》，旨在全面提高新时代非遗保护传承水平。其中提到，2025 年在全市建成非遗工坊 100 个左右。

二 泥玩具走出致富路

"聂家庄，朝南门，家家户户捏泥人。"流传民间的童谣描述了聂家庄人从事泥塑生产的生动场景。聂家庄隶属山东省高密市姜庄镇，这里诞生的聂家庄泥塑是国家级非遗项目。聂家庄泥塑是取材于当地泥土制成的各类泥玩具，是高密三绝之一。

据记载，明代万历初年，以泥做外衣，中间装火药，顶部留空，外形极似反扣锅底的焰火在当地销售，被称为"锅子花"。当时，艺人将装有火药的泥墩做成娃娃形状，焰火结束后可将其当作玩具或摆设。

无论是创作题材的选择，还是泥玩的造型、色彩的运用，聂家庄泥塑都受到高密扑灰年画和剪纸艺术的深刻影响。这两种艺术形式中常见的民间传说、神话故事、鸟兽虫鱼等，都可以在聂家庄泥塑中找到身影。在艺术造型上，聂家庄泥塑大胆夸张，注重写意神似，力求简约概括。聂家庄泥塑有泥叫虎、摇猴、吧嗒孩传说人物等众多品种。泥叫虎是聂家庄泥塑中的经典形象，其腰部断开后用牛皮连接，拿着头和尾挤压后，泥老虎会发出响声。

"小孩小孩你别哭，你爹去了登州府，花啦棒、泥老虎，咕嘎咕嘎两毛五。"儿歌中所说的便是聂家庄泥塑的玩具属性，广受孩童喜爱。如今，小小泥塑也成为带动致富的"金疙瘩"。

依托国家级非遗项目聂家庄泥塑，聂家庄村及周边3个村成立昌盛泥塑非遗工坊，通过建设基地、合作创新、嫁接机械、扩大营销等途径推动泥塑生产销售，助力和赋能乡村振兴。目前，泥塑产品年销售收入超过1000万元，带动聂家庄村村民人均增收8000多元，为泥塑技艺传承发展和乡村振兴作出了积极贡献。

三 实现非遗生产性保护

非遗工坊不仅是促进非遗生产性保护的重要场所，也是促进地方群众就业的重要载体。借助非遗工坊，许多非遗项目绽放出更加迷人的光彩。在昌盛泥塑非遗工坊中，聂家庄当地18名代表性传承人发挥引领作用，吸纳120多名从业者，形成一片火红生产场面。

在内部管理和运行上，昌盛泥塑非遗工坊建立原料供应、技术指导、质量标准、宣传推介、销售渠道、商标使用"六统一"制度，形成了完整的产供销链条，推动家庭式小作坊变成家门口小工厂。家住聂家庄村的高芳华，多年来独自从事泥塑制作，但产品销量不稳定，一度想放弃泥塑行业。加入昌盛泥塑非遗工坊链条后，高芳华年增收3万余元，实现个人增收的同时，传承了非遗技艺。

在昌盛泥塑非遗工坊中，项目省级代表性传承人聂臣希等发挥着头雁领航作用。"其实，聂家庄几乎户户都会做泥塑，但是每个人所擅长的部分不太一样，比如有的擅长塑型，但是绘画掌握不到关键，有的画得灵动，但是磕坯时不太细致……具体教学还是要因材施教，补足短板才能做出更好的作品。"[①] 聂臣希向记者介绍。

如今，新一代年轻人也加入非遗传承弘扬的队伍中来。聂臣希之子聂鹏是"90后"，已从事泥塑创作10余年，也为项目加入新鲜动力。"我们与清华大学、山东工艺美院等高校建立创新合作关系，共同开展泥塑产品研发，把当地传统文化融入艺术品，先后开发十二生肖、树脂尼尼虎、生活功能虎等多个系列产品。通过非遗在校园等活动，聂家庄泥塑也走进更多孩子的生活中。"[②] 聂鹏趁着课间休息时间向记者介绍。近几年，他常年奔波于各地，参与非遗传承教学等活动。

如今，聂家庄泥塑还承担着更多的责任。"曾经，这就是孩子们的玩具，后来，逐渐演变为旅游纪念品。如今，聂家庄泥塑成了具有地方'名片'作用的文化产品，反映着高密的历史文化底蕴。"[③] 聂臣希介绍。

（王宇琦、孟知艺、孙瑜撰稿，发表于《山东商报》2023年3月15日第16版）

[①] 被采访人：聂臣希，采访地点：电话采访，采访时间：2023年3月13日16：00—16：30，根据录音整理。

[②] 被采访人：聂朋，采访地点：电话采访，采访时间：2023年3月13日16：30—17：00，根据录音整理。

[③] 被采访人：聂臣希，采访地点：电话采访，采访时间：2023年3月13日16：00—16：30，根据录音整理。

妙手丹青

敦煌文化的数字化保护研究

序 言

敦煌文化诞生于古代丝绸之路的咽喉之地,独特的地缘优势为敦煌文化提供了兼容并蓄的文化基因。敦煌文化的内涵非常广泛,作为以地冠名的地域文化,其核心无疑应以敦煌木简和敦煌石窟群(敦煌莫高窟、西千佛洞、瓜州榆林窟、东千佛洞及肃北五个庙石窟等)的石窟考古、石窟艺术以及藏经洞文献的综合研究为标志。[①] 此外,有学者指出,所谓"敦煌文化",指的是1世纪以汉族为主体的敦煌地区居民具有特点的精神活动及其物化表现。这个敦煌文化的基本特点和基本精神是:首先,它是以汉族为主体的全体敦煌地区居民共同创造的文化;其次,它是以中原传统文化及其体系为主体的多元开放文化;第三,它的灵魂是浓厚的乡土之情和牢固的中原情结以及二者的有机融合;第四,它是一种日益世俗化、庶民化的文化;最后,它是中原传统文化在西北边陲的坚实存在。[②] 因此,本文中所指的"敦煌文化"是以中原文化为支撑,涵盖多民族文化所形成的敦煌石窟群的彩塑、壁画与古籍等一系列的文化遗产。

敦煌文化以其深厚的历史底蕴、独特的美学价值和重要的时代意义,成为中华文化中不可或缺的一部分。敦煌作为中国古代的重要文化中心之一,有着丰富的历史文化遗产。敦煌的壁画、雕塑、书法等艺术品,以及

---

① 樊锦诗:《保护传承敦煌文化 增强中华文化自信》,《求是》2020年第4期。
② 颜廷亮:《敦煌学研究的一个重要分支学科——敦煌文化研究漫议》,《敦煌研究》2000年第2期。

妙手丹青

敦煌的古代文献和考古发现，都为后代进行相关研究提供了宝贵的历史见证。这些文化遗产不仅揭示了古代中国的艺术、宗教、科技和社会生活，也为人们提供了理解和研究中国历史文化的重要依据。同时，敦煌文化在近两千年的发展中，留下了诸多绚丽多姿、独具一格的艺术瑰宝，涵盖壁画、舞蹈、音乐、塑像、建筑、书法等，敦煌文化的艺术成就具有独特的美学价值。敦煌的壁画、雕塑、纸本绘画等作品，以其独特的艺术风格和精湛的技艺，成为中国古代艺术的瑰宝。其色彩鲜艳、线条流畅、构思巧妙，具有极高的艺术欣赏价值，也为后人提供了研究中国古代艺术的重要材料。

一 敦煌文化保护的重要意义

保护敦煌文化能够更好地传承中华优秀传统文化。由于敦煌石窟长期受自然与人为因素的影响，造成了不可逆转的伤害。因此，对敦煌文化遗产的保护已经刻不容缓。因而应对敦煌文化进行抢救性和预防性保护，尽可能延缓其衰老，使珍贵的文物信息得到保存，更好地传承下去。

首先，保护敦煌文化能够推动敦煌学更好地发展。随着敦煌文化重现于世，与其相关的学术研究也开始兴盛。敦煌学是指自1900年在敦煌莫高窟发现藏经洞之后，逐渐形成的以敦煌遗书文献、壁画、塑像（彩塑）、遗画、碑刻、简牍等各种文物，以及石窟建筑、历史遗址和其他各种历史遗存为主要研究对象，探究我国古代历史文化，特别是敦煌、河西、新疆、中亚史地乃至中外关系等诸多问题，并探索各历史文物和遗存相互之间的关系，以期促成现代文化艺术发展繁荣的一门综合性学科。[①] 因此，保护好敦煌文化是支撑敦煌学不断发展、深入研究的基础，并为敦煌学的研究提供准确详细的信息资料，以推动敦煌学更好的发展。

其次，保护敦煌文化能够维护文化的多样性和创造性。文化遗产的内涵十分丰富，涵盖古建筑、古遗址、石窟及文献等文化载体，能够生动反映人类社会发展的重要进程，具有多重价值。敦煌文化遗产是多元文化相

---

① 韩春平：《敦煌学数字化问题研究》，民族出版社2012年版，第1—2页。

互融合的文明成果,因此,保护敦煌文化能够增强社会认同感,保护文化的多样性,并推动文化创新性发展。

如今,数字技术的发展给文化遗产的保护带来了新的机遇。有学者对"文化遗产数字化"的概念给出了相关定义,认为文化遗产数字化是指利用数字采集、数字存储、数字处理、数字展示、数字传播等技术将文化遗产转换、再现、复原成可共享、可再生的数字形态,并以新的视角加以解读,以新的方式加以保存,以新的需求加以利用。[1] 在此基础上,有学者对此概念进行延伸,对文化遗产数字化保护进行定义。即可以认为文化遗产数字化保护是指为了实现对文化遗产中所蕴含的文化内核与精神传统的数字化保护、开发与传播,图书馆、博物馆、文化馆、档案馆等文化机构采用数字化技术(云计算、关联数据、本体、语义、虚拟现实、虚拟增强现实等)对文化遗产进行保护的过程。[2] 因此,敦煌文化的数字化保护不仅是对敦煌文化遗产的有效保护,更是对中华优秀传统文化的深度研究和传承。它借助现代科技的力量,打破了时间和空间的限制,让敦煌文化在新的时代里焕发出新的生命力。

二 敦煌文化的数字化保护现状分析

敦煌文化的数字化保护工作可追溯到20世纪80年代,经过30多年的不断探索和努力,敦煌研究院已建立起一套完善的数字化体系,成为我国文博数字化的典型代表。在技术方面,敦煌数字化保护工作采用了高精度的数字采集、图像处理、三维建模等技术,以及多种软件和硬件设备,对敦煌石窟进行了全面的数字化处理。这些技术不仅实现了对敦煌文物的精准记录和存储,还可以进行高效的展示和传播,能够让更多的人在虚拟环境中身临其境般地感受敦煌文化的魅力。

另外,敦煌数字化保护工作也在不断地进行改进和完善。针对数字化过程中出现的问题和不足,敦煌数字化团队不断探索新的技术和方法,提

---

[1] 王耀希主编:《民族文化遗产数字化》,人民出版社2009年版,第18页。
[2] 徐芳、金小璞:《基于关联数据的文化遗产数字化保护研究综述》,《国家图书馆学刊》2020年第4期。

妙手丹青

高了数字化工作的精度和效率。同时,敦煌数字化团队还积极推广数字化保护的理念和经验,推动数字化技术在文化遗产保护领域的应用和发展。

(一)利用数字存储技术,实现高精度存储

敦煌文化遗产是中国乃至全世界的重要资产,然而,这些珍贵的文化遗产却面临着保存和传承的挑战。传统的保存方法,如纸张、胶片或简单的数字图片等,无法满足长期保存的需求,且难以进行高效的传播。而现在,随着数字存储技术的发展,有了新的解决方案。

敦煌石窟是敦煌文化的重要组成部分,敦煌石窟的保护对敦煌文化的传承而言具有重要意义。敦煌研究院从20世纪80年代起,就一直致力于运用现代数字技术对敦煌石窟进行记录、采集和存储,并与国内外高校、科研机构合作,对敦煌文化数字存储技术进行研究,并通过覆盖式拍摄技术和 Quick Time 虚拟现实技术对敦煌石窟进行了全面的记录与采集。

覆盖式拍摄可以获得高分辨率的壁画图像,拍摄方法是用平行于壁面移动的数码相机,依次对洞窟壁画分幅拍摄,然后把单幅数字图像拼接成整壁壁画图像,并通过相关的专业软件处理,保证图像色彩和几何比例的准确性;QuickTime 虚拟现实能使图像观看者有进入洞窟的感觉,并能在洞窟内旋转观看,看到洞窟内建筑、彩塑和壁画的所有艺术品。[1]这不仅能为参观者呈现高精度的图像,亦能使参观者有实地进入洞窟的感觉,多角度旋转浏览石窟内景的拼接全景,使石窟内的艺术珍品获得全方位的展现。

通过高精度的数字扫描和存储技术,可以将敦煌石窟的每一个细节都精准地记录下来,并将这些数据存储在云服务器或者其他数字存储设备中。这种数字存储技术不仅可以长期保存这些珍贵的文化遗产,还能实现数据的实时更新和备份,防止任何可能的数据丢失或损毁。

此外,敦煌研究院和国外机构还授权梅隆基金会共同建立了一部用于学术研究的敦煌文化电子档案,即梅隆国际敦煌档案。它不但为从事文化遗产保护工作的研究人员提供了重要的资料,也让人们能够更好地了解到

---

[1] 樊锦诗:《敦煌石窟保护与展示工作中的数字技术应用》,《敦煌研究》2009年第6期。

图像的细微之处，观察到原本难以发现的细节。梅隆国际敦煌档案的建立不仅为永久性且高精度地保存敦煌石窟提供了可靠的手段，也为保护其他文化遗产提供了思路。

如今，敦煌研究院已经通过数字化存储技术完成了30个洞窟、涵盖10个朝代、共4430平方米壁画的采集。随着数字技术的发展，图像信息采集达到了300DPI的高精度存储，极大地提高了存储的效率和精细度。高分辨率的图像不但能用于实际监测，而且能较好地记录各种病害的资料，为评估、日常监测和保护工作提供参考。

首先，这种高精度数字扫描以及存储技术能够真实再现石窟文物的原始状态，包括颜色、纹理、形状等。其次，这种技术实现了石窟文物的三维建模，便于进行虚拟展示和互动体验。再次，数字存储技术实现了数据的远程共享，让更多的人可以在任何时间、任何地点感受到敦煌石窟的魅力。最后，利用数字化存储所建立起的数据库，能为将来的研究提供丰富的数据支持，并提取敦煌文化传播所需要的素材，推动敦煌文化的数字化传播，更好地传承中华优秀传统文化。

（二）运用实时监测技术，推动预防性保护工作

敦煌文化的数字化保护工作在不断进步和完善，其中一项重要的技术应用是实时监测。通过实时监测技术，可以及时发现和解决潜在的安全风险和损坏问题，从而推动了预防性保护工作的开展。

敦煌石窟内的微环境变化，如湿度、温度、二氧化碳浓度等都是影响洞窟文物保存的重要因素。同时，由于石窟是在岩壁上开凿的，内部空间狭窄，所以每次参观的人数都是限定的。因此，为了能够随时进行数值监测，使这些影响到洞窟文物保存的参数，如二氧化碳含量、相对湿度等处于安全数值范围，敦煌研究院成立了石窟监测中心，运用物联网技术和数字无线传感器网络技术，创建了"风险监测—综合预报—提前预警—及时处理"的遗产保护管理工作模式，实现对石窟微环境的实时监测。

2011年，莫高窟首个智能联网的监测预警系统初步成型，该系统通过传感器能够实时监测石窟外部的气象、风沙、水环境、大气污染，以及石窟内温度、湿度、二氧化碳浓度等。该系统利用传感器对各个参数进行采

集，利用无线通信技术将各个传感器连接在一起，使各项数据能够在较大的范围内进行长时间、稳定的传输。2013年，"敦煌莫高窟微环境控制关键技术"的研发使洞窟传感器的监测数据更加丰富，同时也将岩体裂隙、倾斜、振动、洪水等信息纳入了系统的实时感知之中。现如今，物联网传感技术日益成熟，敦煌研究院已经完成了在莫高窟内、外均部署物联网技术监测设备这一工作，实现了实时监测石窟外部气象、风沙、水环境、噪声等情况以及洞窟内部温度、相对湿度、二氧化碳浓度等数值这一目标。同时，采用RFID技术对洞窟内游客流量进行实时统计，游客进入石窟区参观的整个过程，都会实时生成人流量数据。

通过这种遗产保护管理工作模式，运用各种传感器和监测设备，对敦煌石窟进行全方位的实时监测。这些监测设备不仅可以检测到微小的温度、湿度、光照等环境因素的变化，以及人为因素对文物的潜在影响，还能对石窟进行全面的数字化处理，及时发现和记录文物表面的微小变化，如风化、侵蚀等。数字化团队通过对这些数据的分析和处理，可以评估石窟文物的健康状况，并采取相应的保护措施，以便预防性地保护文物。

实时监测技术的应用，不仅提高了敦煌文化数字化保护工作的精度和效率，也推动了预防性保护工作的开展。通过及时发现和解决潜在问题，可以有效延长文物的寿命，并保护这些珍贵的文化遗产免受损害。同时，还可以将这些监测数据与数字化保护技术相结合，建立起更加完善的数字化保护体系，为敦煌文化的传承和发展提供更加可靠的技术支持。

从人工巡查到物联网监测，不仅极大地提高了监测效率，增强了监测效果，还为石窟的预防性保护和抢救性保护、旅游开发、保护研究等工作提供了数据支持，进一步推动了数字化保护的进程。保护是传播敦煌文化的基础，只有做好相关的保护性措施，才能更好地传播敦煌文化。

（三）使用三维数字化技术，实现准确性测绘

敦煌文化作为中国和世界的重要文化遗产，考古测绘是保护和传承的重要环节。传统的考古测绘方法采用人工测量，但这种方法的精度和效率都有待提高。为了解决这个问题，敦煌数字化保护工作采用了三维数字化技术，实现了高精度的考古测绘。

首先，敦煌数字化团队使用高精度的三维扫描设备，以获取敦煌石窟文物的三维数据。敦煌研究院采用三维激光扫描技术获取文物点云数据，并通过数据配准完成数据坐标系的统一，并将点云数据导入到 Microstation 系统，根据数据的几何特征和点云强度确定壁画的三维位置，依据拼接图像勾勒出洞窟结构和塑像线描图，便于计算出图像的准确位置和实际大小。[①]

此外，敦煌研究院联合武汉大学数字文化遗产研究中心的数字敦煌项目研究团队，用数字技术进行石窟测绘，开创运用三维数字重建技术。通过测绘手段对石窟和相关文物进行数字化采集、加工和存储，力图建成对敦煌石窟原貌复制的三维数字模型，准确地再现石窟和文物的原始风貌和特征，开展石窟三维数字化保护。同时，这种数字模型还能为学者和研究人员提供丰富的数据支持，推动敦煌学和文化遗产保护的深入发展。

如今，通过采用上述三维技术手段，敦煌研究院已经完成了20余尊雕塑的三维重建工作。借助先进的数码技术，实现了用3D打印制作出纤毫毕现、色彩逼真的佛像，并且已经将部分雕塑进行了3D打印，在多地展览。

利用三维技术，不但可以提高测量精度和工作效率，而且能准确、科学地记录敦煌石窟的所有内容，将所得数据存入数据库中，完善了数据库内容，有较高的可利用价值。这不仅开启了数字化保护的新篇章，也是敦煌文化能够进行数字化传播的重要支撑。

（四）开展"数字敦煌"工程，聚合数字化资源

为了解决莫高窟的不可挽回的衰落，敦煌研究院从20世纪80年代后期就提出了"数字敦煌"的设想。"数字敦煌"的实现依靠敦煌石窟文物数字化，采用数字采集、数字处理、数字存储、数字展示、数字传播等数字化技术，使敦煌莫高窟、西千佛洞和瓜州榆林窟及每个洞窟的建筑、壁画和彩塑通过转换、再现、复原，成为可共享、可再生的数字形态，并以

---

① 樊锦诗：《敦煌石窟保护与展示工作中的数字技术应用》，《敦煌研究》2009年第6期。

多种新的手段对敦煌石窟艺术进行解读、研究、保存、保护、传播、弘扬和科学管理，以达到永久保存、永续利用的目的。①"数字敦煌"这一虚拟工程的开展，不仅突破了时间与空间的局限，还满足了人们对旅游、观赏与研究等需要。

通过数字化技术的深度开发与应用，"数字敦煌"初步实现了敦煌莫高窟虚拟现实化、信息互动化与数字化三个进程，通过互联网这一渠道共享数字资源，搭建了全面、科学、规范的敦煌石窟数字资源库，并建立了数字资产管理系统和数字资源科学的保障体系，取得了丰硕成果。截至2022年底，完成了敦煌石窟289个洞窟的壁画数字化采集、178个洞窟的图像拼接处理、162个洞窟的全景漫游节目制作、7处大遗址三维重建、45身彩塑的三维重建、5万张历史档案底片的数字化扫描工作，形成了海量的数字化成果。②

同时，随着元宇宙概念的兴起与区块链技术的成熟，由敦煌研究院和互联网企业腾讯公司共同构建的"数字敦煌开放素材库"正式上线，这是全球首个以区块链为基础的数字文化遗产开放共享平台。其中，包括敦煌莫高窟及其他石窟遗址、敦煌藏经洞等近6500多个高清数字化资料，将通过"数字敦煌"素材库，面向世界公开，为中外学者、文化爱好者、艺术创作者提供一个"一站式"的敦煌文化交流与共创平台，为敦煌文化资源的安全、高效流通奠定了坚实的基础，对确保文化传播内容的准确性、推动数字化资源的确权、扩大文物资源的社会开放度等都有着深远的现实意义。

"数字敦煌"不但建立了有关敦煌文化的科学、完整和系统的数据资料，还在考古测绘、创意开发、文化遗产保护、展览和文化传播等方面有着广泛的应用。目前，"数字敦煌"已成为研究人员利用技术手段进行推广和创新的重要途径。

---

① 樊锦诗口述，顾春芳撰写：《我心归处是敦煌：樊锦诗自述》，译林出版社2019年版，第280页。

② 施秀萍：《让璀璨文化在"数字敦煌"里永久绽放》，《甘肃日报》2023年9月5日第1版。

(五) 开展"数字供养人"项目，创新文化保护方案

敦煌研究院不仅在技术上推动了数字化保护工作，还通过与互联网企业进行合作来创新文化保护的方式。从 2017 年开始，敦煌研究院便和腾讯公司及相关基金会进行了战略合作，以"科技＋文化"为概念，以敦煌文化为核心，以互联网技术为依托，结合各种产品和服务，打造了"数字供养人"项目。依托腾讯公司所打造的 IP，以"新文创"为中心，通过腾讯公司的网络平台，创新文化保护方案。

"数字供养人"作为数字文化保护方案，从文化生产的角度出发，围绕"新文创"战略，在文化传播和再创造的过程中进行文化保护。该项目从公益、音乐、游戏、文创、智慧导览五方面着手实施，充分应用腾讯旗下 QQ 音乐、"王者荣耀"游戏、腾讯地图等产品，形成集图像、声音、服务"三位一体"的当代敦煌文化体验方式。[①] 通过这一项目，可以让年轻人参与到敦煌文化的数字化保护中，成为现代的敦煌数字供养人。目前，"数字供养人"计划主要包括三方面的工作：一是用现代数字科技保护敦煌壁画，二是用现代形式演绎敦煌艺术，三是不断扩大敦煌文化的影响力。

如今，在已落地的项目中，"数字供养人×公益"创新了"互联网＋文化保护"的方式。用户通过 H5 页面这一渠道，该网页上的创意视频进行互动，就会获得"智慧锦囊"，并可以选择是否向敦煌莫高窟 55 窟数字化保护计划捐款 0.9 元，捐款成功便能成为一名"数字供养人"。通过互联网平台将传统文化用创意的数字手段呈现出来，这种形式让用户更贴近传统文化，进一步增强对传统文化的认知，并推动全民参与到传统文化保护中，不仅提高了公众对敦煌文化的认知和保护意识，也通过公众的参与和互动，丰富了敦煌文化的传承和发展。

(六) 采用前沿游戏技术，沉浸式推动文化保护

随着数字媒介的不断演进，科学技术为文化遗产保护提供了新的技术手段和机遇，文化遗产的数字化保护逐步朝向数字化、互动化、沉浸式方

---

① 宗少鸽、刘子建：《丝绸之路沿线传统文化数字化发展路径探析——以敦煌"数字供养人"计划为例》，《出版广角》2019 年第 23 期。

妙手丹青

向转变。随着游戏产业的蓬勃发展，其背后所依赖的前沿科学技术体系不断积累，这些技术和制作管线不仅可以应用于游戏产品的研发，同时也能够应用于数字文博领域，为文化遗产的保护和体验带来全新的可能性，更好地推动文化遗产的数字化保护与传承。在这一发展潮流的推动下，敦煌研究院也在积极探索将前沿游戏技术应用于敦煌文化的数字化保护工作中的策略与方法。

敦煌研究院于2022年6月与腾讯携手，成立了"腾讯互娱×数字敦煌文化遗产数字创意技术联合实验室"，开始系统地引入游戏科技，致力于构建"数字藏经洞"项目，通过将敦煌研究院的文物数字化技术和腾讯互娱的游戏技术相结合，基于敦煌学研究与"数字敦煌"的积淀以及游戏科技的技术优势，在互联网平台上构建高精度还原的数字藏经洞。2023年4月18日，全球首个超时空参与式博物馆"数字藏经洞"正式上线，并向公众开放。

"数字藏经洞"项目充分利用了游戏技术的优势，综合运用高清数字照扫、游戏引擎的物理渲染和全局动态光照等游戏科技，在数字世界生动再现藏经洞及百年前室藏6万余卷珍贵文物的历史场景。[①] 首先，利用数字扫描和三维建模技术，对莫高窟1600米外崖面以及"三层楼"和第16、17窟进行了3万余幅数字图像的渲染以及生成了9亿面的超拟真数字模型，最终完成了毫米级高精度复刻。其次，游戏引擎的渲染技术在此项目中发挥了重要作用。借助游戏引擎的物理渲染（PBR）技术，实现了高品质的渲染效果，为"数字藏经洞"营造了极其逼真的环境氛围。同时，通过全局动态光照技术，再现了早晨10点的阳光在洞窟内的照射效果，创造出更加真实的场景。此外，在设计中还设置了"开灯"模式，使观众可以逐一点亮通道、壁画以及告身碑，进一步增强了观赏的互动性。该项目最终生成了超过36GB的数字资产，由于其全程采用了云游戏技术，将这些数字资产在云端进行渲染，所有的资产处理都在云端完成，公众只需打开

---

① 颉满斌：《"数字藏经洞"让你超时空感受敦煌文化》，《科技日报》2023年5月12日第7版。

微信小程序"云游敦煌",即可轻松进入"数字藏经洞",通过指尖享受影视级别的画质体验。

"数字藏经洞"通过互动体验的方式,使人们得以"穿越"至晚唐、北宋、清末等历史时期,以第一人称视角"参与"到藏经洞的历史场景之中,呈现出全新的沉浸式体验,为大众提供了一条穿越时空、更轻松了解藏经洞和主要文物的新途径。此外,这也是首次以虚拟形式联结敦煌藏经洞与海外出土文献文物的珍贵信息,开启了敦煌文化保护与传承的新篇章。

2023年9月20日在国家文物局"互联网+中华文明"行动计划的指导下,敦煌研究院与腾讯共同推出的"寻境敦煌——数字敦煌沉浸展"正式启幕。"寻境敦煌"依托敦煌学丰厚的研究成果和"数字敦煌"的多年积淀,结合腾讯游戏科技等前沿技术能力,综合应用三维建模技术、游戏引擎的物理渲染和全局动态光照、VR虚拟现实场景等前沿游戏技术,1比1高精度立体还原了第285窟,实现了上亿面的高保真数字模型和超高分辨率的表面色彩。[1]

"寻境敦煌"以莫高窟第285窟作为首个深度文化知识互动项目的核心展示内容,人们可以零距离欣赏壁画,360°自由地探索洞窟细节,并沉浸在壁画故事情节中,切身感受历史上洞窟中被照亮时的场景。"寻境敦煌"作为一个沉浸式展览,除了为大众提供敦煌壁画的线上讲解互动外,还在线下设置了VR深度体验。人们可以通过佩戴VR设备,在能量体"摩灵"的引导下,身临其境地"进入洞窟",体验者还能够在云端与四十余位"众神",如"雷公"等进行互动。此外,借助腾讯臻彩云境技术的渲染,在参与VR体验后,人们还有机会录制一段"虚拟拍摄"的纪念视频,这种"真人+虚拟场景"的视频留念方式将真实与虚拟完美结合,使人们充分沉浸在敦煌文化的魅力中。

三 敦煌文化的数字化保护困境

敦煌文化是中国宝贵的文化遗产,其独特的艺术、历史和宗教价值跨

---

[1] 李超:《"寻境敦煌-数字敦煌沉浸展"正式启幕 即日起可线上线下漫游敦煌之境》,《兰州日报》2023年9月21日第3版。

越了千年的时间。然而，由于敦煌文化的丰富性和复杂性，对其的保护和传承也面临着诸多挑战。数字化技术的引入为敦煌文化的保护提供了新的可能性，但也带来了一系列新的难题。

（一）难以整合与储存文物海量信息数据

以数字形式进行敦煌文化的保存，需要搜集大量的数据和信息。由于文物数字资料的存储周期较长，因此对其存储容量要求较高，而且要保持较长时间的稳定性。以莫高窟壁画的数字化为例，目前壁画采集分辨率为300DPI，将莫高窟4.5万平方米的壁画进行全面数字化，并通过专门的图像软件对其进行处理，最终所生成的数据量将会极大地增加，而长期存储数据的需求也会上升。

目前，敦煌文化数字化保护面临的挑战是如何在允许使用者通过统一的数据源获取任何时期、任何内容的数据信息的同时，整合不同时期、不同目的、不同用途所产生的大量信息和数据，并能够容纳不断涌入的新的信息数据和研究资料。例如，洞窟环境的实时监测需要数百个传感器同时采集海量的数据，这带来了新的挑战。

和其他行业的数据不一样，由于历史数据可能更有价值，所以无法定时处理数据。而且，在所有传感器持续运转的过程中，累积的数据量也会越来越大。同时，此类数据的条目也非常庞大，有可能达到数十亿甚至上百亿，并且还在不断地生成新的数据，保护研究人员可能会任何时候从特定的监测地点里选择一年甚至几年的数据，这对数据库来说是巨大的压力。因此，如何科学地整合与储存海量信息数据成了当前数字化保护工作的困境之一。

（二）难以进行文物数据的统一管理

迄今为止，敦煌研究院数字化进程已走过了30余年，实现了很多技术攻关，并与国内一些高等院校、科研院所就数字化保护相关技术开展了诸多研究，内容主要是攻克数字化方面存在的一些瓶颈和技术难点，使文物数字化保护的技术手段不断提高。

但是从如今的数字化保护进程来看，文物数据的存储扩容中缺乏统一文件管理系统，容易造成数据孤岛。由于敦煌莫高窟文物数字化数据不断增长，需要持续性地进行数据储存，并频繁地扩充存储空间，然而，由于缺少统一文件管理系统，每次进行存储空间的扩容都会形成数据孤岛，使数据管理变得困难。数据孤岛是指，从数字采集、处理再到储存这三个数字化步骤所使用的数字技术之间，彼此相互独立，由此产生了"数据孤岛"现象，即数据在不同部门相互独立存储，独立维护，彼此间相互孤立，形成了物理上的孤岛。这就导致了通过数字技术采集的文字信息、平面影像数据以及三维空间数据之间缺乏统一的关联性，这不仅影响了信息数据的完整性，还桎梏着敦煌文化的数字保护向更高质量的方向发展。

（三）难以有效进行知识产权保护

知识产权是当今时代的一项重要议题，它已成为中国社会、经济、文化等领域亟待解决的重要课题。由于数字化技术的发展，复制、传播和盗版变得更加容易，因此需要加强对敦煌文化数字化产品的知识产权保护。然而，由于缺乏知识产权保护意识和法律制度不完善等方面的问题，敦煌文化数字化产品的知识产权保护存在一定难度。为此，敦煌研究院做了不懈努力。

从1999年开始，敦煌研究院就和美国的梅隆基金会合作，对敦煌壁画进行数字化摄影。敦煌研究院与梅隆基金签订了四份合作协议，明确规定"摄影底片和数字化图像"的知识产权属于敦煌研究院专有。同时，还特别说明了这四份协议以及其中所述的培训中所制作的全部数字化图像，都统称为"敦煌图像"并且可由敦煌研究院自行决定如何使用。

虽然敦煌研究院已经采取了一些措施来保护其数字化产品的知识产权，但是在社会大众中仍然存在对知识产权保护的重要性认识不足的情况。这导致一些人可能会无意识地侵犯他人的知识产权，或者对数字化产品的使用和传播缺乏合理的约束。此外，敦煌文化数字化的产权保护还需要完善技术手段。例如，使用数字水印、版权管理信息等技术手段来标识和保护数字化产品的知识产权。但是，这些技术手段也存在一定的局限性，难以完全解决产权保护问题。

敦煌文化数字化成果的知识产权保护不应局限于某一领域，更应该从各个方面、各个层次对其数字化成果进行全方位的保护，在域名、商标、著作权等知识产权所涉及的领域都应该积极探讨保护敦煌文化数字化成果的合法权益的必要性和重要性。

四 敦煌文化数字化保护建议

敦煌文化作为中国乃至全人类的重要文化遗产，不仅具有极高的艺术、历史价值，更是一种独特的文化符号。然而，随着时间的推移和环境的变化，这些无价的文化宝藏面临着诸多挑战。为了更好地保护和传承敦煌文化，数字化技术的应用逐渐成为一种新型的保护策略。然而，在实践中，敦煌文化的数字化保护工作仍然面临着一系列的困境，以下提出的建议旨在为解决这些困境提供参考。

（一）利用云计算等技术，构建信息管理平台

石窟的各种数据都是通过传感器来实现的，数百个传感器同时接收大量的实时数据，这也带来了新的问题。文物保护数据是不一样的，它们不能经常被清理，因为历史数据价值可能会更高。而如果所有的传感器都在不间断地工作，那么随着时间的推移，这些数据就会越来越多，会给整个系统带来巨大的信息整合和储存压力。

要解决这一问题，可以通过与科技公司、高校等机构协作，利用各方的技术力量，搭建云计算平台，对海量的物联网监测数据进行存储和管理。2018年，阿里云与浙江大学联合成立了智云实验室，致力于对高校进行数字化的研究，阿里云则为浙江大学提供了一系列的专有云。浙江大学利用阿里云的数据库技术，解决了数据库反应时间问题，并在甘肃天水麦积山石窟、瓜州锁阳城、浙江宁波保国寺等文化遗产中应用，并将其采集到的数据在浙大云上存储、管理和监测。

另外，还可以将边缘计算技术与云计算技术相结合，用于数据的管理。边缘计算的基本思想是将数据存储、传输、计算和安全交给边缘节点，并在边缘节点上部署边缘平台，实现与终端之间的多种通信，从而避免了在中央云计算中心出现的网络延迟问题。大多数的实时交互计算是在边缘节点完成的，而将一部分计算任务交给了大的云计算中心，边缘计算和云计算则按要求来分配任务。

因此，敦煌研究院可以参考阿里云与浙江大学共建云平台的模式，发挥各方优势，运用云计算技术和边缘计算技术，共同构建信息管理平台，并通过建设数据中心，将各个机构的敦煌文化数字资源进行整合，以进行海量信息数据的科学整合与储存，并加大技术研发力度，利用先进的技术手段提升敦煌文化数字资源的呈现效果。

（二）建立统一的数据管理体系，优化文物数据的管理系统

建立统一的数据管理体系，优化文物数据的管理系统，是当前文化遗产保护领域亟待解决的关键问题。而要解决这一问题，则需要构建出集数据采集、存储、处理、分析与应用于一体的综合管理体系，确保文物数据的真实性和完整性，同时提高系统的效率和可靠性。

首先是建立统一的数据标准。为了实现数据的有效利用和管理，需要根据文物的特性和价值，制定相应的数据标准。这包括对文物的分类、编码、描述、鉴定、登记等方面的规定，同时也涉及数据采集、处理、存储、检索和交换等方面的标准。这将有助于不同单位之间的数据共享和交流，提高整体管理效率。

其次是建设集中式的文物数据中心，以存储和管理工作中产生的各类数据。数据中心应采用先进的信息技术，如云计算、大数据、物联网等，以提高数据处理和分析能力。通过深度学习和人工智能等技术，可以对文物数据进行更深入的分析和挖掘。这不仅能提供更准确、全面的文物信息，还能提高文物数据的检索与管理效率。

最后是将"关联数据"（Linked Data）引入文化遗产的数字化保护中。关联数据的基本理念是通过使用统一的标准和协议，将不同来源、不同领域的数据相互关联起来，形成全局链接的数据网络。与传统的数字资源组织方式（文件、超文本、超链接和数据库等）相比，关联数据可以处理复杂的信息单元，实现对数字资源实体间内在关系的深刻揭示，可以较好地实现对文化遗产的保护与传承。[①] 目前，基于关联数据的文化遗产数字化保

---

① 徐芳、金小璞：《基于关联数据的文化遗产数字化保护研究综述》，《国家图书馆学刊》2020年第4期。

护已形成了较为系统的理论体系，能够有效推动文化遗产的数字化发展。

通过相关措施的综合运用，能够建立起统一、高效且可持续发展的文物数据管理体系，为保护珍贵文物和历史文化遗产奠定坚实基础。

（三）完善版权保护体系，加大数字化成果保护力度

随着数字化技术的迅猛发展，在保护和传承敦煌文化的过程中，完善版权保护体系和加大其数字化成果保护力度显得尤为重要。只有通过完善版权保护体系，加大数字化成果的保护力度，才能确保这一宝贵的文化遗产得到恰当的传承和利用，让更多人能够共享敦煌文化的瑰宝，并为其传承与发展打下坚实的基础。

针对数字化成果容易被复制、篡改等问题，首先应加强相关法律法规的制定和实施，确保数字化成果的版权得到充分保护。明确数字化成果的版权归属、使用权限、保护期限等问题，以打击盗版和侵权行为，为敦煌文化数字化成果的保护筑牢法律基础。

其次，应加大技术研发力度，开发具有自主知识产权的数字水印、数字签名等，有效保护数字化成果的真实性和完整性。同时，可以引入先进的加密技术，对数字化成果进行加密存储与传输，防止非法获取与篡改；还可以引入区块链技术，利用其去中心化、不可篡改的特性，可将数字化成果的版权信息、流转信息等上链，为每个数字化作品提供一个独特的身份证明，防止盗版和侵权行为。

最后，建立数字化成果知识产权保护合作机制，与相关组织、博物馆、学术研究机构和数字技术公司合作，共同推进数字化成果的保护工作。加强国内外博物馆、文化机构之间的合作与交流，分享经验和最佳实践，共同应对数字化成果保护的挑战。

只有通过以上措施的综合运用，才能有效完善敦煌文化数字化成果版权保护体系，推动敦煌文化的传承与发展。

结　语

敦煌文化是中华文明在历史传承与发展中，以开放包容、自我革新的心态，汲取和吸纳世界各民族优秀文化而形成的典型，是今天中国展现文

化自信的生动范例，具有很强的文化感染力和精神辐射力。保护和传播敦煌文化，一方面有利于满足人们日益增长的文化需求，另一方面有利于提高国家文化软实力，塑造中国国家形象。

面对敦煌文化"永续利用，永久保存"这一目标，数字技术成为重要的手段。随着科学技术的发展，克服了以往传统文化保护和传播的局限，数字化成为传承我国优秀传统文化的有效途径。数字技术能有效地保护文化，但是也要意识到，数字技术仅仅是辅助手段。

在当今的信息时代，数字技术对于文化的保护和传承具有十分重要的意义，它使"文化"这一概念的内涵得到延伸，并在古今之间架起了一座沟通的桥梁，但是不能取代文化自身。因此，在进行文化遗产的数字化时，要时刻留意数字技术的运用，避免因追逐科技而忽略其文化的价值，或将科技置于文化本身的内容之上，使文化沦为数字技术的附庸，而是应该做到文化与科技融合。

在新的时代背景下，相信通过数字技术手段的创新开发，能够推动敦煌文化创造性转化和创新性发展。并且，能以全新的方式传承和弘扬中国优秀传统文化，突破现有的数字化保护手段的限制，走出现有的困境，敦煌文化的传承和保护将会焕发出新的活力，如一颗璀璨的明珠，继续闪耀在世界文明的长河里。

（王楠撰稿，李辉指导）

在他们身上,看见"内画"的生命延续:
专访工艺美术大师李慧同父女

于无声处听惊雷,于壶坯内绘乾坤。在山东淄博,有一位内画大师,虽然听不见声音,却用半生热忱浇筑出"内画"厚重的生命底蕴,成为新一代中国工艺美术大师,他就是山东内画工匠李慧同。

5月12日,第八届中国工艺美术大师颁牌仪式在济南举行,李慧同上台领取了代表着工艺美术界最高荣誉的奖牌。作为著名的鲁派内画工匠,李慧同已潜心研究内画艺术40年,在寂寂无声的世界,用笔在方寸之间勾勒出大千世界。而他的女儿李韶玥也继承了父亲的衣钵,成为鲁派内画第五代传承人中的佼佼者,站在父亲的肩膀上延续着鲁派内画的艺术高度。近日,李慧同、李韶玥接受新黄河记者专访,讲述了这父女俩,对内画技艺的接力传承故事。

一 李慧同: 绘画拯救失聪少年, 四十年成就大师

创作时,李慧同端坐在桌前,左手握壶,右手执笔,时而轻点勾勒,时而偏锋皴擦,安静地坐在那里,敛声屏息,在瓶壁上一笔一画描摹出令人叹为观止的壶内壁画。

10岁时突发流行性脑膜炎,经抢救虽然保住了性命,但从此却进入了无声的世界。在那个最是春花烂漫、恣意欢笑的童年时代,10岁的少年永远失去了他左耳的听觉,右耳的听力也严重受损。几度绝望后,母亲的一句话点燃了李慧同心中的渴望:"你不是喜欢画画吗?画画也很好啊。"于

在他们身上,看见"内画"的生命延续:专访工艺美术大师李慧同父女

是在父母的支持下,李慧同义无反顾地走上了绘画这条道路。

命运给李慧同按下了"静音键",但李慧同却用乐观、积极、努力以无声绘之有色。

10岁的时候,李慧同正式开始学习绘画,刚开始是在瓶子外面画,十六七岁的时候,他被幸运地选到了内画大师王孝诚先生成立的内画小组,开启了属于他的"内画人生"。

然而内画这条路,对听不见声音的李慧同而言,其所面对的困难依然远超于常人。李慧同回忆,因为自己耳朵听不见,出去写生时不方便,经常需要家人和朋友的陪同。不过,听不见也不完全是坏事。内画创作是在袖珍的内画壶中进行,更需要创作者沉下心来,短时间看的是绘画水平,长时间看的是心性和定力。在无声的世界中,李慧同把"听不见"的短板转为内画创作的长处。李慧同笑着对记者说,耳朵听不见反而能够使自己静下心来潜心专注于内画创作。在日常创作中,李慧同经常静坐画几个小时,不为外界的纷扰所动,正是坐稳"冷板凳"的慢功夫,成就了数十年如一日的匠心。

内画自古以来都被文人雅士所推崇,在古代文人圈里,李慧同也有自己的偶像。与记者聊天中,他坦言最喜爱的是苏轼,最爱画的亦是苏轼。他拿出自己的得意作品,从《江城子·密州出猎》中"会挽雕弓如满月,西北望,射天狼"的人生理想,到《定风波·莫听穿林打叶声》中"莫听穿林打叶声,何妨吟啸且徐行"的乐观豁达,他都以画传神,生动描绘。

从十几岁时的意气风发,到如今两鬓斑白的沉稳练达,李慧同已经成为业界的一座高山,荣获中国轻工业联合会"国匠杯"金奖、首届中国玻璃艺术名家作品展金奖,五次荣获中国工艺美术大师作品"百花杯"金奖,再加上此次荣获的第八届中国工艺美术大师,不愧为"鲁派内画"的领军人物。多年坚守,李慧同将自己的生命融进了鲁派内画中,终其一生践行着自己"传承和发展"的初心。现在的李慧同,除了专心创作,还会利用业余时间,奔走于工厂与艺术院校,利用合作教学的优势,培养传承人,推动鲁派内画的生生不息。

二　李韶玥：　站在父亲的肩膀上看得更远

博览会上，李慧同向记者展示了一系列内画作品，从《春露凝华》到《玲珑四季山水》再到《杏坛传儒》……每一件内画作品都承载着手工匠人的心血，于细节中展现出巧思、匠心，而其中就有不少是女儿李韶玥的作品。

1993年，博山"大同轩"一个女孩降生，父亲李慧同把襁褓中的女儿抱给爷爷，爷爷为其取名为"韶玥"，寓意着美好和希望，也蕴含着父辈的祝福和期许。冥冥之中，父亲李慧同对内画的坚持，给幼年的李韶玥心中埋下了一粒种子。父亲笔下的大千世界，悄然浸润着李韶玥的童年、青年以至成年，润物细无声地塑造着她的未来。

从小，父亲在李韶玥心中就是榜样的存在。在她的记忆中，父亲在创作一件作品的时候总是一副专注的样子，甚至到了如痴如醉的程度。据她回忆，有时候父亲会突然从梦中惊醒，半夜起来把自己梦到的一些画面画下来。在创作一些大型作品时，李慧同经常一画一通宵。看着父亲忙碌且专注的身影，女儿李韶玥既心疼又打心底里敬佩父亲。"我的父亲异于常人，但远超于常人，他肯吃苦、肯坚持，父亲的精神和优秀一直感染着我，对我来说，这不仅仅是一种想要做好的压力，更多的是一种在我背后源源不断支撑着我的动力，让我站在父亲的肩膀上看得更远。"

回忆起父亲对李韶玥的教育，李韶玥心中尽是对父亲的感激。李韶玥从小就展现出了极高的绘画天赋，经常画一些童话书上的内容。父亲不但会亲自指导，还把她送到专业的美术班培训。父亲的良苦用心，推动李韶玥在艺术道路上不断扎根生长。

大学考入了景德镇陶瓷大学，毕业后李韶玥选择继承父亲的衣钵，深耕鲁派内画这方田地，开始专心致志从事内画创作，成了一名"90后"鲁派内画传承人，作品在省级、国家级各大评比中屡获佳绩。

对于李韶玥而言，选择内画是一场初心无悔、坚守不渝的负重之旅，"深耕内画"不仅是血脉的代代薪火相传，也是李韶玥自身需要坚守的使命。"目前传承内画技艺的人并不多,整个内画行业的发展形势不太乐观,但内画技艺的传承需要后继有人。我的父辈又是干这个的,我的身上自然而然地就会肩负起一种强烈的使命感和责任感,想要改变现状,让更多人发现内画、走进内画。"在采访中,李韶玥的言语中透露着坚定和执着。

三 守正创新,开鲁派内画之生面

鲁派内画的发展,烙印着时代不断演进的轨迹。李韶玥凝望着父辈们的坚守,也用自己的行动一点点激活鲁派内画的生命活力。李韶玥还记得,大学毕业后在王孝诚大师领衔的鲁派内画博物馆待了一段时间,王孝诚大师的一句话令李韶玥醍醐灌顶:"你是从学院出来的,希望在你身上看到传统内画艺术在兼顾传统题材的同时,更多地表现现代题材,让内画人物更多地穿上现代衣服。"

打通任督二脉的李韶玥,跳出内画传统题材的象牙塔,走进生活,对内画进行创新。采访中,李韶玥把对鲁派内画的传承概括为"爱之护之而赋活之,敬之传之而更新之"。李韶玥认为,只有融合了"现代气息",内画才能被当代人发现并自觉接受,才能保持自身的生命力,万古长青。在李韶玥的内画作品中,她不仅注重线的艺术表达,设色清新雅致,还将传统艺术手法与现代绘画风格相融合,洋溢着一位艺术新人探索与追求的气息,作品受到了很多收藏家、艺人和国际友人的喜爱。

脚踏实地练好基本功,同时积极拓展更多渠道让大家认识内画、爱上内画。眼下,李韶玥正在打造自己的个人IP,建立抖音平台新媒体号,还将内画直播列入自己的计划。"我觉得网络是我们必须要融入进去的,在新媒体带来的泛娱乐化、信息碎片化的时代下,我们要改变传统的传播方式,既要认真走好线下也要积极转型到线上来。"李韶玥认为,发展鲁派内画需要追寻历史的脉络与传统的魅力,更要站在古今交点上,融入现代社会,推动内画的活态传承和动态发展。

在李韶玥的抖音号上,我们看到,她把奶奶院子里的石榴树画进了内画,也会在母亲节为妈妈献上一份独特的礼物,在留言区,很多都是慕名

妙手丹青

而来的粉丝和走进来就转不出去的国潮爱好者。李韶玥的工作室开在博山颜神古镇，后期她还将和父亲开办研学课程。未来很长，任重而道远，对这对父女而言，内画是他们选定了就不会回头的艺术远行。

（任晓斐、邹雨言撰稿，发表于济南时报·新黄河客户端，2023年5月29日）

传统年画也潮流

木版年画是我国传统民间艺术形式，娃娃抱鱼、门神等经典年画形象深入人心。在许多人看来，年画极具传统韵味。如今，借助年轻人广为喜爱的游戏方式，潍坊杨家埠木版年画以新容貌与年轻朋友见面，并收获他们的喜爱与追捧。

一 非遗与游戏 "跨界" 合作

2023年春节期间，一条名为《〈原神〉"流光拾遗之旅"——仙闻篇·木版年画》的纪录短片在网络平台广为流传，得到众多网友的喜爱。该视频由游戏《原神》官方社交媒体账号发布，上线仅3天，各平台播放量便已突破400万次。随着时间流逝，播放量还在持续上涨。视频以潍坊杨家埠木版年画传承人杨乃东为主角，呈现通过木版年画技艺制作《原神》角色形象的过程。

《原神》是一款国产开放世界冒险游戏。玩家可以进行角色扮演，在虚构的游戏世界中自由旅行，邂逅拥有独特能力的伙伴，与其一同击败强敌。游戏中，许多角色设定和风土人情皆颇具中国传统文化韵味。其中，"五夜叉"得到许多网友喜爱。他们是游戏中的5个角色形象，各自拥有擅长的技能，共同构成一个团体。视频中，杨乃东介绍木版年画的制作过程，并以五夜叉角色为内容，创作了一幅木版年画作品。当印制好的五夜叉年画呈现在视频中时，网友们发送的弹幕充满整个屏幕，喜爱之情溢于言表。

妙手丹青

视频将中国非遗技艺与网络游戏相结合，介绍了传统木版年画制作的高超技艺，展现出其无限的创作空间，并通过传统艺术形式将网络游戏中的角色呈现。这种传统与科技的碰撞得到许多年轻网友的喜爱。不少网友对传统技艺的精湛与文化内涵大加赞扬。

二　借助游戏实现文化传播

通过精彩的纪录短片，众多年轻玩家关注非遗项目，并燃起自豪之情。借助用户活跃、黏性强的新潮游戏，传统文化也焕发出夺目光彩。《原神》拥有庞大的用户基础，为传播非遗提供了广泛的年轻受众群体。其官方账号仅在哔哩哔哩平台就拥有近1630万粉丝，制作的非遗视频也收获颇高的播放量。木版年画刻画内容为游戏中重要角色，自然便吸引了众多玩家关注。创新的融合方式也助力非遗高质量抵达年轻群体。

据悉，"流光拾遗之旅"系列为《原神》推出的一项长期项目，持续寻访非遗传承人，用非遗形式展现游戏中的传说故事与市井生活。目前，该系列已发布两期。第二期邀请衡水内画代表性人物王自勇，通过在鼻烟壶内绘画游戏中经典场景再现非遗技艺。随着《原神》广泛的海外布局，系列视频也将被翻译成15种语言字幕版本，在全球200多个国家和地区上线，展现中国非遗魅力。视频在海外网站也得到了诸多国际网友的赞叹。

将视线从游戏拉回现实，转至潍坊杨家埠。杨乃东是非遗传承人，也是拥有数百年历史的和兴永画店第十三代传人。视频在游戏玩家群体中带火了木版年画。春节后，陆续有许多年轻人慕名前来，了解相关技艺，感受浓厚传统文化氛围。杨乃东的工作和生活还照旧进行着，刻新版，收藏保护并翻刻老版。"多年来，我收藏了许多珍贵的老版雕刻作品，并尽力将优秀的作品翻刻出来。"[1] 杨乃东对山东商报·速豹新闻网记者说道。

上了"年纪"的木板十分娇贵，若温度、湿度控制不好，保存不当便会开裂。由于材质限制，一些珍贵的木板在岁月的洗礼下已略显酥脆，每

---

[1] 被采访人：杨乃东，采访地点：电话采访，采访时间：2023年2月27日15时，根据录音整理。

次印刷都可能带来严重损耗。为保护这些濒临消失的宝贵财富，杨乃东花费许多时间，将雕刻技艺精湛、具有杨家埠年画代表特色的老版翻刻出来，"传统老版不能丢"。

三　展示传播非遗技艺

从事木版年画雕刻40余年的杨乃东创作、雕刻木版年画有700余套3000多块，近年来他将诸多精力投入杨家埠木版年画保护传承中。与此同时，他也乐于尝试新鲜事物，这次与游戏"跨界"合作便是一次新体验。"之前有位学生以木版年画为毕业作品研究方向，在我这里进行采访。这次经过他牵线完成合作。此前，虽然我也与许多国内外品牌达成合作，但是触及游戏类产品还是第一次。"[1] 杨乃东介绍。

神话中的神荼、郁垒两位人物是传统年画中的经典门神形象，寄托着人们趋吉避凶的美好愿望。在《原神》中，五夜叉也承载着守护之意。将五夜叉雕刻于木版年画之上，也迎合了传统民俗习惯。

与杨乃东此前刻画的木版年画不一样，这次五夜叉的创作颇具难度。"木版年画制作主要采用套版印刷方式，画中同一种颜色的图案需要雕刻在一块木板上。通常，一幅作品会用到5—6个颜色。但五夜叉呈现色彩丰富，总共用到22种颜色，便雕刻了22块木版。因此，细节把控必须非常注意，误差会影响作品整体呈现效果。"[2] 此外，传统年画中通常采用大块铺色的方式呈现画面，但五夜叉年画中，各种色彩处理需要更加细致精巧。原始尺寸为41cm×23cm的木版前后总共花费杨乃东近3个月时间雕刻完成。

"创作完成后，作品和原版都交付给了游戏方。他们走后，我整理工作间时才发现遗留了一幅测试印刷的画作，便装裱起来留作纪念。"[3] 杨乃

---

[1]　被采访人：杨乃东，采访地点：电话采访，采访时间：2023年2月27日15时，根据录音整理。
[2]　被采访人：杨乃东，采访地点：电话采访，采访时间：2023年2月27日15时，根据录音整理。
[3]　被采访人：杨乃东，采访地点：电话采访，采访时间：2023年2月27日15时，根据录音整理。

东回忆道。这幅五夜叉作品悬挂在和兴永画店中，是一幅"明星"年画，"之前有个年轻人要出高价买下，被我拒绝了，咱要尊重游戏的版权。"①

看到木版年画以这种方式得到年轻人的关注，杨乃东十分高兴，网友热情留言也让他十分感动："这是一次很好的尝试，优秀传统文化值得年轻人学习了解，但是也要找到让他们感兴趣的方式。找到契合点后，他们也会了解、喜欢传统之美。"②

杨乃东透露，五夜叉木版年画相关文创产品的开发正在洽谈中，未来或有望与广大玩家见面。此外，他也欢迎更多厂商品牌与传统非遗展开合作："身为非遗传承人，我十分希望能够传播弘扬传统技艺，但个人力量是有限的，希望借助他们广泛的影响力拓展非遗更多的展现形式，并让更多的人关注、了解、喜欢传统文化。"③

（王宇琦、孟知艺、孙瑜撰稿，发表于山东商报·速豹新闻网，
2023 年 3 月 1 日）

---

① 被采访人：杨乃东，采访地点：电话采访，采访时间：2023 年 2 月 27 日 15 时，根据录音整理。

② 被采访人：杨乃东，采访地点：电话采访，采访时间：2023 年 2 月 27 日 15 时，根据录音整理。

③ 被采访人：杨乃东，采访地点：电话采访，采访时间：2023 年 2 月 27 日 15 时，根据录音整理。

传统新生

鲁绣的传承与创新路径研究

序 言

鲁绣属于"中国八大名绣"之一,是国家级非物质文化遗产。鲁绣不仅有其独特的工艺特征和象征意义,更能为整个黄河流域文化的社会学、民俗学研究提供史料依据。齐鲁民间文化和儒文化均对鲁绣的产生与演变产生过深厚的影响。它独特的绣地、色彩、绣法、图案是时代和民族的一面镜子,是文明演进的物质载体。因此,增强对鲁绣的传承与保护是发扬齐鲁文化的必由之路,也是新时代实现文化自信自强的助推器。国家目前明确了今后对非物质文化遗产保护的目标,指出计划到2035年完成非物质文化遗产的全面有效保护,增强其保护的经济性、积极性与活力,传承体系及工作制度更加完善、有效。另外,2022年《关于推动文化产业赋能乡村振兴的意见》中提出"充分运用现代创意设计、科技手段、时尚元素提升手工艺发展水平"。①

目前已有的对鲁绣的研究成果中,许崇岫的《鲁绣的起源与发展》介绍了鲁绣的定义及鲁绣文化的历史渊源;②《浅析鲁绣的艺术特色》从鲁绣的图案形态特点、组织布局形式、色调色彩运用特点、具体图案中的寓意四个方面进行分析,总结出鲁绣这一绣种独特的地域风格。③ 殷航、赵军、

---

① 张盖伦:《文旅部等六部门:推动文化产业赋能乡村振兴》,人民网·陕西频道(转载《科技日报》)2022年4月8日,http://sn.people.com.cn/n2/2022/0408/c378302-35213567.html,2023年5月10日。
② 许崇岫:《鲁绣的起源与发展》,《丝绸》2008年第4期。
③ 许崇岫:《浅析鲁绣的艺术特色》,《时代文学》(下半月)2008年第2期。

杨小明合著的《鲁绣的色彩及其文化探究》一文将讨论的重点放在分析鲁绣用色上。① 马亮的《鲁绣工艺的传承、保护与开发》介绍了济南鲁绣刺绣有限公司和鲁绣保护现状，并从保护传统艺人、恢复鲁绣研究所、树立品牌形象、博物馆的收藏与展陈等方面提出了保护与发展措施。② 邹玉洁的《非遗鲁绣工艺文化的艺术特色与传承》从政府打造工艺文化推广平台和社会层面的推广与创新两方面提出鲁绣保护与传承方法。③

总而言之，现有的研究主要集中在鲁绣的渊源考证、图案艺术及工艺技术特征方面，而鲜有对其美学品格的挖掘与现代化开发方式的研究。本研究立足于现阶段鲁绣的保护与开发成果，致力于超越浅表符号元素表征的创新，挖掘鲁绣背后的民族审美旨趣和美学品格，力图通过对当代社会生活、数字化技术、时代审美等多方面的考量，提出鲁绣的传承与创新路径，以进一步提升齐鲁文化辨识度，推进文化自信自强。

一　鲁绣的历史源流

《中国工艺美术大辞典》中对鲁绣的定义为："'鲁绣'，山东生产的刺绣品。因山东省简称为'鲁'，故名'鲁绣'，日常用品大多以棉线绣制，有挑花裤边、割花袜底、拉花围裙等。"④ 鲁绣是中国大地上有历史记载的最久远的绣种，也是齐鲁文明演进的一面镜子。齐鲁大地上稳定的自然条件、儒家文化背景是造成历代鲁绣在艺术特征方面存在共性的基石，而统治者的好恶、政治重心的转移、外来因素的影响又造成了不同时代鲁绣面貌的个性分野。

（一）鲁绣的起源与兴盛

1975年，在山东邹县李裕庵墓出土了元至正十年（1350）的绣裙、袖边、鞋面等绣品。⑤ 但经史料和艺术考古证实，山东地区早在先秦时期就

---

① 殷航、赵军、杨小明：《鲁绣的色彩及其文化探究》，《服饰导刊》2014年第1期。
② 马亮：《鲁绣工艺的传承、保护与开发》，硕士学位论文，山东大学，2010年。
③ 邹玉洁：《非遗鲁绣工艺文化的艺术特色与传承》，《遗产与保护研究》2017年第4期。
④ 吴山主编：《中国工艺美术大辞典》，江苏美术出版社1989年版，第503页。
⑤ 马亮：《鲁绣工艺的传承、保护与开发》，硕士学位论文，山东大学，2010年。

出现了刺绣技术,并在秦汉时期达到普及和兴盛。

首先,齐鲁地区有良好的生产丝织品的条件。早在新石器时代,东夷人(主要分布在今天的山东全境及其毗邻的广大地区)便开始种桑养蚕,成为最早的能够驯养野蚕的部落。经北辛文化、大汶口文化、龙山文化的演进,山东地区逐渐积累了丰厚的古文明基础。目前在这些地区有纺锤纺轮出土,龙山文化出土的蛋壳陶上还有平纹织物的残痕,这都证明了东夷人很早就掌握了纺织技术。到了春秋战国时期,出现了著名的白色织物"齐纨鲁缟",更有"齐冠带衣履天下"的记载。

其次,丝织品带动了刺绣的产生和发展。在生产实践过程中,人类审美意识觉醒,与自然建立起了审美关系,人们不再满足于素的纺织物,刺绣开始越来越为人们所重视。《国语·齐语》中记载"食必粱肉,衣必文绣"。① 此"文绣"就是指带有刺绣装饰的服装。而此时的刺绣只局限于上层统治阶级使用,以彰显王侯将相的服章等级。到了汉代,随着国力的强盛和生产技术的发展,刺绣逐渐普及到民间,出现了东汉学者王充在《论衡·程材》中记载的"齐都世刺绣,恒女无不能"②的场面。

(二)鲁绣的衰落与演变

魏晋南北朝,社会动荡,连绵的战事与奴役使人口向南方转移,也将发达的丝织技术与刺绣技艺带到江南。唐代,随着佛教的输入与传播,鲁绣也出现了受佛教影响的新变,表现在传统的实用性刺绣之外,出现了观赏性刺绣,比如济南的发丝绣,就是佛教信徒们为了表达对佛祖的虔诚,用人发绣观世音像。而宋代靖康之变后,北方人口大量南迁,同时又受到契丹、女真族的破坏,北方的丝织业越来越落后于南方地区,鲁绣由此萎靡不振。

到了明清时期,随着资本主义的萌芽以及大运河沿岸商贸的发达,鲁绣行业又得到了新的发展。至今陈列在故宫博物院的《文昌出行图》《荷花鸳鸯图轴》《芙蓉双鸭图》等鲁绣图轴就是有力的证明。清代,中国出

---

① (春秋)[旧题]左丘明撰,鲍思陶点校:《论语》,齐鲁书社2005年版,第108页。
② (东汉)王充:《论衡》,上海人民出版社1974年版,第189页。

现了四大名绣（苏、湘、粤、蜀），鲁绣相对黯然。清朝末年，中国胶东地区绣娘们生产的廉价绣品被西方商人带到欧洲市场上获得热销。1894年，英国马茂兰夫妇将欧洲的抽纱以及刺绣工艺引入烟台，通过建立教会手工学校传授给中国妇女，这种中西合璧的鲁绣绣品迅速风靡西方市场。[①]

当代，鲁绣主要以济南发丝绣、烟台抽纱、即墨花边、威海雕绣、潍坊百代丽等绣种分散于山东各地市。鲁绣产品现在主要有家纺用品，用于床单、被套、沙发套等；有服饰局部装饰，用于汉服的领边、袖口等；有高档藏品，用于高端会议、国际赠送、个人私藏等。在工艺上，大多使用电脑设计图样，机器刺绣，大大节省了工作成本。

总之，传统鲁绣的形成得益于其得天独厚的地理和气候条件，印证着山东人民在生产丝织品过程中逐渐萌生的审美意识。由最初作为上层统治者推崇宗法礼仪的工具到反映齐鲁人民"朴鲁淳直，崇尚礼仪"的精神需求的日用物，鲁绣不断演变，并形成了独特的艺术特色和文化内涵。

二 鲁绣的艺术风格与内涵

传统鲁绣在发展过程中受到齐鲁地区人们生活方式和审美观念的影响，逐渐形成了简朴厚硬、粗犷大气的艺术风格，有别于顾绣、苏绣、湘绣等其他地方性绣种的细润柔和。无论是高饱和的色彩搭配、寓意吉祥的图案选择，还是精致的工艺技巧，都凸显出符合齐鲁文化内涵的艺术特征与美学品格。

（一）浓艳瑰丽的色彩

色彩在中国传统工艺美术中占有极为重要的地位，民间流行的谚语"远看颜色近看花"就强调了用色的重要性。鲁绣是长期流行于民间的绣种，它的色彩不仅受到用色传统的影响，更是齐鲁审美文化的视知觉表征。格式塔心理学派代表人物阿恩海姆曾在《艺术与视知觉》一书中阐述了"表现"作为视觉体验的动力在艺术作品的构建中所起的重要作用。阿恩海

---

① 张馨元、李群英、张丽华：《非遗鲁绣技艺传承与文化探究》，《艺术百家》2021年第6期。

姆认为，艺术家应该首先关注知觉表现的广泛象征意义，而最有力的象征源自最基本的知觉之中，因为它们根植于最强最普遍的人类经验之中。①

传统鲁绣用色以黑、红、蓝、绿、紫等高纯度、高明度的原色为主，极具视觉刺激性和色彩张力，常常以绿色搭配红色，以紫色搭配黄色，形成对比强烈的视觉效果。同时，这些"表现"性的色彩都有强烈的象征意义。人们将红色看作血液和生命的颜色，红色是中华民族最为推崇的颜色之一。在民间，红色被赋予吉祥喜庆的寓意，常常用于节庆、婚嫁等场合。鲁绣作品中常常以红色作为大面积用色，传达出齐鲁人民昂扬向上、喜庆吉祥的精神面貌。黄色在古代是上层统治阶级的专用色彩，象征着富贵、权力、尊严。蓝色也是中国传统工艺美术中的常用色，青花瓷上的蓝色釉料深入胎骨，印花布和扎染物也常使用蓝色。因为这种染料往往取材于大自然中的蓼蓝植物，一定程度上体现着中国传统造物思想中"天人合一"的审美追求，鲁绣中的蓝色给人一种稳重端庄的感受。紫色在我国古代也是统治阶级的常用色，紫色有与神灵相通相融的象征意味，如明清故宫的"紫禁城"之称，源于"紫气东来"的典故，就具有神人相通的超验色彩，鲁绣中的亮紫色也有尊贵华丽的效果。在色彩搭配上，民间也流传着"红间黄，喜煞娘""红搭绿，一块玉"等口诀。

由此可见，鲁绣中的色彩运用有象征性和寓意性，反映着在儒文化影响下人们的道德伦理和价值观念，也反映了齐鲁人民张扬热情的性格特征和淳朴踏实的生活态度，同时也寓意着人们对生活红火、喜庆吉祥的向往。

(二) 寓意深远的图案

中国传统民间工艺十分重视图案的装饰作用和寓意，自古流传着"图必有意，意必吉祥"的说法。鲁绣中图案的题材也反映了齐鲁人民祈福纳吉的精神追求，同时在图案的布局方式上还体现着儒文化的影响。

鲁绣图案题材广泛。在《山东博物馆藏鲁绣精粹》中，有以大自然中的花鸟虫鱼、飞禽走兽为题材的，如梅花、兰花、竹子、荷花、鸳鸯、孔雀、蝴蝶等，有以历代名人字画为题材的，有以寓意吉祥的几何纹为题材

---

① 参见赵曦《解读阿恩海姆的艺术"表现"理论》，《艺术评鉴》2020年第9期。

的，还有以神话传说、戏曲故事为题材的，图案表现皆大气中见精细。笔者在此仅以具有吉祥祝福之意的图案为例，论述民风民俗影响下的鲁绣图案。由于在古代刺绣是女红之事，因此在鲁绣图案中也可考证齐鲁女性的情感表达。一类是以"蝙蝠""鹿""寿桃""喜鹊""鱼""八达晕"为主的纹样，象征着功名利禄、福禄双全、长寿安康、喜上眉梢、连年有余、财路亨通、四通八达之意。以李裕庵墓出土的夹袍为例，袍子胸前和背后就各绣一幅"喜鹊闹梅"图案。① 另一类是以"鸳鸯""凤凰""婴戏""石榴"为主的纹样，则象征着齐鲁妇女对于婚姻美满和多子多福的向往。如故宫博物院藏《荷花鸳鸯图轴》，此图轴以"出淤泥而不染，濯清涟而不妖"的荷花为题，花朵怒放，娉婷舒展。下方有一对鸳鸯在水面戏水，活泼生动。② 传达出山东女性对爱情的勇敢追求和对幸福婚姻的向往。

  鲁绣的图案体现了儒家文化的影响。儒文化提倡仁、义、礼、智、信，孔子对仁、艺、礼、乐关系的表述是"志道据德，依仁游艺"，③ 可见，孔子十分重视艺术与道德规范、国家制度的关系。关于绘画，在《论语·八佾》中记载有"子夏问曰：'巧笑倩兮，美目盼兮，素以为绚兮。何谓也？'子曰：'绘事后素'"。④ 此"绘事后素"意为绘画是在白底上作画的意思，而历来却有诸多解释。葛路在《中国画论史》中认为"绘事后素"与孔子的另一艺术思想"文质彬彬"实则同义，均是强调艺术作品的内容与形式统一的问题。⑤ 也有学者根据后一句"礼后乎"推论此"绘事后素"实则在借绘画表述"仁"与"礼"的关系。⑥ 此外，有关孔子论述服饰的记录还有"君子不以绀緅饰，红紫不以为亵服"⑦（《论语·乡党》）；"见人不可以不饰"⑧（《大戴礼·劝学》）。由此可见，孔子极为重

---

① 殷航：《鲁绣的工艺、艺术及文化研究》，博士学位论文，东华大学，2014年。
② 傅东光：《陈洪绶荷花鸳鸯图轴》，故宫博物院网站，https://www.dpm.org.cn/collection/paint/234578.html，访问日期：2023年5月10日。
③ 陈池瑜：《孔子的礼乐思想与"绘事后素"》，《山东社会科学》2005年第9期。
④ 杨伯峻编著：《论语译注》，中华书局1958年版，第25页。
⑤ 葛路：《中国画论史》，北京大学出版社2009年版。
⑥ 张荫麟：《中国史纲》，上海古籍出版社2006年版，第95页。
⑦ 杨伯峻编著：《论语译注》，中华书局1958年版，第98页。
⑧ 方向东译注：《大戴礼记》，江苏人民出版社2019年版，第226页。

视艺术与政治和礼仪的关系。鲁绣的图案布局在儒家思想潜移默化的影响下，也表现出"成教化、助人伦"的社会功能。几何图案的组织具有逻辑性，以"卍"字纹、盘长纹、方盛纹为代表，呈规整的直线、方折角，表现出儒家方直刚正的人格追求。在连续纹样和综合纹样中，布局方式常以"L"形、"Z"形、三角形构图，还有取二方连续及四方连续纹样的，如在衣服的领口、袖口和领子等位置的刺绣，体现出均衡有序、和谐严谨的形式美法则，是山东人以和为贵、善恶分明品质的映照。

（三）精益求精的工艺

传统鲁绣实现了技术美与艺术美的有机融合。在讨论鲁绣的图案和色彩之后，还应对鲁绣的工艺做进一步的论述，以实现对非物质文化遗产的原生性保护，并争取运用到生产性保护之中。

传统鲁绣的生产工具主要包括绣绷、绣架、绣地、绣线、绣针、绣剪、顶针、绣样等。其中，绣地多采用暗花菱纹绸缎和绢，以此来凸显色彩鲜明的刺绣主题。绣线用的是双股合捻的"衣线"，这种绣线相比其他地方绣种的绣线更加强韧结实，因此做成衣服不易磨损，实用性强。

鲁绣的针法有齐针、套针、缠针、打籽针、滚针、钉线针、盘金等几十种，不同针法对应不同的主题纹样，针法多变，才能使所绣之物栩栩如生，精巧灵动。鲁绣的工艺流程为选稿、上绷、落稿、染色配线、刺绣、清理，每一个步骤都需要投入精力与智慧，才能完成。因此，传统鲁绣制作耗时长、投入大、收益少，难以满足现代市场的需求，如今是人工刺绣与机绣相结合折中性生产方式。

三 鲁绣传承与保护现状

作为国家级非物质文化遗产，鲁绣的传承与保护受到多方主体重视。但是现有的保护方式仍然是以记录性保护为主，如搜集整理鲁绣作品和参考文献形成书面文字资料，探访鲁绣传承人形成视频资料，在艺术馆、博物馆进行陈列式保护等，这些保护方式固然是基础性的，然而却难以推动鲁绣的活态化传承。同时，现如今鲁绣的传承与保护中还存在以下亟待解决的问题。

传统新生

（一）传统设计与现代生产生活方式脱节

一方面，传统鲁绣不能适应现代生产方式的变化。传统鲁绣的生产过程耗时长、工艺复杂、劳动生产率低，因此不被现代服装产业所重视，逐渐丢失了市场。现代设计中无法平衡刺绣技艺与大批量生产之间的矛盾，许多鲁绣品牌以小规模的手工作坊存在着，售价高昂，品牌知名度低，质量也无法保障，在市场竞争中被机绣产品冲击到毫无立足之地，它们唯一的客户群也是仅靠情怀联系着。

另一方面，传统鲁绣的设计不适应现代消费者的审美观念。首先，传统鲁绣用色大胆艳丽，追求高饱和度、高明度的色彩，而在今天流行着"红配绿，赛狗屁""红配蓝，讨人嫌"的俗语，可见，传统鲁绣的配色方案与现代大部分人的审美习惯格格不入，这本身就让现代设计中直接提取鲁绣元素成了一大难题。相较而言，上海的顾绣用色要柔和许多，为低饱和度低明度的用色，配色上也讲究古朴疏淡的风格，甚至许多传统绣品直接嫁接搬运到现代服装、箱包设计上都能取得良好的市场效果。因此，如何将传统鲁绣融入现代设计而不至于使其被现代审美无视成为值得深思的问题。其次，传统鲁绣的图案反映的是历史上山东女性的价值观念和思想感情，而随着时代的进步和思想观念的革新，如今的女性更多追求自由与开放，不断深入人心的"女权"意识使部分女性排斥婚姻与生育，与鲁绣的石榴纹、婴戏纹、鸳鸯纹、"囍"字纹等传统纹样中所蕴含的婚姻幸福、多子多福的价值追求背道而驰。由此可见，传统鲁绣设计元素与时代审美和价值观念不符，如果仅停留在符号嫁接的设计方式上，难以在当今的市场立足。

（二）传承人青黄不接

从内部条件来看，非遗传承人是传统文化基因的持有者，他们掌握着非遗的核心技艺与知识体系。然而，在陈沙的《鲁绣手工艺术与传承研究》一文中记录，现有的鲁绣传承人年龄段普遍在 60 岁左右。[①] 鲁绣学习需要坚忍的意志与耐性，与如今快节奏的生活方式不匹配，年轻人不愿意

---

① 陈沙：《鲁绣手工艺术与传承研究》，硕士学位论文，东北林业大学，2019 年，第 51 页。

从事这种费时费力且收入低的工作，鲁绣传承面临着后继无人，青黄不接的局面，仅靠这批老龄化的传承人更无法把握年轻市场的消费倾向和审美习惯。

从外部条件来看，鲁绣传承的商业与教育支撑不足。山东省纺织服饰业持续低迷，原创服饰品牌与设计师缺乏。如今鲁绣在服饰中的运用，还只零星地存在于济南百花洲历史文化街区、曲阜三孔等旅游景点内的个体汉服店中，鲁绣更多的还是用于家纺。相较之下，苏绣、湘绣、粤绣、蜀绣、京绣、顾绣等地方性绣种所在地，则持有大量知名度高的原创设计品牌，如"碧泓云想""盖娅传说""上久楷"等。这些品牌在设计中十分重视传统服饰元素的创新设计，并与西方立体式剪裁相结合，更易赢得国内外市场。此外，山东高校作为外围驱动因素在鲁绣传承中发挥的作用也不明显。据笔者了解，山东省内本科院校中，仅有青岛大学、山东工艺美术学院设置有纺织服装学院，教员中专注于鲁绣研究的仅有山东艺术学院的殷航教授。在这样的背景下，山东省内很难培养出高素质的服装设计人才，也就难以实现传统鲁绣与现代生活的链接。

四 鲁绣传承与创新的途径探索

鲁绣作为国家级非物质文化遗产，其保护受到国家、地方政府的政策支持。国家目前明确了今后对非物质文化遗产保护的目标，指出计划到2035年完成非物质文化遗产全面有效的保护，增强其保护的经济性、积极性与活力，传承体系及工作制度更加完善、有效。另外，2022年，文化和旅游部等部门印发的《关于推动文化产业赋能乡村振兴的意见》中提出"要充分运用现代创意设计、科技手段、时尚元素提升手工艺发展水平"。从现有的鲁绣保护措施来看，仍然停留在政府支持下的静态式保护，而传承与创新本是密不可分的关系，"穷则变，变则通，通则久"，对鲁绣的创新设计理应介入当下的保护传承之中。

（一）鲁绣融入"新中式"服装设计

"新中式"风格不是一味地堆砌传统元素，而是在深刻了解传统文化的基础上，运用新材料、新工艺将现代元素和传统元素结合，使服装

传统新生

符合现代审美的需求。[①]"新中式""国潮风"的火爆反映了如今人们越来越强的文化自信,也为传统手工艺的创新应用提供了契机。"盖娅传说"是"新中式"服装中的高端品牌,它从前几年的"圆明园""四大美人""敦煌"系列到2022年的"乾坤·方仪"系列,都不乏对苏绣元素的应用。[②] 设计师将苏绣元素与手工盘金工艺、手工贴补工艺相结合,增强了服装的立体性与层次感。原创设计师品牌"夏姿·陈"在2021年秋冬系列"织间"中,综合运用手工刺绣、剪纸工艺、蜡染工艺、毛毡擀制工艺、缂丝工艺等进行传统图腾纹样的重构,塑造出挺拔的中性轮廓。此外,国外奢侈品品牌也热衷于借鉴中式传统服饰元素,如意大利品牌"CUCCI"和"Prada"分别将刺绣、团扇、丝绸、龙纹和中国盘扣、羽毛等元素运用在2017年春夏秀场中,这些设计呈现的是西方人眼中的"中国风"。

鲁绣借势"新中式"出圈有诸多可行性。一方面,鲁绣有着鲜明的北方刺绣的艺术品格,它苍劲大气,坚实耐磨,在南方刺绣市场日益同质化的今天,更容易找到"出圈"的突破口。另一方面,传统工艺与"快时尚"品牌的结合目前还是一片蓝海市场,而山东省内有诸如"韩都衣舍"等快产快销的时尚品牌,有价格低廉、款式更新快、品类繁多等优点,鲁绣可以通过提供设计元素参考融入其中,但是也要注意到传统手工艺本质上与"快时尚"的商业逻辑是完全不同的,如何有效弥合两者之间的缝隙,还需要设计师进行多方位的考量。

鲁绣融入"新中式"服装设计还有一些需要注意的问题。由于鲁绣目前仍处于政府支持的静态化保护下,所以设计还局限于传统审美图样中,而"新中式"的时尚表达不能只注重设计符号的"能指",而忽略"所指",应该超越浅表性地对传统符号元素进行搬运与拼接,更深层次地去思考鲁绣背后所蕴藏的美学品格,观照当代人的生活方式和公众审美,调整和拓展传统文化的范式。当代鲁绣设计在色彩上,可以以色环中相距

[①] 刘芳:《"新中式"服装设计的研究》,硕士学位论文,青岛大学,2013年。
[②] 魏嘉敏、张康夫:《苏绣元素在"盖娅传说"品牌服装中的应用》,《美术教育研究》2022年第24期。

120度—180度的对比色搭配，突出主体图案，抓人眼球，先抢占小众市场，再逐步推广。图案上，"打散构成"本是中国古代常用的纹样设计方法，当代鲁绣的创新设计中也可应用此法，提取传统鲁绣图案，以解构、戏谑、模糊化的处理方式与潮流服装相结合，以更好地迎合年轻人的审美观念。在廓形上，可以考虑山东人敦厚朴实的性格特征，同时融入方便日常通勤的人性化设计思想，结合鲁绣本身结实耐磨的特质，达到"朴素而天下莫能与之争美"的审美境界。

（二）元宇宙背景下的鲁绣设计

国家出台的政策法规是非遗保护中的顶层设计。2020年，文化和旅游部发布的《文化和旅游部关于推动数字文化产业高质量发展的意见》强调，到2025年要培育一批具有国际影响力的数字文化领军企业、产业集群和示范带动项目。在5G、VR、XR、MR、区块链、元宇宙等数字技术快速发展的今天，鲁绣的数字化也将成为不断自洽的研究议题和高质量发展的价值场域。

元宇宙是由区块链技术进行确权、计算机图形技术进行模拟仿真的虚拟数字生活空间。元宇宙衍生下的NFT加密艺术具有存在于区块链上的唯一性、可追溯性、追续权等诸多优点，使作品更容易确权，交易和流通更透明顺畅。正是这些传统艺术所没有的优点，NFT艺术品迅速占领艺术市场，有些甚至在苏富比、佳士得拍卖会上卖出了"天价"。京绣传承人毕红创立的"碧泓云想"高定服饰品牌在2022年推出的"碧泓·童心"就是运用数字图像做成的NFT服饰，综合运用了非遗虎头和毛线球做装饰，以及"久驻雅居"系列的NFT服饰，采用传统偏襟设计，用京绣点缀袖口和领口。鲁绣也可以借鉴京绣的经验，推出NFT产品，注意维持与现实世界的正面互动。在开发过程中，还应当注重对鲁绣的原生性和文化主权的保护，而不能使其沦为资本运作下的游戏。

鲁绣针法多样、色彩独特、图案种类丰富，实体制作工艺复杂且耗时长，而数字设计能够随意且迅速地对色彩、图案进行生成和替换，甚至能够根据消费者的喜好进行调整，为设计师节约了时间。随着姿势识别、动态追踪以及人工智能神经网络技术的发展，鲁绣还可以开发"虚拟试衣"

项目。传统服装有多层，穿着繁复，所以尽管大大小小的景点设有汉服体验馆，游客们也会因为疲于游走而不愿意尝试，但是"虚拟试衣"项目将解放消费者的双手，只需要选择自己喜欢的款式，便能在元宇宙世界里看到身着鲁绣样式服装的自己。

（三）绿色康养经济下的鲁绣创新

2016年，中共中央、国务院印发的《"健康中国2030"规划纲要》中提出：积极促进健康与养老、旅游、互联网、健身休闲、食品融合，催生健康新产业、新业态、新模式。随着后疫情时代的到来，人们将越来越重视康养、绿色、可持续设计。传统鲁绣作为一种"慢工艺"，非常适合与养老、养生产业相结合。此外，作为手工艺行业，鲁绣将在提倡绿色低碳的时代背景下受到重视。

目前中国人口老龄化趋势加剧，老龄人口的增多使"银发经济"得以增长，包括养老院、康养中心、养生用品、保健食品等在内的产业都获得了较大规模市场。传统鲁绣本就源于齐鲁民间，承载着老一辈的记忆和情怀，不管是色彩还是图案，都符合老年人普遍的审美。同时，鲁绣结实耐用的特性，使用过程中不易磨损，符合大多数老年人节俭的生活习惯。如果能够将鲁绣作为一种老年人手工体验项目，融入康养行业，使老年人互相交流，互相学习，并依据自己的喜好绣出代表健康长寿、吉祥幸福的鲁绣作品，将有机会实现鲁绣产业与养老产业的双向互动发展。

绿色设计又称可持续设计，是指合理利用现有的资源和材料，维护现有的生态平衡的设计方式。传统鲁绣工艺为手工制作，绣线多采用纯天然植物染料染色，对生态环境无污染，因而具有无可比拟的优势。通过在旅游景点设立传统鲁绣体验站，使人们参与到鲁绣制作过程中来，感受这种独特绣制方式的魅力，进而改变人们的认知方式与价值观念，最终形成一种行为导向。

针对21世纪的污染、气候变化等复杂问题，目前国际上提倡的一种新的设计方法"过渡设计"，是指运用社会科学的方法，将利益相关者的合作置于解决问题过程中。比较成功的案例是美国的"Fibershed"组织，它通过与农民、牧民、纺织工、设计师、艺术家的合作，建立起了区域纺织经济体。① 鲁绣的创新也可利用这种方法，联系山东本地的农民、纺织工人、非遗传承人、设计师，进行合作经营和增值生产，促进跨学科合作和知识协同，不断增强非遗活化的内外部动力。

（四）艺术教育背景下的鲁绣传承

非遗与艺术教育相结合主要有四类主体，即高校、企业、艺术博物馆、中小学，积极调动山东省内的这四类主体，可助力鲁绣的传承创新。

近年来，文化部鼓励高校和企业到各地设立传统工艺工作站。高校方比较成功的案例有北京服装学院于四川凉山越西县成立的彝绣非遗扶贫实训基地，以及东华大学聚焦于贵州、云南等地的"非遗研培计划"。山东地区不乏知名高校，如青岛大学、山东艺术学院、山东工艺美术学院等，可以通过组织"非遗研培计划"，给予鲁绣设计教学，促使绣工们的审美水平与当代设计接轨，并将高校的平台资源引入鲁绣的产业扶持中，实现产、学、研一体化。企业方比较成功的有"博柏利手艺设计师培训公益项目"，这是由中国妇女发展基金会、中国纺织工业联合协会携手博柏利集团共同发起的公益项目，目前扶持了苗绣、畲绣、潮绣、瑶绣等少数民族地方绣种。山东地区的纺织服装企业也可联系相关部门，开展设计师培训公益项目，这不仅有利于增加鲁绣传承的后备力量，也可促进鲁绣产品更加适应当代市场需要，甚至有利于带动农村妇女、老人、残疾人就业，助力乡村产业振兴，具有深远的社会意义。

艺术馆、博物馆也可以充分发挥其馆藏资源优势，如中国丝绸博物馆定期举办"中国古代服饰复原研究与实践研习班"。山东省博物馆重视鲁绣的传承，出过书籍《山东省博物馆藏鲁绣精粹》，多次举办过馆藏鲁绣精品展。今后，也可以通过举办研习班，吸引全社会面感兴趣的受众报名，并到馆内学习鲁绣工艺。并且，随着现代社会生活节奏的加快，人们在工作的裹挟下容易发展成单向度的人，他们往往更愿意在周末时间去做一些慢节奏的事情，所以笔者认为鲁绣工艺研习班有望吸引大批受众。此

---

① 唐颖、刘妍兵、陈涵：《过渡设计视角下时尚非营利纺织商业模式研究——以 Fibershed 为例》，《装饰》2022 年第 5 期。

外，基础教育学校也应当介入鲁绣工艺的传承与发扬，当代美育的目的不仅仅是培养艺术家，而是要通过培养学生的审美能力、提高学生的审美水平来实现人的全面发展。将鲁绣的学习纳入中小学课堂，既有利于培养学生的思维能力和动手能力，也有利于鲁绣的代际传承，这是一个互惠互利的过程。

结 语

鲁绣就像绽放在齐鲁大地上的一朵永生花，有着悠久的历史源流和清晰的生长脉络，它见证了朝代的更迭，时代的演进，并最终被塑造成了代表着齐鲁人文特征的非物质文化遗产。随着科技的发展，传统鲁绣技艺并没有跟上时代的步伐，面临着设计与现代生活方式脱节、内外保护主体不力等诸多问题。笔者通过分析现状，综合时代审美与社会发展水平等多方面的考量，为鲁绣的传承与创新提出了四个方向的建议，相信随着山东省经济建设的日臻完善，以及对非遗和文化产业的日益重视，传统鲁绣工艺一定会在未来大放异彩。

（刘羽婷撰稿，刘娟指导）

聆听丝路绸语，织造文化创意

——潍坊市柳疃镇"丝路绸语"文化创意园调查报告

序 言

丝绸是中华民族的伟大创造发明，是中国文化的典型象征与重要文化标识，更是世界人民心中的文明符号。在壮阔的历史长河中，丝绸被赋予丰富深刻的文化内涵，不断释放出新的活力。丝绸文化是中国最具代表性的传统文化之一，凝聚着一代代中国人生产实践和文化创造的智慧。昌邑市柳疃镇是著名的"丝绸之乡"，亦是中国近代海上丝绸之路的重要源头之一。柳疃丝绸历史悠久，做工精良，近年来与文化创意产业深度融合，协同发展，构建起新型丝绸文化创意产业园区。新时期下，文化产业园区不仅是经济建设水平持续提升的新引擎，更是传播社会文化的重要渠道和窗口，[1] 在满足人民群众日益增长的精神文化需求、推动文化产业高质量发展等方面发挥着重要作用。柳疃"丝路绸语"文化创意园区以丝绸文化为载体，以文化创意为理念，是柳疃镇独特的文化地标与文化品牌。

2022年寒假期间，笔者到昌邑市柳疃镇进行了关于"丝路绸语"文化创意园的调研与实践。调研过程中，笔者深入调查探索了柳疃丝绸文化与"丝路绸语"文化创意园的古今脉络、发展现状与取得的成果，走访调查了相关的丝绸文化产业和文化创意项目，同时也发现了园区在发展过程中存在的问题与困境，进而提出了文化创意园未来的发展策略与提升路径，

---

[1] 赵海英：《文化产业园区高质量发展对策》，《北京日报》2021年9月28日第11版。

并进行了思考、整合、归纳和总结。

一 "丝路绸语"文化创意园的古今脉络

柳疃丝绸，特指用野生的柞蚕丝为原料织造的茧绸。山东东部山区自古盛产野蚕，但从汉代至明代一直未能得到有效利用。明代末年，山茧的价值逐步被发现与挖掘，茧绸织造由之出现，万历年间的《莱州府志·货物类》中记载有关于"山茧绸"的叙述。由于社会经济结构的原因，山茧绸的发展和传播异常缓慢。近代栖霞人孙钟澶《山茧辑略》中的"山茧之用，自汉至明，谓之祥瑞，终未能畅行，降至清初，文明日启，齐东一带，乡间有以此制线代布者"便是对此史实的真实描述。昌邑柳疃位于胶潍平原，濒临渤海，并不出产山茧，然众多柳疃籍商人于胶东贩卖丝绸，随着纩车缫丝和纺车纺线技术的普及，柳疃商人由异地坐庄逐步变为本地织造，柳疃丝绸因此得名。柳疃镇首家丝绸商号"福盛店"茧庄开业后，"广盛店""双盛合"等众多商号相继开设，① 沿海口岸的开放则极大促进了柳疃丝绸对外贸易的繁荣。柳疃茧绸在清末民初发展至鼎盛期，有"日上市三千六百匹神绸"之说。

明嘉靖年间，高姓立村，初称"高家庄"，后依高姓京城开设之"隆盛绸缎庄"命名。高隆盛村人自古以耕织为生，他们或在"地屋"织绸，或身背绸包漂洋过海，或离乡背井"闯东山"，后在高隆盛村东小龙河畔成立"利民丝绸生产合作社"，利民合作社是柳疃丝织二厂的前身。柳疃丝织二厂始建于1952年，是柳疃丝绸从手工作坊到工业化转型的标志性企业，丝织二厂历经柳疃互助组、昌邑县利民丝绸生产合作社、昌邑县第一丝绸合作工厂、昌邑县手工业合作社联合丝绸厂、昌邑县东风丝织厂、昌邑县柳疃丝织二厂、昌邑县丝织二厂、昌邑市华信丝绸有限公司的蜕变，饱含着中华人民共和国成立后柳疃丝织的壮阔历史和一代代纺织人的深情回忆。随着时代的发展和科技的进步，公司改制为股份制成为时代趋势，昌邑市华信丝绸有限公司便是在丝织二厂基础上改制的股份制企业。华信

---

① 魏伟、李凤蕾：《柳疃丝绸：一纤一丝总关情》，《走向世界》2021年第15期。

丝绸厂区建筑完整地保留了20世纪50年代至90年代的特色，是昌邑珍贵的工业遗产。2019年，柳疃镇创新文旅融合思路，利用原柳疃丝织的老厂房与旧设备，成功建成"丝路绸语"文化创意园，既充分挖掘了柳疃丝绸的文化内涵，又推进了柳疃丝绸企业的创意开发与转型升级，实现了文化效益与经济效益的双丰收。目前，柳疃镇正着力探索丝绸园区发展的新思路与新路径，致力于让历史与现代完美契合、产业与文化互促共赢、传统与创意浑然融会，将"丝路绸语"文创园打造成柳疃丝绸文旅的新热点。

二 "丝路绸语"文化创意园的发展现状与成果

"丝路绸语"创意园（图1）位于柳疃镇华信丝绸公司院内，占地面积五万平方米，总投资两亿元，改造自昌邑华信丝绸有限公司的老厂区，是一处产业历史悠久、丝绸产品优良、人文气息浓厚、创意元素丰富的混合型文化创意园区。柳疃镇以传统丝绸企业的老厂房和旧设备为基础，积极融入现代元素，增加历史文化符号，进行了富含创意的高标准改造提升，成功建成文化展示、创意孵化、休闲娱乐三大园区板块，打造出柳疃丝绸文化建设的新高地。"丝路绸语"文化创意园突出独特的"丝绸文化"主题，集产业孵化、产品研发、艺术展览、文化体验、创意培训于一体，为昌邑市工业遗产的转型利用提供了参考。

（一）创意园的功能分区与创意设计

"丝路绸语"文化创意园建有柳疃春秋陈列宫、丝绸文化展示厅、年代记忆博物馆、工业遗产体验区、大师艺术工作室、丝路创客空间、"半屋伴读"书吧、芳华酒吧、柳疃印象菜馆、老影棚、丝路剧场等功能区，它们均由原有厂房改造而来，承载着古老的丝绸文化与崭新的创意元素。年代记忆博物馆历史文物丰富，现存有清末及民国时期的手工织机、账本、商标、丝绸样品和家居用品等，它通过展示丝绸织造工艺和织绸人家的历史变迁，讲述柳疃丝绸的前世今生，既散发着现代艺术的独特魅力，又传递着奋斗不息的丝绸精神。"半屋"是柳疃手工织机时代的一大特色，在"机户如林"的年代，家家户户皆有这样的半屋。柳疃镇在保留传统建筑的基础上，融入现代创意元素，将其改造装饰为宁静文雅的"半屋伴

传统新生

图1 "丝路绸语"文化创意园宣传标志及园区正门

(图片来源：笔者拍摄)

读"书吧，书吧是园区内首个以求知乐学为主题的"微图书馆"，免费为入驻客户以及游玩的民众开放。创意园区中，文创设计无处不在，各种题材的墙绘作品个性鲜明、五彩斑斓，是丝绸文化与创意思维有机融合的典型表现。厂房之上，各种金属部件点缀其间，它们由淘汰的织机拆解而来，金属设计既是柳疃丝绸生产阔步向前的见证，也为园区增添了现代工业风味。

(二) 丰富的商品特产和文化活动

丰富的商品特产和文化活动是"丝路绸语"文化创意园的核心内容与内在优势。创意园以柳疃丝绸为主要资源依托，设计打造出各式各样的特色丝绸产品。在丝绸文化展示厅中，丝巾、丝绸连衣裙、丝绸披肩、丝绸被单、蚕沙枕、丝绸鼠标垫、丝绸靠垫、丝绸钱包等丝绸产品琳琅满目。同时，园区还推出了一系列富有创意的丝绸文创产品，如丝绸文化U盘、丝绸文化台历、丝绸邮票册、丝绸画册等。园区内的柳疃特产也十分丰富，如"丝路绸语"品牌的桑叶茶、桑葚干、桑葚酒广受欢迎，柳供月饼、炒糖、山楂锅盔、枣泥方酥、福饼酥等柳疃特色糕点老少咸宜，好评如潮。此外，创意园还打造了许多精彩有趣的文化活动，如不倒翁舞蹈演出、古彩戏法、喜剧小丑表演、古筝演奏会、儿童义工团实践、舞蹈文化大赛等，这些文化活动吸引着众多游客，丰富着文化产业园区的内容和形式。

（三）以研学课堂和中老年旅游为核心的发展路径

柳疃文旅结合自身实际拓宽发展思路，创新转型路径，通过多种方式汇集客流人气、力促消费，以转型升级激发文旅市场新活力。园区预先研判市场，提早布局，将现代文化创意与纺织业变迁历史融合于一身，紧紧抓住研学课堂和中老年旅游两大路径。

据潍坊创佳文化传播有限公司董事长安迎朝介绍，文创园正在持续打造桑蚕文化研学课堂，构建丝绸文化研学专题旅游项目，设计相关研学路线，加快研学设施建设，探寻集科学性、趣味性、文化性、实践性于一体的研学模式。文化创意园将围绕中小学生群体打造研学课堂，设置走进桑园、缫丝实践活动、抽丝剥茧动手能力比拼、DIY 彩绘蚕茧、蚕茧创意文化手工秀等研学内容，以增强学生的体验感和参与感，使其在研学和实践中收获桑蚕知识，提高实践能力，同时开展研学课堂可进一步提升园区内涵，丰富园区活动形式，打造独特的昌邑特色文旅品牌。同时，"丝路绸语"文化创意产业园深耕文化创意，推进文旅融合，对外免费开放，突出品牌特色。自 2019 年 7 月 30 日开园至 2022 年 2 月 8 日，文创园已接待游客 25 万多人次，实现收益 600 余万元。在庞大的出游群体中，中老年游客是重要的组成部分。目前，中老年游客群体已成为旅游客群细分市场中最具潜力的蓝海市场，他们可支配收入逐年提高、闲暇时间较多、身体健康状况整体向好，对文化旅游的需求逐年增长。基于此趋势，"丝路绸语"文化创意产业园重点深耕中老年旅游领域，深入探索中老年旅游新模式，切实推进老年旅行团、老年舞台演出、老年休闲文旅产品等中老年文旅元素持续发展。

（四）打造丝绸小镇，促进文旅融合

"丝路绸语"文化创意园是昌邑市着力打造的"丝绸小镇"项目的重要组成部分。柳疃镇深入贯彻落实乡村振兴战略，紧扣丝绸文化核心，强化高质量"双招双引"，规划启动"丝绸小镇"项目。项目以宣传、展示、挖掘、传承柳疃丝绸文化为主线，以"丝路绸语"文化创意园和丝绸文化

·333·

博物馆为重点支撑，传承柳疃丝绸技艺，完善丝绸产业链条，推动文旅融合发展，打造丝绸文化重镇。"丝路绸语"文创园重点推出文化展示、创意孵化、休闲娱乐"三大板块"，致力于打造出新型丝绸工业历史展示长廊和文化创意示范园区。文化展示板块，运营丝绸之乡展示厅等子项目，建设以丝绸文化为核心、以非遗文化、地方文化为补充的综合性文化展示平台。创意孵化板块，建设产品研发与品牌设计中心、创客空间、大师工作室，在工业设计和产业培育方面进行集成创新，进一步延伸丝绸产业链条，丰富丝绸产品文化。休闲娱乐板块，建设休闲休憩场所，打造多功能、多元化的文化休闲娱乐区。

未来，柳疃镇将在园区原有基础之上，增加功能设施，充实文化元素，激活发展动能，进一步丰富提升文化创意园的外部形象和内涵气质，推动柳疃丝绸纺织产业转型升级，将文化创意园区打造成高端、精致、厚重、一流的文旅胜地。通过"丝绸小镇"项目的启动和推进，促进"丝路绸语"文化创意园实现新发展与新飞跃，推动柳疃镇产业、文化、生态、创意融合发展，打响"丝绸之乡·文昌之邑"的城市文化品牌。

三 "丝路绸语"文化创意园运营发展中的困境

柳疃镇"丝路绸语"文化创意园整体发展态势向好，成果颇丰，但在调查实践的过程中，笔者也发现了创意园存在的一些问题、困境与挑战，亟待解决与改进，以实现进一步的发展与飞跃。

（一）发展规模有限，企业实力较弱

目前，"丝路绸语"文化创意园存在发展规模有限、企业实力较弱的问题。创意园的园区规模较小，功能分区较少，与周边园区和企业的联动不足，未能形成显著的产业规模效应和集聚效应，社会影响力与知名度皆需进一步提高。创意园内的丝绸公司与丝织企业多为乡镇企业，企业规模较小，内在动力较弱，经营理念落后，科技水平低下，创新意识不足，专业人才匮乏，运营方式与管理模式较为固化，产品生产效率较低，生产的丝绸制品存在粗制滥造的情况。园区内部的产业内容较为老旧落后，产业环节简单，产业体系平面化，所辖业务单一，重大丝绸项目较少。发展规模较小、企业发展困难的问题阻碍着"丝路绸语"文化创意园的多重发展。

(二) 商品缺乏特色,创新元素较少

"丝路绸语"文化创意园内的文旅商品与文创产品普遍存在地域特色缺乏、粗制滥造、创意元素不足的问题,因此很难吸引游客消费。调研数据显示,多数本地游客表示不愿购买园区商品,因为许多商品并非创意园特色产品且价格昂贵,仅有少数外地游客愿意高价购买园区商品。从整体来看,创意园为游客提供的旅游产品种类繁多,其中虽不乏品位高端、质量上乘的商品,但也存在许多粗制滥造、缺乏亮点且同质化严重的产品,如丝巾、手绢、服饰、折扇等常规文旅商品;园区的原创性文创商品数量偏少、现代元素缺失、本地特色不足,缺乏文化创新性和地域独特性。文旅产品、文创产品的特色情况与创新力度在一定程度上反映了园区文旅融合发展的深度,在此方面"丝路绸语"文化创意园仍需进行深度挖掘与创造。

(三) 内生动力不强,专业人才缺少

作为柳疃镇文旅产业的重点建设对象,"丝路绸语"文化创意园具有较浓的政府主导和政策导向色彩,自主开发与探索的能力不足,科技赋能较弱,内生动力不强,专业人才缺少,创新研发滞后。"丝路绸语"文化创意园是以华信丝绸公司老厂房的工业遗址为基础建设而成的,园区建筑较为陈旧,现代科技元素较少,丝绸文化展厅多为单纯固定的实物展出,缺乏幻影环幕、LED大屏幕动画、触摸一体机、VR虚拟现实、智能机器人等现代展厅设备。创意园的建设发展以柳疃镇的文旅政策为主导方向,内生动力和研发能力较弱,缺乏广泛的社会参与和硬核的自主创新能力,专业的研发人员、创意人员、营销人员和宣传人员皆处于欠缺状态。内生动力不强、专业人才缺少的困境,影响着创意园的发展创新。

(四) 客源市场面窄,宣传力度不够

目前,"丝路绸语"文化创意园面临着游客群体固化、客源市场面窄、宣传力度不够、市场有待开发的困境。虽然"丝路绸语"文化创意园在文旅市场上具有一定的知名度和美誉度,但实际调查结果显示,大多数游客是柳疃本地居民、本地工作者和在本地求学的学生，游客群体单一固化，结构比例失衡。"丝路绸语"文化创意园主要的旅游市场仍处于潍坊市内及山东省内，省外宣传和远距离消费人群的开发仍不成熟，海外市场和国际市场基本处于空白，游客市场面狭窄，市场有待开发。此外，创意园的宣传手段单一，宣传推广方式落后，仍以线下宣传为主，线上宣传力度不够。以上问题在一定程度上阻碍了园区经济收益的增长和长远发展。

四 "丝路绸语"文化创意园的提升路径

文化产业园区是突破传统文化产业局限、提高产品附加值、促进经济转型、提升地区核心竞争力的重要途径。"丝路绸语"文化创意园具有较大的发展潜力与良好的发展前景，但园区目前存在的问题与困境阻碍着其进一步的发展和提升，亟待解决。面对发展中存在的问题与困境，笔者思考和总结的园区发展建议，主要从以下六个方面展开。

（一）扩大园区规模，做强市场主体

规模大小是影响文化产业园区发展的重要因素，"丝路绸语"文化创意园当前园区规模较小，社会影响有限，应进一步扩大园区规模，做强市场主体。现代文化产业园区内部所辖业务种类多样、产业内容日渐丰富、产业环节相对复杂，应通过扩大规模以形成集聚效应，进而推动园区发展。"丝路绸语"文化创意园应以覆盖丝绸产业体系为园区建设导向，扩展内部产业规模，提升协作效率，延伸产业链条，推动市场研发、资源配置、原料供应、技术支持、生产加工、宣传推广、售后服务等产业流程环节稳步落实。同时，切实提升园区的规模化效应，培育市场经营的实施主体，着力壮大园区入驻企业群体，以丝绸龙头企业、重大丝绸项目为依托，有效吸引或自行培育大型文化企业或集团，并通过其带动园区所辖其他企业共同发展，在园区内部逐步形成"大、中、小"梯次配置，"专、精、新"多点并重的丝绸文化企业集群，培育建设文化突出、特色鲜明、创新发展、契合市场的丝绸文化产业园。

（二）发展创意经济，健全创新体制

在新时代下，创新驱动发展战略是构建文化产业园区的重要指导和关

键方略。创意经济的高速发展已成为新时代的经济潮流。"丝路绸语"文化创意园应紧跟创意潮流,扶持丝绸文化创意企业,培育规模化的创意经济,增强内在创新动力,以推动园区实现由生产型发展模式向引导型发展模式的转型升级,实现丝绸文化的创造性转化与创新性发展,为柳疃文化经济打造新的增长引擎。因此,"丝路绸语"文化创意园应切实落实创新驱动战略,增强自主创新能力,健全园区创新体制,大力发展地区性产学研联盟,协调沟通好不同文化产业主体之间的关系,发挥各自所长,整合优势力量。创意园应积极与从事创新活动的科研或文创机构合作,吸收创意元素,吸纳创新人才,集中园区力量支持科研机构的创新攻关;同时,激发丝绸文化企业内部的创新活力,推动丝绸文化企业提升丝绸商品与文创产品的品质,探索高效化生产与销售模式,促创新成果快速应用于丝绸文化产业的实际运行生成过程中,以提升经济效益与文化效益,形成研发与应用两相促进的良性循环。

(三)推进科技创新,研发特色产品

推动文化和科技深度融合、研发兼具创意和特色的产品是推动文化产业园区创新性建设与发展的重要路径。"丝路绸语"文化创意园应以"科技+文化"为创新导向,加快推进科技创新与丝绸文化传承、产业园区建设的融合发展,用现代科技点亮古老的丝绸文化。构建数字文化产业发展新模式,推进创新链延伸发展,以柳疃丝绸为文化载体,以声、光、电等现代科技元素为依托,以应用场景为切入口,采用图文、实物、场景三者相结合的模式,全景再现柳疃丝绸的前世今生,让观者全方位解读茧绸文化,零距离体验园区场景,切身感受文创的魅力。园区可以开发以丝绸文化为题材的网游,充分利用VR技术、3D技术等,从网络的虚拟层次出发,让游客享受人机互动的网游效果,多角度提升游客的体验感。在特色产品的研发方面,园区可以借鉴故宫开发特色纪念品的成功经验,开发具有较高文化品格、富有创意元素、极具柳疃特色、价格合理的文创商品。园区可将丝绸文化与现代科技紧密结合,加大对文旅商品和文创产品的研发力度,设计打造附有统一"丝路绸语"Logo的丝绸衍生文创产品,如丝绸数字文创纪念票、丝绸文创冰激凌、丝绸动漫盲盒等。

（四）调整主导方式，强化社会参与

目前，"丝路绸语"文化创意园的建设推动力量以政府部门为主，社会力量的参与程度与影响力度均较弱。因此，应充分调动各类社会力量与资源，积极鼓励其加入文化产业园区的建设。其一，与各类社会机构开展合作，推动园区综合性发展。联合线上媒体平台进行宣传推广，有效提升园区的知名度和美誉度；与高等院校、科研院所协力促成"产—学—研"一体化格局，节约园区的人力成本与研发成本；通过与金融机构的运营合作，为园区的可持续发展提供资金支持。其二，园区应遵循市场经济规律，摆脱依赖政府扶持的惯性思维，完善文化经济政策，扩大文化市场规模，广泛吸纳文化企业，鼓励社会力量参与，加快文化对外交流，盘活柳疃丝绸经济。其三，持续开展"丝绸文化+创业"模式，为广大学生提供专业实习、社会实践的活动基地，带动广大青年创业创新，积极实践，为丝绸文化产业园区注入新鲜力量，打造新的柳疃丝绸经济增长点。

（五）创新营销模式，推行体验营销

在营销模式方面，"丝路绸语"文化创意园未来应继续创新营销模式，采用以游客需求为导向的体验营销方式，重点关注消费者的个性化需求、情感共鸣和参与体验。体验营销指通过营造氛围、设计事件，促使顾客成为事件或氛围中的一个角色并进行尽情的"表演"，在此过程中顾客将会因为主动参与而产生深刻难忘的体验，最终为获得的体验向经营者让渡货币价值。[①]"丝路绸语"文化创意园可以将柳疃丝绸文化与互动体验式项目充分结合，做精文化，做细体验，打造一系列独特的丝绸文化体验项目，如丝绸绘画创作、丝绸之路运动闯关、丝绸扎染课堂、茧花手工DIY、丝绸服饰换装剧本杀、丝绸知识竞赛、蚕宝宝领养计划、丝绸文化小剧场等。通过引导游客亲身参与各类丝绸文化体验项目，带给游客沉浸式的丝绸文化体验，使其身在其中、乐在其中、学在其中，进一步提高游客对丝绸园区的兴趣度与喜爱值，实现园区新的质变与跃迁。

---

① 徐媛媛、郭清清：《我国主题公园体验营销模式探析——以开封清明上河园为例》，《现代商贸工业》2010年第17期。

（六）加大宣传力度，拓宽客源市场

"丝路绸语"文化创意园可根据自身特色优势开展有效、有质、有影响力的推广与宣传，打造"新旧媒体相结合、线上线下立体化"的综合宣传模式，加大宣传力度，拓宽客源市场。在线上线下相结合进行宣传时，创意园可以依托互联网平台，通过官方微博、微信公众号、抖音、小红书、购票 App 等多样化的线上渠道进行宣传，线下通过纸媒宣传、发放宣传单、推出广告、赠予文创产品等形式增加知名度。在市场开发方面，目前潍坊市内及山东省内的市场已基本成熟，创意园未来需要在周边省份、全国市场的宣传方面加大投入，可通过在央视或地方频道插播宣传片、加大网上媒体账号宣传力度、设计开发新型旅游 App、公交站台广告投放、举办地方巡演等方式加强宣传。此外，"丝路绸语"文化创意园应充分利用新闻媒介进行宣传，增加与新闻媒体团队的互动，与新闻媒体达成长期合作，可以邀请收视率较高的电视台在园区拍摄外景，或在园区内录制节目、拍摄影视作品。同时，创意园应注重拓宽海外市场，通过线上线下多渠道进行双语或多语宣传，制作国际推广宣传片，推动"丝路绸语"的文创品牌走出中国，走向世界。

"丝路绸语"文化创意园可从以上发展策略与提升路径入手，积极进行调整、改进和创新，打造出以丝绸文化为主线，集展示柳疃地域文化、民俗风情、历史遗迹、文化创意产业、文化产品开发、旅游观光为一体的新型丝绸文化创意产业园区。

结　语

"丝路绸语"文化创意园区，是历史的老地标，亦是今天的新起点。作为柳疃镇展示、传承、弘扬丝绸文化的代表性项目，它充分展现了传统与现代、文化与产业、规律与创意的完美融合。如今，已成为我国非物质文化瑰宝的柳疃丝绸仍在展现着蓬勃向上的生命力，努力实现着新的飞跃和发展。立足柳疃文化，以丝绸为媒，与历史对话，共听丝路绸语，织造文化创意，中国海上丝绸之路的起点穿越千年，历久弥新。放眼未来，在新时代的发展进程中，柳疃镇将继续发扬开放、务实、创新、卓越的丝绸

传统新生

精神，深掘丝绸文化底蕴，传承古典丝织技艺，创新产品品质样式，壮大丝绸文创园区，构筑非遗文化阵地，让汉唐驼铃再次敲响石板路，让丝绸文化绽放独特的时代魅力！

（徐千阅撰稿，李辉指导）

日常生活审美化视域下
文化创意产业的发展路径探析
——以客家桐花美学经济为例

有别于传统社会的审美无功利说，在消费社会中，美学话语进一步深入到人们的日常生活，或直接或间接地关涉当代社会的文化现实，体现当代大众的具体生活意志，进一步关注人们的生存现状、生命精神及其价值体现，与当代文化的现实境遇、当代人的现实生活密切相关。日常生活审美化为美学与日常生活开展对话创造了机会，使美学可以超越艺术的阈限而关注日常生活，日常生活可以摆脱日常经验的束缚而主动获取审美经验。韦尔施在《重构美学》中指出，今天的审美化情况呈现为"传统的艺术态度被引进现实，日常生活被塞满了艺术品格"[1]，并且"这类日常生活的审美化，大都服务于经济的目的。一旦同美学联姻，甚至无人问津的商品也能销售出去"[2]。日常生活审美化是文化创意产业在审美层面的依据，文化创意产业是日常生活审美化在经济层面的延续。

中国台湾北部地区客家桐花祭开创了"桐花蓝海"，是台湾以生活美学带动经济发展的成功尝试，是文化创意产业"先文化后产品"发展模式的典型。"桐花蓝海"的"桐花"是经济作物油桐树所开之花，"蓝海"

---

[1] [德] 沃尔夫冈·韦尔施：《重构美学》，陆扬、张岩冰译，上海译文出版社2002年版，第6页。

[2] [德] 沃尔夫冈·韦尔施：《重构美学》，陆扬、张岩冰译，上海译文出版社2002年版，第7页。

则指未知的市场空间。"桐花祭"最初是中国台湾地区客家人为祭奠祖先而设定的节日,后发展为集休闲观光、文化体验、生态旅游于一体的文化旅游经济活动。在台湾省北部,客家庄总是与桐花林相伴相依,有客家的地方就会有桐花林,桐花与客家人的日常生活息息相关,因此当地居民已经不以随处可见的桐花为美了,桐花成为"独自在山林开花落叶无人问""为了怕打滑要将落花扫到路旁""撒得满地的白花"。随着客家桐花祭的兴起,桐花摇身一变又成为"客家的意象"和"满地白雪的感动",首年为台湾省北部的客庄带来超过 5 亿新台币的商机,后来每年又生成百亿新台币观光产值,已然成为节庆美学与传统文化先行的文化创意产业发展典范。所以,"桐花蓝海"特指客家桐花祭以桐花为文化图腾生成节庆文创,为中国台湾省北部的客庄带来的新商机,开创的新的市场空间。

一 文化创意产业将传统文化艺术引进现实

在现代化进程日益加快与经济高速发展的现代社会,传统文化艺术所赖以生存的文化生态遭遇着巨大冲击。一些传统文化艺术在脱离了特定的文化生态环境后,逐渐被高悬或埋没,从而淡出人们的日常生活。日常生活审美化视域下的文化创意产业将传统文化艺术引入现实,在日常生活空间中凸显美学创造规律,通过对原生态文化进行创造性转化、创新性发展,使其得以重回日常生活并可持续发展。中国台湾北部客家文化创意产业以"深耕文化、振兴产业、带动观光、活化客庄"为定位,首要便是"深耕文化",即从当地的风土民情、风俗习惯、传统产业中挖掘原生态文化。以文化为内核的文化创意产业,必然带有传统文化、地域文化、民族文化的烙印,并渗透到人们日常生活的方方面面,"越来越多的人已经认识到,雷蒙·威廉斯的'文化是日常的'这一命题实际上是对生活中的文化转变的一种如实写照及理论确证"[1]。台湾北部以客家原生态文化为依托发展文化创意产业,使来源于民众生活但又与现代人日常生活日渐疏离的

---

[1] 王一川:《文学、生活美学与文化创意产业的关系》,《中国艺术报》2014 年 12 月 29 日第 3 版。

客家传统文化也借此机会深入现实生活。

桐花与台湾北部客家人的渊源可追溯至百年前的客家先民生活——油桐树对于早期的台湾北部客家人而言是重要的经济作物，油桐木可以制成木柴、抽屉、木屐等生活器具，油桐籽可以卖钱贴补家用，满足他们的生存生活需要；油桐花也是客家人的精神依托，曾被视作客家的守护花，周而复始地开放、凋落，铺满了台湾北部客家人的幼时记忆。客家桐花文化是在自然状况下生存的本真文化，带有浓厚的地域色彩，蕴含着客家先民在长期发展中所形成的生活方式、风俗习惯及艺术表现，是百年客庄原乡山城独特原生态文化的重要组成部分。桐花祭之所以用"祭"而非"季"也源于客家人对桐花文化的珍视，更多了一层对客家先民、天地人文的敬重之意，为单纯的地景游玩、赏花活动赋予了深层次的客家原生态文化内涵。桐花祭还从桐花文化中衍生出很多文化创意产品，体现出人们日常生活物质需求和精神需求的审美化。

在 2003 年以前，桐花祭尚未兴起，台湾北部客家地区绝大多数传统产业都因与时代脱节而在内外部多方压力冲击的困境中挣扎着，处于生死存亡的紧要关头，但在客家传统产业中，无论是家传绝学、古传秘方还是民俗文化，都蕴含着客家人独特的技艺传承、风土人情，是民众生活中的文化，是在台湾北部客家地区特定文化生态环境下形成的原生态文化。该地文化创意产业得以焕发出生机与活力，也在于其打破了地域与地域、传统与现代之间的文化隔阂——客家传统文化艺术不再囿于地域与僵化两大限制，而是紧跟时代趋势，积极进行产业转型，吸引众多非客家人对更贴近于日常生活的客家传统文化艺术产生了审美兴趣，而桐花祭便是传统产业转型升级的契机。台湾北部客家传统产业转型升级是客家传统文化艺术与现代生活相结合的里程碑。一些客家本土的文学家、艺术家还以他们的"桐花铭记"为灵感，创作桐花诗歌，把客家八音、客家民歌等传统音乐与现代音乐相结合，歌咏桐花。客家传统文化艺术从深居山林到走向都市生活，成为与时俱进的活文化，也成为人们喜闻乐见的新文化。

正如王一川所说："通过工业、产业或企业的产品创意、创造、营销及消费过程,文化创意产业成功地让原来的至高无上的观念、理念或理想的文化,转化成人们日常生活中的日用品、生活环境或氛围了。"① 桐花祭走了一条深耕客家原生态文化、振兴文化创意产业的道路,是文化产业化、产业文化化的体现。客家传统文化艺术通过"产业化"向现实生活延伸,使桐花美学经济不再仅仅停留于休闲观光的节庆活动层面,而是成为一种备受人们关注与喜爱的生活样式。日常生活审美化视域下,文化创意产业聚焦于本土原生态文化,以创意与美学为传统文化艺术注入新鲜血液,将审美的态度引进生活。传统文化艺术进一步贴近当代现实生活,并改变着人们的生活方式,人们的日常生活被越来越多的艺术品质所填充,生活中除却柴米油盐的琐碎,也平添了很多审美趣味。

二 文化创意产业关注日常生活中的美感体验

从审美文化建设视角来看,"文化创意"是一种审美活动,"文化创意产业"是一种审美经济形式。所以,"文化创意"中要涵盖丰富的形象展示和情感渗透,为受众创设广阔的想象空间与审美空间,使人们在深入感知形象的同时也被形象中蕴含的丰富情感所感染,进而在文化创意产业中感受美的熏陶、获得美的享受。消费文化语境下的美学通过对人们的日常生活重新进行表述、诠释与评估,逐步实现了对人们生活方式、生活态度、生活品质等价值体系的重新建构。日常生活审美化为文化创意产业提供了自由表达的广阔审美空间,人们也逐渐形成一种追求美感体验的生活态度。

"诺贝尔经济学奖得主美国学者卡尼曼曾分析过审美经济发展的动因,并区分出审美经济的两种效用:一是主流经济学的效用,即实际功用;一是反映快乐和幸福的效用,即体验效用。其中,后者是文化创意产业所要达到的主要效用。"② 日常生活审美化视域下,人们愈发注重日常生活中的美感体验。"美感体验"(aesthetic experience)一词为英译,也被译为"审

---

① 王一川:《文学、生活美学与文化创意产业的关系》,《中国艺术报》2014 年 12 月 29 日第 3 版。

② 董希文:《发展文化创意产业的美学原则及途径解析》,《人文天下》2015 年第 19 期。

美经验"或"审美体验"。从西方亚里士多德认为美感体验既区别于动物的快感体验又不局限于人的生理层次，是一种特殊的心理活动、心理体验；弗洛伊德认为美感体验来源于无意识的心理活动；马斯洛认为美感体验作为一种高峰体验，需要认知的高度参与……到东方老子认为美感体验要参与到人与自然相互融合的乐趣之中，庄子提出要在澄怀忘我的状态中生成美感体验，孔子主张主动接近美去寻求审美体验……[1] 关于"美感体验"众说纷纭，文化创意产业中人们所获得的美感体验则主要指向外界作用于人的感官所产生的特殊情感体验，并以此触发感官愉悦，引起人们心灵的悸动和情感的共鸣。

客家桐花祭以游客为本，以创意为驱动力，发展面向审美、娱乐、教育、超脱现实四大领域的体验经济。当"看到桐花、拍到桐花、被桐花打到"成为游客参加桐花祭的审美体验三部曲，观赏桐花本身已经成为桐花祭无可替代的一种审美体验项目，而桐花祭还有陶艺、木雕、蓝染、脸谱绘制、木鸭涂鸦等丰富的民俗手工体验活动，其中都不缺乏美感体验。例如，卓也小屋蓝染谷仓民宿建于山林，再现台湾北部客家人儿时村落，鸟叫、虫鸣、流水营造出悠然自得的山水田园风光，还有蓝染文创、田园采摘、餐饮、民宿等项目使生产、生态、生活三者相互交融，销售"慢活"生活模式；春田窑有陶艺 DIY、萤火虫观赏、客家大碗公饭传统餐饭怀旧体验项目等，富有田园生活乐趣；油桐花坊有茗茶、咖啡、餐点、民宿，花坊外四十年的大油桐树已经成为游客"到此一游"的象征性地标，在桐花树下品茗喝咖啡是最贴近自然的审美体验。这些体验项目呈现出独特性、差异性、多样性等特征，极大提高了台湾北部客家文化创意产业体验经济的美感属性与项目丰富度，为消费者增加了观光旅游的惊喜度、回忆度，使其可以从中获得更深刻的审美体验。

人们的美感体验是由外界环境或事物诱发的，是对环境和事物的感性认识，消费者只有置身体验现场并参与到体验中才会产生美感体验。对于台湾北部客家地区文化创意产业而言，体验现场是山林乡间随处可见的日

---

[1] 方帅：《日常生活审美化与当代休闲文化研究》，硕士学位论文，四川师范大学，2015 年。

常生活图景——窑厂、谷仓、油桐树等。人们在窑厂体验制陶，在谷仓体验乡村民宿，在油桐树下品茗喝咖啡，体验桐花从头顶飘落面前，边创意、边消费、边体验、边创意。日常生活审美化视域下，文化创意产业的体验现场已经不再局限于音乐厅、美术馆等与日常生活相隔离的高雅艺术场所，而是深入到大众的日常生活空间，这也正符合人们在日常生活中追求审美体验的生活态度。此外，在消费社会，文化创意产业的成功模式极易被复制，从而面临同质化的困境，但体验经济的商业模式容易复制，体验现场却因地域差异、民俗差异、文化差异而无法原封不动地整体迁移，消费者在特定情境下所获得的特定审美体验也无法轻易移植，触发人们心灵悸动和情感共鸣的体验现场很可能因为某一美感要素的改变就导致人们丧失原有的审美体验。日常审美化视域下的文化创意产业关注人们日常生活空间中的美感体验，并以体验经济提高了模仿障碍，文化创意产业同质化现象因而逐渐减少。

三 文化创意产业成为一种审美产业

日常生活审美化视域下，审美活动逐渐超出所谓纯文学、纯艺术的范围，渗透到大众生活中，文化创意产业也进一步将美学纳入商品的生成过程，并申明了满足消费者深层次审美需要的重要性，成为审美化的产业。正因为如此，也出现了一个值得反思的问题：美感的生产一旦被完全纳入商品生产的总体过程，美感还能称为美感吗？就如同韦尔施认为："全面的审美化会导致它自身的反面。万事万物皆为美，什么东西也不复为美。连续不断的激动导致冷漠。审美化剧变为非审美化。"[①]

文化创意产业的落脚点是产业，台湾北部客家文化创意产业也难逃创造产值的产业导向。桐花祭深耕客家原生态文化，联合传统文化与文创业者推出了桐花意念商品。何为桐花意念商品？以在桐花祭中成功实现产业升级的"丫箱宝"为例，其前身是"双峰木鸭工厂"，木雕工艺家族传承，

---

① ［德］沃尔夫冈·韦尔施：《重构美学》，陆扬、张岩冰译，上海译文出版社2002年版，第42页。

以生产木鸭出口盈利，后因木鸭热潮冷却而面临供过于求的窘境，又改名为"三义丫箱宝"，开始以彩绘各种动物原木模型的 DIY 为主要营业项目，但生意仍然惨淡。直到丫箱宝木雕作为地方特色产业正式加入客家桐花祭的行列：以桐花为设计元素，生成各具特色的图案彩绘到木鸭上，并在外包装上体现桐花文化；将台湾本土文化与原生蝴蝶、桐花等图腾融会于木雕艺术，创新出兼具名片放置与笔座功能的"彩蝶祈福"文创商品，外包装沿用镂空桐花设计……多种主推商品不断更新迭代，创意层出不穷，丫箱宝游客络绎不绝。"把桐花的图腾融入设计、制作、包装，就是桐花意念商品。"① 桐花木鸭与"彩蝶祈福"木雕就是桐花意念商品，满足了游客们想"把桐花的感动带回家"的情感诉求，使人们获得了精神上的自我满足、审美追求。文化、创意、美学植根于客家传统产业而衍生出的桐花意念商品，使理性商品变成感性商品。感性商品较之理性商品，最大的区别就在于感性商品在满足消费者基本物质需求的前提下追求使消费者获得精神上的自我满足。以"彩蝶祈福"为代表的桐花意念商品兼具审美功能与实用价值，既可以满足人们日常生活中的基本物质需求，也可以实现人们深层次的审美需求。桐花意念商品使台湾北部客家文化创意产业成为一种审美化的产业。

桐花意念商品每年为台湾北部客家创造百亿元（新台币）产值，但如果"只要加上桐花就热卖"成为一种产业导向，桐花文化图腾作为一种象征符号，在台湾北部客家文化创意产业中被广泛、普遍地运用甚至滥用，长此以往文化创意可能会超越审美应有的限度，而迷失在创造产业经济价值的纯功利目的之中，消费者也会随之产生审美疲劳，美感将不复为美感。文化创意产业如果过度追逐利益最大化，日常生活审美化的功利性色彩也将会被无限放大。当今世界，文化的经济功能正在逐步发展，文化创意已经不再单一地停留于精神层面，而是成为蕴含巨大经济效益的直接现实，并逐渐为人们所认同。文化创意产业在对剩余价值的追求中，将审美全面融入商品生成过程固然已经成为诱导大众消费的一种手段，作为一种

---

① 庄锦华：《特色小镇文创宝典——桐花蓝海 5.0》，电子工业出版社 2018 年版，第 87 页。

产业，文化创意产业追求利润无可厚非，但也要避免走入"产业化的审美"误区。日常生活审美化视域下，文化创意产业成为审美化的产业，但在产业化利润的诱惑下，其中蕴含的审美价值也许会一降再降，导致文化创意在产业化过程中可能会因过度重视经济维度而丧失其原本的精神维度，影响日常生活中审美的独立性、自主性，人们日益增长的文化需求、审美需求也容易被忽视、被敷衍。因此，文化创意产业在成为"审美化的产业"的过程中也应规避"产业化的审美"倾向，谨防在经济产值的诱导下过度开发审美文化，从而丧失其本该具备的审美价值。

桐花祭以文化、创意、美学引领中国台湾北部客家文化创意产业，搭乘桐花旋风，飞越蓝海。台湾北部客家文化创意产业在客家先民生产与生活中形成的客家原生态文化被引进人们的日常生活，从日常生活中生成体验现场，使人们获取美感体验，已经成为一种审美化的产业。正体现出文化创意产业是"文化""创意"与"产业"三者的交汇融合——"文化"反映的是人们的生活形态，"产业"体现的是生产营销模式，而"创意"正是二者的连接点——通过对"文化"进行创造性开发，借助"创意"手段实现"产业"的经济功能。日常生活审美化视域下的文化创意产业，文化的创意与消费环节已然转换成审美的创造与欣赏，但也要时刻警醒"审美剧变为非审美化"，避免文化创意产业因产业化而缺失审美化。

［张梦莹撰稿，发表于《四川省干部函授学院（四川省文化产业职业学院）学报》2020年第2期，标题略有改动。］

创意泉城

南丰戏楼·国风文化创意馆：
承文化精粹，传留香古韵

2023年3月25日至26日，"海右国潮·明湖花朝"第二届大明湖花朝节在南丰戏楼启幕。作为传承传统节日与民俗文化的生动实践，活动以十二花神为核心，聚焦国风、汉服和传统文化三大潮流，为游客奉上一场花朝春日宴。与此同时，南丰戏楼·国风文化创意馆也通过创意策划承文化精粹，传留香古韵，推动新型文化空间跨界升级。

一　老建筑新活力

灵动的泉水汇聚一方文脉，文脉与水脉交汇于此，造就了历史文化名城济南独特的城市文化。深厚的历史文化内涵既赋予了这座城市文化基因，以老建筑为代表的文化载体也为城市软实力提升提供了丰富的供给。位于大明湖景区内的南丰戏楼即如此，在穿越古今的同时活力焕新，续写"济南名士多"的流长文脉。

在与济南结缘的诸多名士中，位列"唐宋八大家"之一的曾巩在此留下许多故事与传说，从南丰祠及其中的南丰戏楼仍可找寻到相关印记。而南丰戏楼的变迁与焕新，也由济南与曾巩的情缘连接而起。"2013年打造百花洲雕塑项目时，我们去了一趟曾巩的老家南丰。曾巩在任济南地方长官时，与济南建立了深厚的感情，九百多年后，这仍然是济南大明湖与南丰两地的文化情缘。"[①] 山东佰城仟物文化产业发展有限公司负责人李迁坦

[①] 被采访人：李迁，采访地点：南丰戏楼国风文化创意馆，采访时间：2023年3月21日14时，根据录音整理。

言，打造南丰戏楼的初衷，一方面是为了顺应文旅融合的大趋势，探索城市老建筑更新的新模式，为老建筑赋予新的活力，通过创意设计弘扬中华传统文化与济南城市文化；另一方面也是为了延续济南大明湖与曾巩老家南丰县两地的深厚情谊。

基于此，2020 年，对南丰戏楼的打造工作开始推进。综合自身团队在策划、设计和运营方面的优势，结合此前打造天下第一泉文创中心的经验，李迁团队在筹备之初便将目光聚集到"文创+"模式上。"我们将内容定位到了跨界融合和济南城市文化上，开始把文化创意、设计进一步与轻餐饮结合，用空间设计与产品设计展现济南城市文化，把南丰戏楼这样一个百年古建打造成为新型跨界文化空间，延续老建筑的生命与活力。"[①]李迁表示。

作为一座百年老建筑，南丰戏楼兼具雕梁画栋的建筑美学与赓续传承的文化内涵，定位于城市新型文化空间的打造也需综合考量多方面因素进行业态布局。"我们在进行空间设计与业态打造时，对它的定位是挖掘济南特色古建筑的用途，激发老建筑新活力。以济南特色历史文化与国风文化为主题，打造体验空间，打造沉浸式、多业态的综合消费体验。"[②] 李迁介绍，以"宣扬国风文化，宣传城市特色"为初心，南丰戏楼本着"商业激活文化，文化赋能商业"的原则，将产品融入消费场景中，用产品贩卖故事。

二 打造新型文化空间

时下，"小而美""专而精"的新型文化空间以多样化的业态布局、创新性的品牌活动、沉浸式的特色不断满足大众的精神文化需求，成为城市的人文新地标。在李迁看来，新型文化空间主要体现在空间内的新形式、新业态和新消费场景上。

源于此，在对南丰戏楼的打造和开发方面，李迁带领团队用创意与设

[①] 被采访人：李迁，采访地点：南丰戏楼国风文化创意馆，采访时间：2023 年 3 月 21 日 14 时，根据录音整理。

[②] 被采访人：李迁，采访地点：南丰戏楼国风文化创意馆，采访时间：2023 年 3 月 21 日 14 时，根据录音整理。

计去探索城市老建筑更新的新模式。"在文创产品设计与选品上,更注重年轻化消费与实用性,注重产品创新,是新形式;通过'文创+'模式进行业态打造与店面运营,将传统建筑进行新式利用,同时根据新文旅发展趋势和大众需求,不断更新文创产品的跨界融合与表现形式,是新业态;依托环境特色与大众需求,打造消费新场景,是新消费场景。"①

以"集文化精粹,萃创意好味"为发展理念,南丰戏楼·国风文化创意馆融合国风下午茶、城市文创伴手礼、汉服体验、传统曲艺演出等内容,打造出多种文化经营业态,旨在弘扬中华传统文化与济南城市文化,成为济南文旅新地标。李迁介绍:"我们对于空间设计与产品设计的第一个要求就是好看,并且有创意。试营业之后,我们及时查看相关评价对接大众需求,并根据大众需求来做一些新的调整,比如定期更换后面设计主题,根据顾客需求设计新的打卡场景,切实满足大众需求,传承与弘扬城市文化。"②

三　飞入寻常百姓家

在传承与弘扬济南城市文化的同时,南丰戏楼亦通过汉服体验、传统曲艺演出、国风下午茶、城市文创等业态实现传统文化与时下国潮的结合。"国潮就是国与潮的结合、传统与现代的结合。潮流文化可以成为经典,经典也可以结合时代特色成为潮流,把传统文化融入时代潮流、融入现代市场是我们要做的事情。"③李迁表示:"对于传统文化与潮流文化之间的平衡,我们在设计过程中更倾向于用自己对传统文化和济南城市文化的理解,结合当下大众审美进行一个'设计再创作',通过这种方式,让年轻人了解并喜欢传统文化和济南这座城市。"④

---

①　被采访人:李迁,采访地点:南丰戏楼国风文化创意馆,采访时间:2023年3月21日14时,根据录音整理。

②　被采访人:李迁,采访地点:南丰戏楼国风文化创意馆,采访时间:2023年3月21日14时,根据录音整理。

③　被采访人:李迁,采访地点:南丰戏楼国风文化创意馆,采访时间:2023年3月21日14时,根据录音整理。

④　被采访人:李迁,采访地点:南丰戏楼国风文化创意馆,采访时间:2023年3月21日14时,根据录音整理。

南丰戏楼·国风文化创意馆对于新型文化空间的探索实践烙印着地域文化特色，也具有行业示范性。此前，在 2022 年长三角及全国部分省市最美公共文化空间大赛中，同时获得"最美公共文化空间大奖"和"百佳公共文化空间奖（跨界文化空间）"两个奖项。

"未来的文化跨界可能会更强调精神沉浸和 IP 创新。跨界品牌在设计、文化和科技上也会有一个全面跃升。"[①] 对于新型文化空间的发展趋势，李迁有着清醒的认知，与此同时，他亦在思考南丰戏楼的发展方向。

"接下来南丰戏楼将拓展夜间消费，对传统文化进行现代化表达。现在，每逢节假日，南丰戏楼都会安排曲艺演出，深受观众喜爱。'曲山艺海'是我们今年重点打造的文化主题，所以下一步计划以'曲山艺海'为主题打造晚间小剧场，将济南传统的曲山艺海文化与下午茶和小剧场结合起来，创新曲山艺海，让它重新走进大众生活，同时融合中点、茶饮等业态，拓展消费新场景，助力消费升级。"[②] 李迁表示，此外，计划将店面活动策划融入南丰戏楼和雨荷厅的店面中，拓展活动策划与设计的业态，以第二届大明湖花朝节为开端，定期举办文旅活动、品牌活动，雨荷厅则会承办一些国学雅集、品牌沙龙等，以丰富消费业态、创新消费场景。

（许倩、王雯蓉、李兰婷撰稿，发表于山东商报·速豹新闻网，
2023 年 4 月 23 日）

[①] 被采访人：李迁，采访地点：南丰戏楼国风文化创意馆，采访时间：2023 年 3 月 21 日 14 时，根据录音整理。

[②] 被采访人：李迁，采访地点：南丰戏楼国风文化创意馆，采访时间：2023 年 3 月 21 日 14 时，根据录音整理。

工业文化产业区的困境与未来之路：
以济南 D17 文化产业园为例

序　言

　　旧工业建筑作为建筑类型的一种，见证着一个城市的工业发展，承载着城市的历史，具有深厚的社会文化价值。工业遗产的更新、利用和改造体现着可持续发展、绿色低碳的先进建设理念，对城市有着重大的审美、生态和文化、经济等价值。济南，是一座工业化的城市，曾拥有啤酒厂、棉纺厂、面粉厂、造纸厂、电影厂……然而当今时代，这些工厂或搬离了市区，或走向了倒闭，留下了被废弃的工业遗产厂房和拆迁后拔地而起的高楼。这些老厂房当中，也有一些通过各方有效改造，成为集文化、经济、社会、游览功能于一体的新时尚园区，济南啤酒厂就是其中之一。

　　老济南啤酒厂，于 1975 年正式成立，其厉史渊源最早可以追溯到 1942 年日伪时期。天桥区堤口路 17 号，是济南啤酒厂的旧址。而现在，这里变成了由高力仕达国际投资有限公司与济南啤酒厂集团通力打造的 D17 文化产业园区。

　　D17 产业园的建设以对旧工业厂房进行整体规划改造为主体，是依托老济南啤酒厂厂区资源的新型文化产业园。园区中以"啤酒文化工业风"楼体建筑为主，走进园区大门，迎面有一块醒目的指示牌，上面标明了糖化楼、灌装楼、发酵楼、过滤楼、动力楼和办公楼在厂区中的方位。正对面是一栋改造装修过的原企业生产车间——糖化楼，楼顶设有 D17 文化产业园的标识。园区内抬头能看到空中屹立着几十个高大的金属外壳发酵罐，安装在发酵罐底部的钢筋水泥立柱和横梁上的金属大漏斗结构依旧保留，风格粗犷壮观，给人以工业化大生产的巨大震撼感和视觉冲击力。同时园区内还开设了潮流创意手绘涂鸦墙（图1）、移动巴士啤咖馆、科曼篮球馆等创意功能区，部分建筑外立面及局部景观加入了艺术元素，在保证园区空间的使用功能基础上增添了艺术性与设计感，一些充满历史记忆的涂鸦壁画、颇具视觉冲击力的波普艺术以及当代装置艺术，使整个园区充满现代工业风，氛围感十足，曾经一度成为济南网红打卡新坐标。

园区工业遗产改造充分尊重了老厂区原有的建筑形态、文化历史、景观结构等，对历史文化价值较低的危旧建筑合理拆除。依据老济南啤酒厂的整体特点，合理规划布局，置换建筑物功能，根据功能划分进行新建，使园区旧建筑与新功能实现了新与旧的融合，成为集大众娱乐生活、绿色工业旅游、文化创意输出等于一体，区别于以商业经营为主的第一代产业园的多样性、有活力的新型公共文化产业园和工业遗产改造后工业旅游发展的新标杆。

"D17"最简单直观的意义是"堤口路17号"，"D"是英文Dream的首字母，即梦想，代表着济南工业旅游文化创意园区梦想的起点；"D"也是"Diamond"的首字母，即钻石，是一颗像钻石一样闪耀的明星，它将在未来引领济南甚至山东省文化产业园区的发展。"17"音调接近"一起"，有梦想就"一起"，暗含着一种吸引力和凝聚力，源于《圣经》中关于上帝七天创世的神话故事，是一个具有创造性含义的数字。

作为西客站周边商业设施配套工程发展计划的关键组成部分，D17文化产业园坐落在天桥区的"心脏区域"，其地上建筑总面积达80000平方米。该园区周边交通网络密集，主要干道包括北园大街、北园高架路、济洛路、堤口路及纬二路等，这些道路构成了园区与外界连接的血脉。地理上，园区北接长途客运站，南临济南火车站，与天桥区政府、中恒小商品批发市场、火车站北侧广场及天桥文体中心互相呼应，形成有利的地域布局。这一位置不仅具备高度的交通便捷性，还拥有庞大的人流优势，地理位置较为优越。

济南市天桥区公共就业服务中心在2021年将D17文化产业园认定为

图 1　D17 文化产业园创意涂鸦墙

（图片来源：笔者拍摄）

天桥区创业孵化基地。D17 产业园按照国家及省、市、区政府出台的相关政策，充分利用啤酒文化资源和地域优势，积极搭建创业服务平台，鼓励大众创业，万众创新，为入驻企业和个体工商户提供创业指导、创业培训、政策咨询、创业孵化等各种配套服务，为符合条件的创业者落实各项扶持政策，有效促进创业带动就业，不断提升"滚动孵化"能力和入驻人员创业成功率。

D17 文化产业园现有 120 余家商户入驻，已逐步形成"休闲文化区 + 啤酒餐饮区 + 创意工作区 + 文化艺术区"四区合一的经营体系[①]，成为集特色化、时尚化、规范化为一体的大型文化产业示范园区。产业园先后被认定为济南市重点服务业园区、山东省重点服务业园区、山东省文博会精品分会场、济南市夜间经济聚集区、天桥区创业孵化基地等。D17 文化产业园区

---

① 葛丽君：《文化产业活起来》，《走向世界》2022 年第 20 期。

的建立，使山东省泉城济南有了自己的"798"。

然而，由于疫情防控的影响，近期再次走访 D17 产业园时，能明显感觉到园区生命力与活力不如从前，显示出一丝没落与荒凉，笔者在园区走访调查的一下午时间，总共入园人数不超过 20 个，很多店铺关门或倒闭。究竟是什么原因导致其无法持续发展下去呢？又有什么焕发其生机的新发展路径呢？笔者将在下文中进行论述。

一 D17 文化产业园区的困境

文化产业园区作为城市发展和产业转型升级的重要驱动力和载体，逐渐成为社会经济发展的关注焦点。D17 文化产业园区具有显著的优势和独特的发展潜力，但在实践中，也面临着各种困境和挑战。

（一）园区运营维护不到位，一体化管理水平较低

通过实地调研发现，D17 文化产业园区中一些建筑因为老化或年久失修，导致外观变得破败。很多店铺因为疫情影响已经倒闭关门，也有一些门头正在拆除，裸露在外的钢筋和墙皮，生锈了的楼体框架，路上散落的沙土、石子和碎片，让游客不禁怀疑，是不是来错地方了？这真的是宣传上说的"新型文化产业园"吗？园区在发展过程中，没有完善的维护与管理措施，其一体化管理维护水平还处在较低阶段。

平台的运营需要后期不断地用心维护，才能使其有可持续的影响力和发展潜力。那么对于这一相对"庞大"的产业园区，没有专门的、专业的维护管理机构，或者说缺乏合理科学的措施，是园区发展过程中极大的阻碍。现代社会，大众的审美意识越来越强，审美观念越来越多元化和精细化，大家对于物质的"包装"，换句话说，就是"颜值"，十分注重，甚至已经成为人们消费动因的重要元素。产品是这样，对于品牌（园区）也同样如此，没有"光鲜亮丽"的外观，就没有促使大众进入园区内部深入探索的吸引力，大家在门口都望而却步，摇头离开，又有多少人能够进去了解其内部的文化和功能，这样的园区，怎么可能有长足的发展？尤其是对于这类"新型"的文化产业园区来说，在近些年刚开始走入大众视野，各地园区都在拼"创意"拼"颜值"，D17 有浓厚的文化底蕴，也具备良好

的开发资源，因此更需要硬核的后期运营维护与本系管理，这是园区发展的强大后盾。

（二）园区空间及资源利用率较低，缺乏社区互动

D17 园区总占地面积约 100 亩，总建筑面积约 8 万平方米，然而实际发展情况是，整体空间的有效利用率不足 70%，进门处大片广场原本用来开发餐饮和房车营地的空间已被塑料膜覆盖，经营状况不佳。带有涂鸦墙的后院区域，是未经设计的停车场和空地，每天实际停放车辆空间占比不足 10%，没有合理分配文创空间资源。这些区域未来都能成为 D17 有效、潜在的开发地，可以引入相应的公共艺术作品、景观设计装置、风格统一的建筑等等，不仅为园区增添美感，还提升了整体的文化氛围。此外，园区内的空间布局和组织缺乏一定的秩序和科学设计，有些店铺藏在某个楼的角落，不跟随导航根本找不到，导致部分企业或商家在园区空间内运营感到局促不安。D17 园区丰富的文化资源和历史资源并没有被高效利用，缺乏成熟的主题路线制定规划，还需借鉴更多优秀主题文化产业园的空间配置及线路规划模式，结合自身地理优势做好整体布局，不让任何一处空间浪费，尽可能发挥出最大价值。

同时，园区与当地社区的合作也较为缺乏，未能充分发挥当地的群众优势，园区的大量空间完全可以用来开展多样化的文化活动、互动体验、修养身心等项目，吸引在地居民、工作人士前来感受园区的人文关怀与文化内涵，树立良好口碑，增加他们的参与感与归属感，提高园区的周边影响力，进而扩大社会影响力。

（三）园区内商户各自为政，尚未形成品牌推广合力

"园区"的核心内容之一，就是提供一个物理整合空间，优化各产业、要素之间的关系，使之释放出强大的集聚活力。然而经调研，D17 文化产业园区目前尚未正式开通官方微信公众号，其开通的官方抖音账号也仅有 20 个粉丝，自开通账号以来仅有 10 个作品，2022 年只发布过一个作品，整个账号点赞总量为 35 次。通过了解，园区内各大商家基本上是利用自身的媒体资源进行推广宣传，园区公共服务平台建设不完善，这种状况与整体园区的发展不匹配，可以说是差距甚远。此外，园区的多功能空间并未充

分利用其高活跃性、强渗透性，各个功能模块区之间缺乏有效的沟通与创新的互动，企业间关联不足，未形成协同效应，使同一园区的信息也无法畅通地实现共享，所有商家各自为政，大众在接收到宣传信息时，也仅得知是 D17 产业园内"×××烧烤店""×××网红打卡店"，但都不了解其全都属于济南 D17 文化产业园，人们给朋友介绍时会说"天桥区堤口路那边有个房车小龙虾出套餐活动了"，但并不会说"D17 文化产业园里搞新活动了"，这就是目前产业园发展的最大问题——人们不了解、不肯定、不推广，没有大众心中的"品牌影响力和认同度"。园区内各商户缺乏统一的"品牌集群意识"，使园区缺乏"品牌化"推广合力，无法吸引更多的游客和商业合作伙伴，对整个园区的宣传与规划都十分不利，也很难形成创意资源，影响园区的经济效益和社会效益，阻碍了园区整体的长足发展。

（四）产业集聚与创意人才不足之间存在矛盾

如今在任一行业中，人力资源均被视为最为宝贵的资产。目前，D17 文化产业园正处于建设周期的初期阶段，其特征更偏向于政策驱动或业态初聚的较低程度集合体。园区向更高层次演化，即从产业集聚迈向产业集群，乃至构建产业生态共同体，这一路径是园区发展的积极态势。尤其是在园区初期依赖的政策优惠逐步淡化后，其发展重心需转向自我可持续增长，这对园区及其入驻企业而言，是一个关乎生存与进阶的战略转折点。当前，国家对产业园区的发展标准提出了更高的期望，而在这一进程中，人才成为推动产业升级革新的核心动力，既涵盖了文化产业相关领域的专家学者，也涉及企业管理与运营的精英人才。遗憾的是，根据现有的统计资料和实地考察发现，园区内多数企业尚处萌芽状态，规模经济效益未显，仍处于培育期，且大部分为小型企业。与此同时，与之匹配的技术支持系统、网络服务平台、科研后援体系及人才培养机制尚未建立健全，与高端人才的自我价值实现愿景存在明显落差。创新型与跨界融合型专业人才的匮乏，这是 D17 文化产业园区当前亟待解决的核心挑战之一。

（五）园区开发、运行模式与市场之间存在矛盾

与世界上其他地区自然演进式发展不同，我国文化产业园的建设大多

是由政府主导的发展模式。D17文化产业园也类似，属于由政府主导的快速改造建设模式。政府制定出台相应的政策并提供资助，对园区建设进行引导，并纳入行政管理体系①。文化产业园区在其初创阶段，政府主导模式确乎扮演了促进作用的角色，但随着经济的演进与市场环境的快速变迁，产业政策亦需适时调整以适应新情况。政府主导模式下的过度介入有时会导致园区开发与市场需求脱节，降低了资源配置效率，园区运作模式与市场规则不完全契合，阻碍了市场机制的充分施展，从而影响到园区的竞争力及其长期发展能力。同时，传统的文化产业激励策略正逐步让位于市场自然选择的法则，政府现行的政策措施可能未能精准对接园区企业的实际诉求，进一步制约了园区的运营效能与发展潜力。鉴于此，园区管理者与企业实体亟须转换传统行政管理思维，革新运营策略，摆脱依赖外部扶持的"被动供养"心态，克服"奶嘴思维"，增强自身的市场适应性和自我发展能力，努力提升产品质量，升级落后的产业结构，深刻把握市场脉搏，创新推出符合市场需求的新产品，引领消费新趋势、新风尚。这一由外延扩张转向内涵提升、由政府主导向自主深化发展的转变，不仅是市场环境变化的内在要求，也是当前工业文化类园区面临的重大挑战与必经之路。

（六）园区产业分类不明确，缺少建设性目标

当下，全国各地都在争前恐后地建设文化产业园，虽然在分类方面有大的方向，但在具体实践中却各说各有理。D17文化产业园在建设过程中，产业分类不明确，致使其发展缺乏清晰明确的方针大纲。任何企业想要可持续发展，就必须有自己的特色，也就是自己独一无二的"卖点"。但D17园区内部功能划分模糊，没有针对其"特色"进行大规模有效宣传推广，使产业效果相比于其他产业园区"换汤不换药"，同质化现象严重。笔者在实地走访调查中了解到，园区中有一些与品牌主题不符的非文创企业入驻，造成园区内文创企业与非文创企业杂处，难以形成产业集聚和构建完整

---

① 许蚌：《江苏文化创意产业园转型升级与可持续发展的问题与对策》，《创意与设计》2020年第3期。

的文化产业链，不能产生应有的规模效应。产业园内部工作人员对产业园发展的总目标存在或多或少的疑惑，他们的理解也大多浮于表面，对文化产业园区的定位、本地区资源、受众需求、经营方针、主攻方向等等都不甚了解。没有明确的目标，园区的发展就好似在黑暗中摸索，不知道走向何方，也不知道脚踏在哪里，因而园区内资源分散，向心力低，这样的状况最终会使文化产业园后续发展动力不足，"大而不强"，很容易在现今快速发展的社会中被人们遗忘。

（七）园区数字化转型进度较慢，智能化管理水平低

在当今数字化快速发展、数字技术快速更迭的时代，文化产业园区也需要紧跟潮流，积极推进数字化转型。然而，D17文化产业园区的数字化转型进度较慢，智能化管理水平较低，制约了园区的发展。园区的相关企业和政府部门对数字化转型的重要性认识不足，这导致了园区缺乏整体规划和统一的战略部署。由于没有顶层设计作为基础，园区内仅仅考虑到部分功能的信息化，比如停车系统、水电系统，但各个系统之间存在信息壁垒，数据无法共享。同时，园区缺乏先进的技术引进以及专业的数字化技术人才，在数字化转型过程中没有足够的技术支撑和实施能力，没有形成包括资源、产品、营销、消费在内的全产业链数字化转型内容，进而影响了数字化转型的成效。加之整体资金投入不足，建设和完善相关基础设施、引进先进的数字化设备和系统受阻。

二 D17创意产业园工业旅游发展新路径

文化产业园区已经成为产业聚集化、规模化发展的重要途径和载体，对当今快速发展的时代背景下工业旅游繁荣发展、推动城市文化经济高质量转型升级具有非常重要的意义。为了有效解决或缓解上述问题与困境，焕发其生机与活力，D17文化产业园区还需要明确定位、完善产业链，因地制宜地调整规划，通过以下新路径，D17文化产业园或可迎来新的机遇，实现可持续发展。

（一）依托特色产业，打造区域新精酿"精品"品牌

文化产业的发展并非需要凭空创造文化，成熟且有集群化特征的产业

皆可成为创意产业园的依托。对于 D17 文化产业园来说，其突出的特征产业，莫过于"精酿啤酒"了。

随着我国精酿啤酒产业化相关政策的落实以及市场的发展，精酿啤酒行业的生产能力和价值呈现不断增长的趋势。随着人们经济水平的提高，我国的消费实际上已经进入了一个崇尚享受的时代。消费者对于啤酒的需求开始往高品质、健康化、个性化、多元化等方向转变。加之目前节能减排是国家宏观调控的重点，国家加大对啤酒行业的污染控制将倒逼企业走循环经济模式，实现可持续发展。因此高端绿色的精酿啤酒在中国市场迅速崛起，市场规模在未来也将保持持续增长。

D17 文化产业园未来需要在现有基础上，对特征优势产业进行纵向深耕，积极打造区域新精酿"精品"品牌，走高端高品质产业化路线，占领行业新高地，同时激活园区生命力。D17 园区做精酿文化的根本目标，是做出真正属于中国、属于山东济南这座城市的"精品"精酿啤酒。因此要努力取他国之精髓，做中国之精酿，使精酿品牌突破小众，逐步发展到大众。

新精酿是"长坡厚雪"的赛道，做区域精酿品牌，一定会有长长的坡，天花板远未到来，但未来的利润将如滚雪球一般。我国社会整体消费升级之后，大众需要新型产品来满足对口味的新追求。区域品牌产品要有"人设"，要给它的消费群带来文化感、仪式感和更高层次的身心愉悦。"端起酒来一闻真香，入口美味，喝的过程身体感觉舒适，第二天口不干头不痛。"这是喜啤士公司刘俊杰口中的"高品质精酿"。

D17 园区内的喜啤士公司集合了资深的精酿啤酒技术人员，凭借雄厚的技术研发实力，助力啤酒工厂升级改造，提高生产质量，为精酿啤酒企业提供产品研发、生产转化、原料供应、技术咨询、品牌打造等系统化服务，助推中国精酿啤酒行业技术进步，促进国内精酿文化传播，这符合现阶段市场的发展趋势。下一步喜啤士需要与更多的知名企业达成合作，建立更加完善流畅的精酿产业供应链，积极承办各类精酿啤酒展会及宣传推广会，将精品精酿啤酒推到消费者面前。同时还要把握好两大概念，一是"国潮"。消费者在接受本土品牌时也提出了很多要求，例如有没有更多中国特色的精酿风格？能不能用更多的中国特色原材料？是不是与中国传统文化或者流行文化相结合？这些要求的关键，在于怎么利用国潮趋势拉近与年轻消费者的距离。二是"健康"。当下，中国消费者对饮食健康的诉求上升到了新高度，精酿与健康挂钩，本质上是回到"精"上——在原料和工艺上追求精细化的同时，引导消费者以更加积极、更加健康的心态去饮酒。

对于市场，"济南精酿"先要坚持全渠道深耕本土市场，然后拓展线下市场。驱动外区经销商——通过市场营销活动，提升对外区经销商的合作率和市场占有率；同时，通过线上营销辐射盲区——依靠各种线上平台与活动，例如抖音、快手、小红书等线上资源，提高品牌在区域市场的辨识度和大众群体中的知名度。

在政策性优势日益减弱、竞争日益激烈的未来，差异化、特色化竞争发展显得尤为重要。因此，D17文化产业园只有从战略高度审慎定位，挖掘自身特色，全力建设特色"精品品牌"，才能集聚产业，形成规模效益和品牌效应，最终赢得市场。

（二）"创意优先"，创新活动形式，丰富文化内容

D17文化产业园曾经作为文博会分会场，承办了第一届中国（济南）泉水精酿啤酒文化展。D17作为文博会分会场中的文化原创力担当者，吸引了众多精酿与美食爱好者来园区内感受精酿文化特色以及老啤酒厂的啤酒历史文化，会场内聚集了各种国际精酿啤酒，让大众可以在济南体验到环球啤酒之旅。

然而，类似的活动在近几年却很少见，这就是D17园区发展后劲不足的重大问题——缺失"文化创意"内核的支持，缺乏形式的创新，那自然就失去了品牌传播力与影响力，在市场中走了下坡路。D17文化创意园区有着良好的文化经济发展基础，一旦有了"创意创新"的支撑，其发展前途将十分光明。

首先，D17园内的"泉水精酿活动区·品鉴室"可以完善建设，积极宣传，定期举办免费的精酿啤酒品鉴会。试想一下，有高端、资深酿酒师带大家一起品酒，各种品鉴小游戏、小课堂，让人们从精酿小白变老手，从泡沫

到颜色、从酒花香到酒体风格，朋友圈都不够炫。

其次，设置专门的区域场所，开展"人人都是酿酒师"等沉浸式体验活动，人们可以来 D17 园区体验 DIY 酿造，亲身实践当酿酒师，同时配有专业的摄影师记录美好独特的瞬间。DIY 打造独特个性化的包装，让每一个人都能酿造属于自己的私人定制精酿啤酒，这将会使 D17 成为泉城的打卡必去地。除了针对个人的，D17 还可以开设企业培训课程。拥有自己特色的品牌标识，对于企业来说十分重要。可是如何树立品牌标示性，酿造出有特色的啤酒，需要进行系统深入的学习，那么园区内的专业技术人员可以针对此需求，创办相关的活动。

最后，建立特色创意展示区，注重提升场景营造水平。塑造个性化园区文化场景是影响工业遗产改造类文化产业园市场受欢迎度的关键因素。文创园中遗留的工业建筑是场景的重要组成部分，是人们文化体验消费的客体，因此在建设开发中，要注重建筑景观与园区整体风貌的创新创意设计，充分利用园区的区域和工业遗产特征，打造特色化园区场景，营造独特的文化氛围，提高园区的辨识度，并在此基础上明确园区的核心竞争力和未来发展路径，避免同质化竞争。济南 D17 文化产业园在保留原有工业遗产景观的基础上，还需补充引进一些与啤酒文化有关的建筑，包括但不限于在立面装修、环境设计中加入啤酒的元素，可以在进口区、展示区做跟啤酒有关的景观标志，将老啤酒厂的流水线、生产环节等复原重现，还可以创设博物馆、特色酒吧等等。总之，外在的样态可以是老旧的，但园区的内核展现形式要是现代的、创新的，充满趣味性和互动性的。

（三）夜间经济赋能园区，激活夜间发展动力

夜间经济（Night-Time Economy），是 20 世纪 70 年代英国为改善城市中心区夜晚空巢现象提出的经济学名词[1]。如今一般指三产服务业当日下午 6 时至次日上午 6 时的经营活动，是以服务业为主体的城市经济在第二时间和空间上的延伸[2]。一座城市的夜晚，最能散发出独特的魅力。当今

---

[1] 唐佳正、刘一丁：《中国夜间经济发展研究综述》，《对外经贸》2023 年第 12 期。
[2] 吴越：《"夜经济"让伦敦"越夜越美丽"》，《决策探索》（上半月）2017 年第 3 期。

时代夜间活动愈发丰富多彩，夜间经济已成为城市商业的重要组成部分，是彰显城市特色与活力的有效载体，文化娱乐消费逐渐成为夜经济消费业态之一。

D17文化产业园在前几年曾被认定为济南市市级夜间经济聚集区，被列为济南市夜休闲前50家的单位。按照山东省和济南市关于推进夜间经济发展的有关政策，D17文化产业园需不断加快园区夜间经济建设，深入挖掘夜间消费市场潜力，持续提升夜间经营影响力和知名度，积极推动区域夜间经济繁荣发展。D17园区发展有着很大的潜在优势。园区距北面长途汽车站、南面火车站、西面长途客运中心仅几百米，加上京沪高铁济南西站，年客流量超过6000万人。

图2　2016—2022年中国夜间经济消费发展趋势

夜间经济是拉动经济增长的新引擎。连续6年，我国夜间消费对经济增长的贡献率在60%左右，成为经济增长的第一动力。数据显示，2022年预计我国夜间经济发展规模将增至42.42万亿元。通过夜间消费提档升级、挖掘消费潜能，是D17园区重大的经济发展机遇。

引领夜间消费的主要人群年龄段为18—35岁，即以"90后"与"00后"为主的"Z世代"青年群体。该群体在社交、娱乐等方面的广泛需求，催生了夜间经济新业态的多元发展与火热。当代青年群体夜间娱乐以文化消费为主。随着经济实力的提升，在当今文化产业蓬勃发展的背景下，消费者对精神文化产品的多元化需求越发迫切，文化产品在今后的发展方向也应当是多元化、差异化的，文化产业在不同区域、城乡间的分布也应当是立体化的，以此满足消费者在精神文化方面的多样化需求。

D17园区中空间功能可以举办夜间演出活动。如果在巨大的老啤酒厂空厂房中举办一场嗨彻整夜的演唱会，这很难不成为年轻人夜生活的选择，既能拉动园区的经济发展，也能为大众提供夜生活的新场所。此外，夜间娱乐"线下酒馆"的转型，也为文化消费提供了新空间。《2021年中国线下酒馆行业：夜经济热潮带动Z世代社交消费》显示，我国的夜间娱乐消费场景"歌舞厅""迪厅"逐步升级为"KTV""酒吧""清吧"等新消费场景。"Z世代"作为当代夜经济消费的主力群体，在日常生活中更加注重"社交""兴趣交友""归属感"等群体生活要素①。多数"Z世代"群体愿意在结束了一天的学业或工作后选择一间小酒馆，与好友小酌，愉悦自我，释放压力。线下酒馆从原先的"饮食空间"逐渐向"社交空间"与"文化空间"转变。越来越多的酒馆开始注重氛围感打造和饮品高质量发展，该类场所既能满足消费者对餐饮的需求，还可作为聚会、社交、应酬的场所。同时酒馆还可以提供歌曲表演、脱口秀、演艺等服务，进一步满足消费者的文化需求。

D17园区还应积极开发建设夜间游览，为传统景区赋予夜晚新魅力。各种沉浸式旅游演艺、光影秀、主题公园、主题展馆、营地游玩场等都可以为游客提供多样化的夜间旅游活动。D17园区内有一大特色，是"房车营地"，据调研该功能目前并未发挥出最大作用，笔者认为这将是D17园区发展的一大利器，房车营地对于中青年消费群体来说，无疑是夜间生活的好选择，但是如果园区内没有配备足够多样有趣的夜间活动，那么这一功能显然无法发挥其应有的作用。

夜间经济发展至今，已不单单只是以餐饮为主，而是在文化、科技的赋能下，成为文化、科技、艺术、经济全方位多元化发展的综合体。如今夜间演出、文创夜市、夜间展览、景区夜游、光影秀等夜间游玩活动全面崛起。而这些新亮点的背后，是文化与科技的赋能，是新技术点燃的消费亮点。二者的双重赋能，成为夜间经济进行产品更新的动力源，为文化消

---

① 《2021年中国线下酒馆行业：夜经济热潮带动Z世代社交消费》，头豹科技创新网，2021年10月28日，https：//www.leadleo.com/report/details？id＝517a00ba6c968b13b4659d2d，访问日期：2023年9月19日。

费带来了新的消费场景与模式，更新了消费者的消费体验。因此，在着力激发文化创造潜力的同时，应并行不悖地强化科技创新能力的建设，在发展社会生产力框架内培育新兴生产驱动力。针对夜间经济产业的创新打造，可积极吸取国外的先进技术手段与管理模式，以此强化夜间文化经济领域的市场竞争力，为园区乃至城市的经济增长开拓崭新的活力源泉。

（四）多措并举，形成统一的对外宣传品牌形象

知名品牌所带来的影响力是十分突出的。因此，需要通过各种方式培育品牌，发挥品牌传播效力。首先要加强自媒体的宣传能力，开设 D17 整体园区品牌的官方新媒体账号，与商家建立线上线下的交流空间，商家的最新活动和产品信息，可以在园区的整体品牌宣传媒介上进行同步推广。但是，品牌宣传的关键，不是建立账号和平台，而是掌握好的方法运营维护好账号和平台。就如上文所说，抖音有了账号，但是几乎不发动态，或者发了动态也没人看见，那这样的宣传毫无用处。关于平台如何进行推广，这里不再赘述，基本上是通过微信公众号定期策划推送，抖音、小红书、快手定期更新图文视频等等。其次是强化与媒介的联系，吸引社会力量共同参与园区的形象宣传，例如其他地区的文化产业园邀请了大中小学生志愿者、社会团体组织等在园区内进行活动，并与团体联合宣传。总之，品牌的宣传要靠大众，只有大众参与了、大众了解了、大众认同了，才能更好地推广品牌。再次是积极参加政府部门、社会团体、商业伙伴的各类推广宣传活动，或与之联动举办大型活动，全方位多层次宽领域地展示园区的风采形象。最后是邀请各政府部门、合作对象、股东单位到园区参观、考察、观摩，有针对性地开展宣传活动等等。

（五）增强人才队伍建设，优化园区配套设施

创意人才是文创产业的灵魂，人才兴则产业兴，工业遗产改造类的文化产业园发展要结合后工业时代文创产业和工业旅游的发展潮流，注重文化创意人才队伍的建设。

首先，加速文创类专业人才的引进与培养。D17 园区要制定并实施对优秀人才的各种优惠与激励政策，通过各种途径引进更多有经验、有能力、有资源的高素质运营与管理人才，快速充实园区内的专业岗位需求。

其次，健全培训与创新创业制度，构建完整的体系，扶持人才的培育。以区域内的教育资源为依托，联合各大高校，开设企业经营管理、创新创业、文化创意产业等课程，鼓励各大高校加大文化创意产品的研发力度，搭建校企有效互动与高效交流的平台，成立专门的人才培育基地，为园区内所需的各种人才提供专业、高质量、可持续的人才培养体系，为D17的发展提供更多的智力支持。同时，服务设施也会对企业和园区的运营产生影响，布局合理、服务周到、便捷的公共服务设施体系，可以为园区内的企业和创意人才提供更加舒适的发展环境，增强工作人员和旅客对园区的依赖感，从而为园区树立独特的形象。因此，要积极完善办公设施和生活设施，以优质的环境引才兴业，通过创造联合办公空间增加园区的活力与动感，拓展园区功能。这些举措将有助于D17园区吸引更多的人才和资源，提升其创新能力和竞争力，为园区长远发展奠定坚实的基础。

（六）构建多元聚合的产业生态和业态布局

园区核心竞争力和企业入驻意愿的提升，与园区多元化、聚合化的产业生态密不可分。D17的运营要注重业态融合化，遵循"鱼塘生态"法则，D17园区是"鱼塘"，入园的企业和机构是"鱼"，二者共同构成了园区的产业生态，推动着园区中文化内容、创新元素的生成[1]。园区内部业态的多元化和较为完备的产业生态，也为入园企业提供了多种经营方式的可能性。D17文化产业园要以创意文化项目为主力，数字教育、艺术设计、影音传媒、文化展览、出版业、餐饮、娱乐等文化艺术类项目为配套，引进更多具有创新性的文化产业项目和企业，例如数字创意、互联网数字技术、动漫游戏设计等新兴产业，将传统文化精华与现代时尚文明融为一体，汇集啤酒文化街区、艺术文化街区、动漫产业基地、数字教育专区、文化创意专区、综合演艺区等，配合大众时尚特色餐饮、影院、水疗健身休闲娱乐等项目吸引客流，拓展年轻群体消费市场，力争打造成全省最时尚、最先进的综合项目园区。

---

[1] 于天歌：《关于老旧厂房拓展文化空间的思考——基于郎园文化创意产业园的调研》，《区域治理》2020年第1期。

同时，也要注重园区环境的生态化，从创业、居住及生活功能而言，大力构建与自然环境融为一体的有机生态式园区，是园区未来的发展方向。与自然环境合二为一，与城市功能嵌套耦合，与都市生活相得益彰，与城市产业、文化、工作、生活协同融合建设，"人园境业"高度和谐统一的文化产业园区必将成为城市与大众生产生活的一部分，其产业化潜力无疑将十分巨大。

（七）积极推进数字化智能化园区一体化建设

文化产业园区是文化企业和科技创新企业的聚集区，结合政策引导，D17园区要适应行业发展趋势，满足发展需求，这就要求园区创新驱动发展，不断拓展完善服务内涵，以产业数字化转型升级重构产业创新生态，向数字化智能化园区转变。D17文化产业园区的企业和政府部门需要提高数字化转型意识，深入了解数字化转型的重要性和趋势，形成共识，共同推动园区整体数字化转型的进程。要积极创新运营管理方式，从"房东型"转向"智慧型"的管理模式，并对其服务内容与品质进行持续优化提升，使其适应数字化的发展潮流，提高管理的智能化和精细化水平。要充分利用新基础设施建设机会，加快5G、工业互联网、物联网等信息基础设施的建设和应用，提高网络的综合承载能力，以满足入驻公司在网络性能、容量、应用场景以及信息服务质量等方面的要求。指导园区借助大数据、云计算等现代信息技术建设数字化服务管理系统，集成园区资源信息、应用服务和经营管理数据，提高服务管理和资源利用效能，打通"信息数据孤岛"，实现园区内全量、全要素和全场景数据汇聚、融合与共享。同时，积极争取政府的政策支持和资金扶持，吸引社会资本的广泛参与，为园区的数字化转型提供充足的资金保障。

随着5G+8K、人工智能、物联网、沉浸式交互等新技术与文化产业的融合持续深化，D17园区数字智慧化建设正迎来技术变革之机。"察势者智，驭势者赢"[1]，面对重大政策利好机遇，D17要乘势而上、奋发作为。

---

[1] 《察势者智　驭势者赢》，求是网，2020年10月6日，http://www.qstheory.cn/llwx/2020-10/06/c_1126578079.htm，访问日期：2023年9月19日。

工业文化产业区的困境与未来之路:以济南 D17 文化产业园为例

结　语

综上所述,曾经作为山东工业旅游示范产业园区、被称为"济南798"的 D17 文化产业园,在当今社会尤其是疫情蔓延的近三年间发展道路并不顺利。但是,D17 具有得天独厚的文化资源条件,其丰厚的工业遗产与文化底蕴值得深入挖掘,若合理开发利用,进行全面的产业产品转型升级,将会进一步推进 D17 的可持续发展。

济南一直都在快速发展,不断变迁。一些老厂房的消失,换来了城市的更新迭代与繁华,而一些厂房的存续,为人们保留了美好宝贵的回忆,为这座城市留下了历史的见证。相信在未来,D17 的老厂房在保存原貌的同时,能够被更加积极科学地开发利用和改造,将 D17 品牌打响,带给大众更多惊喜,创造工业旅游在济南、在山东、在中国的新发展。

(朱佳欣撰稿,李辉指导)

济南老商埠历史文化街区保护和开发调查报告

序　言

近年来，中国大力发展文化旅游产业，相关政策的相继出台为文旅产业发展持续提供动力，行业进入全面发展阶段。山东省"十四五"规划纲要中明确提出，要推动文化和旅游融合发展，加强文化产业体系建设，突出以文塑旅，以旅彰文。济南顺应发展趋势，加大对城区历史地段的开发改造力度，泉城路、芙蓉街、省府前街等历史街区依次重修改造。然而，在历史文化街区交通拥堵、环境恶劣等问题得到明显改善的同时，翻新后街道的雷同化建筑风格、浓厚的商业气息，又带来了街区市井记忆的丧失和文化认同感的降低。

老地标是城市的灵魂，更是人们了解一座城市的窗口。100多年前，济南自开商埠，开了近代中国内陆城市对外开放的先河，并极大地促进了当时济南的社会发展及城市化进程，成为清末城市"自我发展"的典范。济南老商埠凝聚着太多由古建筑、老街道等有形物质财富，老字号、商埠名人、曲艺文化等精神文化汇聚成的历史印记，见证了近代济南的城市发展和革新。而在今天，如何在保护好古建筑的基础上，充分利用商埠风貌区原有的经纬格局和空间风貌进行良性开发，在开发过程中，又应该使人们在通过这些古老地标看到什么，读懂什么，是笔者在调查济南老商埠过程中思考的命题。

一 老商埠的发展及自开商埠的意义

通商口岸,又称商埠,是国家对外开放的特定通商地区。近代中国的商埠分为两类:一类是约开商埠——在外国列强压迫下中国履行不平等条约而开的商埠,如第一次鸦片战争开放的南部沿海五大城市广州、厦门、福州、宁波、上海,第二次鸦片战争之后增开的南京等 10 处通商口岸;另一类是自开商埠——以主动代替被动,保有土地主权的主动对外开放,避免土地遭受列强的觊觎与侵占的可能。二者在性质上截然不同。

1903 年 4 月,德国人修建的胶济铁路通至青州,9 月通至周村。尽管火车的轰鸣声尚在百里之外,但条约中"允许德国在铁路两旁 30 华里内开矿"的约定,将德国在山东肆意扩张的野心暴露无遗。时任北洋大臣兼直隶总督的袁世凯与山东巡抚周馥,为抵抗德国人侵略,挽回利权,上奏清朝政府拟请在山东内地自开商埠,得到了朝廷的批准,将济南西关外东起十王殿,西至南大槐树,南沿长清大道,北至胶济铁路以南的 4000 余亩土地划为商埠区。[①]

以开埠为起始,济南逐渐形成了古城与商埠东西并列的城市格局,新生事物层出不穷,城市的近代化序幕也由此揭开。济南本就是商贾荟萃之地,商业禀赋得天独厚,自开商埠又使济南的传统商业结构发生了根本性的转型与升级。大量"通商惠工"的政策得以施行,外国商业资本纷纷涌入,济南一跃成为"山东内陆第一大商贸中心"。1904 年,德国的礼和洋行率先在济南落户,到 1919 年,在济南设立总行、分行或代理处的欧美洋行已达 15 家。众多国家派驻的银行、洋行及商场在商埠扎堆,济南商业地位在国内城市中扶摇直上。

开放的经济政策也使济南近代工业迅速发展。自开埠通商到 20 世纪 40 年代中期,是济南近代工业的发展与兴盛时期,覆盖 35 个行业,涉及面粉、纺织、印染、化工、造纸、机械、五金等几大支柱性轻工行业,尤

---

① 参见张润武、薛立撰著《图说济南老建筑》,济南出版社 2007 年版,第 7 页。在今纬一路以西,纬十二路以东,经七路以北,胶济铁路以南的大致范围以内。

以面粉、纺织、火柴最为发达，曾盛极一时。

工商业迅速发展的同时，得益于东西方文明在济南的深度交融，多元文化在此竞放各自色彩。正是在这个时期，济南有了第一家电影院小广寒电影院、第一家西餐馆石泰岩饭店、第一个公共娱乐场所商埠公园（今中山公园）、第一家戏院兴华茶园……繁盛多样的文化又吸引了诸多文化名人，"海右此亭古，济南名士多"的赞誉在那个时代又焕发了新的活力。

20世纪90年代，济南商埠区的发展达到鼎盛，至此，90年的辉煌历程使商埠区谱写了济南近代城市历史上最为光彩夺目的篇章。而在辉煌之后，伴随着城市新的规划建设，济南商业中心不断东移，商埠区逐渐显露出颓势：辉煌的老字号经营亏损，独具特色的百年老店被推倒，少数保留下来的古建筑兀立在拔地而起的高楼大厦之间，传统商埠"里分"形式的民居销声匿迹，带有"里"字的街道名更是被列为即将注销的"老地名"……老商埠，或许将就此退出历史舞台。

幸运的是，近年来老建筑、老字号、老手艺等传统文化及其寄托之所日益受到大众的广泛关注与政府的全力保护。作为保留济南旧城风貌较为完整的区域，商埠区这一曾经的济南中心城区的历史文化价值和旅游价值被更多人看到、关注。截至2021年底，老商埠一期工程竣工，二期建设也正如火如荼地开展，计划将中山公园、万紫巷、大观园纳入老商埠片区整治提升。在这个崭新的时代，老商埠这颗曾经的时代明珠将要发出不一样的光芒。

二 老商埠的文化资源留存及开发现状

商埠片区具有百年历史，保存较好的中西式古建筑、经纬格局的道路划分、仍有留存的传统民居"里分"，共同构成老商埠颇具生命力和辨识度的街区风貌。同时，作为济南曾经的商贸繁荣区域，老字号、老品牌于此集聚，中西方文化交融并举，传统手工艺盛极一时，具有较高的文化、旅游、商业价值。

（一）独具优势，古迹分布集中保存完整

济南商埠区的近代建筑类型非常丰富，具有很高的历史价值与艺术价值,也最能反映济南市近代以来的发展轨迹(图1)。商埠区建筑主要为石质材料,保存状况良好,大部分历史建筑经过普查实现挂牌保护。现在,蔡公时殉难地旧址一楼被改建为济南商埠文化博物馆,二楼建成了蔡公时纪念馆;"小广寒"电影院被改建为电影博物馆和电影主题文化餐厅;山东民生银行旧址成为济南京剧院;老火车站北侧的成丰面粉厂旧址即将以文化创意产业园的面貌重新亮相……古建筑有些斑驳的墙体上显出岁月侵蚀的痕迹,然而无论是德式风情还是传统中式建筑飞起的檐角都显现出时光沉淀后的独特风韵。

商埠区的老街道异域风情浓厚。经二路、经三路是原商埠区的主要交通干道,曾经是最为宽广的道路,车马喧嚣,人群熙攘,现如今虽不复往日盛景,然而从两侧林立的历史建筑,两人合抱粗的大法桐、老槐树,依稀还能看到昔日繁荣旧景。

商埠民居的经典划分形式叫作"里分":从经路或纬路上,垂直开辟进入街区的通路,通路两侧修建院落,临街一头有拱形门或门楼,镌刻有里分名称。商埠区曾经大大小小的里分数不胜数,如泰康里、红星里、延平里、平心里、集贤里、福康里、新生里……在里分的名称上,寄托了家家户户朴素的道德观和美好心愿。里分作为传统文化的载体,传承着老济南人邻里和睦、守望互助的观念,有病有疾,互相问候,四时八节,彼此馈赠。笔者在现存的"仁美里"前驻足拍摄,一旁上了年岁的大爷指着远处说:"快些拍喽,那边的'里'已经没了,被拆啦。"一路走来,"广智里""福东里""仁美里"的门楣尚存,而上面的字迹也历经风雨侵蚀,已经斑驳得看不清了。

(二)文脉深厚,精神财富丰饶历久弥新

如果说物质遗存支撑起了如今老商埠历史文化的骨架,那么寄寓其中的精神文化则使老商埠血肉丰满。颇值一提的是商埠区相对集中的老字号和百年老店,无论是老济南人儿时记忆中色彩缤纷的瑞蚨祥绸布店,还是"聚丰德烤鸭""天丰元狗不理包子""泰康号糕点"等引人口舌生津的甜蜜回忆,其意义已然不再局限于自身商业价值,而更多成为厚重的城市发展史的见证,承载着对过去美好生活的记忆与对那些熠熠生辉时光的

创意泉城

铭刻。

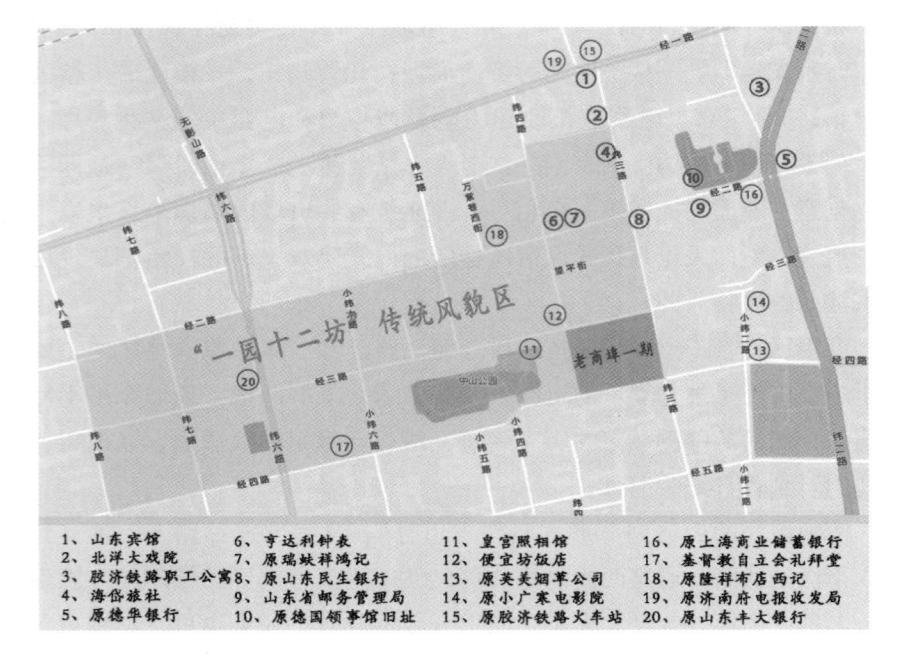

图1　商埠片区历史建筑分布

（图片来源：笔者自制）

同样值得津津乐道的是商埠区的曲艺文化。济南是中国北方重要的曲艺之乡，长久以来就以"曲山艺海"的美名享誉神州大地，同时，济南又是北方说唱艺术的文化摇篮之一，是山东大鼓、山东快书、山东琴书及其诸多流派的发展、形成、命名地，许多艺术门类都是以济南为平台走向全国的。济南的曲艺文化主要集中于城西繁华的商埠区一带，商埠区剧院、说书场众多，多集中于新市场、大观园、劝业场等处。民国十年前后，仅新市场内就有戏院剧场4处，茶园茶社茶棚20余家。

商埠区独特之处还有其地名文化。经纬路的命名源自纺织的经纬线，古代人们把纺织中长的线称为经线，短的称作纬线。济南城区东西长而南北短，因此，依织物"长者为经，短者为纬"命名东西向道路为"经"，南北向道路为"纬"，成为独具特色的棋盘格式道路系统。升平街周围原是荒地，后因咏仙茶园，游客络绎不绝，一片繁荣景象，故取名升平街沿用至今；望平街在开埠后张宗昌统治时期，较为混乱，当地居民渴望太平世界，取名望平街。这些年代久远的地名，蕴含着人们寄予商埠地区平安吉祥等美好的愿望，历史韵味浓厚，具有一定的文化价值。

（三）开发失当，商业氛围磨灭个性

济南融汇老商埠是商埠风貌区的一期工程，然而就其修建成果和群众评价来看并不尽如人意。融汇老商埠的15栋楼中，只有张采丞故居与宝隆洋行是在原建筑基础上修缮加固的，其他13栋楼都是仿制或借鉴建成。密集的仿西式建筑中，西式与中式餐厅入驻，虽在一定程度上传达了老商埠中西文化融合的特点，然而浓重的现代建筑气息与不甚考究的细节，使老商埠的气质难以得到很好体现。本地人或还愿意前往休闲娱乐，但如作为旅游项目推广，则既无可细观可琢磨的历史韵致，也无可供娱乐的独特趣味。简言之，融汇老商埠不仅缺乏自成体系的个性，也在很大程度上背离了商埠老街本身的文化内涵。

与融汇老商埠的过度商业化相反，商埠片区另外一些区域却因完全没有经过旅游开发，而与成熟的旅游景区差距颇大。不少历史悠久、特色分明的建筑缺乏文字性的介绍，更没有专业的导游为旅游者讲述古建筑和它们背后的故事，马路上也少有引导路标或标识牌，提示旅游者即将进入一处颇富历史文化的街区。因此进入此地的外地旅游者，或者不甚熟悉周围环境的本地人对这些历史街区的认知只能停留在对建筑外观的赏玩和感性认知层面，难以建立起深刻的情感共鸣与对建筑背后历史文化的深入理解。

三　老商埠保护与开发的路径

伴随现代化进程中城市的重新规划和历史建筑的自然损耗，商埠片区的历史风貌遭到一定破坏，其上承载的无形文化也亟待加以传承、复兴，商埠区作为济南近现代城市化进程的见证者，其独特价值应得到足够的重视。

（一）尊重历史街区建筑和传统肌理，复兴商埠活力

应做好老商埠历史古建筑的保护与开发，建立一个利益中性的独立专门机构进行集中统一管理，着力避免产权模糊不清、管理职能交叉的弊

病。在加大文物保护单位对古建筑的检查和保护力度、落实普查工作的同时，对老商埠区历史街区保护也不应该只集中于对个别知名古建筑的外立面修缮，开埠初期沿革至今仍较为完整清晰的经纬路街区格局，以及对应了北京"胡同"、上海"弄堂"的济南特色"里分"，同样是具有商埠特色的历史积淀与城市记忆的载体，应该得到保护并在尊重原貌的基础上修复。

此外，可以同媒体合作，通过向市民征集或走访商埠区老居民的形式，进一步宣传人们与老建筑、老字号、老街道之间难以割舍的情愫渊源，真正从人出发，讲好具有真情实感的、能够打动人的古建筑故事，使这些旧日往事避免因为时间流逝而再难找寻，也让古建筑不会成为沉默且渐渐腐朽的空壳，真正活起来。

(二) 深入挖掘历史文化资源，发挥多样文化的独特魅力

要使老商埠免于和济南乃至全省其他观光型景区同质化，文化始终是其创新的原点和核心支撑。商埠文化的独特之处决定了在讨论时应该充分关注其"新"与"老"的二分性，一方面，一百年前乃至更早的古迹、民居以及其中蕴含的旧日生活状态、历史文化内涵相对于现在是"老"的；另一方面，商埠文化又是当时的"新潮"，自开商埠为契机，百年前济南一跃成为"山东内陆第一大商贸中心"，此后济南工商业迅速发展，多元文化快速汇聚，东西方文明碰撞带来的极大活力于此竞放。因此在老商埠的开发过程中，应格外注意功能的分区，避免将民居、美食、民俗、老字号、现代餐厅、酒吧混为一谈。

老商埠可通过深耕商埠文化打造历史文化街区，将民俗文化、曲艺文化、名人文化、餐饮文化等多元文化融入不同文旅消费场景，开发复古情景与体验项目，使当地居民与外地游客由参观者变成深度体验者、项目的消费者。如复兴老济南传统手工艺制作：兔子王泥塑、捏面人、皮影、蝈蝈葫芦等，进行民俗体验式旅游；依托老商埠现存和存在过的亨达利钟表、瑞蚨祥绸布店、宏济堂、皇宫照相馆等老字号、老品牌开展活动，使旅游者能够亲身对这些已成为非物质文化遗产的老店一睹为快、一探究竟；北洋大戏院则可以为慕名而来的旅游者提供精彩的相声、山东琴书、评书或山东快板表演，街边巷口也可搭起戏台、修建茶社，让观众在演艺

中体会商埠风情；饮食上应发扬商埠中西结合的饮食文化，在聚丰德、便宜坊、泰康号等老商埠现存老店基础上，将济南特色菜品与西式美食做出规模、做成特色，避免芙蓉街将各地特色小吃杂烩集聚却无辨识度与亮点的弊病。

（三）加大宣传推广力度，完善旅游环境和配套设施

与趵突泉、大明湖、芙蓉街、宽厚里相比，老商埠在宣传上远远不足，外地旅游者缺乏了解和对济南商埠区产生兴趣的契机。可通过对青年人喜好"打卡"的心理把握，设置别具心机的经营亮点、特色活动：夏日咖啡主题市集，民国风沉浸式实景戏剧，复古机车趴和音乐节，让人回首童年的露天电影观赏……众多与商埠气质契合的活动可以极大提升老商埠片区的整体知名度和曝光度，孩子、年轻人、中老年人等各个年龄段的旅游者都可在老商埠找寻与自己共鸣契合的引力点。

在旅游配套设施方面，就住宿而言，商埠区虽然也有宾馆酒店，但大多数是连锁酒店和小旅馆，缺少定位于老商埠区的主题酒店、青旅或特色民宿等外地旅游者更希望体验的住宿环境。片区内标识牌、旅游地图、旅游路线引导也有所缺乏，交通、饮食、娱乐等方面都需要进一步完善。

（四）数字技术驱动发展，助力产业转型升级

伴随科技时代的到来，VR、AR技术得以不断发展运用，数字技术正以新理念、新业态、新模式全面融入旅游产业。随着推动数字文旅产业高质量发展上升为国家战略，科技赋能助力景区升级调整也将成为老商埠高质量发展面临的重要课题。

在总体设计上，可围绕景区业态的食、住、行、游、购、娱六大要素在景区运营、营销等方面与数字技术展开深入结合。在游览方面，打造与商埠文化相匹配的历史文化故事、悬疑科技剧情，赋予每位旅游者不同的虚拟身份，VR/AR等增强现实技术使旅游者走在经二路上可以看见昔日开埠后车水马龙的盛况，甚至听闻路旁小贩的叫卖、觉察美食的香气，通过精心策划使旅游成为角色扮演式的主动探索游戏，令故事线的延展、平行时空般的探索与商埠现实场景交织，形成极富互动性、叙事性的游览体验，重构旅游者对老商埠的认知。就出行而言，3S（RS、GIS、GPS）技

术、AR 技术与游览活动有机结合，AR 实景互动导览可为旅游者提供顺畅的导航、导览、导购服务或实现虚拟在线旅游。

结　语

100 年前济南城在历史书页上书写了自开商埠的传奇，在独立思想与自由精神的现代理性影响下，商埠区众多的德式建筑上留下了中外文化交融后开放、包容、兼收并蓄的气质，同时，体现在商埠区街巷、里分、地名中，老济南人所认可和眷恋的市井气里，也都书写着有格调的、平民化的、具有浪漫气息的济南传统气质的影子。时隔百年，以京沪高铁济南西站片区为核心的西部新城粲然崛起，引领济南迎来了二次开埠，在这崭新的时代里，老商埠一定会带着老济南的历史走向未来。

（赵静宜撰稿，李辉指导）

古城新韵

"不夜城经济"点亮夜间生活

——探究潍坊市"青州不夜城"的夜间经济发展之路

序 言

"凤箫声动,玉壶光转,一夜鱼龙舞。"(辛弃疾《青玉案·元夕》)自宋元至今,夜经济一直是我国经济发展的重要一环,在文人墨客所创作的诗句中,不难见到对熙攘夜市的描写,而美好的夜色承载着人们的绮梦,同时也与经济发展有着千丝万缕的联系。自2019年年末疫情暴发以来,"夜间经济"曾被作为拉动内需,促进消费,助推国家经济发展的重要策略多次提起,全国各地也在党和政府的号召下发展夜间经济,"后备箱集市""星光集市""不夜城"再度走红,成为点亮人们夜间生活的新主角。在此背景下,潍坊市青州市的"青州不夜城"应运而生,笔者于春节期间驱车前往青州不夜城,探索其经济发展的奥秘,以期破解此类"国潮夜经济"的发展密码。

一 "青州不夜城"的前世今生

青州不夜城位于山东省青州市云门山旅游度假区内,紧依齐鲁大地巍巍山峦,与国家5A级云门山景区相邻。项目规划是一处以西安大唐不夜城为模板,以精致国潮文化为主线,同时以古风古韵、齐鲁民俗、现代文化交融的多元文化步行街区。在不夜城景区建成前,由于该地是位于山腰处的村落,交通较为不便,可供汽车行驶的仅为双向车道,无停车场等设施,从基础设施及地形方面来看,该地并不利于建设文化创意产业园区。

但从地理位置及其毗邻的景区来看，青州不夜城属国家 5A 级云门山风景区，距同是 5A 级风景区的青州古城景区 12 公里，受到二者辐射带动作用影响，青州不夜城景区周边的游客资源较为丰富。

青州不夜城景区自 2020 年规划建设，至 2021 年 11 月试营业，其间经历了颇多构想与设计。但据笔者了解，青州不夜城在试营业期间，并未收获预想中的诸多好评，有游客称，在前往景区和离开的时候，均存在堵车 40 分钟以上的情况，且由于试营业期间人流暴增，景区内手机信号不好，无法正常上网的情况比较普遍。另外，景区内没有大型饭店，且缺少本地特色。游园节目表演应该也属于测试阶段，节目比较少，而且整体水平不是很高。在试营业后，景区根据游客反馈进行了调整优化，将更好的"不夜城胜景"呈现在人们眼前。

经过调整优化后的青州不夜城虽仍存在一定的问题，但已经基本形成了带有国潮特色的不夜城经济发展模式，并在其"唐风古韵"的定位之上，依托"精致弥河，多彩文旅"这一青州文旅品牌，打造青州特色"金色不夜城"。据青州不夜城相关负责人田甜介绍称，青州不夜城目前以旅游业、文化产业、新零售为入口，努力打造吸引客群、促进消费、带动就业、多态融合的典型"不夜城模式"，为乡村振兴提供激活式动力。此外，"精致弥河，多彩文旅"是青州市于近年新提出的文旅融合发展战略。在它的指引下，青州打造"紫色文脉、红色足迹、银色瓜果、彩色花卉、青色九龙峪、金色不夜城"六大板块，串珠成链、串点成线，而青州不夜城无疑将成为这六大板块中闪闪发光的一部分。

二 "青州不夜城"的特色发展之路

走进青州不夜城，首先映入眼帘的便是沿路的几千盏灯笼（图1），各色灯笼加上绚丽彩绘，让人恍若跌入一场大唐梦境，在与历史的碰撞交融中，共赴长安盛世。其实，不管是近几年爆火的西安"大唐不夜城"，还是开封"大宋不夜城"，究其特色发展之路，背后都有值得深究的原因。而从"青州不夜城"来看，其之所以能够在疫情形势下的文旅产业中脱颖而出，原因可以概括为——重管理、造差异、聚规模、沉浸式、新零售。

图1　潍坊市青州不夜城一隅

（图片来源：笔者拍摄）

（一）"重管理"——提升不夜城经济整体质量

你是否早已厌倦了"下车拍照，上车睡觉"的旅游方式？出行前精心准备了攻略，却在面对网红景点满大街的"烤冷面""锅盔""臭豆腐"时，瞬间对旅行失去了期待与兴趣？其实，随着夜市经济的兴隆，越来越多的同质化夜经济开始出现，"几家烧烤摊，几个打卡点"便构成了这种夜经济的全貌，甚至有人将这种夜经济概括为"精致的俗"。当"烤冷面""淀粉肠"摊位遍布的夜经济文化产业园区扎堆出现，"青州不夜城"以加强管理为手段，走出了破局之路。

"重管理"，是指青州不夜城在对于景区饮食以及文化娱乐设施的管理方面进行了严格筛选。首先，在餐饮管理方面，不同于常见的夜市及不夜城经济，走进青州不夜城，映入眼帘的是颇有唐风古韵的两排整齐小吃售卖亭，由于不夜城南门北门严格把控，自由叫卖的摊贩与流动小吃车不允许进入不夜城内，避免了造成园区混乱，游客拥堵，同时统一建设的古风美食亭也在营造园区沉浸式氛围方面功不可没。此外，在园区美食类型的选择上，不难看出管理者也颇费了一些心思。相较于传统的街头小吃，青州不夜城内的小吃多为全国各地代表性美食。不夜城内，自南向北依次排列开的美食亭分别为"新疆烤肉""潼关肉夹馍""陕西凉皮""南昌拌粉""淮南牛肉汤""海南清补凉"等，全国各地的特色美食相聚在此，既避免了不夜城内饮食状况混乱，同时又提高了景区的餐饮质量，降低了因餐饮质量出现问题的概率。行走在不夜城街头，古香古色的美食亭也各具特色，新疆烤串的美食亭内大叔穿着传统服饰，伴着音乐起舞；陕西凉皮的店铺外，身着唐装的店员正在招揽客户……种种文化交融激荡，和谐共生的景象，让人恍惚间穿越到千年前的大唐，"一日看尽长安花"。

其次，在文化娱乐设施的管理方面，景区由南至北设置多处演绎舞台或行为艺术舞台，通过定点巡演的方式，按照时间及游览顺序由南至北演绎"庆余年""不倒翁""梦回敦煌"等节目，不同舞台间的距离为五十至一百米不等，前后舞台间不同节目的演出间隔为十或十五分钟，这既保证了节目种类的丰富性，又避免了游客错过节目或因围观某个节目而造成拥堵。不夜城还在景区内设置免费摆渡车，除免费接送旅客外，还承担了接送演职人员的任务，以保证节目顺利准时演出。值得一提的是，除在不同的节目演出区设置演出时间提示牌外，青州不夜城景区还设置了全园区广播，通过每间隔30分钟广播一次的方式，播报当前演出情况，预告后面时段的演出信息。考虑到演出舞台多在室外，为更好地应对天气变化，景区内还开设有室内剧场。其主要功能有三种，分别是在人流量密集时为游客提供休息区、在恶劣天气时作为室内剧场进行演出、在传统节日时作为开放剧场演出特定剧目。青州不夜城的室内剧场作为实体化"预备案"，为其正常运转提供了有力保障。

（二）"造差异"——齐风鲁韵突出不夜城景区特色

在文化创意产业与文旅融合的研究范畴中，特色文化不夜城作为景点，其要想在文化创意产业的市场竞争中赢得生存发展，就必须拥有独属于自己的特色，刻意营造"差异化"，突出景观与文化特色，是不可或缺的环节。

在对青州不夜城进行考察的过程中，笔者发现，青州不夜城的特色相较于不夜城的代表——西安大唐不夜城，主要体现在地缘文化方面。相较

图 2　青州不夜城《如梦令》演出舞台

（图片来源：笔者拍摄）

于身处省会城市的西安大唐不夜城，青州不夜城在山东省青州市，其对于周边地区的吸引与辐射带动作用较弱，慕名而来的游客较少，且多集中在景区附近，他们大多会在传统节日期间携亲朋好友来此共同感受节日氛围。所以相较于西安大唐不夜城结合西安地理位置，以传播唐朝文化，再现大唐盛世为己任，青州不夜城更加亲民，也具备了更为浓厚的"厚道齐鲁"之气息，这一点主要体现在青州不夜城对园区特色活动的打造上。

上文提到，青州不夜城受其地理位置影响，游客多集中在传统节假日期间，所以相较于西安大唐不夜城需要重点考虑如何在淡季和旺季之间寻找客流量平衡，留住游客实现长远发展，青州不夜城的发展道路更侧重于"多点爆发式"，即抓住一年中传统节假日这些"短小"的旅游旺季，在有限的时间内根据节日特色开展活动，让游客在短时间内收获不一样的游览体验。在活动的打造方面，青州不夜城跳出传统的"求新、求变"路径，回归到人民群众所喜闻乐见的节日庆祝形式或年少时记忆中的节日习俗上来，如在元宵节时组织"放河灯""放飞孔明灯""焰火表演""打铁花"等传统民俗娱乐或观赏活动，这些与传统技艺相融合的庆祝活动并不新奇，但当久违的除夕夜烟花又一次绽放在夜空中，当满载希冀与祝福的河

古城新韵

灯逐水漂流去往下一个地点，当这些潜藏在人们童年或生活中的记忆，在热闹的传统节日，在欢腾的人群中再次被呈现，人们深藏于心底的共鸣便会被再次唤起，而此时此刻，不需过多的藻饰，文化创意产业"以文动人"的目的便已经达到。

除传统活动的选取之外，青州不夜城更是结合其地理位置，利用青州作为"古九州"之一的深厚历史底蕴（7000余年发展史、5000余年文明史）与人文积淀（李清照曾在此生活20余年），在不夜城节目编排与园区设计上，融入了诸多青州独有元素。例如，在节目编排方面，青州不夜城园区在春节期间，结合热播剧《知否知否》，打造《如梦令》特色舞台（图2），演员身着宋制服装，手执折扇边舞边唱"昨夜雨疏风骤"，婉转的唱腔与优美的舞姿仿佛将观众拉进了一个卷帘人与海棠春雨的梦里，在青州古城长街的转角，在有着八角亭的偶园，与这位女词人来一场生动的邂逅。

"云中谁寄锦书来？雁字回时，月满西楼。"（李清照《一剪梅·红藕香残玉簟秋》）无论是低回婉转的词曲吟唱，还是带给人感动与感慨的漫天烟火，青州不夜城都在用自己的努力，进行"地缘特色"与"中国特色"相融合的勇敢尝试，而它也正因为这种尝试，焕发出勃勃生机。

（三）"聚规模"——板块联动稳定景区发展动力

笔者通过不夜城相关负责人了解到，目前青州正以"精致弥河，多彩文旅"为主线，打造"紫色文脉、红色足迹、银色瓜果、彩色花卉、青色九龙峪、金色不夜城"六大文旅板块，而它们之间通过协同联动、协同开发的方式，串联起青州文旅的脉络与逻辑，同时各板块的发展也对其他板块提供了影响力加持。

在旅游路线打造方面，作为六大板块之一的"金色不夜城"，在门票售卖、旅游路线开发上与其他板块达成合作。青州不夜城景区位于青州云门山旅游度假区，其人文景观特质与云门山自然景观形成互补，相关统计数据显示，青州云门山景区大致游览时间在二至四小时，而云门山景区内农家乐餐饮多分布在山脚下，受地理位置影响类型较为单一且价格略高，而不夜城景区以其亲民的餐饮价格，丰富的小食类型，与云门山景区形成互补。因此，青州文旅针对这两个景区推出套票，游客可以以更为实惠的价格游览两个景区，这既为青州不夜城景区提供了更为丰富且稳定的游客来源，又弥补了云门山景区餐饮方面的缺陷。

从旅行路线以及景区文化的完整性角度来看，青州不夜城景区与青州5A级景区青州古城相距12公里，青州不夜城景区恰好处于青州古城景区辐射范围的边缘，而受到青州历史文化的影响。青州古城多体现青州作为古九州之一的历史风貌，青州不夜城则体现唐风古韵与汉族的民族风貌和包容情怀，二者在文化核心上既有联系，又有区别。青州文旅在此基础上推动二者协同发展，既避免了青州不夜城文化"平地起高楼"般与青州传统文化失去联系，又更好地扩大了青州古城文化的辐射影响范围，有力地推动了两个景区的高质量发展。

从宏观角度来看，青州文旅所打造的六大旅行板块在季节与文化核心方面各有侧重，文旅有关部门对于"六大板块"的界定以及旅游路线的打造，能够有效避免旅游淡季给部分景区带来的冲击，而作为青州云门山景区游客餐饮承接地，这一特殊功能又在很大程度上弱化了青州不夜城游客的季节性差异，保证了不同季节园区的营收。

（四）"沉浸式"——穿越前世的寻梦之旅

"朝罢须裁五色诏，佩声归到凤池头。"（王维《和贾舍人早朝大明宫之作》）在夜经济及文旅产业园扎堆出现的时代，文化创意产业园区要想做到吸引游客、留住游客，除了营造差异外，还要注重游客的游览体验。综合考察潍坊市青州不夜城，不难发现，其综合运用多种方式，在景区地理位置、景区氛围营造、景区场景设置等多方面共同发力，为游客提供了"沉浸式"游览体验。

首先，从景区的选址来看。来到青州不夜城附近，笔者发现，不同于其他文化创意产业园区将停车场设在地下，园区中心部分设在地势较高处的做法，青州不夜城中心街区整体地势较低，而地上停车场位置较高，在停车场的位置平视时，无法看到不夜城的整体，但当游客沿着游览步道向下走，青州不夜城的大门及内部景象便会呈现在眼前。许是因势利导，青州不夜城建设的巧思给游客带来一种"初极狭，才通人，复行数十步，豁然开朗"（陶渊明《桃花源记》）的游览体验，当游客来到青州不夜城大门前，道路两侧的几十个彩绘灯笼会将游客拉入大唐盛世，引入一场穿越千年的历史梦境，而这种猝不及防的视觉冲击感，也成为构成青州不夜城沉浸式体验感的重要一环。

其次，青州不夜城在景区氛围营造方面也颇费心思。青州不夜城在长街有多名真人NPC，他们身着各色唐装，画着精致的唐朝妆容，和前来游玩的游客打招呼，或是与游客合影，或是在各色美食亭前招揽客人，这种NPC设置跳出了原有景区"以静物烘托氛围"的框架，用更加鲜活的人物拉动游客情绪，将景区引导、游客服务与景区沉浸式游览有效结合，将景区的氛围营造拉上新高度。

值得一提的是，在景区的每个表演点旁，都设有景区文创产品售卖点及游客妆造点（图3），其作用有两个，一是为园区的演职人员提供补妆、换装及候场的场所，二是对外销售景区文创产品及为有跟拍需求的游客提供换装及妆造服务。在《敦煌飞天》旁的文创产品售卖点，笔者对工作人员进行了采访。据其称，在春节、元宵节等景区旅游旺季，售卖点每天为十余场节目的演职人员提供歇脚场所，日接待妆造游客20余人，平均每位游客妆造需40分钟。通过考察，笔者发现妆造点内提供的服装并不仅局限于唐朝，更结合青州历史古韵提供了宋朝服装，但据了解，在所有被租借的服装中，唐装约占70%。而在景区的代表性不倒翁舞台《梦回大唐》旁的文创售卖点，相较于其他文创产业园的售卖点，其服务功能与属性更强，其主要任务是为景区核心舞台——不倒翁舞台及不倒翁表演者提供补妆、休息场所，店铺内的文创产品也多依照不倒翁表演者制作。但令人遗憾的是，店铺内文创产品种类单一，且缺少自我设计的文创产品，仅依靠此类文创产品难以激起人们的购买欲。且从产品种类与设计来看，景区内文创产品缺少自己的知识产权与IP形象，且辨识度不高，其独特性也有待提高。

（五）"新零售"——打造文创产品销售新模式

在对青州不夜城发展情况及运营机制进行考察时，笔者发现，青州文旅在打造"精致弥河，多彩文旅"六大文旅板块时，运用了"新零售"的

图 3　不夜城舞台旁的装扮点

（图片来源：笔者拍摄）

方法对文旅衍生品进行销售,这种方法对于目前山东省内诸多夜间经济体来说是可供借鉴的。

"新零售"是应用互联网新技术、新思维,对传统零售方式加以改良和创新,将产品或服务出售给最终消费者的所有活动,它不仅仅是线上线下联动和物流的简单融合,同时还融入云计算、大数据等创新技术,包括全渠道但又超越全渠道。"新零售"的核心是提升用户体验,主要模式有三种:一是线上线下与物流结合的同时,实现商品与物流渠道整合;二是提供更广范围内的体验式消费服务,实现消费场景化;三是营造包括零售企业内部员工及上下游合作伙伴的"新零售"平台,即打造全渠道产业生态链。"新零售"只有与新制造、新金融、新技术和新资源等相结合,才能实现良性发展。①

---

① 赵树梅、徐晓红:《"新零售"的含义、模式及发展路径》,《中国流通经济》2017 年第 5 期。

而"青州不夜城"的新零售模式，主要体现在园区门票与文创产品的售卖中。在不夜城门票及剧场演出票的售卖方面，受到疫情影响，青州不夜城景区改变传统售卖纸质票的模式，开放抖音、美团等网络平台预售电子票，在控制人流量的同时精确把握各时段入园人数，灵活安排各舞台节目演出时间间隔与剧场演出时间，最大程度上避免了园区拥堵。此外，合理调度景区内各贩售点文创产品的数量，避免产品滞销，减少成本损失。

"春风得意马蹄疾，一日看尽长安花。"（孟郊《登科后》）总而言之，在各地不夜城与夜经济扎堆兴起的时代，青州不夜城立足二、三线城市，避开与一线城市和知名景点直接竞争，于巍巍云门山下，走出了一条青州特色文旅之路。

三 "青州不夜城"的未来发展之问

其实，"不夜城"与"夜间经济"已经有了较长一段时间的历史，由于地域与经济发展状况不同，我国不同地区的夜间经济也呈现出了不同特点。目前，横向对比来看，我国不夜城经济发展较为突出的有西安"大唐不夜城"、开封"大宋不夜城"等等，分析其发展基本模式，可以从中提炼出青州不夜城可借鉴的发展路径。而从纵向延伸角度看，青州不夜城目前还存在一定的可改进之处，打破现有局面，突破发展桎梏，相信青州不夜城会焕发出新的活力与生机。

（一）"横向对比"——代表性园区寻经验

提到我国发展较为突出的不夜城经济，就不得不说近几年大火的西安"大唐不夜城"。2019年以来，西安大唐不夜城真人不倒翁女孩在抖音等短视频平台掀起一股热潮，而"大唐不夜城"也凭借着这股热潮，以"逼真的仿古建筑""热闹的市井氛围""沉浸式的穿越体验"为卖点，强势进入人们的视野。对比"大唐不夜城"与"青州不夜城"不难发现，两者具有极高的相似性。不论是从不倒翁节目的设置及表演人员的妆造（图4），还是从整个景点的建设上，二者都体现出了明显的相似性特征。其实，二者的发展路径也具有某些相似之处。在不夜城建设方面，二者都是通过建设仿古建筑，设置销售点，推出"妆造+跟拍"服务，营造沉浸式氛围从而吸引游客的。从营销策略来看，二者都通过线上线下双联动的方式，通过抖音、小红书等短视频与自媒体平台进行宣传，以扩大不夜城的影响范围，为不夜城的发展注入更加强劲的动力。

图 4　青州不夜城《梦回大唐》真人不倒翁表演现场

（图片来源：笔者拍摄）

（二）"纵向延伸"——于变局中开新局

综合分析青州不夜城经济，笔者对其发展阶段进行了定性：青州不夜城发展目前尚处于浅层次、低程度、粗放型开发阶段，对于青州本地的文化资源挖掘利用还停留在表面，缺少对于文化创意产业园区内在文化与经济发展逻辑的梳理。要想突破二、三线城市不夜城经济发展的地域限制，实现"变局"中开"新局"，青州不夜城的发展还有许多方面有待加强。笔者将依照"青州不夜城"的特色发展之路部分的介绍顺序，对青州不夜城可加强发展的部分进行阐述。

首先，针对不夜城经济的管理方面，笔者认为不夜城园区中的青州特色元素融入较少，且多停留在人文古迹等较为厚重的文化遗产方面，对于青州及潍坊的饮食文化及非物质文化遗产体现较为薄弱。依笔者拙见，或许可以在不夜城内设置几处非遗手工坊，以相关的展示及动手体验活动为卖点，将鸢都传统非遗技艺与文旅相融合。此外，在传统美食方面，汇集了八方美食的青州不夜城中，偏偏缺少了青州特色的美食，倘若能在其中加入青州"隆盛糕点""回民特色牛羊肉"等地域特色美食，或许青州不夜城对游客将具有更强的吸引力。

此外，值得一提的是，青州不夜城在规划建设方面还有待加强，要想将青州地域文化与唐文化相融合，其规划建设方面还需进行改进。由于不夜城园区以"沉浸式"和"体验感"为主要特色，在不夜城的唐代仿古街区中加入青州的宋代元素，则显得有些突兀，依笔者拙见，不夜城可以设置唐与宋两大街区，在不同街区中体现不同风格的文化，两街区之间用连廊或时空回廊的形式连接，让游客有更逼真的沉浸式体验。

其次，从活动设计上来看，青州不夜城中项目的娱乐互动性有待加强。目前不夜城中行为艺术与演出除不倒翁表演外，多侧重歌舞等形式，文化侧重单向输出，尚未形成双向互动互促的文化传播模式，游客来到园区，所进行的多为观赏而非亲身体验的活动，在这一层面上，不夜城活动对当时朝代的复现层次较浅。或许在以后的发展过程中，不夜城可以加入更多体现当时朝代人们生活特点的体验式项目，如宋代的点茶、蹴鞠，唐代的参拜与礼仪等，赋予园区更为浓郁的中国传统文化气息。

最后，从青州不夜城文化营销与输出力度来看，目前其诸多游览活动的年龄分段与娱乐分区建造较为生硬。不夜城内的一些演艺与景观建造未进行年龄段区分，供儿童游玩的如旋转木马、鬼屋等，放在园区内显得突兀且不合时宜。作为文化创意产业园区，青州不夜城的文化输出与营销力度不够，许多设施缺乏教育性与文化内涵。以诗词文化为例，倘若家长带孩子前往青州不夜城景区游玩，或许景区可以从诗词中提取元素，建设更多具有丰富文化内涵和教育意义的游乐设施，如通过生动有趣的儿童娱乐或小剧场角色扮演的方式，复现"一骑红尘妃子笑，无人知是荔枝来"（杜牧《过华清宫三首·其一》）或"蓦然回首，那人却在，灯火阑珊处"（辛弃疾《青玉案·元夕》）的情景，加强不夜城景区的教育性，深化不夜城景区的文化内涵。

结　语

"云想衣裳花想容，春风拂槛露华浓。若非群玉山头见，会向瑶台月下逢。"（李白《清平调·其一》）夜经济的发展为城市的夜晚增添了一抹亮色，同时也为国家经济发展注入了新动能。目前，在中央和各地政府的大力支持下，夜间经济已逐渐成为我国经济发展的重要推手。"纸上得来终觉浅，绝知此事要躬行"，笔者利用寒假期间深入青州不夜城进行实地考察调研，目的也是希望以点带面，以小见大，从青州不夜城的建设发展中，一窥我国夜间经济发展的可行之路，以期为我国文化创意产业发展做出应有的贡献。

（吴昕蕊撰稿，李辉指导）

南京六朝文化资源保护及开发调查报告

序　言

近年来,随着文化强国战略的实施和现代化产业转型升级的要求,文旅融合成为文化旅游建设中的热点话题。如今,旅游业有望迎来复苏,文化旅游发展步伐将加快。作为一种磅礴的、可转化的精神力量,文化在时间延续序列中逐渐积累,形成历史文化资源,并在人们认识世界、改造世界的过程中转化为物质力量,对社会发展产生着深刻影响。而城市是储存与传承文化资源的重要载体,南京是中国著名历史文化名城,在发展文化旅游的过程中,极大地融入了六朝时期、明清时期、民国时期等文化资源。

作为中华文明的重要组成部分,六朝文化历史悠久,沉淀着中华文明的灿烂,其保护与开发饱受关注。而在旅游需求爆发式增长的现阶段,游客对旅游感观、服务、收获的要求进一步提升,单一片面的文旅结合方式难以满足其需求,南京六朝文化资源亟待更深层次的挖掘与创新赋能,如何实现转型以满足游客日益增长的需求,成为当下需要思索的命题。

一　南京六朝文化资源的历史底蕴及价值

南京市位于江苏省东部,濒江近海,山环水绕,优越的地理位置与便捷的交通让这座城市具有良好的发展条件。作为"六朝古都""十朝都会",南京在六朝文化中具有独特的历史地位,六朝时期虽一度极具争议,但也为此处留下了丰富的文化遗产和灿烂的文化瑰宝。其城市历史文化资源有极大的研究意义与发展潜质,若能有效开发,则会转化成为城市文化软实力。

(一) 六朝文化的历史底蕴

中国历史上,孙吴、东晋与南朝的宋、齐、梁、陈,习惯上称为六朝,其都城选址,除孙吴一度在武昌、萧梁一度在江陵外,绝大部分时间在今南京市[1]。六朝时期是中国历史上的大动荡大分裂时期,同时也是国家和民族复兴以及走向统一的重要时期。而相较于北方风雨飘摇、战乱不断、生产荒废的境况,南方政局相对稳定、经济较为繁荣,据记载,六朝时期江南"天下无事,时和年丰,百姓乐业,谷帛殷阜,几乎家给人足矣"[2],可见其繁华。

作为中国历史上思想最为活跃的时代之一,六朝时期涌现了诸多青史留名的诗坛名匠、文坛巨擘、艺术大家,南京地区的文化艺术活动也达到了一个新的高度和发展水平,江东士族在与北方民族的不断融合中,逐渐形成了包容且独立的文化体系,有着丰富的史、情、景意蕴。在这样诗与歌交织、文学艺术勃兴、文化思想繁荣的时代,总能看到历史长河中的众多遗珠。"六朝旧事随流水,但寒烟衰草凝绿。"[3] 无论是物质层面还是非物质层面,六朝文化皆蕴藉着独特的"兴亡"属性,因而应以大历史视角分析"六朝文化资源"的内涵。

"大历史视角"即广义视角,广义的六朝文化资源是从史学、文学、哲学等思想层面思考在六朝时期所呈现出的历史和文化特征加以归纳和演绎[4]。由此观之,在金陵往昔繁华随秦淮逐沉竟去时,其由六朝沉淀的历史仍镌刻在河底的沉石上,历经岁月磨炼而越发坚韧。形态各异的地域文化不断交融形成了独特的文化体系,对后世以至近现代产生了深远的影响,构成了深厚的城市文化历史资源。

---

[1] 卞孝萱:《开展六朝研究的几点思考(代序)》,载许辉等主编《六朝文化》,江苏古籍出版社2001年版,第1页。
[2] (唐)房玄龄等:《晋书》卷27《食货》,中华书局1974年版,第792—793页。
[3] 吕明涛、谷学彝编注:《宋词三百首》,中华书局2016年版,第63页。
[4] 江可申、许丽君:《论南京六朝文化资源的历史价值与现实意义》,《南京航空航天大学学报》(社会科学版)2013年第1期。

（二）六朝文化与城市发展的关系

城市文化历史景观是在时间与空间共同构造下产生的复合体，其演变过程取决于城市的政治、经济、文化等多方面因素，而其高质量发展将对城市现代化转型升级起着积极作用，二者相伴相成。南京市的科学发展，离不开相关部门对城市历史文化资源的深入挖掘与合理利用。从物质层面来看，南京拥有丰富的六朝文物遗存，相关部门坚持保护与开发并重的原则，修缮了南朝陵墓石刻、千佛崖石窟及明征君碑等文化遗址，成立了六朝博物馆等文化场馆；从非物质层面来看，六朝更迭中的上层建筑、历史记载、民俗民风等都属于此，六朝文化遗留下的以"兴亡"之思为代表的精神，在时空的流转下代代传承，从家国兴亡到个人抒怀，直到融入南京人的血脉中，构成了南京这座城市的精神品格，并将其镌刻在城市名片上，成为不朽的符号。由此可见，在这一历史框架下，无论是物质层面还是非物质层面，六朝文化与南京城市发展关联度都是极高的，因此，在其发展的动态过程中更应准确把握二者间的平衡。

二 南京六朝文化资源的开发现状与现存问题

南京有着丰富而蕴藉深远的文化资源，以六朝、明清、民国三个时期最为突出，相关部门推出一系列举措大力发展文化相关产业。在六朝文化保护与开发过程中，受时间等因素影响，游客对于六朝文化的熟悉度相对较低，其衍生景点的吸引力受到挑战。加之开发与宣传力度不足，存在着资源占比不均、文化内涵模糊、文化场景失真等问题。

（一）保护开发并行，衍生景点众多

在南京文化旅游发展规划中，六朝文化旅游是重点开发内容之一。南京市人民政府办公厅于 2021 年 12 月 30 日印发《南京市"十四五"文化和旅游发展规划》，总结了"十三五"期间南京市文化与旅游发展历程，并指出：扎实推进文化旅游供给侧结构性改革，加大文化事业发展力度，加快推进文化和旅游融合发展，南京文化软实力、旅游吸引力和城市影响力全面提升，为推进南京市"十四五"时期文化和旅游融合发展奠定了坚实基础。通过分析南京相关部门所发布的文件及采取的措施，得出其对六

朝文化资源的保护与开发基本从三个方面着手：第一，加强对六朝遗址文物、古迹和历史信息等珍贵遗存的保护与修缮工作；第二，加强对六朝时期民族文化、社会结构、生产生活方式等方面文献史料的挖掘与整合工作；第三，结合当地自然和人文条件进行资源转化与开发，建设文化事业、文化产业、旅游产业等。六朝文化系列遗址自发现以来，便受到各界的高度重视，政府投入大量资金助力其保护与开发，并对多数文物古迹景点进行了修复改造。

在大量实地考察和研究资料基础上，笔者多次参观走访南京博物院、六朝博物馆、孙权墓等处，力求通过分析南京的六朝文化遗址与衍生景点，以整体性和独立性相结合的形式，探究其背后的文旅开发运作模式并力求深究其中存在的问题。对此，笔者设计调研问卷并进行分发，针对当地热门景点的游客满意度做出调查与数据分析，并从中得出结论。

在游览南京的过程中，南京博物院和六朝博物馆丰富的馆藏与深厚的文化内涵令人惊叹。南京博物院，坐落于南京紫金山南麓，规模宏大，是中国三大博物馆之一，内有极为丰富的六朝时期珍贵文物，如《竹林七贤与荣启期》模印砖画，栩栩如生的壁画石刻，引人一睹六朝时期的文人雅趣。不仅如此，有几间文物陈列室更是令人印象深刻，里面陈列着数不胜数的陶器、瓷器、青铜器等文物，可窥见其馆藏之丰富。六朝博物馆（图1），是国内展示六朝文物最全面的遗址博物馆，馆中设有"六朝帝都""回望六朝""六朝风采""六朝人杰"四大展厅，分别对应四个篇章。其装潢简约而内容不失深刻，其风格雅美而不失风骨，用场景语言展现了3至6世纪的东方大都会，介绍六朝民风民俗、科技创意、技艺器物、名人故事等，历史文化底蕴深厚。

在调查过程中，笔者通过问卷、访谈等形式，了解游客以及工作人员对遗址保护及开发的相关意见或建议，为如何打造更能吸引游客的遗址景点新模式建言献策。调查结果显示，未到访过相关景点的被调查者体验预期较高，到访过的多数游客对馆内设施较为满意，体验感良好且有所收获。部分游客提出应加强对工作人员的统一培训与管理，使其分工更加明确，起到及时解决游客问题的作用；更有部分游客指出其交通方面的问

古城新韵

图 1　六朝博物馆外景

（图片来源：笔者拍摄）

题，如停车地点较分散、交通拥挤行驶速度缓慢等。在全国疫情逐步平稳的背景下，南京市文化旅游产业在今后一段时期内将迎来发展的良好时机，因此不可安于现状，而是要看到当下存在的问题，从战略上进行思考：怎样才能使六朝旅游真正成为南京地区乃至全国最有吸引力和竞争力的特色旅游品牌？

（二）资源占比不均，景点分布集中

南京古城区域面积不大，但文化资源极为丰富，其中以六朝、明清、民国三个时期的文化最为显著。由于时间较为久远，六朝文化在三者之中开发基础较差、转化难度较大，在开发初期的资源倾斜较严重，加之针对六朝文化的保护与开发难以制定既有普遍性又有特殊性的统一标准，因此造成的发展短板亟待弥补。南京市旅游局曾携手《南京晨报》共同主办南京名片评选活动，并将其列为2006年"南京国际梅花节"的内容之一，"六朝古都"曾被提名且得票超过半数，但最终因称谓陈旧，并未入选十大城市名片；2014年，由南京大学商学院等主办的首届"南京市旅游文化名片征集活动信息发布暨研讨会"上，评选出了首届南京市城市旅游文化名片，其中亦不见六朝文化相关景点之身影；2022年，由南京市委网信办指导的"新十年新南京，'宁'的新名片"网友推选活动评选出6个类别共48张新名片，六朝文化蕴含在了"栖霞山旅游度假区"中，但仍没有专门性的文化景点或街区。由此可见，六朝文化在南京文旅发展中多作为文化底蕴和城市背景出现，缺少特色鲜明的文化街区或文旅体验项目，有待以新形式进行转化与开发。在调查过程中，笔者发现，部分游客对于南京六朝文化内涵了解不够、旅游期待不高，而对民国文化和明清文化却如数家珍，这对六朝文化旅游的创新性发展是一种潜在的挑战。同时，以南京博物院、总统府、玄武湖、鸡鸣寺为代表的大部头文化景点分布较为集中，在便捷游客进行连续游览的同时，也对当地交通造成了压力。

（三）文化定位模糊，部分场景失真

南京六朝文化的开发与利用是一个世界性课题，充分开发并打造切合的场景有利于扩大其传播范围，进而增进国内外大众对其了解，从而提高民族自信，加快经济发展。但一方面，南京人多地少，城市人口密度较大，城市化建设与环境保护之间不可避免地产生矛盾，在这种情境下，大量文物古迹有着不同程度的损毁，部分经复原的文物也在现代化的浸染下有失原貌，从而造成文化场景色彩的失真。另一方面，在文化赋能现实场景过程中，由于对文化古迹原本的内涵还原不精准、阐释不深入、开发不到位，出现了部分失真问题。以现在南京玄武湖近鸡鸣寺的一段城墙为例，这段城墙被称为"台城"，但走进可见一标识牌，上题"台城寻踪"，原来，此段向西城墙为明洪武年间改筑废弃之墙，也就是说此"台城"并非韦庄笔下东晋与南朝的台城，只是后人的讹传与附会，恰似"六朝如梦鸟空啼"[①]，而真正的台城遗址在六朝博物馆的地下展厅中。可"真遗迹"与"伪遗迹"之间并未有相互介绍与呼应，只知后者不知前者，便难以将其与刘禹锡《台城》等诗作联系起来，更无缘亲睹台城真风貌；只知前者

---

① 萧涤非等撰写：《唐诗鉴赏辞典》，上海辞书出版社1983年版，第1298页。

不知后者，便难以体会六朝盛衰兴亡已成空的历史荒诞感，更无缘见证一场跨时空的因缘际会。种种失真使其在宣传过程中表现出文化阐释浅露、推广内容同质化、缺少吸引力等问题，进而显露出文化定位的模糊性。

三 六朝文化与旅游产业的阐释转化与开发建议

结合当前南京文化旅游发展规划，六朝文化的种种特点令其具有不俗的发展条件，选择历史遗产资源作为特色旅游产品进行开发具有广阔的前景。基于前文中提到的问题，当前南京六朝文化旅游发展的关键在于凝聚文化场景内核与创新文化体验模式，同时提升产品与服务质量、立足历史底蕴、坚定文化自信、顺应时代需求、深入挖掘文化内核，并且还应夯实开发基础、明确受众需求，进而提升游客体验，从而走向理想与现实、创新与历史兼收并蓄的活态发展之路。

（一）顺应时代需求，凝聚文化内核

在六朝文化旅游发展规划中，南京旅游景区应强化对六朝文化景观、文物等资源的研究，深化其内涵，在挖掘古与今之间内在关联的同时开拓新兴旅游市场的新发展空间，如"兴亡"一词的内涵拓展与演绎，需撷菁撷华，思考如何融入新时代气质加以展现。此外，在具体开发中应突出南京特色，将文化与景观打造、项目设计紧密结合，合理利用丰富的自然人文资源打造特色旅游产品，从衣、食、住、行多方面入手，延长相关产业链，再现"地广野丰，民勤本业，一岁或稔，则数郡忘饥"[①] 的六朝时期的江南特色。在这一过程中，应注重游客体验，注重史实并加强景观内在的人文气息，如通过举办特展、搭建场景等方式，将物质的景观与精神气质联系在一起，令游客游有所得、归有所载。

以南京总统府为例，总统府不仅是南京文化建筑的主要代表之一，还是中国近代建筑遗存中保存最完整、规模最大的建筑群。总统府面积大、展厅多、游客流量大，展厅内多以文字图片结合的展示方式为主。其中设立有多处特展，例如"人间正道是沧桑"图片史料展等。在调查中，游客

---

① （梁）沈约：《宋书》卷54《孔季恭 羊玄保 沈昙庆》，中华书局1974年版，第1540页。

普遍认为，总统府的门票价格、管理秩序等方面达到了他们心中的预期水平，游览体验良好。一位游客表示：门票上附有最佳参观路线，这节省了他们很多时间。但也有游客提出，希望增加园区内的志愿者，以便更好地进行参观。

（二）夯实开发基础，明确受众需求

在老旧设施与新设景点之间的平衡中，游客需求是影响其走向的重要因素。分析调查所得的数据可以看出，18—25岁和46—60岁两个年龄段的游客最多（图2），经笔者观察，这些游客大部分是与亲朋好友结伴而行。特别是18—25岁这个年龄段的游客，他们节假日空闲时间较多，也有较大的旅游欲望，且常与家人朋友结伴同游，辐射影响力较强。26—60岁年龄段的人，工作中享有带薪休假且具备一定的收入水平，是常参与旅游活动的人群。由此可见，南京文化旅游具有相当程度的吸引力，年轻化趋势显著。

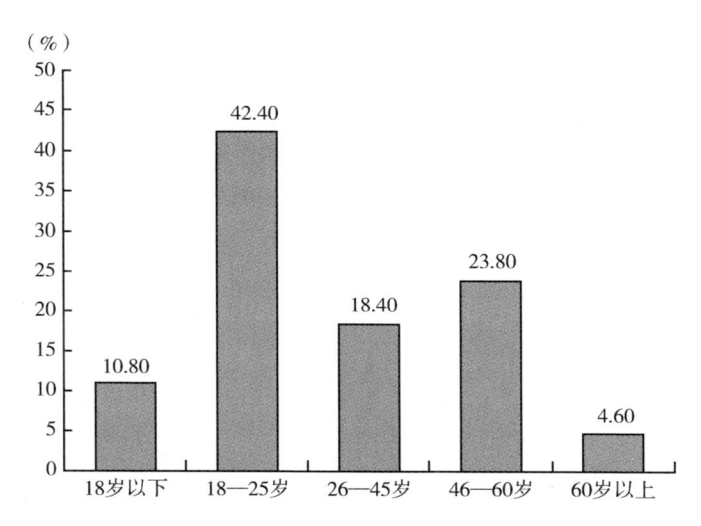

图2　被调查者年龄占比

（图片来源：笔者绘制）

因此，在六朝文化景点开发过程中，应找准市场定位，进一步满足游客的饮食、休憩、游娱、交通等方面的需求。基于旅游者的年龄占比情况，在开发时需重视互动体验与即时消费，打造多样化更强、包容性更高的社交场景，可推广"旅游+新生活方式"等形式，吸引更多年轻人前来体验民俗、青年旅舍。同时也要注意老人与儿童占比较少的状况，改善交通状况，提升基础设施的开发质量，为他们定制旅游体验，如康养游、研学游等。笔者通过调查发现，除了"说走就走"的旅行，多数被调查者更喜欢在节假日出游，他们大多选择自驾游、家庭自助游等方式，因此，加强该时段的交通疏导与停车规划尤为重要。在文化遗址保护与开发上，明城墙遗址是一个颇具借鉴意义的范例，登上城墙的游客可以在墙洞内了解明城墙的前世今生与历史故事，还能在残垣漫步中体会到城墙的残缺之美。夜晚，古老的明城墙与现代灯光相结合，犹如一条横卧的虬龙，散发出其独特的魅力。

（三）创新旅游项目，改善消费体验

随着旅游业的复苏和不断变化，互联网、大数据、人工智能的使用愈加普遍，在文化旅游的项目设计中，应做到顺应时代潮流，响应市场需求，多主体、多角度地有序创新产品与服务。南京拥有丰富的文化资源和深厚的研究力量，是中国最大规模、最具特色和活力的城市之一，有着良好的发展土壤。应在历史文化资源基础上进一步整合全市六朝文化旅游资源，根据其特色和游客群体日益增长的实际需求，将规划内容细化为系列产品，可推出如古越族文化游、史迹文化考察游、六朝名城历史游等线路，加以历史故事、诗词文化、民俗民风的创新性阐发与演绎。

在高新技术飞速发展的今天，文旅部门应保持创新精神，博观而约取，厚积而薄发，以丰富的历史文化资源为底蕴，广泛聆听大众心声，设计出适应市场需求的创新项目，如结合当下火热的元宇宙进行品牌形象设计、文化遗址三维重建与渲染等，或结合AR等技术营造沉浸式场景，如借六朝博物馆地下展厅中的台城遗址再现当时的建筑和街道，或与"竹林七贤"同框交游的巧思，让游客如置身六朝繁华之中。其文化创意产品设计不仅要增强创意性、实用性，还要避免同质化，要贴近生活，并注重文化与产品的占比关系，取其精华，把最具代表性的文化元素融入产品中，增强产品的叙事要素，如文化历史故事、英雄人物事件等，这更要求文创产品应该讲述好历史，满足消费者需求。最终实现文化与产品的有机统一，从而达到让游客"游有所得"的效果。

（四）深化品牌形象，找准宣传定位

南京的六朝博物馆中有以"瓦当"形象为代表的系列IP与相关衍生品，如以人面笑脸瓦当为灵感的"宁好"卡通形象，为到访游客留下了深刻印象，但其宣传多强调"瓦当"与当下热词的结合，并未很好地将其背后的文化故事展现出来，因而在互联网平台上热度并不算高。宣传推广作为市场中沟通供需双方的桥梁，应得到文旅部门的充分重视，提高对旅游宣传重要性的认识。笔者通过分析调查结果得出，被调查者的出游动机虽多数受到抖音、携程等网络平台影响，但大部分是因了解到南京所具有的民国文化、明清文化并受吸引而来，仅有较少部分游客是被南京六朝古都的历史与深厚的六朝文化资源所吸引。因此，相关部门在有关六朝文化的新媒体宣传和品牌形象的设置上仍需探索和完善，可通过挖掘更深层旅游资源和创新营销方式来增强南京六朝文化景点的吸引力，深化旅游形象定位与设计，找准宣传定位，最终形成品牌效应。"文化+科技+旅游+互联网"是文旅跨界融合的标配[1]，在打造专属宣传语和广告词的同时，需将凝练主题特色与互联网元素有效融合，设计出内容与魅力兼具的文化旅游项目。

结　语

南京这座"六朝古都"镌刻着历史，以其独特的姿态书写着六朝文化，浩渺的文物遗存在时间序列中传承着六朝文脉，并以中华民族的智慧与韧性实现文化事业、文化产业的活态发展。本文从南京市旅游资源特点出发，针对南京六朝文化旅游进行游客满意度调查，分析并试图解决六朝文化旅游发展过程中可能存在的问题，解构并力求创新六朝文化旅游项目设计。"念往昔，繁华竞逐，叹门外楼头，悲恨相续。"[2] 而观今朝，风华

---

[1]　张义文：《以互联网为依托的数字文旅开始唱主角》，《光明日报》2020年12月1日第9版。
[2]　吕明涛、谷学彝编注：《宋词三百首》，中华书局2015年版，第63页。

正茂，六朝文化的色彩经岁月沉淀历久弥新，中华文化的魅力经千年时光愈加灿烂。我们有理由相信，在不久的将来，六朝文化将会以崭新的面貌展现在世人面前。

（陈嘉欣撰稿，李辉指导）